广视角 · 全方位 · 多品种

盘点年度资讯 预测时代前程

社会科学文献出版社

2010年版皮书

权威·前沿·原创

社会科学文献出版社
SOCIAL SCIENCES ACADEMIC PRESS (CHINA)

1. 经济蓝皮书

2010年中国经济形势分析与预测

陈佳贵　李　扬　主编　　2009年12月出版　　49.00元

▲　本书为“总理基金项目”，由中国社会科学院副院长、经济学部主任陈佳贵及中国社会科学院副院长李扬担任主编，中国社会科学院经济研究所所长刘树成、数量经济与技术经济研究所所长汪同三任副主编，联合国内权威专家学者共同编写，深度解析了全球金融危机背景下2009年中国经济的发展，并在此基础上对2010年中国的经济形势作出科学的预测。

2. 社会蓝皮书

2010年中国社会形势分析与预测

汝　信　陆学艺　李培林　主编　　2009年12月出版　　49.00元

▲　中国社会科学院核心学术品牌之一，荟萃国内主要学术单位的多名社会学学者的原创成果。以社会学的视角来分析2009年中国的社会发展问题，并在此基础上，针对未来可能出现的社会热点、焦点问题作出科学的预测，并提供相应的对策建议。

3. 文化蓝皮书

2010年中国文化产业发展报告

张晓明　主编　　2010年4月出版　　59.00元（估）

▲　本书由中国社会科学院文化研究中心与文化部、上海交通大学国家文化产业创新与发展研究基地共同编写，内容上涵盖了我国的文化产业分析及政策分析。既有全国文化产业发展的宏观分析，又有文化产业内不同行业的年度发展分析，是研究我国文化发展问题的难得的年度报告。

4. 经济信息绿皮书

中国与世界经济发展报告（2010）

王长胜　主编　　2009年12月出版　　65.00元

▲　本书由国家信息中心主编。全书论述在全球金融危机演变的背景下中国及世界经济发展问题，高屋建瓴，从宏观角度及全球经济一体化的背景考虑我国经济发展的定位、战略目标、战略重点、战略对策等深层次问题。

5. 世界经济黄皮书

2010年世界经济形势分析与预测

王洛林　张宇燕　主编　　2010年1月出版　　49.00元

▲　本书由中国社会科学院世界经济与政治研究所编写，中国社会科学院特邀顾问、研究生院教授王洛林及中国社会科学院世界经济与政治研究所副所长李向阳两位作为本书主编。本书从2009年世界经济发展的现状出发，对2010年世界经济形势发展形势作出预测和分析。

6. 国际形势黄皮书

全球政治与安全报告（2010）

李慎明　王逸舟　主编　　2009年12月出版　　49.00元

▲　本书由中国社会科学院的相关学者专家编写，着眼于国际关系发展的全局，对2009年国际关系发展的新的动态作出研究与分析，并对2010年国际关系可能出现的新的重大动态作出前瞻性的分析与预测。

7. 欧洲蓝皮书

欧洲发展报告（2009～2010）

周　弘　主编　　2010年2月出版　　79.00元（估）

▲　本书由中国社会科学院欧洲研究所及中国欧洲学会联合编写，从政治、经济、法制进程、社会文化和国际关系以及国别等角度，对欧洲的年度发展形势作出全面的分析与论述。本书对研究欧洲问题的学者和需要了解欧洲的读者有重要的参考意义。

8. 亚太蓝皮书

亚太地区发展报告（2010）

李向阳　主编　　2010年3月出版　　79.00元（估）

▲　本书由中国社会科学院亚洲太平洋研究所的专家学者编写，本书从经济、政治与社会、国际关系等角度系统地论述了2009年亚太地区发生的重大事件，并在此基础上对2010年亚太地区的发展作出科学的展望。

9. 农村经济绿皮书

中国农村经济形势分析与预测（2009～2010）

中国社会科学院农村发展研究所 国家统计局农村社会经济调查司 著

2010年4月出版 49.00元（估）

▲ 农村经济发展及研究的两大权威部门联合，针对2009年中国农业和农村发展和运行状况加以调查，系统分析农村发展中存在的各种社会问题，对社会各界关注的热点和难点问题进行科学分析，并在此基础上对2010年中国农村经济发展趋势提供了科学的预测。

10. 人口与劳动绿皮书

中国人口与劳动问题报告No.11（2010）

蔡 昉 主编 2010年9月出版 49.00元（估）

▲ 本书关注中国当前人口的总量与增量情况，在人口学预测的基础上，研究我国人口总量及劳动力人口的数量与结构问题，提出随着“人口红利”的消失，我国劳动力供给方面可能带来的一些重要变化。本书对关心我国经济发展动力以及就业研究的人群有重要的参考意义。

11. 环境绿皮书

中国环境发展报告（2010）

杨东平 主编 2010年5月出版 59.00元（估）

▲ 本书由“自然之友”组织编写，汇集了学者、记者、环保人士等众多视角，考察中国年度的环境发展态势，附加经典案例分析，并提供翔实的环境保护资料索引。本书可供研究环境发展领域的学者进行研究参考，也适合对资源环境感兴趣的一般人群进行阅读。

12. 旅游绿皮书

2010年中国旅游发展分析与预测

张广瑞 主编 2010年5月出版 59.00元（估）

▲ 本书由中国社会科学院旅游研究中心组织编写，内容涉及2009年度我国旅游业发展的状况及未来发展态势。本书深入分析旅游业相关的各类因素的影响状况，并对旅游业的热点问题进行分析，提供其产业运行方面的深入思考。

13. 教育蓝皮书

中国教育发展报告（2010）

杨东平　柴纯青　主编　　2010年3月出版　　49.00元（估）

▲　本书由著名教育学家杨东平任主编，代表了中国教育的国际视野和专家立场，对于我国当前的教育改革进行了专业性的研究与分析，对关系我国教育发展的人群有重要的参考意义。本书同时推出英文版，是皮书系列中首批“走出去”的皮书。

14. 法治蓝皮书

中国法治发展报告（2010）

李　林　主编　　2010年9月出版　　68.00元（估）

▲　中国社会科学院法学研究所主创，对中国年度法治现状和法治进程进行客观的记述、分析、评价和预测。总结回顾了2009年我国法治发展所取得的一系列进步，并在此基础上，对接下来2010年我国法治发展情况进行了科学的探讨。

15. 就业蓝皮书

2010年中国大学生就业报告

王伯庆　主编　　2010年5月出版　　98.00元（估）

▲　这是一份基于科学的数据调查、借助于统计学和劳动经济学的科学体系来研究高等教育的全新报告，也是一个结果导向的评价系统。本书供高校的各级管理者、各级政府的教育管理官员、高等教育的研究者和招募大学毕业生的企业参考使用，对于高考生和求职的大学生而言也是一本了解就业市场的重要参考书。

16. 区域蓝皮书

中国区域经济发展报告（2009～2010）

戚本超　景体华　主编　　2010年3月出版　　69.00元（估）

▲　由北京市社会科学院、河北省社会科学院、上海社会科学院、广东省社会科学院等单位的专家联手编写，是对中国区域经济最全面、最深入的分析和预测。内容上涉及我国区域发展领域的新近动态，并提供2010年我国各个不同区域发展的科学预测。

17. 长三角蓝皮书

长三角发展报告（2010）

上海社会科学院 主编　　2010年5月出版　　59.00元（估）

▲　上海社会科学院、江苏省社会科学院、浙江省社会科学院强强联合，共同发布《长三角蓝皮书》，对中国最具活力和竞争力的长三角地区的经济、社会发展进行全面解读与预测。

18. 东北蓝皮书

中国东北地区发展报告（2010）

辽宁省社会科学院等　主编　　2010年9月出版　　69.00元（估）

▲　本书由东北地区的社会科学院联合编写，汇集了吉林、辽宁、黑龙江和内蒙古社会科学界学者的研究成果，同时也汇集了东北地区有关部门和院校专家的一些理论思考和理论探索。本书是顺应东北地区振兴战略形势而推出的一本蓝皮书，对东北地区的发展状况及态势提供了科学的分析与预测。

19. 中部蓝皮书

中国中部地区发展报告（2009）

张　锐　林宪斋　主编　　2010年2月出版　　59.00元

▲　本书由中部六省社会科学院联合编创，在承接东部产业结构升级，迎来发展良机的背景下，对中部地区2009年经济、社会发展状况进行了分析，并对2010年我国中部地区各省市的发展作出科学的展望。

20. 西部蓝皮书

中国西部经济发展报告（2010）

姚慧琴　主编　　2010年7月出版　　79.00元（估）

▲　本书由教育部人文社会科学重点研究基地——西北大学中国西部经济发展研究中心组织编写，汇集全国长期研究西部经济发展问题的众多专家学者的研究成果，对国家实施西部大开发战略进行了动态跟踪，并对西部经济发展中的重大理论与现实问题进行了深度分析。

21. 城市竞争力蓝皮书

中国城市竞争力报告No.8（2010）

倪鹏飞　主编　　2010年5月出版　　79.00元（估）

▲　本书由著名城市经济学家倪鹏飞担任主编，汇集了众多研究城市经济问题的专家、学者关于城市竞争力方面的最新研究成果。本书评述客观、内容丰富，基于详尽的基础数据，科学构建各项指标，对各级政府、有关研究机构、社会公众具有重要的决策参考及借鉴意义。

22. 中国省域竞争力蓝皮书

中国省域经济综合竞争力发展报告（2009～2010）

李建平　黄茂兴　主编　　2010年3月出版　　238.00元（估）

▲　本书在科学界定省域经济综合竞争力的基础上，紧密跟踪前沿研究动态，利用科学的指标体系及数学模型，深入分析当前我国省域经济综合竞争力的特点、变化趋势及动因，对我国31个省市区综合经济竞争力进行了比较分析。

23. 金融蓝皮书

中国金融发展报告（2010）

李　扬　主编　　2010年6月出版　　79.00元（估）

▲　本书由中国社会科学院副院长李扬担任主编，从多个方面对中国金融业总体发展状况进行分析和预测。本书对2009年我国的金融领域发生的各个重大事件进行了评述，对金融领域内研究及工作人群具有重要的参考和借鉴意义。

24. 房地产蓝皮书

中国房地产发展报告No.7（2010）

牛凤瑞　主编　　2010年4月出版　　59.00元（估）

▲　本书由中国社会科学院组织编写，汇集了众多研究城市房地产经济的专家学者关于城市房地产方面研究的最新成果。本书秉承客观公正、科学中立的宗旨和原则，追踪我国房地产市场的最新资讯，并对未来房地产市场发展的态势进行了深度分析。

经济类

经济蓝皮书
2010年中国经济形势分析与预测
著(编)者：陈佳贵　李　扬　等　2009年12月出版 / 估价：49.00元

经济蓝皮书春季号
中国经济前景分析——2010年春季报告
著(编)者：陈佳贵　等　2010年5月出版 / 估价：49.00元

经济信息绿皮书
中国与世界经济发展报告(2010)
著(编)者：王长胜　2009年12月出版 / 定价：65.00元

宏观经济蓝皮书
中国经济增长报告（2010）
著(编)者：刘霞辉　2010年3月出版 / 估价：49.00 元

农村经济绿皮书
中国农村经济形势分析与预测（2009～2010）
著(编)者：中国社会科学院农村发展研究所
国家统计局农村社会经济调查司
2010年4月出版 / 估价：49.00 元

民营经济蓝皮书
中国民营经济发展报告（2009～2010）
著(编)者：黄孟复　2010年7月出版 / 估价：69.00元

发展和改革蓝皮书
中国经济发展和体制改革发展报告（2010）
著(编)者：邹东涛　欧阳日辉　2010年10月出版 / 估价：98.00元

城乡创新发展蓝皮书
城乡一体化发展报告（2010）
著(编)者：傅崇兰　2010年10月出版 / 估价：58.00元

城市蓝皮书
中国城市发展报告No.3（2010）
著(编)者：牛凤瑞　2010年5月出版 / 估价：78.00元

城市竞争力蓝皮书
中国城市竞争力报告No.8（2010）
著(编)者：倪鹏飞　2010年5月出版 / 估价：79.00元

省域竞争力蓝皮书
中国省域经济综合竞争力发展报告（2009～2010）
著(编)者：李建平　黄茂兴　2010年3月出版 / 估价：238.00元

企业蓝皮书
中国企业竞争力报告(2010)
著(编)者：金培　2009年11月出版 / 估价：69.00元

民营企业蓝皮书
中国民营企业竞争力报告No.6(2010)
著(编)者：刘迎秋、徐志祥　2010年11月出版 / 估价：59.00元

中国总部经济蓝皮书
中国总部经济发展报告（2009～2010）
著(编)者：赵弘　2009年11月出版 / 估价：55.00元

金融中心蓝皮书
中国金融中心发展报告（2010）
著(编)者：王力　2010年10月出版 / 估价：58.00元

就业蓝皮书
中国大学生就业报告（2010）
著(编)者：王伯庆　2010年5月出版 / 估价：98.00元

人才蓝皮书
中国人才发展报告（2010）
著(编)者：潘晨光　2010年6月出版 / 估价：65.00元

人口与劳动绿皮书
中国人口与劳动问题报告No.11（2010）
著(编)者：蔡昉　2010年9月出版 / 估价：49.00元

商业蓝皮书
中国商业发展报告（2010）
著(编)者：荆林波　2010年3月出版 / 估价：49.00元

商品市场蓝皮书
中国商品市场竞争力报告（2010）
著(编)者：荆林波　2010年10月出版 / 估价：59.00元

社会类

社会蓝皮书
2010年中国社会形势分析与预测
著(编)者：陆学艺　李培林　2009年12月出版 / 估价：49.00元

社会保障绿皮书
中国社会保障发展报告 No.4（2010）
著(编)者：陈佳贵　王延中　2010年5月出版 / 估价：59.00元

老年蓝皮书
中国老年发展报告（2010）
著(编)者：田雪原　2010年10月出版 / 估价：58.00元

教育蓝皮书
中国教育发展报告（2010）
著(编)者：杨东平　柴纯青　2010年3月出版 / 估价：49.00元

环境绿皮书
中国环境发展报告（2010）
著(编)者：杨东平　2010年5月出版 / 估价：59.00元

气候变化绿皮书
应对气候变化报告（2010）
著(编)者：潘家华　2010年10月出版 / 估价：68.00元

民族蓝皮书
中国民族发展报告No.2（2010）
著(编)者：郝时远　王希恩　2010年6月出版 / 估价：59.00元

宗教蓝皮书
中国宗教报告（2010）
著(编)者：金泽　邱永辉　2010年3月出版 / 估价：59.00元

法治蓝皮书
中国法治发展报告（2010）
著(编)者：李林　2010年9月出版 / 估价：68.00元

妇女绿皮书
中国性别平等与妇女发展报告（2009～2010）
著(编)者：蒋永平　姜秀花　2010年3月出版 / 估价：79.00元

妇女发展蓝皮书
中国妇女发展报告（2009~2010）：妇女与传媒
著(编)者：王金玲　2010年2月出版 / 估价：59.00元

妇女生活蓝皮书
2009～2010年：中国女性生活状况报告
著(编)者：韩湘景　2010年4月出版 / 估价：49.00元

妇女教育蓝皮书
中国妇女教育发展报告（2009～2010）
著(编)者：宋胜菊　2010年8月出版 / 估价：68.00元

政府创新蓝皮书
和谐社会与政府创新（2009～2010）
著(编)者：俞可平　2010年3月出版 / 估价：78.00元

电子政务蓝皮书
中国电子政务发展报告（2010）
著(编)者：王长胜　2010年4月出版 / 估价：55.00元

创新蓝皮书
创新型国家建设报告（2010）
著(编)者：詹正茂　2010年6月出版 / 估价：79.00元

民间组织蓝皮书
中国民间组织报告（2009～2010）
著(编)者：黄晓勇　2009年12月出版 / 定价：59.00元

企业公民蓝皮书
中国企业公民报告（2010）
著(编)者：王再文　2010年7月出版 / 估价：58.00元

企业社会责任蓝皮书
中国企业社会责任研究报告（2010）
著(编)者：陈佳贵　2010年10月出版 / 估价：59.00元

慈善蓝皮书
中国慈善发展报告（2010）
著(编)者：杨团　2010年8月出版 / 估价：59.00元

文化类

文化蓝皮书
中国文化产业发展报告（2010）
著(编)者：张晓明　2010年4月出版 / 估价：59.00元

公共文化蓝皮书
中国公共文化服务发展报告（2010）
著(编)者：张晓明　2010年10月出版 / 估价：59.00元

文化创新蓝皮书
中国文化创新发展报告（2010）
著(编)者：文化部文化科技司　武汉大学国家文化创新研究中心
2009年11月出版 / 估价：98.00元

文化遗产蓝皮书
中国文化遗产事业发展报告（2010）
著(编)者：刘世锦　林家彬　苏杨　2010年11月出版 / 估价：69.00元

科学传播蓝皮书
中国科学传播报告（2010）
著(编)者：詹正茂　2010年6月出版 / 估价：79.00元

区域类

区域蓝皮书
中国区域经济发展报告（2009～2010）
著(编)者：戚本超　景体华　2010年3月出版 / 估价：69.00元

北京蓝皮书
北京经济发展报告（2009～2010）
著(编)者：梅松　2010年3月出版 / 估价：59.00元

北京蓝皮书
北京社会发展报告（2009～2010）
著(编)者：戴建中　2010年3月出版 / 估价：49.00元

北京蓝皮书
北京文化发展报告（2009～2010）
著(编)者：张泉　2010年2月出版 / 估价：49.00元

北京蓝皮书
北京城乡发展报告（2009～2010）
著(编)者：黄序　2010年2月出版 / 估价：59.00元

北京蓝皮书
北京公共服务发展报告（2009～2010）
著(编)者：张耘　2010年2月出版 / 定价：58.00元

北京蓝皮书
中国社区发展报告（2009～2010）
著(编)者：于燕燕　2010年2月出版 / 估价：59.00元

上海蓝皮书
上海经济发展报告（2010）
著(编)者：屠启宇　沈开艳　2010年2月出版 / 定价：59.00元

上海蓝皮书
上海社会发展报告（2010）
著(编)者：卢汉龙　2010年2月出版 / 定价：69.00元

上海蓝皮书
上海文化发展报告（2010）
著(编)者：叶　辛　蒯大申　2010年2月出版 / 定价：49.00元

上海蓝皮书
上海资源环境发展报告（2010）
著(编)者：周冯琦　2010年2月出版 / 定价：69.00元

广州蓝皮书
中国广州经济发展报告（2010）
著(编)者：李江涛　朱名宏　2010年6月出版 / 估价：59.00元

广州蓝皮书
中国广州社会发展报告（2010）
著(编)者：涂成林　2010年5月出版 / 估价：49.00元

广州蓝皮书
中国广州文化发展报告（2009～2010）
著(编)者：王晓玲　2010年8月出版 / 估价：59.00元

广州蓝皮书
中国广州科技发展报告（2010）
著(编)者：涂成林　2010年6月出版 / 估价：49.00元

广州蓝皮书
中国广州城市建设发展报告（2010）
著(编)者：涂成林　2010年7月出版 / 估价：49.00元

广州蓝皮书
中国广州创意产业发展报告(2010)
著(编)者：卢一先　范旭　舒扬　2010年7月出版 / 估价：65.00元

广州蓝皮书
中国广州汽车产业发展报告（2010）
著(编)者：李江涛　2010年9月出版 / 估价：49.00元

深圳蓝皮书
深圳经济发展报告（2010）
著(编)者：乐正　2010年3月出版 / 估价：68.00元

深圳蓝皮书
深圳社会发展报告（2010）
著(编)者：乐正　2010年5月出版 / 估价：59.00元

深圳蓝皮书
深圳劳动关系发展报告（2010）
著(编)者：汤庭芬　2010年1月出版 / 估价：78.00元

经济特区蓝皮书
中国经济特区发展报告（2010）
著(编)者：钟坚　2010年4月出版 / 估价：79.00元

河南蓝皮书
2010年河南经济形势分析与预测
著(编)者：刘永奇 河南省统计局　2010年4月出版 / 估价：49.00元

河南蓝皮书
2010年河南社会形势分析与预测
著(编)者：林宪斋　赵保佑　2010年2月出版 / 定价：59.00元

河南蓝皮书
河南文化发展报告（2010）
著(编)者：张　锐　2010年2月出版 / 定价：49.00元

河南蓝皮书
河南城市改革发展报告（2010）
著(编)者：林宪斋　喻新安　王建国　2010年2月出版 / 定价：49.00元

陕西蓝皮书
陕西经济发展报告（2010）
著(编)者：杨尚勤　2010年2月出版 / 估价：59.00元

陕西蓝皮书
陕西社会发展报告（2010）
著(编)者：杨尚勤　2010年2月出版 / 估价：59.00元

陕西蓝皮书
陕西文化发展报告（2010）
著(编)者：杨尚勤　2010年2月出版 / 估价：49.00元

四川蓝皮书
2010年四川经济形势分析与预测
著(编)者：侯水平　2010年8月出版 / 估价：55.00元

四川蓝皮书
四川文化产业发展报告（2010）
著(编)者：侯水平　2010年7月出版 / 估价：59.00元

武汉蓝皮书
武汉经济社会发展报告（2010）
著(编)者：刘志辉　2010年5月出版 / 估价：49.00元

武汉城市圈蓝皮书
武汉城市圈经济社会发展报告（2009～2010）
著(编)者：李春洋　2010年2月出版 / 估价：79.00元

武汉城市圈蓝皮书
武汉城市圈房地产发展报告（2009～2010）
著(编)者：王涛　2010年6月出版 / 估价：89.00元

郑州蓝皮书
郑州文化发展报告（2010）
著(编)者：窦志力　2010年1月出版 / 估价：49.00元

浙江服务业蓝皮书
2009浙江省服务业发展报告
著(编)者：浙江省发展和改革委员会　2010年2月出版 / 估价：68.00元

温州蓝皮书
2010年温州经济社会发展形势分析与预测
著(编)者：王春光　2010年3月出版 / 估价：59.00元

海南蓝皮书
海南经济发展报告（2010）
著(编)者：刘仁伍　2010年3月出版 / 估价：49.00 元

辽宁蓝皮书
2010年辽宁经济社会形势分析与预测
著(编)者：曹晓峰　张　晶　张卓民　2010年2月出版 / 定价：69.00元

东北蓝皮书
中国东北地区发展报告（2010）
著(编)者：辽宁省社科院　等　2010年9月出版 / 估价：69.00元

环渤海蓝皮书
环渤海区域经济发展报告（2010）
著(编)者：周立群　2010年5月出版 / 估价：59.00元

长三角蓝皮书
长三角发展报告（2010）
著(编)者：上海社会科学院　2010年5月出版 / 估价：59.00元

珠三角蓝皮书
珠三角发展报告（2010）
著(编)者：中山大学港澳珠三角研究中心　2010年4月出版 / 估价：59.00

中部蓝皮书
中国中部地区发展报告（2009）
著(编)者：张　锐　林宪斋　2010年2月出版 / 定价：59.00元

西部蓝皮书
中国西部经济发展报告（2010）
著(编)者：姚慧琴　2010年7月出版 / 估价：79.00元

长株潭城市群蓝皮书
长株潭城市群发展报告（2010）
著(编)者：张萍　2010年8月出版 / 估价：69.00元

泛北部湾蓝皮书
泛北部湾合作发展报告（2010）
著(编)者：古小松　2010年8月出版 / 估价：65.00元

福建经济竞争力蓝皮书
福建经济综合竞争力报告（2009～2010）
著(编)者：王秉安、罗海成　2010年9月出版 / 估价：49.00元

环海峡经济区蓝皮书
环海峡经济区发展报告（2010）
著(编)者：李闽榕、王秉安　2010年9月出版 / 估价：49.00元

海峡西岸蓝皮书
海峡西岸经济区发展报告(2010)
著(编)者：叶飞文　2010年9月出版 / 估价：49.00元

香港蓝皮书
香港经贸发展报告（2010）
著(编)者：荆林波　2010年4月出版 / 估价：49.00元

澳门蓝皮书
澳门发展报告（2010）
著(编)者：吴志良　2010年1月出版 / 估价：79.00元

台湾蓝皮书
台湾经贸发展报告（2010）
著(编)者：荆林波　2010年4月出版 / 估价：49.00元

行业类

住房绿皮书
中国城市住房发展报告（2010）
著(编)者：倪鹏飞　2009年11月出版 / 估价：69.00元

房地产蓝皮书
中国房地产发展报告NO.7（2010）
著(编)者：牛凤瑞　2010年4月出版 / 估价：59.00元

汽车蓝皮书
中国汽车产业发展报告（2010）
著(编)者：国务院发展研究中心产业经济研究部
中国汽车工程学会　大众汽车集团
2010年1月出版 / 估价：59.00元

医疗卫生绿皮书
中国医疗卫生发展报告（2010）
著(编)者：张文鸣　2010年11月出版 / 估价：68.00元

食品药品蓝皮书
食品药品安全与监管政策研究报告（2010）
著(编)者：上海市食品药品安全研究中心
2010年4月出版 / 估价：69.00元

金融蓝皮书
中国金融发展报告（2010）
著(编)者：李扬　2010年6月出版 / 估价：79.00元

金融蓝皮书
中国商业银行竞争力报告（2010）
著(编)者：王松奇　2010年4月出版 / 估价：49.00元

金融蓝皮书
中国金融生态报告（2010）
著(编)者：李扬　2010年4月出版 / 估价：49.00元

金融蓝皮书
中国理财产品分析与评价报告（2010）
著(编)者：殷剑峰　2010年5月出版 / 估价：59.00元

产权市场蓝皮书
中国产权市场发展报告（2009～2010）
著(编)者：曹和平　2010年7月出版 / 估价：59.00元

资本市场蓝皮书
中国场外交易市场发展报告（2010）
著(编)者：高峦　2010年11月出版 / 估价：58.00元

财经蓝皮书
中国服务业发展报告NO.8（2010）
著(编)者：裴长洪　2010年2月出版 / 定价：59.00元

旅游绿皮书
2010年中国旅游发展分析与预测
著(编)者：张广瑞　2010年5月出版 / 估价：59.00元

交通蓝皮书
中国交通发展报告（2010）
著(编)者：韩　峰　崔民选
2010年10月出版 / 估价：58.00元

体育产业蓝皮书
中国体育产业发展报告（2008～2010）
著(编)者：中国体育产业研究中心
2010年2月出版 / 定价：69.00元

餐饮蓝皮书
中国餐饮产业发展报告（2010）
著(编)者：杨柳　2010年6月出版 / 估价：49.00元

循环经济蓝皮书
中国循环经济发展报告（2010）
著(编)者：齐建国　2010年3月出版 / 估价：79.00元

会展经济蓝皮书
中国会展经济发展报告（2010）
著(编)者：王方华　2010年4月出版 / 估价：55.00元

商会蓝皮书
中国商会发展报告（2009～2010）
著(编)者：黄孟复　2010年9月出版 / 估价：98.00元

传媒蓝皮书
中国传媒产业发展报告（2010）
著(编)者：崔保国　2010年4月出版 / 估价：79.00元

广告主蓝皮书
中国广告主营销传播趋势报告（2009～2010）
著(编)者：黄升民　杜国清　2010年8月出版 / 估价：68.00元

能源蓝皮书
中国能源发展报告（2010）
著(编)者：崔民选　2010年5月出版 / 估价：80.00元

煤炭蓝皮书
中国煤炭工业发展报告（2010）
著(编)者：岳福斌　2010年9月出版 / 估价：50.00元

电力蓝皮书
中国电力工业发展报告（2010）
著(编)者：张安华　2010年10月出版 / 估价：58.00元

农业竞争力蓝皮书
中国农业竞争力发展报告（2009～2010）
著(编)者：郑传芳　2010年9月出版 / 估价：89.00元

林业竞争力蓝皮书
中国林业竞争力发展报告（2009～2010）
著(编)者：郑传芳　2010年9月出版 / 估价：89.00元

茶叶产业蓝皮书
中国茶叶产业发展报告（2010）
著(编)者：荆林波　2010年4月出版 / 估价：49.00元

测绘蓝皮书
中国测绘发展研究报告（2010）
著(编)者：徐永清　2010年8月出版 / 估价：58.00元

国际类

世界经济黄皮书
2010年世界经济形势分析与预测
著(编)者：王洛林　张宇燕　2010年1月出版 / 定价：49.00元

国际形势黄皮书
全球政治与安全报告（2010）
著(编)者：李慎明　王逸舟　2009年12月出版 / 定价：49.00元

世界社会主义黄皮书
世界社会主义跟踪研究报告（2009～2010）
著(编)者：李慎明　2010年1月出版 / 估价：79.00元

上海合作组织黄皮书
上海合作组织发展报告（2010）
著(编)者：吴恩远　2010年5月出版 / 估价：79.00元

美国蓝皮书
美国发展报告（2010）
著(编)者：黄平　2010年4月出版 / 估价：79.00元

欧洲蓝皮书
欧洲发展报告（2009～2010）
著(编)者：周弘　2010年2月出版 / 估价：79.00元

亚太蓝皮书
亚太地区发展报告（2010）
著(编)者：李向阳　2010年3月出版 / 估价：79.00元

中东非洲黄皮书
中东非洲发展报告（2009～2010）
著(编)者：杨光　2010年3月出版 / 估价：79.00元

拉美黄皮书
拉丁美洲与加勒比发展报告（2009～2010）
著(编)者：苏振兴　2010年4月出版 / 估价：79.00元

俄罗斯东欧中亚黄皮书
俄罗斯东欧中亚国家发展报告（2010）
著(编)者：吴恩远　2010年4月出版 / 估价：79.00元

日本蓝皮书
日本发展报告（2010）
著(编)者：李薇　2010年4月出版 / 估价：79.00元

日本经济蓝皮书
日本经济与中日经贸关系发展报告（2010）
著(编)者：王洛林　2010年4月出版 / 估价：79.00元

韩国蓝皮书
韩国发展报告（2010）
著(编)者：牛林杰　2010年3月出版 / 估价：79.00元

越南蓝皮书
越南国情报告（2010）
著(编)者：古小松　2010年7月出版 / 估价：49.00元

注：2010年起，每册皮书将附赠100元的皮书数据库阅读卡。

创社科经典　出传世文献

SSAP

社会科学文献出版社

SOCIAL SCIENCES ACADEMIC PRESS(CHINA)

社会科学文献出版社成立于1985年，是直属于中国社会科学院的人文社会科学专业学术出版机构。

成立以来，特别是1998年实施第二次创业以来，依托于中国社会科学院丰厚的学术出版和专家学者两大资源，坚持“创社科经典，出传世文献”的出版理念和“权威、前沿、原创”的产品定位，走学术产品的系列化、规模化、市场化经营道路，取得了令人瞩目的成绩，销售收入等主要效益指标取得了年平均增长20%以上的发展速度，先后策划出版了著名的图书品牌和学术品牌“皮书”系列、获得国家图书奖和“五个一工程奖”的《世界沧桑150年——<共产党宣言>发表以来世界发生的主要变化》、《甲骨学一百年》、《二十世纪中国民俗学经典》以及“全球化译丛”、“经济研究文库”、“社会理论译丛”等一大批既有学术影响又有市场价值的系列图书，使社会科学文献出版社的知名度和美誉度日益提高，确立了人文社会科学著作出版的权威地位。

基于人才的优势和创新的理念，通过准确的市场定位和科学的发展规划，社会科学文献出版社在选题策划、主题出版与主题营销、品牌推广、数字出版等方面取得了领先，虽然目前还不能称为大社、强社，但对专业学术出版的坚持与执着以及先进的经营理念和科学的管理方式已经使社会科学文献出版社具备了现代企业快速发展与大规模成长的条件。在新的发展时期，社会科学文献出版社结合社会的需求、自身的条件以及行业的发展，提出了新的创业目标，那就是：精心打造人文社会科学成果推广平台，发展成为一家集图书、期刊、声像电子和网络出版物为一体，面向高端读者和用户，具备独特竞争力的人文社会科学内容资源供应商。

BLUE BOOK

权威·前沿·原创

陕西蓝皮书
BLUE BOOK
OF SHAANXI

陕西省社会科学院／编

陕西社会发展报告
（2010）

ANNUAL REPORT
ON SOCIETY OF SHAANXI
(2010)

主　编／杨尚勤　石　英　江　波

社会科学文献出版社
SOCIAL SCIENCES ACADEMIC PRESS (CHINA)

法律声明

主要编撰者简介

杨尚勤 陕西省社会科学院党组书记、院长，教授，马列主义理论教育专业社会主义文化研究方向博士生导师。主要研究方向为中国特色社会主义理论、思想政治教育前沿理论、文化管理与文化产业、网络文化、企业文化。主编及主著书籍10余部。

石　英 陕西省社会科学院副院长，研究员。主要研究方向为人口社会学。著有《陕西人口与人力资源开发》、《西安城市社会问题研究》、《贫困对教育的呼唤》、《贫困对健康的呼唤》、《新人才观与陕西人才强省战略研究》等著作。

江　波 陕西省社会科学院社会学研究所所长，研究员。主要研究方向为社区发展、社会性别、参与式研究方法。出版专著：《社会学的新视野》、《走向社会关怀——兰州市民主观社会指标调查》、《社区的历程——社会性别与发展的本土经验》、《农村社会工作——实践与反思》等。

中文摘要

本年度编辑出版的陕西社会发展蓝皮书将继续秉持“贴近热点、启发思考”的工作理念，以描述现状，呈现问题，提出建议，服务决策为内容梗概，为试图了解陕西社会发展不同领域状况的社会各界人士提供一系列实时的数据、深入的解释和严谨的建议。概括来看，“一个主体、四个支点”构成了本书的具体内容架构。“一个主体”是指极具概括力的“年度总报告”《2009～2010 年陕西社会形势分析与对策》。“四个支点”则为“年度热点、民意调查、区域发展和专题研究”四大版块。这些基本涵盖了一年来陕西社会领域发生的“焦点、热点和难点”问题。

作为开篇的《2009～2010 陕西社会形势分析与对策》，一方面回顾了 2009 年陕西社会发展取得的成绩，另一方面展望了 2010 年的发展前景。“年度热点”栏目着重放在内需增长、医疗改革、社会工作发展、大学毕业生就业创业、事业单位人事制度改革，以及网络舆情等本年度社会关注高的主题。“民意调查”属于本书的特色内容，基本围绕当年的热点话题开展实证调查研究。2009 年则紧扣社会舆情、公众社会文化价值观、公众对“民生八大工程”、社会保障政策及状况、社会诚信状况的评价等，有效发挥了本地民意舆情的风向标作用。“区域发展”专题，与陕西的区域定位密切相关，西安作为陕西/关中核心型城市，有三篇不同类型的研究报告予以关注，而“关中—天水经济区”社会发展研究报告的及时撰写为我们深入理解《关中—天水经济区发展规划》提供了较好的注脚。更多的内容集中在专题研究栏目中，既有宏观战略思考型问题，例如陕西建设西部强省的对策研究，也有大家一直关注的课题，如发生在农村领域的一系列问题，还有包括教育、交通、职业病、律师行业等其他主题的研究思考。另外，陕西社会发展关键词业已成为梳理陕西年度社会发展脉络的关键性参考资料。

Abstract

Blue Book on Society of Shaanxi 2010 was developed continuously adhering to the edit idea of "Approaching hot spots and enlightening new ideas". It takes the current situation describing, problems presenting, suggestions offering and services decision-making as outline of contents. The book is supposed to provide all walks of life who wants to gain information on different fields of Shaanxi social development with a series of timely data, in-depth explanation and specified suggestions. Generally speaking, the details of the book is structured with "one principal part" and "four pivot points". "one principal part" is "General Report: *Analysis of Shaanxi Social Situation in 2009 - 2010 and Suggestions*", and the "four pivot points" refer to the four columns of "Yearly Hot Spots", "Public Opinion Survey", "Regional Development", and "Special Topics Research". These columns basically cover the focus, hot and difficult social issues of Shaanxi in the last year.

As the first article in the book, "Analysis of Shaanxi Social Situation in 2009 - 2010 and Suggestions" reviews the achievements of Shaanxi social development in 2009 and presents the perspective for 2010 as well. The column of "Yearly Hot Spots" focuses on the topics which drew high attention of the society in the current year, like expanding domestic demands, medical reform, social work development, employment and innovative undertaking of college students, personnel system reform of institutions, as well as online public opinion, etc. "Public Opinion Survey" has been the feature of the blue book. It collects different empirical survey reports on yearly hot social issues. In this year, it takes public opinion, social and cultural value of the public, public comments on "the Eight Projects of People's Livelihood", social security system and its current development and public comments on social accountability, etc. as emphasis of research. It effectively reflects the current public opinion in Shaanxi. "Regional Development" is closely connected with region orientation of Shaanxi. As the central city of Shaanxi/Central Shaanxi, Xi'an was given great attention by three different types of research reports. Fortunately, the "*Research Report on Social Development in Central Shaanxi-Tianshui Economic Zone*" was completed in time, which provides us with helpful information and deepens our understanding on the Development Planning of Central

Shaanxi-Tianshui Economic Zone. Of course, more contents are covered by the column of "Special Topic Research". Among these topics, some are strategies research at macro level, for instance, "*Research in Shaanxi's Strategies of Becoming a Great Province in West Regions*", some are social issues in rural areas, and others are separate topics like education, transportation, occupational diseases, lawyers' profession, etc. Additionally, "Key Words of Shaanxi Social Development" has become important reference materials for gathering the yearly social development course in Shaanxi.

目 录

总 报 告

年 度 热 点

民 意 调 查

区域发展

专题研究

附　录

CONTENTS

General Report

Yearly Hot Spots

Public Opinion Survey

Regional Development

Special Topics Research

Appendix

总报告

GENERAL REPORT

2009～2010年陕西社会形势分析与对策

陕西省社会科学院课题组*

2009年，陕西通过“保增长、扩内需、调结构”等一系列措施，积极应对国际金融危机，经济快速回升。同时，继续加大对社会事业发展的投入，改善民生，并发挥自有优势，努力提高社会管理水平，积极应对诸多影响社会稳定的因素。社会建设取得重大进展，整个社会保持基本稳定、和谐发展态势。

一 2009年陕西社会经济发展基本状况

（一）经济继续保持平稳较快发展，加强财政对民生的支持力度

2009年，面对严重的国际金融危机，陕西通过全力确保工业经济增长、加

---

* 课题组长：石英，陕西省社会科学院副院长、研究员；副组长：杨红娟，陕西省社会科学院社会学研究所副研究员；成员：方海韵，陕西省社会科学院社会学研究所研究员；张春华，陕西省社会科学院社会学研究所助理研究员；聂翔，陕西省社会科学院社会学研究所助理研究员。

快产业结构调整、加强重点项目建设步伐等一系列有效措施，最大可能消解了金融危机对陕西经济发展的负面影响。加之国家保增长、扩内需政策效应的不断显现，陕西省经济逐步扭转了年初的不利局面，下半年工业生产持续回升，固定资产投资增势强劲，消费市场稳中趋旺，保持了平稳较快的发展势头。前三季度数据显示，陕西省累计实现地区生产总值5097.06亿元，同比增长12.9%。居全国第3位，比2008年同期和全年的排名提升10个位次；财政收入高速增长，总收入完成1033.82亿元，同比增长21.5%。

城乡居民收入稳定增长、居民消费价格平稳，人民群众生活水平不断提高。前三季度，陕西城镇居民人均可支配收入突破万元，达10711元，同比增长11.3%，增速保持全国前列（上半年陕西城镇居民人均可支配收入增长13.4%，增速位居全国第一），居民生活质量持续改善。农村居民人均纯收入3193元，增速为12.0%，略高于城镇居民可支配收入增速，但相比2008年，增速放缓。

居民消费价格总水平增长远低于上年水平。前三季度，陕西居民消费价格总水平累计上涨0.2%，其中，城市下降0.4%，农村上涨1.6%。全省社会消费品零售总额增长较快，1～10月，完成2184.91亿元，同比增长19.3%，高于全国4个百分点。说明金融危机对陕西居民消费信心影响较小，消费势头趋旺。

经济的平稳较快发展为陕西社会发展和社会稳定提供了坚实的物质基础。财政对各项社会事业投入增速不断加快，对改善民生的支持力度进一步加强，数据显示，前三季度财政支出1060.46亿元，增长36.9%，其中，医疗卫生增长92%、环境保护增长51.7%、交通运输增长52.3%、农林水事务增长45.8%、文化体育与传媒增长41.3%。

（二）就业问题得到全社会的高度重视和支持，就业形势好于预期

面对严峻的就业形势，陕西省各级党委、政府和有关部门采取各种措施应对金融危机带来的就业压力，重点关注返乡农民工、大学生、下岗失业人员、妇女等需要就业的群体，相继出台了应对金融危机、稳定和扩大就业的一系列政策措施，并落实目标责任，开展就业工作专项督查，保持了就业形势的基本稳定。

2009年初，相关部门加强了对返乡农民工的动态监控，在全省劳务输出重点地区的4市8县设立农民工返乡监测点，同时各市县驻外劳务输出办事机构通

过协调工作争取沿海不裁减和少裁减本省务工人员，并引导农民工寻求新的打工地点，从而最大限度地减少了农民工的回流。对已返乡的农民工，组织动员和利用社会各种培训资源，强化农民工技能培训和职业教育，通过农村劳动力技能就业计划、阳光工程、农村劳动力转移培训计划、科技培训计划、雨露计划等培训项目的实施，对贫困农民工实行“四免一补”（免培训费、职业介绍费、技能鉴定费和单程交通费，并给予一次性生活补贴）等扶持政策，全面提高农民工的择业竞争能力。对农村劳动力进行转移培训，鼓励和支持农民工返乡创业，小额担保贷款中有30%用于农民工创业，每人贷款额度最高可达8万元。1～10月，全省接受职业技能培训的农民工达125.7万人，其中取得国家职业资格证书的农民工达24.4万人。这些措施的有效实施，使农民工严峻的就业形势得到缓解，农村劳动力转移的规模继续扩大。

为减缓金融危机对大学生就业的影响，陕西采取了减轻企业负担、实施特别职业培训计划、开展就业服务系列活动等措施。政府相关部门通过组织高校毕业生现场招聘会和网络招聘会，2009年1～10月，为应届高校毕业生组织专场大型招聘会160多场，提供就业岗位13万多个。截至6月底，全省应届高校毕业生签约率近80%，高于全国68%的平均水平。通过扩大机关事业单位招录（聘）规模、实施“农村基层人才队伍振兴计划”等措施，引导大学生到基层从医从教，共为基层选派高校毕业生23680人。对困难家庭、地震灾区高校未就业的毕业生进行就业帮扶，对到基层就业的高校毕业生给予岗位补贴和社会保险补贴。

同时，各级政府通过“五缓、四减、三补贴、两协商”政策，降低社会保险费率和延缓企业缴纳社会保险期限等方法为企业降压减负，帮助生产经营困难的企业渡过难关，避免大规模裁员，并积极支持劳动密集型中小企业发展以实现扩大就业。至9月底，因降低费率企业少缴社会保险费9733万元；有251户企业缓缴社会保险费4452万元；472户企业运用12527万元失业保险基金稳定就业岗位，涉及职工7.2万人。

这些政策的有效实施，缓解了陕西的就业压力，1～10月，全省城镇新增就业32.8万人，完成全年目标任务的109.4%，同比增长3.5%，扭转了年初新增就业下滑的趋势；10月底城镇登记失业率为3.97%，与2008年同期基本持平；全省农村劳动力转移就业623.2万人，其中，在省外就业314.1万人，完成全年目标任务560万人的111%，同比增长约9%。全省新增小额贷款12.1亿元，完成年任务的151%；直接扶持个人创业24001人，带动就业62818人。自主创业实现跨越式发展，成为扩大就业新的增长点。总的看，就业局势基本平稳，情况好于预期。

（三）各项社会事业加快发展，民生“八大工程”效应逐渐显现

1. 社会保障制度更加完善，覆盖面持续扩大

养老保险制度得到进一步完善，在城镇职工养老保险比较完善而成熟的基础上，农村新型养老保险制度在宝鸡2007年7月首先试点，2008年又进一步扩大了试点范围。2009年，经省政府同意，宝鸡在全市全面推行新型农村社会养老保险。11月份国家审批同意陕西11个县（市、区）参加国家试点。同时，在国家试点县的基础上，省政府拟将国家和省级试点县扩大到45个，所需资金由省、县财政按一定比例给予分担。截至目前，全省参保人数达到153万多人，其中领取养老金人数达到35万人。

地处塞北的榆林市在2009年5月出台了《榆林市城乡居民社会养老保险试行办法》，凡具有该市各县区户籍，居住满5年以上且年满18周岁的城乡居民，未纳入其他社会养老保险的均可参加城乡居民养老保险。这一办法的出台，标志着覆盖榆林市所有城乡居民的社会养老保险制度得以确立，率先在陕西实行城乡统筹的社会养老保险制度，开创了陕西乃至西部的统筹城乡居民养老保险，也为经济较发达地区建立覆盖全民的社会养老保险提供了有益的经验。截至2009年9月底，榆林市参保人数已达14万人，领取养老金人数达到5.7万人。

基本医疗保障水平进一步提高，覆盖面扩大。2009年陕西提高了城镇职工医保统筹层次，西安、宝鸡等4市启动了城镇职工医保市级统筹。为了提高城镇职工医保参保率，将关闭破产企业的退休人员和困难企业职工纳入城镇职工医保，全省城镇职工医疗保险参保率达到95%以上。扩大了城镇居民医保范围，提高了城镇居民医疗保险的参保率，从9月1日起，西安市已将区域内的大学生全部纳入城镇居民基本医疗保险范围，涉及人数约65.8万。同时提高了全省医疗社会保障水平，各市、区的居民医保财政补助标准达到人均每年不低于80元。各地城镇职工医保和城镇居民医保统筹基金的最高支付限额，将分别提高到不低于当地城镇职工年平均工资、居民可支配收入的6倍左右。

继续提高工伤保险待遇标准。根据全省职工平均工资增长和经济社会发展实际，为保障工伤职工及工亡职工供养亲属的基本生活，2008年陕西大幅度调整提高了工伤职工工伤保险待遇，2009年再次调整和提高了待遇标准，伤残津贴每人每月增加100～150元。

修改了《陕西省〈失业保险条例〉实施办法》，将失业保险费征收标准由3.5%降至3%。在这3%中，单位缴纳失业保险费（参加失业保险的用人单位和职工个人依照失业保险缴费比例按时缴纳的费用）比例由原来的2.5%下调至2%，个人缴纳比例不变，仍为1%，单位缴纳金额的减少不会降低失业人员失业保险金（失业保险经办机构按规定支付给符合条件的失业人员的基本生活费用，它是最主要的失业保险待遇）的标准。

加强劳动关系的调整。按照相关法律法规和《陕西省用人单位重大劳动保障违法行为社会公布试行办法》的规定，对有拖欠劳动者工资、支付劳动者低于当地最低工资标准等违法行为的用人单位，人力资源社会保障行政部门通过网站、公共就业服务机构、新闻媒体向社会公布其违法行为。

2. 医疗卫生体制改革得到加强，全面促进基本公共卫生服务均等化

2009年，陕西重点推进公共卫生服务均等化，并以重大项目带动公共卫生服务均等化的全面发展。一年中，先后出台《关于促进基本公共卫生服务逐步均等化的意见》和《陕西省基本公共卫生服务均等化项目指导方案（试行）》，规范了陕西基本公共卫生均等化的运行和实施。提出建立和完善公共卫生服务、医疗服务、医疗保障、药品供应保障四大体系，以及加强医药卫生管理、投入机制、医药价格形成机制等八个方面的制度建设，以达到2011年实现基本医疗保障制度全面覆盖城乡居民、建立完善的基本药物制度、城乡基层医疗卫生服务体系进一步健全、基本公共卫生服务得到普及、公立医院改革试点取得突破的基本公共卫生服务均等化目标。

为贯彻落实国家深化医药卫生体制改革工作的具体措施，启动了一批基本公共卫生服务项目，包括针对全体人群的公共卫生服务、针对重点人群的公共卫生服务、针对疾病预防控制的公共卫生服务等三大类，涵盖了儿童保健、孕产妇保健、老人保健等十项内容。特别是在国家已有的公共卫生服务三大类九项的基础上，陕西省又多增加了一项，即为城乡65岁以上老人免费体检。为此，省财政厅、省卫生厅下达专项资金8.06亿元，用于2009年全省城乡居民基本公共卫生服务补助，使陕西城乡居民基本公共卫生服务经费人均达到 21 元，这一补助标准高于全国的不低于 15 元的目标，在西北地区列第一位，同时城乡补助标准一致；基本公共卫生服务补助资金的下达，标志着陕西在落实城乡居民免费获得基本公共卫生服务方面迈出了实质性步伐，对促进基本公共卫生服务均等化将起到积极推动作用。

3. 义务教育均衡化发展加快推进，职业教育服务经济社会能力增强

2009 年，陕西通过积极实施国家和本省重大教育投入项目，特别是通过农村寄宿制学校建设项目、农村义务教育生活设施改造项目、中小学条件装备项目、普通高中建设项目、中小学教师周转房建设项目、初中校舍改造项目等，农村中小学办学条件得到了较大改善，加快了推进义务教育均衡发展的步伐。为改善中小学生的营养结构，提高青少年健康水平，2009 年秋季，在全省中小学生中倡导实施了“蛋奶工程”，“蛋奶工程”已覆盖全省义务教育阶段 6432 所学校的 85 万名学生。

在职业教育方面，2009 年将轨道交通、软件服务外包、动漫、旅游和装备制造等五大新兴产业，列入民生“八大工程”的职业教育项目，成为未来大型专业化的“技能型人才培育摇篮”，以提前化解这些行业未来发展中可能出现的“高素质技能人才用工荒”。同时启动的县级职教中心和职业技术学校项目顺利实施，全省近 700 位中等职业学校老师接受了专项培训；4 万多人次接受了与地区经济发展需求紧密相关的短期技能培训，就业能力大大增强，中等职业教育成为农村青年就业的重要途径，在快速发展的基础上继续取得重大进展，形成了大规模培养高素质劳动者和技能型人才的能力，服务社会经济发展的能力大幅增强。

4. 民生建设力度加大，民生“八大工程”效应初现

2009 年是陕西实施民生“八大工程”极为关键的一年。面对金融危机，中央出台了一系列扩大内需、促进经济增长与改善民生紧密结合的新政策新措施，为进一步实施民生“八大工程”创造了良好的机遇。陕西各级政府也加大了投入，2009 年陕西省民生“八大工程”实施方案确定了总投资 403.72 亿元、73 类、37140 个民生工程项目，其中十大重点项目包括：职业教育项目 148 个，投资 6.75 亿元；劳动力市场建设项目 20 个，投资 3.2 亿元；农村五保供养服务机构建设项目 110 个，投资 2.08 亿元；城镇居民基本医疗保险计划参保人数 440

万人，投资3.39亿元；廉租房保障项目307个，投资36.03亿元；解决16.32万人的农民安居工程，投资13.32亿元；解决220万人的农村饮水工程，投资11.64亿元；广播电视村村通工程1.86万个，投资1.75亿元；信息入村工程8000个，投资4000万元；城乡社区服务体系建设工程3类1952个，投资8.09亿元。数据显示，1～7月份，上述投资计划资金到位、完成投资情况均如期推进，运行良好。与此同时，陕西加大争取中央扩大内需项目的投资力度，四批新增投资已下达本省民生项目3503个，总投资1023670万元，其中中央投资538448万元。目前国家和本省资金已下达，到6月底，中央扩大内需项目已完成投资360944万元，占总投资的36.26%，已开工项目2245个，占项目总数的64%；已完工775个，占项目总数的22%。

与2008年比较，2009年的民生“八大工程”取得了更大的成就。首先表现为投资幅度的增加，2009年比2008年实际投资增加了73亿元，增长了22%。同时投资方案也得到了进一步优化，在2008年实施的基础上，不断总结经验，进一步整合资源，加大统筹，突出重点，既确保既定目标任务完成，又逐步扩面提标，各项事业费补助标准大幅提高，并更加倾向农村。将农村中小学公用经费进一步提高，小学生人均提高到350元/年（含取暖费）、初中生人均提高到550元/年（含取暖费）；医疗救助筹资水平城市提高到137元/人，农村提高到129元/人；五保供养事业费、优抚事业床位费、农村最低生活保障水平分别增加216元/人/年，36元/人，16元/人/月，确实提高了城乡公共事业发展水平。在民生工程项目管理上，总结了前两年的经验与教训，力求更加规范。各市政府均制定了民生“八大工程”管理工作考核办法，严格按照实施方案分解任务，与各县区和市级部门签订了目标责任书，并出台了相关的管理措施。宝鸡市民生办还专门研发了民生“八大工程”项目管理系统，为民生项目管理工作提供了信息化管理平台，使民生项目管理更加规范。

“八大工程”的有效实施，使得陕西各项事业覆盖面进一步扩大，城乡社会保障、教育、医疗卫生事业均衡发展，民生取得很大改善，城乡人民群众得到更大实惠。

（四）探索建立社会稳定机制，社会形势基本稳定

国际金融危机和全球性经济衰退的冲击及其造成的损失，引致一系列不利于

社会稳定的因素交织在一起，给陕西社会和谐稳定带来新的压力，同时以民生问题为主体的社会矛盾更加突出。在新形势下，城市拆迁、环境污染、社会保障、劳动就业等问题引发的矛盾不断增多，人民内部矛盾已由传统的民间纠纷转变为以民生问题为主体的新型矛盾纠纷。2009 年，陕西在开展领导干部大接访的基础上，进一步搞好信访工作，健全矛盾纠纷排查化解机制。

在维稳机制建设上，全省各级政府着力建设社会稳定风险评估机制，对事关人民群众切身利益的重大决策、建设项目、改革措施都提前做出社会稳定风险评估报告，特别是针对企业改制、征地拆迁、复退军人安置、大学生就业、资源开发、环境保护、投资融资、农村土地林地经营权流转、社会劳动保障等方面的重大决策和重大项目；评估内容包括重大项目的可行性、群众的理解和支持程度、环保安全，以及企业改制重组的法律政策依据、入主企业的资信状况、职工安置方案的合理性等。为坚决否决污染重、损害群众利益的决策和项目提供了制度保障。这一机制的建立，可以对社会稳定风险进行先期预测，先期介入，从源头上预防和减少不稳定因素。同时建立大中型企业人民调解组织，预防和化解企业职工间的矛盾纠纷；陕西省律师协会正式成立“三农”法律事务专业委员会，探索建立律师服务“三农”的有效机制，也意味着向农民、农业、农村切实延伸的法律服务在陕西地区开始步入专业化、制度化轨道。这些制度的建设为维护城乡社会正常生产生活秩序和社会稳定发挥积极作用。

2009 年，全面落实政府对安全生产的监管责任和企业的主体责任，陕西安全生产状况继续保持总体稳定、趋于好转的发展态势，绝大多数行业和地区安全生产水平明显提高，生产安全事故起数和死亡人数同比呈下降趋势。1～10 月，全省共发生各类生产安全事故 8351 起，同比减少 2079 起，下降 19.93%；死亡 1591 人，同比减少 378 人，下降 19.20%。危险化学品生产企业未发生生产安全事故。道路交通、铁路交通、煤矿、金属与非金属矿、建筑施工行业发生事故的起数和死亡人数同比明显减少。火灾及燃放烟花爆竹事故死亡人数同比有所增加。治安形势基本稳定，2009 年陕西继续开展“平安陕西”创建活动，改善和加强城乡社区警务工作，切实提高人民群众的安全感。上半年公众对社会治安的满意率达到 90.25%，比 2008 年同期提升近 1 个百分点，连续第 8 年保持上升势头。

注重网络舆情，完善社会管理。陕西政府、人大、政协等通过网络建设，推进政务公开，与社会各界进行积极的网络互动。2009年，陕西省政府网站成功利用网上建议提案办理系统，实现了建议提案网上交办、网上答复、网上评价；省政府门户网站增设了《舆情反馈》栏目，重点关注新闻媒体有关陕西经济社会发展重点、难点、热点问题的报道，及时反馈有关方面对这些问题的调查处理情况；"网上信访"的完善，取得比较满意的效果。这些措施搭建了政府和社会大众之间快捷有效的信息沟通平台，完善了公众参与和监督渠道，促进了各级政府不断提高依法行政水平。

二 陕西社会建设中面临的主要困难与挑战

虽然2009年陕西对解决各种重大民生问题的力度空前加大，但是，在社会发展和社会管理中依然面临一些困难与挑战。

（一）充分就业依然是陕西社会和谐发展的难点问题

就业是民生之本。充分就业，就是在市场经济条件下，通过政府与市场的共同作用，所达到的社会成员人尽其才、才尽其用、能位相适、合理分配的一种相对优化的就业状态。2009年，陕西一方面存在就业刚性需求大，供需矛盾突出，当年的应届高校毕业生、往届未就业高校毕业生、失业农民工、农村新增劳动力、城镇失业人员、国企改革中新增的失业人员总计超过100万人，而全省每年能够提供的就业岗位只有30万个，就业岗位缺口在70万个左右。另一方面，由于金融危机对部分企业的影响，也存在失业人员和隐性失业人员增加的问题。特别是大学生就业问题成为一个倍受社会关注的问题。作为一个高教大省，陕西2009年高校毕业生人数创历史新高，总数达28万人，比2008年增加了3万余人。受国际金融危机影响，部分行业和企业经营困难，就业岗位流失，社会吸纳就业能力明显下降，使2009年的大学生就业形势更加严峻。

隐性失业和失业人员特别是青年学生就业难的问题，容易引发一系列的社会问题，成为影响社会和谐发展的重要因素。一方面，由于受社会阅历的影响，很多学生的心理承受力较差，尤其是一些学生读大学需举全家的力量，其对就业有更多的期待。而难以就业，不仅自己陷入困境，也难以回报家庭。他们容易产生对社会的不满情绪，并由此影响家人、亲戚和朋友，从而对现行政策和社会现状产生不满情绪。另一方面，部分农村大学生由于不能及时就业，居无定所，在社会盲目乱撞，沦为新的弱势群体，甚至有的走上犯罪道路，现今很多传销组织中的大学生都是急于找工作而成为牺牲品。同时青年人精力旺盛，对社会批判力强，如果因失业而生活无着，或未能有效引导，无论在实体层面还是思想文化层面，都会对社会的稳定造成负面影响和冲击。因此，社会各界必须重视这一问题。

（二）城乡居民收入比较低，制约着陕西消费水平的提高

城乡居民消费需求的巨大潜力，为扩大内需提供了可能。但陕西居民消费方面存在消费率低的问题，2009 年城乡居民消费倾向（即收入中用于消费的比重）总体呈下降趋势。与此同时，存款增幅连年高于消费增幅，大致是消费增速的 2 倍以上，居民增加的收入只有少量用于即期消费，更多的则是用来储蓄。在影响消费水平的主要因素如收入、消费环境、社会保障等因素中，城乡居民家庭收入是影响消费的决定性因素，是消费的前提和基础，因而也是保证人民生活水平提高的关键。

陕西城乡居民收入的低水平是制约消费、扩大内需最重要的原因。近年来，虽然城乡居民收入有了很大的提高，但横向比较陕西城乡居民收入水平在全国一直处于落后的水平，排名一直在后几位徘徊，这几年甚至有同全国平均水平差距拉大的趋势。纵向比较，人民实际收入水平增长速度也低于陕西 GDP 和地方财政收入增长速度。统计数据显示，陕西 GDP 总量一直维持在全国第 20 位左右，而城乡居民收入水平一直徘徊在全国 24～26 位之间。城镇居民收入低的主要原因在于城镇居民过多依赖于工资性收入，2008 年，全省城镇居民人均工资性收入占居民家庭总收入比重为 70.7%，比 2000 年提高了 5 个百分点，继续保持着收入构成的主导地位。转移性收入为陕西城镇居民的第二大收入来源，2008 年，陕西城镇居民转移性收入比 2000 年增长 124.0%，年均递增 10.6%，低于可支配收入 1.6 个百分点，但其总额仍占家庭总收入的第二位。在农民收入中，陕西省农村家庭经营性收入比重由 1990 年的 78.1% 降到 2007 年的 50.9%，而工资性收入则由 1990 年的 16.6% 上升到 2007 年的 39.1%，并有继续上升的趋势，工资性收入不仅在农民收入中的重要性日益增加，而且农民收入的增长主要依赖工资性收入的增加。经营性收入和财产性收入在家庭收入中所占的比重还有待进一步提高。经营性收入和财产性收入在陕西居民收入中所占比例很小，拉动力很

弱。表现出城镇居民收入对政策性调资的依赖性较强的特点。而陕西工资水平在全国比较起来一直处于较低水平，增长缓慢，对居民收入影响较大。

（三）社会政策有待进一步完善

社会政策是指以公正为理念依据，以解决社会问题，保障社会安全，改善社会环境，增进社会福利为主要目的，以国家的立法和行政干预为主要途径而制定和实施的一系列行为准则、法令和条例的总称。近年来，陕西以社会保障为主的社会政策体系不断完善，在社会建设中更加重视经济社会协调发展、不断加大社会建设投入、积极创新社会政策和不断提高公共服务能力等。

但社会政策体系仍需进一步完善。城乡统筹的社会保障、促进就业、农民和农民工权益保障、鼓励企业参与公益事业、住房保障、环保等的立法体系还不健全，立法滞后。社会保险、社会救助、社会福利、慈善事业等社会保障体系组成部分没有有机衔接，覆盖面小，大量社会成员未能进入社会保障体系，稳定的社会发展投入机制没有形成。鼓励和引导社会组织积极参与社会管理的政策没有发挥应有的效力。另外现有的促进就业及住房建设等方面的政策也没有完全落实，影响陕西社会发展中一系列难题的彻底化解。

现有的社会保障制度中，不同群体实行的不同社会保障政策，导致不同参保人群的待遇存在较大差别；城乡居民养老保险未形成完善的政策体系，医疗保险统筹层次低，农民工社会保障和社会融入政策缺乏，农民工不但处于市场和社会的边缘地位，而且他们也处于社会保障的边缘地位，与他们所在的城市居民相比，他们缺乏城市的社会生活，是“局外人”，而农民工的实际情况又迫切需要社会保障来维护其基本权益。

（四）社会组织发育不足，社会作用发挥有限

社会组织是公共管理中不可或缺的主体，它们可以成为政府社会管理职能转变的承接载体，是政府同市场及社会联系的桥梁或中介；它们能够以灵活的方式满足不同层次多样化的公共需求，减少政府的压力，缓解社会矛盾，提高公共事务的管理效率和公共服务的供给效能，促进社会公平。同时也可以通过社会组织，形成上下互动的社会管理机制。到2008年底，陕西全省已登记社会组织共有10618家，其中社会团体5983家，民办非企业单位4609家，基金会26家，以

及大量的社会组织分支（代表）机构，已基本形成了以服务经济社会发展为核心，与经济社会发展水平基本相适应的社会组织体系，在推动经济发展、社会进步、维护社会稳定和构建和谐社会方面发挥着越来越重要的作用，成效显著。但陕西省社会组织的发展依然存在不足，作用发挥有限。多数领域的民间组织，尤其是行业协会、农村专业经济协会和社区、公益性民间组织的规模小、数量少、服务社会的功能弱，一部分组织法制观念淡薄，缺乏社会公益、社会服务、社会诚信和自觉接受社会监督意识；少数民间组织存在有不正当营利行为，社会形象差，公信度不高；部分社会团体职能定位不准确，官办色彩浓厚，“政社”不分，同时由于管理的缺位和不规范，致使不少经济组织无序发展，影响了社会组织发展的正常秩序，制约了社会组织的又好又快发展。总之，陕西省社会组织整体质量不高，难以成为政府职能转移的载体，在构建社会主义和谐社会的过程中，没有充分发挥出政府与社会的协调作用。

基层自治组织主要为城市的社区居民委员会和农村的村民委员会。基层自治组织和相关政府组织、政党组织以及各种非政府组织之间的关系还没有理顺，使其参与社会管理，协调利益、化解矛盾、排忧解难的社会功能难以发挥。政府相关部门对一些新兴组织的管理还没有实现规范化和制度化，各种组织力量没有整合，影响了城市社区组织作用的发挥。特别是陕西的一部分农村自治组织村委会还比较薄弱，少数基层组织软弱涣散，个别基层组织名存实亡，甚至被流氓恶势力所把持，导致一些农村基层组织丧失了公信力。农村基层自治组织的缺失和薄弱成为农村社会管理薄弱的主要原因。

三　2010 年陕西社会发展的展望与对策建议

2010 年由于经济环境中不确定不稳定因素存在，陕西将面对民生改善、社会稳定等方面的新的问题，但关中－天水经济区规划的批准实施也为陕西社会发展提供了良好的机遇。

（一）着力提高城乡居民收入，刺激和扩大陕西内需应成为政策着力点

2010 年陕西经济社会发展最重要的是保增长，在投资、消费和出口的三大

重要方面，消费的稳定性最强、持续性最好，是推动经济持续快速健康发展的重要动力。因此扩大消费成为应对国际金融危机、实现保增长的重要手段。但城乡居民收入低严重制约着陕西的社会消费，2008年，陕西社会消费品总额占GDP的比重仅为32.92%，低于全国平均水平。因此着力提高城乡居民收入，成为刺激和扩大陕西消费的重要手段。

对于陕西来说，从2009年已经将“三农”工作的重点放在了增加农民收入上。紧扣农民增收的2009年陕西省政府“1号文件”《陕西省实施七大工程促进农民增收规划纲要（2008～2012年)》正式对外公布，提出通过实施粮食单产提高工程、果业提质增效工程、百万亩设施蔬菜工程、畜牧业收入倍增工程、区域性特色产业发展工程、农村劳动力转移及农民创业工程、县域工业化工程等七大工程，到2012年实现全省农民人均纯收入5000元的目标。这是陕西省未来五年农业发展的纲领性文件，为提高农民经营性收入、工资性收入各方面都制定了具体的措施，为陕西农民增收、农业发展指明了目标和方向。关键是将这个规划纲要落到实处，为此应建立规划纲要的评估监测体系，定期对其实施情况进行绩效评估，监测阶段性目标的实际效果，及时总结经验，发现问题，并进行国内、省内农民增收经验的互相交流，寻找更多适合陕西不同县域、不同产业结构的具体措施和方法，通过政府的投入，发挥更大的效益，切实促进农民增收。

针对农民收入中工资性收入的日益重要，而且农民收入的增长主要依赖工资性收入的增加的现实，增加农民家庭工资性收入，应从降和升两个渠道为农村劳动力的转移提供良好的政策环境。一方面，降低农民进城就业的门槛，为外出打工创造良好的政策环境，建立规范的劳务输出中介组织，加强劳动力市场的管理，取消不合理的收费；另一方面，在提升农民务工能力的培训中，注重针对性、实效性，对此项工作的考核不应仅停留在培训的人数上，而是要考核通过培训对进城务工农民的就业率和工资收入的提升上，推进农民工培训的健康运行，真正发挥培训对提高农民工收入的作用。

进一步加快建立和完善农村社会保障制度，通过建立农村养老保险制度、完善新型农村医疗保险制度和最低生活保障等，加大对农村的社会保障投入，增加农民的转移性收入。

针对城镇居民收入对工资收入依赖较高的特征，应加快收入分配制度改革，以工资改革为核心，提高劳动所得在初次分配中的比重。建立职工工资正常增长机制，使职工工资随经济效益提高及其他有关因素变化而相应地得到协调、合理、持续制度化的增长，体现政府进行社会管理实现社会公平的职责，使普通职工能够共享社会经济发展成果。这就要求根据陕西经济发展状况、生活消费水平，不断调整最低工资标准；同时完善企业工资指导性制度，以实现职工工资正常、适度的增长，调动职工积极性，增强企业竞争力，促进劳动力市场均衡。

同时要通过金融、税收、培训等措施，激励城乡居民投资创业，发挥创业带动就业的倍增效应，加快非公有制经济快速发展，让更多的城乡居民成为投资者，增加财产性收入。

（二）抓住机遇，促进陕西民生发展

2009 年国务院批准的《关中－天水经济区发展规划》，对陕西经济社会发展将会发生至关重要的影响。关中占陕西全省总人口的 62%，经济占 63%，关中对陕西来讲具有举足轻重的作用。规划不仅提出了这一区域发展的经济目标，也提出了社会发展的目标。这对陕西保持经济平稳较快发展，也对陕西社会和谐具有更为重要的现实和长远意义。为贯彻落实《关中－天水经济区发展规划》，人力资源和社会保障部与陕西省政府协商决定共同推进关中地区人力资源和社会保障事业发展与改革，并签署《备忘录》，提出双方在五个方面加强合作，一是加快推进统筹城乡的就业体系建设，在关中地区率先实现社会就业更加充分的目标。加快建立覆盖城乡的公共就业服务体系，以及覆盖城乡用人单位的劳动保障监察管理体制和劳动者职业培训体系；二是加快推进社会保障体系建设，在关中地区率先建立覆盖城乡居民的社会保障体系。进一步完善企业职工基本养老保险省级统筹制度，建立完善关中地区城乡一体化的医疗保险体系，率先实现关中地区新农保应保尽保，积极探索“五保合一”征缴机制；三是支持和指导陕西加快人才队伍建设，搞好领军人才和技能人才队伍建设，支持陕西设立博士后专项经费、建立博士后基地，积极引导鼓励高校毕业生和其他各类人才到农村基层工作服务；四是加大人力资源市场服务体系和功能建设力度，加快推进人力资源和社会保障信息化建设，大力推进西安留学人员创业园和杨凌示范区留学人员创业园建设，加快建设城乡统筹的就业和社会保障示范区；五是建立健全工作机制，定期通报部省合作情况。这使得陕西在社会事业发展中可以更多地得到中央从政策制定、项目配套、资金保障等方面的大力支持。为陕西社会建设、改善民生提供良好机遇。

陕西应该抓住时机，尽快出台实施意见、专项规划及具体政策，并与编制陕西“十二五”规划结合起来，深入开展调研，准确判断未来趋势，科学确定具体实施方案，明确目标任务和工作思路，制定切实可行的推进措施，加强监测使发展规划健康平稳运行。

通过规划的有效实施，统筹城乡基础设施、公共服务、劳动就业、社会管理等，逐步实现陕西基本公共服务均等化，形成城乡互促共进、以工促农、以城带乡的长效机制和行之有效的政策措施。这些机制的形成和政策措施的实施，将可以发挥关中在陕西的示范和带动作用，缓解困扰陕西的城乡居民收入较低、社会公共服务城乡差别较大以及就业形势严峻等社会和人民群众关注的焦点和热点问题，也可以提高公众信心，改善社会预期。从而进一步改善民生现状，促进陕西和谐发展。

（三）创新社会管理机制，进一步促进社会稳定

目前陕西社会形势总体稳定，但受国际金融危机影响，经济发展和就业面临的形势严峻，影响社会稳定的消极因素也明显增多，社会稳定形势遇到了前所未有的挑战。因此，创新社会管理机制，促进社会稳定应成为各级政府和职能部门工作的重点。

政府是社会管理的核心主体，必须进一步强化政府社会管理和社会公共服务的职能。通过各种方式促进各级政府工作人员充分认识社会管理的重要意义，明确陕西社会管理的思路和问题。完善社会管理的目标与政策，建立完善的监测社会管理指标体系，以利于完善社会政策体系。形成以人为本的社会管理理念，改变以行政手段为主的社会管理方式方法，提高社会管理者能力，以适应目前复杂的社会发展现实。

建立科学有效的利益协调机制，大力培育发展包括社团、行业组织和社会中介组织、志愿团体等在内的各类社会组织，充分发挥社会组织具有的利益表达、公共参与和社会协商功能，畅通表达渠道，使不同利益群体都有充分参与和表意的机会。

建立完善重大工程、重大项目、重大政策和重大问题的社会影响评估机制，在重大社会项目决定中，强化公众参与机制。建立健全社会舆情汇集和分析机

制，特别是要切实加强对网络舆情的监督，组织技术力量对网络舆情进行跟踪和提炼，及时归纳，提出应对措施，并根据网络舆情，有针对性地组织新闻发布活动，及时引导社会舆论。对群众和媒体反映的热点问题要做到及时反馈。

建立社会风险管理机制。针对突发性社会事件建立完善的预警系统；及时科学地评估社会突发性事件的风险源、征兆、危机征兆与危机发生之间的关系；根据评估结果确定社会突发性事件监测的内容和指标，并确定社会突发性事件预警的临界点；建立社会突发性事件预警系统的保障体系，以充足的人力、物力和财力支持其正常运行。

陕西“扩内需、促增长”领导干部问卷调查报告

中共陕西省委党校课题组*

为了应对全球金融危机对我国经济造成的冲击，各级政府必须在扩大内需、刺激消费、促进增长中发挥主导作用。中央政府审时度势，积极应对，快速出台了一系列以扩大内需为主基调的稳定和保持国内经济增长的政策措施。根据陕西的实际，省政府提出贯彻中央决策的八项措施，涵盖基础设施建设、优势重点工业项目、民生“八大工程”、县域经济发展、增加居民收入、灾后恢复重建、加大招商引资力度、财政金融等经济、社会建设的诸多方面。这八项举措不但着眼于拉动经济增长，更强调了夯实基础、保障民生，体现了扩大投资与优化结构并举的思路。既是解决当前问题的应急之策，更是促进经济社会持续发展的长远之计。“扩

* 课题组成员：宦杰，陕西省委党校副教授；苏振锋，陕西省委党校经济管理教研部副教授；柯淑娥，陕西省委党校经济管理教研部教授；谢青，陕西省委党校经济管理教研部副教授。

内需、促增长”成为2009年甚至今后数年经济工作的主调。为此，我们围绕这一主题开展了一项针对全省市县领导干部的问卷调查。① 本次调查共发放问卷450份，回收有效问卷400份。本报告依据调查结果由课题组成员共同完成。

（一）对中央“扩内需、促增长”措施的基本认识

为了解受访者对中央“扩内需、促增长”措施的基本认识，我们设计了6个问题。

1. 对国际金融危机发展动向的关注度

结果表明，“很关注”的有162人，占总人数的40%，从地区来看，“综合”的比重最高（49%），陕南的比重最低（28%）；“比较关注”的有218人，占总人数的55%；“不太关注”的有20人，占总人数的5%。“很关注”和“比较关注”的人数占95%，表明领导干部都很关注这次国际金融危机的发展动向（见表1）。

表1 受访者对这次国际金融危机发展动向的关注状况

单位：人，%

地区＼指标	很关注		比较关注		不太关注	
	人数	比重	人数	比重	人数	比重
综　合	42	49	43	50	1	1
关　中	56	47	53	45	10	8
陕　南	18	28	42	66	4	6
陕　北	46	35	80	61	5	4
合　计	162	40	218	55	20	5

2. 面对金融危机，受访者对“中国经济最坏的时刻是否已经过去”的评价

结果表明，认为“中国经济最坏的时刻已经过去”的有109人，占总人数的27%。从地区来看，陕南的比重最高（41%），关中的比重最低（24%）；认为“没有过去”的有121人，占总人数的30%；选择“很难说”的有170人，

① 先后对关中（西安、咸阳）、陕南（汉中、商洛）、陕北（延安、榆林）、综合（来自全省不同地区在陕西省委党校培训的主体班次）等地区共发放问卷450多份，回收有效问卷400份。其中，285名男性干部，35岁以下的154人，35岁以上的131人；115名女性干部，35岁以下的85人，35岁以上的30人。处级及处级以上干部84人，科级及科级以下干部316人。

占总人数的43%。选择“没有过去”和“很难说”的人数占73%，表明受访者对全国经济的持续增长持谨慎态度，同时也说明陕西经济发展在全国的滞后现状，直接影响了他们对全国经济形势的判断（见表2）。

表2　对中国经济最坏的时刻是否过去的评价

单位：人，%

地区＼指标	是		不是		很难说	
	人数	比重	人数	比重	人数	比重
综　合	26	30	21	24	39	46
关　中	24	20	49	41	46	39
陕　南	26	41	13	20	25	39
陕　北	33	25	38	29	60	46
合　计	109	27	121	30	170	43

3. 对“政府在‘扩内需、促增长’过程中应发挥的作用”的认识

结果表明，认为政府在“扩内需、促增长”的过程中应“发挥主导作用”的有343人，占总人数的86%，从地区来看，陕南的比重最高（94%），关中的比重最低（75%）；认为应“发挥一般作用”的有46人，占总人数的11%；选择“没作用”的有6人，占总人数的2%；选择“说不清”的有5人，占总人数的1%。选择前两项的占总人数的97%，表明受访者对政府在“扩内需、促增长”过程中作用的充分肯定（见表3）。

表3　对政府在“扩内需、促增长”过程中应发挥作用的认识

单位：人，%

地区＼指标	主导作用		一般		没作用		说不清	
	人数	比重	人数	比重	人数	比重	人数	比重
综　合	79	92	6	7	0	0	1	1
关　中	90	75	25	21	2	2	2	2
陕　南	60	94	3	5	0	0	1	1
陕　北	114	87	12	9	4	3	1	1
合　计	343	86	46	11	6	2	5	1

4. 对党中央提出“扩内需、促增长”十项措施的认知

结果表明，“不了解”的有70人，占总人数的18%，从地区来看，陕北的比重最高（25%），陕南的比重最低（6%）；“有所了解”的有274人，占总人数的68%；“很了解”的有51人，占总人数的14%。说明需要进一步加强对中央“扩内需、促增长”政策的宣传（见表4）。

表4　对中央提出“扩内需、促增长”十项措施的认知度

单位：人，%

地区＼指标	不了解		有所了解		很了解	
	人数	比重	人数	比重	人数	比重
综　合	20	23	48	56	18	21
关　中	13	11	93	78	13	11
陕　南	4	6	52	81	3	13
陕　北	33	25	81	62	17	13
合　计	70	18	274	68	51	14

5. 对拉动内需的理解

问卷设计了3个选项：居民消费、公共消费、很难说。结果表明，认为拉动内需主要是“居民消费”的有189人，占总人数的47%，从地区来看，关中的比重最高（53%），陕北的比重最低（41%）；认为拉动内需主要是“公共消费”的有192人，占总人数的48%；选择“很难说”的有20人，占总人数的5%。选择“居民消费”和“公共消费”的人数几乎相同（见表5）。

表5　对拉动内需的理解

单位：人，%

地区＼指标	居民消费		公共消费		很难说	
	人数	比重	人数	比重	人数	比重
综　合	45	52	39	45	2	2
关　中	62	53	51	42	7	5
陕　南	27	42	31	48	6	10
陕　北	55	41	71	55	5	4
合　计	189	47	192	48	20	5

6. 对政府拉动内需一系列政策效果的认识

结果表明，认为“还可以，但从根本上难以改变现状”的有119人，占总人数的30%；认为“较好，是有明显效果”的有218人，占总人数的55%；认为“很好，肯定会使我国顺利度过这次危机”的有63人，占总人数的15%。统计结果说明领导干部对中央拉动内需政策的认可和支持（见表6）。

表6　对政府拉动内需政策效果的认识

单位：人，%

地区＼指标	还可以		较好		很好	
	人数	比重	人数	比重	人数	比重
综　合	23	27	51	59	12	14
关　中	37	32	64	54	18	14
陕　南	15	23	32	50	17	27
陕　北	44	33	71	54	16	13
合　计	119	30	218	55	63	15

（二）对陕西“扩内需、促增长”措施的基本认识

围绕对陕西“扩内需、促增长”措施的基本认识，我们设计了4个问题。

1. 国际金融危机对陕西经济的影响

鉴于各地情况存在差异，要求受访者根据本地区实际情况回答。结果表明，认为影响“很严重”的有15人，占总人数的4%；认为影响“严重”的有125人，占总人数的31%；认为影响“一般”的有212人，占总人数的53%；认为影响“不大”的有48人，占总人数的12%。统计结果表明领导干部对金融危机对陕西的影响与最初的判断相同，因此要进一步评估金融危机对陕西的影响，以便采取相应的对策（见表7）。

表7　金融危机对陕西经济影响的认识

单位：人，%

地区＼指标	很严重		严重		一般		影响不大	
	人数	比重	人数	比重	人数	比重	人数	比重
综　合	4	5	29	34	46	53	7	8
关　中	3	3	25	21	72	61	19	15
陕　南	0	0	27	42	31	48	6	10
陕　北	8	6	44	34	63	49	16	11
合　计	15	4	125	31	212	53	48	12

2. 对省政府提出贯彻中央决策八项措施的了解度

结果表明，“非常了解”的有11人，占总人数的3%；“了解”的有162人，占总人数的41%；“不太了解”的有195人，占总人数的48%；“不了解”的有32人，占总人数的8%。选择“不太了解”和“不了解”的占57%，说明担负着一定领导责任的各级干部在贯彻省政府的决策上还存在思想认识上的差距，反映了一部分干部对陕西的发展缺乏信心，因此需要进一步统一思想认识（见表8）。

表8 对省政府提出贯彻中央决策八项措施的了解度

单位：人，%

地区＼指标	非常了解		了解		不太了解		不了解	
	人数	比重	人数	比重	人数	比重	人数	比重
综　合	2	2	50	58	30	35	4	5
关　中	1	1	37	32	70	59	11	8
陕　南	3	5	32	5	29	45	0	0
陕　北	5	4	43	33	66	50	17	13
合　计	11	3	162	41	195	48	32	8

3. 对省政府关于“扩内需、促增长”政策能够推动陕西实现经济发展方式转变，走上又好又快的科学发展之路的认识

结果表明，认为“完全可以”的有60人，占总人数的15%；认为“可能的”有234人，占总人数的59%；认为“不可能”的有16人，占总人数的4%；选择“很难说”的有89人，占总人数的22%。选择“不可能”和“很难说”的占25%，说明多数干部是赞成根据经济发展情况，科学地调整“扩内需、促增长”的政策，应对世界金融危机给陕西带来的消极影响（见表9）。

表9 对省政府“扩内需、促增长”政策的认识

单位：人，%

地区＼指标	完全可以		可能		不可能		很难说	
	人数	比重	人数	比重	人数	比重	人数	比重
综　合	15	17	52	60	3	3	16	20
关　中	16	13	67	56	2	2	34	29
陕　南	12	19	36	58	4	6	11	17
陕　北	17	13	79	60	7	5	28	21
合　计	60	15	234	59	16	4	89	22

4. 对省政府“扩内需、促增长”政策是长期性政策的认识

结果表明，认为“是的”有149人，占总人数的37%；认为“不是”的有136人，占总人数的34%；选择“很难说”的有115人，占总人数的29%。三个选项人数比重相差不大，说明一部分干部对省政府的决策缺乏深刻认识，需要进一步加强对“扩内需、促增长”政策的宣传和教育（见表10）。

表10　对省政府的“扩内需、促增长”政策时间性的认识

单位：人，%

地区＼指标	是		不是		很难说	
	人数	比重	人数	比重	人数	比重
综　合	26	30	30	35	30	35
关　中	49	41	39	33	31	26
陕　南	28	44	14	22	22	34
陕　北	46	35	53	40	32	25
合　计	149	37	136	34	115	29

（三）对所在区域政府“扩内需、促增长”措施的基本认识

围绕受访者对所在区域政府“扩内需、促增长”措施的基本认识，我们设计了7个问题。

1. 在“扩内需、促增长”中的主要经验

结果表明，选择“积极帮扶企业正常生产经营（A）”的有127人，占总人数的32%；选择“思想认识统一（B）”的有63人，占总人数的16%；选择“积极促进居民消费（C）”的有60人，占总人数的15%；选择“积极采取了相应的财政和金融政策（D）”的有150人，占总人数的37%。表明一部分干部对统一思想认识和促进居民消费方面重视不够，需要加大工作力度（见表11）。

2. 对应对金融危机采取的拉动内需措施的认识

结果表明，选择“国民休假计划（A）”的有13人，占总人数的3%；选择“发放消费券（B）”的有33人，占总人数的8%；选择“完善社会保障制度（C）”的有265人，占总人数的66%；选择“没有采取任何措施（D）”的有89人，占总人数的23%。说明地方政府需要在扩内需、促增长方面进一步加大工作力度（见表12）。

表11　受访者对所在市县政府在“扩内需、促增长”中主要经验的认识

单位：人，%

地区＼指标	A		B		C		D	
	人数	比重	人数	比重	人数	比重	人数	比重
综　合	21	24	21	24	17	21	27	31
关　中	33	28	14	12	25	21	47	39
陕　南	19	30	9	14	3	5	33	51
陕　北	54	41	19	15	15	11	43	33
合　计	127	32	63	16	60	15	150	37

表12　应对金融危机中采取措施的认识

单位：人，%

地区＼指标	A		B		C		D	
	人数	比重	人数	比重	人数	比重	人数	比重
综　合	2	2	7	8	59	69	18	21
关　中	8	7	21	18	57	48	33	27
陕　南	1	1	2	2	53	83	8	14
陕　北	2	2	3	2	96	73	30	23
合　计	13	3	33	8	265	66	89	23

3. 对“扩内需、促增长”政策面临问题的认定

结果表明，选择“思想认识不到位（A）”的有66人，占总人数的16%；选择“投资针对性不强，在扩大投资上盲目跟风（B）”的有179人，占总人数的45%；选择存在“公款烧钱现象，内需增加不明显（C）”的有75人，占总人数的19%；选择“盲目追求经济增长，忽略了环境保护（D）”的有80人，占总人数的20%。说明在“扩内需、促增长”中需要加强投资的监督力度（见表13）。

表13　对“扩内需、促增长”所面对问题的认定

单位：人，%

地区＼指标	A		B		C		D	
	人数	比重	人数	比重	人数	比重	人数	比重
综　合	14	16	48	56	6	7	18	21
关　中	17	14	42	35	33	28	27	23
陕　南	9	15	35	54	10	8	10	8
陕　北	26	21	54	38	26	21	25	20
合　计	66	16	179	45	75	19	80	20

4. 对政府应对金融危机所作出的努力的满意度评价

结果表明，选择“满意”的有61人，占总人数的15%；选择“一般，还可以做得更好”的有265人，占总人数的66%；选择“不满意，没有发挥最佳的作用”的有74人，占总人数的19%。说明各级政府应更加努力，进一步完善“扩内需、促增长”的措施（见表14）。

表14　受访者对政府应对金融危机所采取措施效果的认识

单位：人，%

指标 地区	满意		一般		不满意	
	人数	比重	人数	比重	人数	比重
综　合	14	16	63	73	9	11
关　中	14	12	74	62	31	27
陕　南	18	28	41	64	5	8
陕　北	15	11	87	66	29	23
合　计	61	15	265	66	74	19

5. 对金融危机给所在区域经济社会发展带来机遇的认识（可多选，按其重要程度从高到低排列）

结果表明：67%的人认为“民生工程得到了应有的重视”；50%的人认为“可以争取中央财政支持，加强基础设施投入”；35%的人认为可以“承接东部产业转移”；30%的人认为可以“加快经济增长方式的转变”；20%的人认为机遇是可以“促进产业升级”。

6. 扩大内需的资金来源问题（可多选，按其重要程度从高到低排列）

结果表明：60%的人认为应该通过加快垄断性行业改革，吸引民间资本进入获得资金；50%的人认为应该通过“政府扩大国债发行”获得资金；45%的人认为应该通过“大力发展中小银行，聚集社会资金”获得资金；40%的人认为应该通过“积极发展创业投资引导基金”获得资金；30%的人认为应该通过“积极合理引导外资”获得资金；28%的人认为应该通过“大力发行企业债券、金融债券”获得资金。

7. 对所在区域政府应对金融危机努力方向的选择（可多选，按其重要程度从高到低排列）

结果表明：70%的人认为努力的方向是“围绕国家扩大内需政策，重点支持项目建设”；60%的人认为努力的方向是“加强生态保护和建设，着力推进人与自然的和谐相处”；50%的人认为努力的方向是“进一步加大对中小企业的支持力度”；40%的人认为努力的方向是“加快农牧业产业化步伐，推进农牧民增收”；30%的人认为努力的方向是“加强农牧业基础设施建设”；20%的人认为努力的方向是“重点发展生产性服务业”。

在上述问题的基础上，我们还针对受访者对“扩内需、促增长”的思想创新及深刻认识方面进行了调查。结果表明，对这个问题的回答明显较差，只有35%左右的干部提出了自己的观点。主要观点如下：营造公平的创业环境和市场经营环境；注重当前发展和长远发展的关系；将国家、省委省政府的各项政策落到实处；进一步解放思想，提高思想认识；严格监管，减少资金的浪费；完善税收制度，加强税收管理，严格控制政府的行政成本；进一步完善社会保障制度；扶持民营企业发展；重视政府工作人员的意识形态教育，坚定树立马克思主义的人生观、世界观；加大在改善民生和环境保护方面的工作力度。

（四）对陕西省进一步“扩内需、促增长”的建议

地方政府在“扩内需、促增长”过程中必须以科学发展观为指导。为此，特提出如下8点建议。

1. 加强对这次国际金融危机的科学研究和应对措施的评估

政府及相关部门应重视和加强对复杂经济系统的动态演化与调控规律的研究，特别是对陕西经济系统的研究，以加强外部因素变化对陕西经济影响的预见性。陕西作为经济欠发达省份，有自己的特色，需要我们认真地予以研究，运用定性和定量分析相结合与综合集成的科学方法，更好地把握复杂的经济系统的动态演化与调控规律，以此来支持政府制定和调整经济政策，应对各种可能给陕西经济系统带来的冲击和影响。

陕西位于西部地区，经济落后，“内向”性的特点决定危机的影响不像沿海那样直接和猛烈，相比之下来得晚、来得缓，但会“逐步渗透”到经济社会发展的各个领域，必须充分认识应对这场危机的长期性和艰巨性。各地（市）、县级政府要以科学发展观为指导，与时俱进，准确评估金融危机对本地区的影响，及时采取相应的措施，减少危机对陕西经济的危害。

2. 进一步提高领导干部对“扩内需、促增长”的认识

完成保持经济平稳较快发展的任务，关键在领导。实践证明，领导干部的思想解放，观念更新程度，对“扩内需、促增长”有着至关重要的作用。在“扩内需、促增长”的过程中，努力促进全省干部更新观念，建立与时代发展相适应的新观念。各地方政府要全面领会中央“扩大内需促进经济平稳较快发展”政策的精神实质，进一步把思想和行动统一到中央对经济形势的分析判断上来，统一到中央的决策部署上来，统一到贯彻落实科学发展观的要求上来，切实做好扩大内需的各项工作，不断推动经济又好又快地发展。目前的重点是要树立科学的危机意识，增强发展信心，善于灵活运用中央政策，妥善处理好当前“扩内需、促增长”工作中的一些关键问题。

3. 加强对领导干部的教育和培训，营造良好的发展环境

通过以上分析，领导干部、特别是年轻干部对“扩内需、促增长”的认识还需进一步提高。领导干部是贯彻落实党的路线、方针和政策的中坚力量，领导干部素质如何关系着“扩内需、促增长”的成败。加强对领导干部的教育和培训，特别是年轻干部的教育培训工作，对“扩内需、促增长”政策的落实至关重要。建议依托党校系统加强对全省领导干部的培训，提高领导干部的综合素质，进一步营造良好的发展环境。

4. 进一步实施和完善项目带动战略，促进经济发展

项目是投资的平台，是经济的引擎，是发展的载体。只有不断加大项目带动战略的实施力度，通过项目建设突破瓶颈制约，推进产业结构优化升级，才能激活经济增长，增强经济发展的后劲。我们建议：一是建立健全省里抓厅局、厅局抓市县、市县抓项目的三级责任管理体系以及领导干部项目包保制度；二是建立和完善重大项目的人才支撑体系。抓好重大项目建设，首要前提是人才。同时重大项目也是培养和造就一流人才的有效平台，大项目的意义不仅在于出大成果，更重要的是能够出大人才。陕西要以此为依托，发挥科技优势，实现从科教大省向科教强省的转变。

5. 处理好经济增长与经济结构关系

处理好经济增长与经济结构关系，既要全力地保增长，又要坚定地调结构。没有增长，调结构就会失去基础；不调结构，就难以持续增长。只有对不合理的经济结构进行战略性调整，保增长才能提高质量，才能实现国民经济又好又快发展的长远目标，才能全面推进经济、政治、文化和社会建设，坚持生产发展、生活富裕、生态良好的文明发展道路，建设资源节约型、环境优好型社会，实现经济社会的永续发展。

陕西在保增长的过程中，决不能为了保增长，把那些已经或准备淘汰的落后产能再重新扶持上马，这些项目往往具有立竿见影的作用，可较快地、大幅度地拉动经济增长，但从中长期看可能演变成新一轮低水平重复建设，形成新的产能过剩，为今后的发展设置新障碍。经济结构调整的关键在于发挥陕西的科技优势，自主创新。保增长要着眼长远，把握机遇，积极顺应全球新一轮产业革命的方向和潮流，积极培育一批发展潜力大、带动作用强的新兴产业，推动创新型省份建设，努力在国际竞争中赢得主动。

6. 完善“扩内需、促增长”的管理和监督机制

各级地方政府要及时发现和纠正在“扩内需、促增长”中的项目申报审批、工程建设、资金管理使用等方面存在的问题。抓好检查中发现问题的整改工作，查办违纪违法案件，保证“扩内需、促增长”政策落到实处，提高投资效果。实践证明，对违纪违法案件发现得越早、查处得越及时，就越能够及早挽回损失并起到警示作用。目前的主要工作：一是建立覆盖省市县三级的监督检查体系；二是加强监管，明确监督重点；三是精心组织部署，开展专项检查；四是健全监督机制，加大监督力度；五是逐渐建立健全投资项目监督管理的长效机制。

7. 进一步扶持民营企业发展，增强经济增长的活力

在发展大中型企业的同时，积极发展民营企业。民营企业发展对保持全省经济平稳较快发展、解决和扩大就业、维护社会和谐稳定具有重要意义。我们的建议：一方面鼓励民营企业的数量发展，重点是依托陕西的科技资源优势，支持创建民营科技企业。另一方面改善民营企业的经营环境。一是拓宽筹资渠道，解决“融资难”问题；二是优化发展环境，解决“环境差”问题；三是加强对民营企业的指导和服务，解决“服务缺位”问题；四是加速推进民营企业的技术改造及科技创新能力，解决“创新能力差”问题。

8. 科学统筹保增长、保民生、保稳定工作

以科学发展观为指导，辩证地看待和处理好保增长、保民生、保稳定三者之间的关系，使之形成相辅相成、相互转化的良性循环。从静态角度来看，当资金等生产要素一定的情况下，保增长、保民生、保稳定之间存在着一定的矛盾性。当经济增长过快地追求高速度，过多占用财力物力时，就必然使保民生、保稳定的经济资源偏紧。各地（市）、县级政府要因地制宜，坚持保增长是基础，保民生是根本，保稳定是前提的发展方针，做好“扩内需、促增长”工作。

医药卫生体制改革对陕西社会的影响

张芙蓉*

为了满足人民群众日益增长的医药卫生需求，促进经济社会协调发展，适应综合国力不断增强的现状，中共中央、国务院在2009年4月6日出台了《中共中央、国务院关于深化医药卫生体制改革的意见》。《意见》历经三年，数易其稿，在广泛征求社会各界意见和建议的基础上最终形成文件。《意见》包括六个部分，涵盖了医疗卫生事业的方方面面，主要内容包括“四个阶段性目标”、“四大体系建设”和“五项重点改革”。这些改革的原则、方针、目标既有对原有政策机制的加强巩固，又有对国际有益经验的借鉴和发展创新。对原有政策机制的加强巩固表现为更高目标的确立和更高效率的要求。新体制的创新表现为对我国医疗卫生事业性质的重新定义、医疗卫生机构的重新定位、医药行业的重新洗牌等。医药卫生事业关系千家万户，其改革必将产生牵一发而动全身的效应，对经济社会生活的方方面面产生广泛而深远的影响。

一　陕西医药卫生体制改革的实施现状

为了贯彻落实《中共中央、国务院关于深化医药卫生体制改革的意见》，陕西省根据中央确定的改革思路和目标要求，研究确定了陕西省实施医药卫生体制改革的基本思路。本着整体设计与分步实施相结合的原则制定了“新医改“的远景目标和近期任务，确定了2009年医改的重点工作。截至2009年12月底相关重点工作取得了如下进展：一是医疗保障覆盖面不断扩大，补偿标准逐步提高。城镇职工医疗保险参保率由原来的94%提高到95%以上；新型农村合作医疗参合率不断提高，并巩固在90%以上；城镇居民医疗保险全面铺开，参保率

* 张芙蓉，陕西省社会科学院社会学研究所实习研究员。

稳步提高，按省委省政府制订的预期目标，年底达到80%。新型农村合作医疗和城镇居民基本医疗保险筹资标准和保障水平不断提高，按照最新标准“新农合”和城镇居民医保的补助水平提高到每人每年100元，住院费用平均支付比例分别提高到50%和70%。二是城乡居民健康档案和信息管理系统逐步建立。城乡居民健康档案建立项目启动。户县和榆阳两个县区正在试点，镇安县和莲湖区试点活动已完成，总计建立城市健康档案303万份；城镇职工医疗保险、新型农村合作医疗和城镇居民医疗保险“三网统一”方案出台，后续工作正在进行中。三是基本公共卫生事业逐步开展。截至2009年12月相继启动了为65岁以上老人健康检查、15岁以下人群补种乙肝疫苗、孕产妇免费做产前检查，免费住院分娩、贫困白内障患者复明、农村妇女“两癌”（宫颈癌、乳腺癌）检查等多个重大项目，多数项目已经完成；基本医疗保险市级统筹试点启动工作正在前期调研中。四是卫生服务体系建设逐步展开。迄今为止，已完成医疗建设项目251个，完成建设规模4.91万平方米。建成村规范化卫生室15677个，完成乡镇卫生院和村卫生室设备采购9585万元，同时还有214个项目正在安排建设中。五是基层医务人员培训工作正在酝酿中。基层医务人员培训工作以及招聘执业医师工作已完成了前期调研和经费测算，正在筹备中；城市医院对口支援农村工作全面启动；公立医院改革试点正在进行前期准备，并做好了国家公立医院改革试点城市的选择和申报工作；基本药物制度相关配套文件正在制定过程中。

二 医药卫生体制改革对陕西社会的影响

建立和完善医疗保障制度对推动经济社会协调发展具有重要意义，是建设和谐社会、协调社会关系、解决社会问题的应有之义，是完善社会功能，整合社会结构的重要力量。进行医药卫生体制改革的目的就在于完善和修正医疗保障制度，使其有效发挥社会功能，进一步促进社会的良性运行。

（一）“新医改”促进陕西经济社会协调发展

改革开放以来，各级政府都高度重视经济建设，而忽视了与其并列的社会子系统建设，在一定程度上造成了社会与经济发展不相协调的局面。随着经济的快速发展和综合国力的不断增强，国家开始采取各种措施，希望扭转和改善经济社会发展失衡的问题，医药卫生体制改革就是其中之一。新医改确立的改革框架促使各省在注重经济建设的同时重视作为社会重要子系统的医疗保障制度建设，在确保经济快速发展的同时使医疗保障子系统获得相应发展。作为西部欠发达省份的陕西在此方面更具典型性。陕西省医疗卫生事业发展长期滞后于经济发展，卫生事业改革滞后于经济领域改革，医疗卫生服务水平与人民群众日益增长的健康需求存在矛盾，城乡、地区、人群之间的卫生服务差距还在扩大，这些都是阻碍陕西医疗卫生事业快速发展，制约经济社会协调发展的重要因素。国家医药卫生体制改革意见的出台为陕西改变这种现状带来了机遇。“新医改”意见的出台促使陕西省在财政综合实力允许的情况下，把加快卫生事业发展摆在更加重要的位置，促进医疗卫生事业又好又快发展。为了实现这一目标，陕西省结合省情制定了近期任务和远景目标。这些任务和目标着眼陕西医疗卫生事业发展现状，遵循国家医改原则，有的放矢。其有效实施和顺利完成必将极大地改善陕西省的医疗卫生现状，提升医疗服务水平，解决医疗卫生事业发展不平衡、基层医疗卫生事业发展薄弱等影响人民群众看病就医的民生问题。使医疗卫生事业发展与人民群众的健康需求相适应，医疗卫生服务和经济发展同步，确保经济社会谐调发展。

（二）“新医改”将增进社会公平性，维护社会稳定

从医疗保障制度的社会功能看，医保不仅具有风险共济的作用，也是政府通过筹资补贴实现社会再分配的过程，即政府通过转移支付满足社会各阶层成员医疗需求的过程。该制度的有效实施将在一定程度上缩小由按劳分配、按财产分配带来的贫富差别，缓解社会矛盾，促进社会关系和谐。陕西省因经济发展水平所限，在医保多个子项目中一直坚持“效率优先，兼顾公平”原则，这在为陕西经济发展注入动力的同时，也忽视了处于社会底层的弱势群体的利益，给他们的生产生活造成了一定困难。新医改以完善医疗保障制度为出发点，以实现医疗服务均等化为基本目标，本着“人人享有基本医疗保障”的原则，为各省医疗保障制度的建设确立了宏观框架，确保各省在兼顾省情的情况下实现基本的公平公正。基于这一原则，依据国家医药卫生体制改革确定的总方针，陕西省将解决关闭破产企业退休人员和困难企业职工的医疗保障问题列入议事日程，明确指出将他们逐步纳入城镇职工基本医疗保险或城镇居民基本医疗保险，以期有效解决这部分人的医疗保障缺位问题。由于原有企业的破产或改组这部分人失去了医保依

托，缴费主体缺位，无法参加职工基本医疗保险，成了医保体系覆盖的真空地带或困难地带。因为下岗或提前退休已经变成了经济上的弱势群体，医疗上没有保障更是雪上加霜。为了维护自己的健康权利，由他们主导的政府门前请愿，企业门口集会等突发事件时有发生，给社会的和谐发展制造了不和谐音符。医保问题的有效解决将不仅缓解他们看病就医的难题，而且间接化解了社会矛盾，站在全局的立场维护了社会安定。

依据国家医药卫生体制改革的基本原则，陕西省将逐步把大学生（包括民办高校）纳入城镇居民基本医疗保险。陕西是一个典型的教育大省，拥有的高校数量位列全国第三，有公立院校全日制大专以上学生 80 多万人，民办院校学生 10 万多人，公立院校学生的医疗保障一直采取公费医疗制度，由各院校自筹经费解决，财政给予适当支持，因各校经济实力不同而保障水平不同，但总体水平偏低，应对学生的大病风险能力较差。民办院校因缺乏国家财政补贴，在学生医疗保障部分呈现空白。为了维护大学生的健康权利，提高保障水平，覆盖医保盲点，保证国家建立城乡居民医疗保障体系的无缝衔接，新医改设计出将大学生纳入城镇居民基本医疗保险的方案。此方案的提出不仅是应用社会政策进行社会改良，而且在更高层面上促进了社会公平——保证大学生群体与其他社会群体享有同等水平的健康权利；凸显了教育公平——保证民办院校学生与公立院校学生享有同等的健康权利。

（三）“新医改”有助于做大医保“蛋糕”，优化参保结构，实现医保制度的良性运行

“新医改”有助于陕西医保制度实现良性运行主要体现在两个方面：一是有助于做大医保基金“蛋糕”，实现医疗费用合理分担，降低个人医疗负担，从而更大程度地满足广大人民群众的医疗需求。根据新医改“人人享有基本医疗保障”的原则，在未来三年内，陕西省将不断扩大各层次医保的覆盖面，提高参保率，力争实现人人享有基本医疗保障的目标。人人享有基本医疗保障目标的实现，预示着所有的城乡居民将作为参保对象被纳入医保统筹范围，这将极大地扩展陕西省的医保筹资面，将医保基金“蛋糕”进一步做大。随着医保筹资面的扩大和医保筹资额的逐年提高，医保基金总额将极有可能达到接近全省所有医院的业务总收入（以全国医保筹资额为例，如果按照新医改方案的要求推进基本

医疗保障体系建设，全国医保总筹资额每年极有可能高达5300亿元，而2007年所有医院的业务收入是5187亿元），也就是说，推行基本医疗保障制度所筹到的资金加上政府给百姓健康“埋单”的方式，完全可以保障和取代医院市场化筹得的资金，这意味着群众看病的医疗费用基本由医保支付了，个人支付比例会大幅下降，将可能彻底解决群众看病贵的问题。二是有效优化参保人员结构，降低医保风险系数。1997年开始的城镇职工医疗保险、2003年开始的新型农村合作医疗和2007年试点的城镇居民基本医疗保险虽然覆盖范围较广，参保率较高，制度互助共济的作用有效发挥，但由于后两项制度一直采取自愿参保的方式，不可避免地出现了参保人群中劳保医疗对象过于集中的问题，从而导致医疗消费难以控制，基金面临赤字运营，医、患、保三方矛盾突出和个人负担系数与基金负担系数过高等难题。新医改将全民纳入医疗保险将有效优化参保人员结构，提高医保的抗风险能力，规避以上风险的发生，降低基金收支的风险系数。

（四）“新医改”将在更大程度上缓解陕西群众“看病贵”问题

2004年开始试点2007年全面推开的新型农村合作医疗制度和2007年试点2010年将全面推开的城镇居民医疗保险制度，都在一定程度上缓解了陕西群众“看病贵”的问题。但新型农村合作医疗制度和城镇居民医疗保险制度的报销比例偏低，封顶线过高和门诊大病未纳入报销范围的限制，阻碍了这两项制度向更高的水平发展。为了促使医保制度迈上新台阶，在更大程度上缓解陕西省群众“看病贵”难题，力保制度高效运行，陕西医改方案在把握国家医改原则的基础上提出逐步提高新型农村合作医疗和城镇居民医疗保险的筹资额，加大各级财政对新农合和城镇居民医保的补助力度，提高报销比例和大病报销封顶线等多项实效措施。其实施步骤和具体内容如下：2009年新农合和城镇居民医保的补助标准提高至每人每年100元，2010年再接再厉，预期增加到120元。同时根据国家医改要求，在未来三年内将新农合和城镇居民医保的报销比例分别提高至50%和70%，将大病报销封顶线提高至城乡人均收入的6倍以上。除此之外，陕西省还在积极探索将常见病、突发病纳入门诊报销范围，并已在个别市县开始试点。这些措施的实施将有效提高医保补偿率，拓宽疾病报销范围，降低个人支付比例，减轻群众个人医药费用负担，保证群众受益水平不断提高，在更大程度上缓解群众“看病贵”的难题。

（五）“新医改”多项措施将缓解陕西群众“看病难”问题

新医改多项措施将缓解陕西群众“看病难”问题。“看病贵”问题的缓解并没有消除群众看病的所有顾虑，“看病难”也是制约陕西群众享受优质医疗服务的一个瓶颈。陕西省基层医疗卫生体系建设较为落后，医疗业务用房不足、基本诊疗设施短缺、既有设备陈旧、医疗卫生人才欠缺，这些因素综合造成了基层卫生机构诊疗水平低下，综合服务能力较差，医师队伍不稳定等问题，也就是广大群众深有体会的“看病难”问题。基层医药卫生体系发展滞后，群众对其缺乏信心，大病小病都前往大医院就诊，结果造成大医院人满为患，小医院冷冷清清的严重分诊不合理现象。大医院因为患者太多影响了服务质量，小医院因为业务冷清，面临难以为继的危险，给群众的唯一感受是“看病难”。为了解决这些问题，贯彻落实国家医药卫生体制改革目标，陕西省医改方案提出加强基层卫生基础设施建设（具体内容包括建设35所县级医院、130所中心卫生院、740所村卫生室、43所社区卫生服务中心和15000个村标准化卫生室），规范基层医务人员培训（3年内培训乡镇卫生院专业技术人员和管理人员2万人次，社区卫生人员1万人次，在岗村医轮训6万人次），推进城市医院对口支援农村（每所城市三级医院要与3所左右县级医院建立长期对口协作关系）等战略性规划。具体实施改造扩建卫生机构工程，解决医疗业务用房不足和卫生机构分布不均问题；合理定位不同级别医院的功能，按照其任务分工配备适宜的医疗设施；实行优惠政策，鼓励返聘退休医生到基层医疗机构工作，同时试点推行“多点执业”医师制度，把高质量的医疗服务送到群众身边，免去群众奔波之苦。这些措施的实行将有效改善基层医疗机构的诊疗环境，提高医疗服务人员的业务技能，整体提升医疗服务水平，解决群众日益增长的医药卫生需求与滞后的医疗体系建设之间的矛盾，缓解群众“看病难”问题。

三　医药卫生体制改革对陕西经济的影响

从社会建设的角度看，每一项社会制度都在社会的整体运行中发挥一定功能，完善的制度体系将为整个社会的良性运行提供制度保证。社会制度的这些功能有些是显性的、直接的，有些则是隐性的、间接的。医疗保障制度作为社会的调节器和稳定器，它的显在功能在于调节收入分配，维护社会安定团结，隐性功能则在于通过间接的普遍联系对经济的整体运行发挥推动或阻碍作用。由于新医改牵扯到医疗资源的整合和优化配置，所以在实践中凸显了医保制度的隐性功能，对经济发展发挥了巨大的影响力。

（一）“新医改”有望拉动内需，促进经济发展

1.“新医改”回归公益性，满足群众的医药需求，将拉动医药消费增长

20世纪80年代初，为了减少“大锅饭”式的医疗资源浪费，我国选择了市场化、商业化导向的医疗卫生服务模式，推行医疗服务市场化机制。在市场化机制中，政府投入只占公立医院支出的7%左右，其余费用自负盈亏，全靠医院“创收”解决，由此导致药品和医疗费用连年暴涨。据卫生统计公报数据显示，20多年来，我国农民和城市居民可支配收入增长不到20倍，但所负担的医疗费用却增长了133倍。居民个人支出占卫生总费用的比重由20%左右提高到60%。医生滥开药、滥作病理检查以及药费虚高等现象，给基层群众看病就医造成了沉重的负担。基层群众尤其是农村居民“小病拖，大病扛”的现象十分突出，医药需求被严重抑制。为了改变这种状况，新医改在综合各方因素的基础上设计出“把基本医疗卫生制度作为公共产品向全民提供，实现人人享有基本医疗卫生服务”的方案。这一方案的提出体现了我国医疗卫生事业发展从理念到体制的重大变革，意味着医疗卫生事业重回公益性。医疗卫生事业重回公益性的主要表现为：进行公立医院改革，转变公立医院运营性质，由营利性目的转向公益性服务、实行药品流通体制改革、建立国家基本药物制度、普遍建立比较完善的公共卫生服务体系等。医院公益性的回归意味着国家将增加对医院的投入，改变医院维持运转主要依靠医疗收入、药品收入的现状。在这种情况下，公立医院的基本建设、设备购置及维修、人员工资等均由政府承担，医疗服务定价原则将远远低于物耗成本，群众就医成本会大幅下降。医药流通体制的改革将减少药品的流通环节，增加流通过程透明度，有效遏制药价虚高。基本药物制度的建立将保证基本药物的足量供应和合理使用，同时在流通中实行零差率销售，取消15%的药品加成，将有效遏制以药养医的现状，彰显医疗卫生事业的公益性。通过这一系列措施，群众的就医成本会大幅下降，被压抑的医药需求将得到有效释放，医药市场以及相关产业（与医疗卫生设施有关的电信、环保节能、新能源行业等）

将获得极大发展空间，医药消费将快速增长。

基本医疗保障水平的提高将有效提升医药行业的发展速度，抵消经济下滑带来的收入增速减慢的影响，为促进医药消费增长，防止经济下滑做出巨大贡献。根据新医改逐步提高筹资额和保障水平的意见，国家和省市将逐年提高医保财政补助水平，陕西省新农合和城镇居民医保的补助水平到2010年将提高50%，在此假设条件下粗略估算，即使不考虑提高报销比例和支付限额带来的好处，仅仅筹资标准的提高就可以增加年筹资额16亿元到17亿元，按支付比例80%，城镇居民报销比例60%，新农合报销比例40%～50%计算，2010年陕西报销人群花费的医疗费用的增量将比2009年增加32亿元以上，这些增量将全部转化为医药消费，直接间接地为推动经济发展作出贡献。

2. “新医改”将解决群众后顾之忧，提高群众消费水平，拉动内需增长

改革开放以来，我国经历了由生存型阶段向发展型阶段的转变。生存型阶段，人们为了生存，收入的绝大部分用于消费，1978年我国居民的消费率为62.1%，即人们为了维持生存把收入的三分之二用于消费。随着经济社会的不断发展，我国逐步进入发展型阶段。在这个阶段，人们除了满足生存之外，收入普遍有了结余，这部分结余是转化为储蓄还是用于消费，取决于一定的社会基础条件。如果基本公共服务有了保障（教育、社会保障），这部分结余就会转化为消费而不是储蓄，反之，则会挤占日常消费成为储蓄。根据统计公报显示，陕西省人均医疗费用支出占总收入的11%左右，比例偏大。新医改“人人享有基本医疗保障”的提出和保障水平不断提高的承诺，将解决陕西省各层次人群看病就医问题，免除他们的后顾之忧，使群众不再为预防不期而至的大病做储蓄准备，进而释放这部分收入，使其由储蓄转化为消费，让群众“有钱可花，有钱敢花”，从而增强消费信心。同时基本医疗保障制度的建立有助于改善城乡居民的健康状况，进而提高城乡居民的生活预期，刺激消费增长并带动宏观经济增长。

3. “新医改”加强基层医疗机构基础设施建设，带动相关行业发展，搞活经济

根据“新医改”意见的具体实施步骤，未来三年，中央和陕西省各级政府将投入368亿元落实“新医改”的五项改革政策，其中75亿元用于基础设施建设，主要包括重点支持95所县级医院，230所中心乡镇卫生院，150所城市社区卫生服务中心以及1500个边远地区村卫生室建设和采购配套的医疗器械。这一大规模的投资将直接带动与建筑业相关的钢铁、水泥、石油，工程设备以及医疗器械行业的发展，盘活陕西经济。同时建筑业的兴旺将为陕西省农村剩余劳动力提供就业岗位，促进农民增收，进一步扩大农村消费市场。

（二）“新医改”将带来医药行业的重新洗牌

“新医改”方案中的相关改革内容将对广大群众、医疗机构、医药行业产生巨大影响。医改意见中有关拓展农村市场，发挥社区医疗机构在医疗结构中的重要作用的政策，将更多的群体纳入医保范围，极大地刺激了医药市场需求，给制药企业带来史无前例的重大机遇。但“新医改”配套措施中提出的生产企业投标、委托一次、现代企业物流配送的规定，以及即将出台的 GSP 规范，将进一步提高医药行业的门槛，在给制药企业带来机遇的同时，也将对医药市场造成巨大震动，带来医药企业的兼并重组。

1. 陕西省医药龙头企业面临的机遇与挑战

“新医改”将对陕西省医药龙头企业产生重大影响，主要表现为机遇与挑战并存。“新医改”为了实现“人人享有基本医疗卫生服务”的目标，提出建立国家基本药物制度。所谓基本药物是指国家按照“防治必需、安全有效、价格合理、使用方便、中西药并重”的原则，结合我国用药特点并参照国际经验，确定的药物通用名目录，这些药物具有价廉实用的特点，是国家在基层医疗机构推广使用的主要对象。根据医改意见，基本药物将对社区和农村进行全覆盖，对医疗机构来说，在使用和报销上，基本药物将是首选，并将保证大比例使用和高比例报销，且登入基本目录的药物全部纳入报销范围。由上述基本药物的目标群体定位和报销优势可以看出，基本药物将占有医药市场的绝对优势，进入基本药物目录，意味着企业将拥有广阔的市场空间。由于基本药物生产规模大、质量要求高，因此对制药企业有着严格的要求，医药企业必须具备集约化大生产的规模与实力，具有较强的研发能力，拥有完善的流通网络，成熟的物流配送体系等相关条件。各区域龙头企业是区域内最强势的医药生产厂家，具有强大的资源、科研、渠道、仓储以及物流等诸多优势，拥有成为基本药物生产厂家的资质，是竞争基本药物生产厂家的主要对象，因此区域内龙头企业将成为这场严酷竞争的主体，它们将为成为基本药物的生产厂家展开激烈竞争。如果竞争成功，企业将占领 13 亿人的医药市场，获得广阔的发展空间。相反，如果竞争失败，成为目录以外的药品生产厂家，其竞争力则会大幅下降，发展空间将变得狭小。因此，陕西省的龙头企业如果能技压群雄，脱颖而出，成为基本药物的定点生产企业，则将占领巨大的医药市场，获得广阔的发展前景，相反如果竞争失败则将面临巨大的发展困境。由此可以看出“新医改”在给陕西省龙头企业带来机遇的同时也带来了巨大的挑战。

2.“新医改”将给中小型优秀药企带来发展机遇

“新医改”迫使优秀中小型药企在逆境中崛起。面对“新医改”明确指出“推动药品生产流通企业兼并重组，发展统一配送，实现规模经营；鼓励零售药店发展连锁经营”的改革政策，中小型普药生产企业如果要生存，又不愿屈从强势——摆脱被兼并重组的命运，将面临两种选择：一是找准细分市场，明确目标用户来定位战略方向，朝“精”、“专”方向发展；二是进行横向联姻，即不同公司或不同商业（例如发展自己的配送网络，与邮政公司或快递公司联合）进行联合，采取“抱团取暖”的方式增强竞争实力，与大型商业公司抗衡，在求得生存的同时争取更广阔的发展空间。上述两种方式都将有效净化医药市场，改变医药市场低效率、无序竞争的现状，迫使医药企业在优胜劣汰中不断提升自己。

3.“新医改”给中小型弱势普药企业造成危机

“新医改”下的产业环境要求未来中国的医药企业，要么具备集约化大生产的规模与实力，要么具备自主创新、技术升级的能力。而弱势普药生产企业一般依靠仿制药品生存，一无创新技术优势、二无质量提升优势、三无规模成本优势、四无专业推广优势，被挡在扶持保护的门外。同时这些企业管理又存在缺陷，属于中小型企业中的弱势群体，不为联姻公司所关注，缺乏自主崛起的机会，面临内忧与外患，淘汰出局可能成为它们最终的结局。

（三）“新医改”将给陕南中药产业发展带来机遇

1.“新医改”为把陕南建设成为国际知名、国内一流的中药产业基地提供了机遇

陕南（包括汉中、安康和商洛三市）位于长江黄河两大水系之间的秦岭、巴山山区，是陕西省境内从北亚热带向暖温带过渡的庞大山地。这里有着丰富的生物资源，被誉为“地球同一纬度生态环境最好的区域”，具有植物南北共生和生物群多样性的特点，是发展中药产业的最佳区域。此次“新医改”提出重视中医药产业发展，发挥中医药在疾病预防控制、应对突发公共卫生事件、医疗服务中的作用，并在基层医疗卫生服务体系中不断推广中医药适宜技术，扶持中医药发展，促进中医药继承和创新。这些举措的出台表明了政府大力发展中医药产业的决心，作为主流导向的政府对中医药的肯定和支持，将有力地推动人们对中医药的重新认识和定位。同时近年来人们向往回归自然，对绿色产品追捧有加，加之中医药物美价廉，具有养生治病的综合功效，这些因素的综合效应必将带来中医药市场的扩容和中药的热销，迎来中医药发展的春天，中医药市场的扩容和中药的热销将带来中药材市场的大发展。陕南作为发展中药产业的最佳区域，在多年的发展中已形成自己的品牌药种（丹参、柴胡、黄姜、天麻、金银花、桔梗、五味子、绞股蓝、黄精、板蓝根、葛根、猪苓、山茱萸、杜仲、银杏、附子、元胡、西洋参等），在国内外已具备相当的知名度，如果此次能抓住“新医改”振兴中医药的机遇，做好中药材种植 GAP 认证，提高基地中药材的质量，做强做大规范化规模化种植基地建设，将极有可能抢占大份额的中药材市场，将自身建设成为国际知名、国内一流的中药产业基地。

2. “新医改”有望带动陕南经济驶入快车道

从20世纪末开始，陕南就借助自己的天然优势实施了中药的产业化开发，并根据陕西省政府印发的关于加快陕南中药产业发展的意见，提出了建设“秦巴药谷”的目标，使中药产业已发展成为支撑和带动陕南经济快速发展的战略性支柱产业。截至2008年9月先后已有59家中医药企业落户陕南进行中药产业开发，其中包括天津天士力集团、湖南九芝堂集团、美国唐氏集团、西安东盛集团、咸阳步长集团等20多家国内外知名企业。“新医改”对中医药产业的巨大鼓励将为这些先一步涉足中药产业的药企带来发展机遇。随着中医药市场的不断扩容，这些药企将获得更大的市场空间，为了满足不断扩大的市场需求，陕南本地药企可能面临扩大生产规模的需要，外地在陕分厂则面临追加投资的需要，无论是扩大生产规模，还是后续追加投资，都将在很大程度上壮大陕南的中医药产业，加速陕南中医药产业发展阶段性目标的实现，促进中药产业附加值快速增长，带动陕南整体经济快速发展。

3. 陕南有望迎来中药企业投资热潮

“新医改”方案给我国中医药行业提供了一次大规模扩张的机遇。“新医改”

在意见稿中郑重提出，发挥中医药在疾病治疗和预防中的作用，倡导积极发展中医药技术，把中医药技术发扬光大并有效传承，同时还从卫生部传出消息，中药将占据即将出台的基本药物目录的半壁江山，这些重视中医药信息的传播和大力度应用中药措施的出台，给中医药发展带来了利好消息，让制药行业看到了中医药升值发展的空间，给看好医药行业发展的投资者带来了兴奋点，这或将引发一场中医药领域投资的热潮。陕南作为我国重要的中药原料产地和中药生产地不仅拥有发展中药产业得天独厚的生物资源优势，而且悠久的中药生产史和大规模的中药企业落户陕南也使该区域具备了满足企业发展所需的硬件配套设施和成熟的软环境，为投资者落户当地做足了准备工作，对具有投资意向的商户代表具有极大的吸引力，这些因素的综合作用可能给陕南带来新一轮的投资热潮。

陕西社会工作发展的现状、特点与趋势

李 巾*

社会工作诞生于西方，是工业化和现代化的必然产物，至今已有上百年的历史。在国外和中国港台地区，社会工作制度已被纳入整个社会管理、社会福利与社会服务的制度框架中。社会工作成为重要的就业领域，社会工作者是社会普遍认可、受人尊敬的专业群体，“有了困难找社工”已经成为社会生活的基本理念。在我国内地，社会工作是一门新兴的学科和职业。1986 年原国家教委决定在部分高校开始设立社会工作与管理专业，经过 20 多年时间，我国社会工作获得了长足发展。至 2004 年社会工作者开始实行职业资格认证，先是国家劳动保障部颁布了关于社会工作者的国家职业标准，并在上海首先试点。到 2006 年 7 月，人事部与民政部又联合印发了《社会工作者职业水平评价暂行规定》和《助理社会工作师、社会工作师职业水平考试实施办法》，从 2008 年开始实行社会工作师职业资格考试，颁布了《社会工作者国家职业标准》，首次从制度上将社会工作者纳入专业技术人才范畴，为我国社会工作职业化发展提供了一个良好的平台。

一 陕西社会工作发展的现状与特点

社会工作作为一门秉承“助人自助”价值理念的专业，是现代社会解决社会问题的有效方法。伴随着日益深入的改革开放和不断加快的市场经济发展步伐，陕西也处在社会转型时期的大潮当中。在由传统的计划经济社会走向现代的市场经济社会的过程中，一系列社会问题在陕西省逐渐凸显出来，如贫困人口问题、失业问题、吸毒问题、青少年犯罪问题、人口老龄化问题等。发展社会工作，引入社会工作理念，运用社会工作专业知识和方法，解决社会问题、化解社

---

* 李巾，陕西省社会科学院社会学研究所实习研究员。

会矛盾，努力构建社会主义和谐社会，成为陕西发展的现实选择。

作为西部经济欠发达地区，陕西社会工作的起步比较晚，陕西省从2008年开始进行社会工作者职业水平资格考试，到目前为止已经取得了一定的成效。在实际工作中，隐性或显性地从事社会工作职业的人们广泛地活跃于各种工作岗位，陕西省社会工作从业人员主要分布在民政、劳动和社会保障、司法等政府部门与妇联、工会、共青团、残联、具有社会工作性质的公益性协会等社团组织，担负着大量社会管理和公共服务工作，主要涉及社会福利、社会救助、优抚安置、残障康复、社区建设、司法矫正、妇女儿童权益保护、慈善事业等多个领域。长期以来，无数的社会工作者奉献在扶贫救灾、养老扶幼、妇幼救助等各条战线上，为陕西的社会发展和慈善事业作出了巨大的贡献。具体来说，陕西社会工作专业发展呈现出以下几个特点：

（一）社会工作学科发展迅速，专业社会工作者队伍不断壮大

我国内地从1989年开始恢复社会工作专业招生，到2000年后，内地社会工作教育才蓬勃发展起来，截至2005年，内地开设有社会工作专业的高校达300多所，其中大部分分布在东部和东南沿海地区。从全国范围来看，我国的社会工作学科发展仍处于探索经验的初创阶段。相比较而言，西北地区和陕西省社会学和社会工作专业教育起步较晚，学科建设更为滞后。在陕西省现有高校当中，设置有社会学专业的仅有西安交通大学、西北大学、陕西师范大学、西北政法大学和西北农林科技大学5所高校，开设社会工作专业的也只有西北大学、西安邮电学院、陕西教育学院、延安大学4所高校，其中西北大学于2000年开始招生，是陕西省内开设社会工作专业最早的高校。2010年1月，由西北大学牵头，在西安市成立了西北地区社会工作教育中心，标志着西北地区社会工作教育进入了一个新的发展阶段。近年来陕西省社会工作学科的迅速发展，预示着社会学及社会工作教育与学科发展有着广阔的空间和良好的前景。

（二）社会工作组织呈现出综合发展的态势

在相当长的时间内，陕西省社会工作组织还将继续呈现出综合发展的态势。政府通过企事业单位继续承担社会保障的重要责任，依靠社会政策解决重大社会问题；社区承担互助功能，对人们的日常生活提供帮助；家庭承担自我保障的职

能；社会福利机构逐渐成长，在社会生活中扮演越来越重要的角色。几种不同方式的专业服务并存、共生，在互动过程中相互交融。社区提供的互助服务虽然不属于专业的社会工作，但在互助解困中发挥着不可替代的作用。政府提供的服务是行政性与半专业化的，随着社会主义市场经济的逐步完善，其专业化水平将不断提升，目前仍不可避免地带有行政色彩。民间社会服务机构已经开始发展，在适应陕西省社会发展状况的基础上，继续以其专业思想、专业方法和较高服务水平发挥着影响力，并且逐步拉动整个社会服务系统向专业化方向成长。

（三）陕西省志愿者队伍迅速壮大，广泛参与各种社会工作实践

从 1979 年联合国志愿人员第一次来到中国，至今已有 30 多年，中国的志愿者组织取得了史无前例的快速发展。在这期间，陕西省的志愿者组织和志愿者队伍也得到了长足的发展，特别是陕西省的青年志愿者队伍迅速壮大，成为建设和谐陕西的一支重要力量。1994 年冬，陕西青年发起“新春热心行动”活动，第一次向社会展示出陕西省青年志愿者的旗帜。1995 年 3 月，陕西省青年志愿者协会正式成立。目前，全省共有注册志愿者约 15 万人，志愿者服务队 1 万多支，社区志愿服务中心（站）2000 个、志愿服务基地 150 个，每年约有 20 万青少年投入到青年志愿者行动中来。迄今为止，陕西青年志愿者行动已经形成了包括“一助一结对服务计划”、“扶贫接力计划”、“大中专学生暑期文化、卫生、科技三下乡活动”、“保护母亲河绿色行动营计划”、“大学生志愿服务西部计划”等一大批特色服务项目。自 2003 年实施大学生志愿服务西部计划以来，共有 3500 多名大学生志愿者深入基层乡镇和农村，开展教育、卫生、农技、扶贫等方面的志愿服务工作，2008 年 5 月 12 日汶川大地震发生后，我省广大志愿者积极行动起来，奔赴灾区参与抗震救灾，为灾区人民作出了应有的贡献。我省还涌现出“西安最美女孩”熊宁这样的优秀志愿者代表，她勇于奉献，不怕牺牲是西安志愿者的楷模。经过十多年的发展，陕西志愿者队伍不断壮大，广泛参与各种社会工作服务，向全社会传播“奉献、友爱、互助、进步”的志愿者精神，得到了社会各界普遍肯定。

（四）社会工作发展主要依赖于政府推动，民间社会工作机构发展缓慢

和全国大多数地区一样，陕西省社会工作发展主要是依赖于政府推动，从事社

会工作的人员，大多数是以国家干部的身份出现，与服务对象之间是管理与被管理的关系，不是一种专门助人的职业。而发达国家和地区的社会工作主要是由大规模的民间社会工作机构承担。以香港为例，香港的民间专业社会工作机构是开展直接社会服务的主体，占整个香港社会工作机构总数的3/4以上，服务单位多达3800余家，承担着80%的社会服务工作。民间机构在提供社会服务的同时，还提供了大量的就业岗位，成为吸纳培育专业社工的主渠道。而目前陕西省的社会工作人员主要集中在各级党政机关及其下属事业单位，行政化色彩相对较浓，其独立管理运作、有效利用和管理现有资源自主开展服务的能力比较有限。民间社会工作机构发展缓慢，能够吸纳专业人员的社会工作岗位十分有限。在社会急速转型的今天，陕西省面临着日益严重的人口老龄化问题、青少年教育问题、贫困问题、失业问题等，这都需要政府和企业之外的第三种力量的成长和发展。从世界社会工作发展经验来看，培育民间非政府组织，开展公众团体活动，关注社会问题，援助社会弱势群体，是取得社会大众对社会工作专业性理念及方法认同的重要途径。大力扶持民间社会工作机构的发展，加强政府与民间合作，是推动社会工作职业化和专业化发展的重要保障。

（五）社会工作职业化水平较低，社会工作的需求还没有得到有效开发

我省社会工作的市场需求还没有得到合理、有效的开发，市场需求与社会工作专业教育之间存在严重错位现象。这主要表现在：一方面，社会急需大量社会工作专业人才提供服务。但是，从全省社会工作者队伍结构来看，现有社会工作从业人员大多数没有受过正规的社会工作知识、技能训练，缺乏社会工作者应具备的岗位知识和技能；他们虽然都经过本职工作训练，但缺乏系统的专业社会工作知识和技能的训练，工作手段和方法比较落后，难以提供个性化、多样化、系统化服务，缺乏行业自律和评估，无法有效应对和解决新的复杂的社会问题。另一方面，由于目前我国未把社会工作纳入专业技术人员职称系列，岗位设置不完善，社会工作职业化水平还很低，人们对社工的认识存在一些偏见，导致受过专门教育的社会工作毕业生不能对口就业，这也对我省社会工作的发展造成了严重的不良影响。此外，我国社会工作职业水平考试工作刚刚建立，工作机制有待进一步完善，比如，对灾民、下岗失业人员、残疾人、流浪乞讨人员、孤儿和处于各种困境中的个人和群体的咨询与辅导目前都比较缺乏。

二　影响陕西社会工作发展的原因分析

社会工作是一项综合工作，涉及诸多领域。虽然目前陕西省社会工作发展取得了长足的进步，但是人们对社会工作专业的认同度还不高，实际从业者的理论素养缺乏，相关的政策和促进社工发展的措施不够完善，阻碍了这一专业的发展，社会工作专业应有的对社会和谐的作用远远没有发挥出来。究其原因是多方面的。

（一）社会工作的社会认同度不高是影响社会工作发展的外部环境因素

由于社会工作在陕西省的发展刚刚起步，学科建设在21世纪初才刚刚开始，社会工作人才队伍建设还处于开创阶段，社工自身作用发挥不够明显以及相关的社会宣传不够，使得社会工作的需求没有得到有效的开发，导致公众缺少社会工作的理念和意识，对社会工作专业人才的关注程度不高，很多人不知道社会工作的职能。高等专业教育呈超常态发展，但是毕业生却缺乏相应的就业市场，以至于学无所用。这是影响社会工作专业发展的外部环境因素，只有加强这一专业的自身建设才能逐渐改变社会的认同度。虽然在社会工作职业化发展过程中政府负有极大责任，但是我们也应该认识到从事社会工作教育与学习的专业人员与政府沟通上的不足。只有加强高校从事社会工作专业的知识分子同政府工作者之间的沟通交流，在社会工作职业化发展问题上形成一致看法，才能加快社工专业的发展。

（二）社会工作的职业化和专业化不够突出是影响其发展的内在原因

社会工作的职业化和专业化不够突出，主要表现在相关政策制度还不完善。从全国范围看，除2004年劳动和社会保障部颁布了《社会工作者国家职业标准》、2006年人事部、民政部联合颁布了《社会工作者职业水平评价暂行规定》、《助理社会工作师、社会工作师职业水平考试实施办法》外，几乎没有社会工作人才建设的法律法规性文件。而陕西省关于社会工作人才队伍的建设、培养、引进、使用、激励、考核与资格认证、从业规范、登记管理、继续教育、评估监督等在内的一系列社会工作规章制度还没有建立。尽管各职能部门针对行业特点制定出台了一些规章制度，但是至今还没有建立专门针对社会工作人才的规章制度。其次，福利机构的社会需求与社会工作教育之间的脱节。各级政府、企事业单位以及人民团体中广泛地分布着各种社会工作者，他们在实际工作中从事着各种各样的社工救助工作，但是这些实际工作者几乎都不是社会工作专业出身。而受过专业训练的社会工作专业毕业生尚难以进入福利机构，形成了福利机构的社会需求与社会工作教育之间的严重脱节现象。作为实现社会工作重要职能的单位比如民政系统、劳动和社会保障系统等政府部门，严重缺乏具有社会工作专业背景的人才，而专业社工人员却很难进入。造成这种现象的原因既有社会工作专业知识结构的不合理，严重影响了社工专业毕业生的就业，也有当前体制下社会需要与社会工作发展本身相分离的因素。要使社会工作专业得到大众认同，就必须造就一批优秀的专业人才，强化社工专业方法技巧的训练，使其在应对社会问题上真正发挥作用，以证明其存在的价值。

（三）政府职能部门重视程度不够是导致社会工作发展不协调的重要原因

在社会工作职业化发展进程中，政府无疑扮演着重要角色，但是当前政府对社工的发展还不够重视，政策落实力度不够，各部门之间的政策不协调。在管理体制上，目前陕西省社会工作人才队伍建设方面缺乏统一的领导管理机构，而社会工作人才队伍管理涉及民政、司法、卫生、计生、残联、工会、共青团、妇联等十多个部门，每个部门都有相应的工作要求，导致社会工作人才的行政分割特点比较明显，活动空间往往受单位的条块分割局限。社会工作缺乏整体规划和总体协调，不能形成工作发展和队伍建设的合力，这些都制约了社会工作的发展和社会工作人才队伍建设的推进。从政策扶持上看，既没有相关的立法支持，也没有具体行动来大力扶植社工的发展。各级与社工相关的政府部门缺乏社工人才，而社工人员又无法进入这些社工行政领域。当前，除了民政部门外其他部门很少主动表示聘用社会工作者，由于社会工作者所从事的工作不像一般技术工人，也不似会计师那样可以在各类企事业单位谋职，所以完全用市场化的办法对待社会工作者的就业可能是不妥当的。从当前的实际情况看，要使社会工作者能学有所用，有关部门要从政策上明确规范适合社会工作者的聘用岗位，并运用制度化的手段，促使各相关部门形成共识，认真贯彻实施《社会工作者国家职业标准》，以共同推动我省社会工作的职业化进程。

三　加强陕西社会工作发展的对策建议

（一）加大宣传力度，提高陕西民众对社会工作的认知度与认同感

社会工作是一项全新的工作，在前期发动阶段，我们的首要任务是大力宣传，引起各级政府和全社会的关注。深化社会工作培训宣传，将社会工作培训纳入党政领导干部培训计划，进一步扩大各级党政领导干部培训范围。运用公共媒体进行社工专题报道宣传、创办专业网站、举办社区论坛，使社会各方充分认识社会工作的重要性及专业社工在人民群众日常生活中具有的重要价值，从而推动社会工作的进一步发展。

（二）政府主导建立有效机制，推进社会工作的职业化发展

1. 加强社会工作者机构建设，规范社会工作岗位设置

建立有专门从属的社会工作团体及下属从事各类福利服务的机构，并规范其社会工作岗位设置。比如对于在民政、司法、劳动、扶贫、工会、妇联、共青团、残联等机构中实际开展社会工作服务的岗位，要进行认定，明确为社会工作岗位，提高现有工作人员的专业水平，按照专业技术岗位进行设置和管理。既让接受专业教育的社会工作者有专门的实践部门，又为社会工作者提供职业岗位，壮大专门从事社会工作专业的骨干队伍，并为社会上热心于社会工作的志愿者，创造投身于社会服务中去的有利环境，使之在参与和体验中成长。

2. 推进社会工作专业团体和公益性民间组织的发展

社会公益性民间组织是社会工作的重要承担者，是社会工作人才的主要承载者。社会工作的特殊性决定了社会工作需要民间社会工作力量的广泛参与，加速发展和培育民间社会服务组织，建立布局合理、结构优化、功能到位的民间社会服务组织体系，充分发挥其提供服务、反映诉求的作用。同时规范的社会工作服务机构也有利于建立政府对民间机构的信任感，加强合作，推进政府向社工机构购买社会服务机制的形成，为社会工作人才发挥作用提供财政保障。在社会工作职业化的过程中，社会工作专业团体发挥着重要作用。陕西高校、科研组织及民间团体等应合作起来逐步建立起自律的专业组织联盟，通过政策研究和从事社会

服务推动社会福利服务领域的改革，实现公共服务的多元化、专业化、社会化，以共同推动社会工作在陕西省健康地发展。

3. 重视对现有社会工作者的专业培训与职业考核

我国现在拥有一大批“实际社会工作者”，他们虽然没有社会工作专业背景，却有着丰富的实际工作经验。所以，政府应建立有效机制，加强对现有实际社会工作者的培训与考核，使其由零散逐渐走向统一，由半路出家到接受正规训练，由普及化转变成专业社会工作者。

（三）加强社会工作制度建构，为社会工作业务开展提供权利保障

社会工作是在市场失灵的领域助人自助的工作，这些本该是政府履行的基本职能。目前我国社会工作的服务效能比较低下，主要原因是社会工作没有实现职业化、政府职能缺位和错位。政府及相关政策部门要提高重视程度，严格制定并深入贯彻落实政策，深化体制改革。在加强理论研究的基础上，应该学习借鉴国内外先进的社会工作经验，进而结合我国和陕西省的实际，为制定相关的社会工作配套政策法规，建立与现阶段经济、社会发展相适应的社会工作制度和体系，加快推进社会工作专业化建设建言献策。提高社会工作政策的实施能力，改变多头管理的现状，向统一管理机构发展。改变当前政策实施范围大部分局限于城市的倾向，面向广阔的农村新天地，扩大政策有效覆盖面。只有建立公认的职业守则和保证守则，建立保证工作顺利进行的工作程序和必要的职业权利保障机制，以及相应的激励机制与制约机制，才能促进社会工作的良性和可持续发展，切实提高社会工作效能和政府公共服务效能，有力地促进社会的和谐与稳定。

（四）加强高等院校的社会工作专业建设，促进社会工作专业化教育的发展

目前陕西已经有数所高校开设了社会工作专业，在部分涉及社会工作服务的社会团体、事业单位和社会公益性组织中设立了社会工作岗位。可是由于陕西省社会工作教育尚处于发展初期，面临的首要问题是专业人才严重不足，人才紧缺制约了各个学校社会工作专业的发展。特别是在本科教学方面，由于专业教师缺乏，大学里的社会工作专业有许多课程都无法开设，这就造成了学生的专业知识面狭窄，无法适应社会对本专业人才的要求，致使专业教育的现状远未达到现实

对专业的需求。

建议将社会工作专业列入陕西省的重点学科建设项目。学科建设需要支撑，要培养大批的社会工作专业人才，就必须从政策上大力支持本专业的发展，为社会工作专业学科发展提供政策扶持。例如将社会工作学科发展列入陕西省“十一五”发展规划建设的重点学科项目，根据陕西省对该专业人才的特殊要求，培养对口且能力过硬的社会工作人才。积极引进和培养社会工作专业人才，加快陕西省的人才队伍建设。建立并扩展专门从事社会工作教育的院校，在高校中配备强大的社会工作师资队伍，安排实用可行的系列训练课程，大力加强学科建设，拓展学科领域，加强社会工作者的专业素养，加强社会工作专业在学科领域的地位和影响。广泛吸引有志于社会工作的青年学生，使之真正掌握扎实的专业知识，用社工的方法和价值观去应对实际问题，从而走专业与实践相结合的发展道路。

（五）加强社会工作理论研究与实务相结合，拓展社会工作志愿服务领域

强调理论与实践相结合，加强与一线社会工作者和社会工作实务机构的联系与合作。社会工作专业强调理论和实践的结合，更强调理论运用于实践。我们应该与一线社会工作者和社会工作实务机构一起，运用多种形式，开展“关注社会工作，构建和谐社会”活动，提高社会各界人士对社会工作的认知度，让全社会都来关心社会工作。加强校际间、地区间教学和学术交流，不断提高社会工作的学科发展水平。积极主动地参与一些政府官员、国内外专家学者、实际工作者对社会学理论、社会工作理论和实践的交流研讨，从而在交流中提高专业水平，探索社会工作专业化、职业化、社会化的途径和方法。

应该不断扩展志愿者参与的范围和领域，推动志愿者服务全面参与陕西经济社会建设。要全面发挥志愿者服务社会的功能，除了鼓励志愿者参与目前政府倡导的活动，诸如扶贫、救灾、敬老、帮教扶弱等以外，还可以鼓励志愿者参与国家和陕西省重大发展有关的环境项目、经济项目和社会发展项目，以此增加志愿者服务的成效，使志愿者真正成为社会经济文化发展的一股强大推动力量。还需要大力开展预防性的志愿者服务，如社会研究、教育工作等，利用志愿者本身不同的才能、经验和专业知识，针对社会需要，拓展更多的创新性服务，突破目前以补救性为主的志愿者服务领域。发挥广大志愿者主动参与、全面参与、公平参

与的精神，全面参与到陕西经济、社会、文化发展各个领域中，为经济社会文化全面进步建言献策。

（六）加强社会工作整合的实践方法研究，推动社会工作多元化发展

传统的社会工作方法通常包括个案社会工作、团体社会工作，社区工作和政策倡导。但由于社会问题的复杂多样性，单靠某一种实践工作方法已不能解决面临的实际问题，在传统方法的基础之上，由对社会工作实践和社会问题的深层次认识逐步发展出一种综合、多元的社会工作整合实践方法，在实践领域、所服务的人口群体、所针对的社会问题和所采取的实践干预模式的基础上，对一个狭窄的实践领域应用专业的知识和技术以便更有效地解决问题。整合的实践方法是为了适应社会发展的需要，在社会工作者经验积累和认识水平逐渐深化，业务水平不断提高的过程中升华出来更高层次的，更加完善和新颖的工作方法。它在具体研究工作中的综合应用，有利于应对不断变化的复杂问题，促使社会工作朝着全面性、综合性知识基础的方向发展。尊重多元价值体系，形成整合通用的方法技巧，从而避免某一种传统方法的局限性，拓展社会工作研究的广度、深度及提高全面解决问题的效能。

四　陕西省社会工作发展趋势预测

（一）社会工作发展将与社会、经济政策相挂钩

早在1996年3月公布的《国民经济和社会发展九五计划和2010年远景目标纲要》中，中国政府就提出了要加快养老、失业和医疗保险制度改革，形成社会保障、社会救济、社会福利、优抚安置和社会互助、个人储蓄积累保障相结合的多层次的社会保障体系。目前，我国已经初步形成以农村新型合作医疗，覆盖城乡的养老保险制度，弱势群体的社会救助制度为特色的社会保障体系。在过去的十年里，陕西省社会保障体系在这一目标指导下也得到全面发展，在今后的工作中，我省的社会互助政策、法规将日趋完善，形成规范化的社会互助制度。社会工作要与社会、经济政策挂钩，实现跨行业的发展。经济全球化是以市场为本

的经济，贫富不均，经济上的不平等是最大的不幸。社会工作要系统地、有计划地对经济政策进行结构性的配合或辅导，提供专业的新方法，推动社会的改变，促进社会的发展。同时在个别领域进行干预，以便达到社会的平衡与协调发展。

（二）陕西“本土化”社会工作实践的建构将成为发展的重点

从关中到陕北、陕南，从城市到农村和山区，各地社会工作的开展与发展是很不平衡的。可以根据地区之间、城乡之间发展不平衡的现实，采用灵活的政策制定形式促进社会工作发展。各地应充分利用现有的政策资源，在引进、消化、“本土化”的过程中，社会工作政策可以制定比较规范的地方性法规政策，以各地市地方行政机关颁布的形式固定并实施；也可以针对地区社会经济发展水平与结构存在的差异性，以法律、法规为依据，制定实施范围相对限制的相关政策，注重专项政策的研究与制定，如结合社会工作资源与特点，民间群众团体制定一些适用于团体内部的条例、规定、指示，具体化为符合社会工作对象特点，操作性强的要求、方法与措施，并在实践中完善。如陕西省的志愿者活动，经过近十年的发展，志愿服务已经达到一定规模，涉及社会生活的各个领域，涌现出一大批志愿服务的先进典型，这就很有必要进一步将陕西省的志愿者队伍及服务制度化，健全机制，建立明确的规章制度、志愿服务站、扶贫接力等志愿服务项目完整的运行规则和制度，从而促进志愿者队伍更好地开展和落实各种社会工作项目。

（三）探寻城乡社会工作新的生长点和新领域

首先，要在城镇化建设中关注环境对个人的深度影响。目前陕西省的城镇化水平还相对较低，调整社会结构成为当务之急，应该采用适当的政策加快城镇建设。在城市化过程中，随着工业化程度的不断加强，个体的生活压力倍增，精神上的问题日趋严重。通过探索个体行为、思想和态度的改变，关注环境对个人的深度影响，增加“人”与“人”之间的认同，“人”与“域”之间的契合，以更广泛更热情地助人，适应社会的变化。这对社会工作的实践提出了新的要求；其次，社会工作要确立以社区为本的发展方向。进入新世纪以来，作为城市基本细胞之社区，随着功能的完善，人们对社区的依赖程度越来越高。关注家庭，消灭贫穷和对个人的心理辅导都要在社区中进行。社区离不开地域条件，因地理环境（自然的、文化的、经济的）、人员结构的差异而各不相同，这就对社区社会工作正常化、健康化、持久化提出了更高的要求；再次，发展普及农村社会工作。在侧重城市社会工作的同时，另一个常被人们所忽视的社工领域就是农村。国家的现代化和民主化发展要求社会各个方面共同重视广大农村的发展，陕西省广大农村今后将成为社会工作研究和实践的重要领域。各个社区需要根据不同的区情、县情、乡情来确定自己的特色定位，探索建立具有山区特色、陕北特色的社会工作新路子。同时，为大多数人谋求利益的社会活动必须在各地方得以实践，像农村社会保障制度的建立，切实保障妇女、儿童、老年人、残疾者的合法权益，社会福利、社会救济、社会服务等农村区域社会工作模式的探究，参与社会中间组织的合作式扶贫开发，为各种农民协会或专业技术协会提供智力服务等都将是今后陕西省社会工作的重要内容。

（四）提高社会工作的社会化程度

陕西省的社会工作主动参与性与社会化工作程度有待进一步提高。社会工作的社会化工作模式是近年来社工专业的创新思路，强调社会工作的开展与发展有切合实际的政策依据，探索针对人们的衣、食、住、游、购、娱生活领域的无限拓展，寻找社会工作的主动参与的准确契合点。今后社会工作中，政府主导作用相对减弱，但其作用发挥在较长一段时间内仍将存在。因此，要发展社会化的、具有一定独立资金与资源的民间机构并探索新型的工作机制；逐步形成独立于企业事业单位之外，资金来源多渠道，管理服务社会化的有地方特色的社会保障体系；对于城乡社区服务，要不断强化其感召力、号召力与影响力，建立社区工作社会化、自治化的工作模式，形成行政化向自治化发展的态势。

（五）陕西省社会工作者将呈现专业化与职业化发展新趋向

今后社会工作的发展方向必然是以人为本，以社会工作专业化、职业化为方向，全面注重经济效益、社会效益与人才效益。目前，政府部门、专家学者、社会工作实践者之间对社会工作的认识是有距离的。政府部门多从社会工作管理层面来考察，专家学者多从学术、理论高度进行分析，社会工作实践者多从教育、服务细节入手。在今后社会工作者专业化与职业化发展的过程中，还有待于进一步探索理论研究、实际操作与对策性研究三方面如何有效结合，有机统一，以使社会工作不只是专业化的解困救难手段，更为保障良好的社会秩序与社会环境，维护社会稳定发挥专业的功能。

陕西省大学毕业生就业创业研究报告

尹小俊*

近年来，陕西的大学毕业生的规模不断扩大，同时往年未就业的毕业生人数逐年累积，最终形成了一支庞大亟需就业的群体。而当前国际金融危机的突发和蔓延，直接冲击了作为吸纳大学生就业的用人主体——企业，这些因素的叠加使得本已十分紧张的就业形势进一步严重。本文立足于陕西省经济社会发展实际，密切关注全国范围的影响就业变化的各种因素，围绕陕西省大学毕业生就业、创业过程中存在的问题及其面临的挑战，针对当前正实施的大学生就业、创业政策，思考并提出了一些有利于促进和实现大学毕业生创业、就业的措施和建议。

一　目前陕西省大学毕业生就业形势

（一）大学毕业生累计数量逐年递增

1. "逐年增加": 2005~2008 年陕西省大学毕业生规模的扩张

2005 年陕西省大学毕业生人数为 15.2 万人，与 2005 年比较，2006 年是其 1.2 倍，2007 年与 2005 年比较，则为其 1.4 倍多，这两年时间里分别增长到 18.4 万人、21.8 万人。2008 年基本保持了这一增长趋势，达到 25 万人。高校毕业生规模的持续增加也在一定程度上加大了就业压力。

以同期大学毕业生的就业情况而言，根据麦可思中国大学生就业研究课题组编著的《2009 年中国大学生就业报告》的数据显示，① 陕西"211"院校毕业半

* 尹小俊，陕西省社会科学院社会学研究所副研究员。

① 麦可思中国大学生就业研究课题组编著《2009 年中国大学生就业报告》，社会科学文献出版社，2009。

年后的非失业率：2006届、2007届、2008届分别达到88%、94%、87%，基本都低于同期的全国平均水平，在保持稳定的同时略有起伏；陕西非“211”本科院校毕业半年后的就业率：2006届为85%、2007届为91%、2008届降为87%，基本都低于同期的全国平均水平；高职高专院校毕业半年后的就业率：2007届、2008届分别为79%、81%，均低于全国平均值。

2. “步入高峰”：2009年陕西省大学毕业生累计供给状况

根据陕西省人力资源和社会保障厅、陕西省教育厅等单位调研数据表明，[①] 2009年，陕西省应届高校毕业生达24.68万人，其中有研究生2.2万人，本科生11.3万人，高职高专生11.2万人。加上往年未就业的大学毕业生的数量，累计需就业的大学毕业生约达30万人左右。截至2009年6月1日，陕西省高校毕业生总体平均签约率为59.1%，其中，研究生签约率为58.02%，本科生签约率为56.6%，高职高专生签约率为61.64%。至6月底，陕西省高校毕业生签约率为80%，实际签约人数为19.7万人，高于全国同期68%的平均水平。

（二）就业岗位供求关系失衡

1. 以往陕西省就业岗位需求容量与分布特点

（1）就业供需关系有待调整以实现平衡。进入党政机关事业单位工作是高校毕业生追逐的热点和关注的焦点，这可以从近几年持续攀升的公务员考试、事业单位招录考试的报名规模得知。但是上述单位所能提供的就业岗位总体上数量有限，而包括国有企业、民营企业和外企在内的企业才是吸纳就业人员的主要力量。

（2）第三产业提供就业岗位的空间较大。根据《中国统计年鉴－2008》数据显示，陕西省第一产业、第二产业和第三产业的构成结构为48.5∶19.8∶31.6，跟全国的平均水平40.8∶26.8∶32.4比较接近；与北京、上海等发达地区相比差别甚大，北京第三产业达到了71.1，而上海为54.1。第三产业是吸纳就业的主要力量，从陕西的情况看还有较大的上升空间。

---

① 数据来源：《一季度陕西省就业形势出现回暖迹象》，陕经网，2009年5月5日，http：//www.sei.gov.cn/；《陕西省高职生就业率高于本科生》，2009年7月23日，http：//www.163.com/；《上半年陕西省新增就业人数18.2万人》，中新网，2009年7月15日，http：//www.shx.chinanews.com.cn/。

（3）就业的行业分布较为集中。根据陕西省发改委《陕西省“十一五”重大项目人才支撑体系研究》提供的数据可知，陕西省各个行业部门对人才的需求数量分别为：农林水利为12.1万人、交通为18.2万人、能源为17.7万人、化工为20.5万人、冶金建材为11.4万人、制造业为12.4万人、高技术产业为11.8万人、城建环保为5.4万人、商贸流通为4.7万人、社会事业为9.8万人，其中的能源化工、交通基础设施建设、制造业、高新技术产业等领域是提供就业岗位的“大户”，但在这些行业就业对专业对口的要求相对较多，进入就业市场的大学毕业生在数量和质量上如何与之匹配，最大程度地满足就业市场的需求，已经成为一个阻碍大学生就业率进一步提高的难题。

2. 影响陕西省就业岗位需求的多种因素

就业岗位的供需变化受诸多因素的影响，包括各级各类经济社会政策的制定及实施、产业结构的优化升级、行业竞争的态势变化、接受高等教育的人口规模调整、经济生活消费水平的起伏、当时的就业观念等，这些因素都会从不同层面直接或间接地影响到高校毕业生对就业岗位的选择。陕西省一直以来都是科教文化大省，各级各类高校数量和毕业生培养规模皆属全国前列，同时拥有能源化工、装备制造、高新技术、旅游、果业、畜牧业六大特色产业，这些都构成了影响陕西省就业岗位供求关系的主要因素。

3. 金融危机对就业产生的连带影响

国际金融危机浪潮袭来，对我国经济发展产生了一定程度的影响，尤其是就业市场遭遇了前所未有的冲击，更直接加大了解决当前大学毕业生就业问题的难度。主要体现在以下三个方面：一是大学毕业生的就业心态发生了变化，以往对就业所持的观望态度和频繁发生的“跳槽”现象，近年来都出现了转变和降温；二是大学毕业生“多路出击”，一方面依托参加公务员考试、考研等，另一方面积极“转战”各地招聘会，以增大就业机会，应对就业竞争日趋白热化；三是出于对社会保障等方面负担因素的考虑，加之金融危机的冲击，很多企业不得不采取调整预算、压缩开支和裁员分流的措施，导致大学毕业生在择业时更加青睐党政事业单位。由于经济和就业市场普遍存在的开放性和流动性，择业过程并不封闭，这些影响也会在不同程度上波及陕西省。

（三）大学毕业生供大于求的矛盾将不断加剧

陕西省高校毕业生供给规模增长态势明显，这可以通过招生人数、在校生人数和毕业生人数等指标反映出来。2005 年，陕西省普通高校本专科招生人数达到 20.89 万人，在校学生人数为 66.69 万人，招收的研究生人数是 2.07 万人，在学研究生人数已达 5.84 万人；2006 年，陕西省普通高校本专科招生人数与在校人数、研究生招生人数与在校人数继续增长，分别比上一年多出 1.02 万人、5.93 万人、0.14 万人和 0.7 万人；2007 年，陕西省普通高校本专科招生人数与在校人数、研究生招生人数与在学人数分别达 24.36 万人、77.56 万人和 2.29 万人、7.07 万人；2008 年，陕西省招收普通本专科学生 27.63 万人，在校学生 83.97 万人，研究生招生 2.41 万人，在学研究生达到 7.44 万人。

受国际金融危机的影响，经济恢复和调整尚需一段时间，就业市场回暖需要经受时间考验，同时往年未充分实现就业的大学毕业生数量持续增加，也在陆续加入求职队伍，而新的大学毕业生源源不断地进入就业市场，导致大学生就业形势日趋复杂和严峻。因此，综合以上情况可以作出一个总体判断：陕西省大学毕业生就业面临严峻挑战。

二　就业、创业过程中大学毕业生群体的主要特征

（一）身份认同的模糊与缺失

面临日益严峻的就业竞争形势，大学毕业生的内心早已没有了以往接受精英教育时的身份共识——“天之骄子”，身份认同格局正逐渐分化，在中国逐步迈进大众化高等教育阶段的背景下，大学毕业生对自身的个体身份认同已呈现出差异化特征。事实上，“天之骄子”已难以客观准确地描述他们的身份，更难以作为自我身份定位的专用词汇得到大学生的普遍认同。大学生对自我身份的认识具有两个特点：一是大学生群体内部身份认知存在明显分化；二是大学毕业生的身份认同目前呈现出模糊化、轮廓化、缺失化等三大特征。大学毕业生的人生观、价值观和事业观在原有的身份认同模糊、迷惑，甚至缺失之后，出现了一个认同真空，亟需填补自我发展的方向。如何建立与时代发展同步、体现群体自身特色、符合大学生个体特征的新身份认同已成当务之急。

（二）就业观趋于多元化

当前大学毕业生的就业观正处于变化转型重塑期，呈现出多元化就业选择的

特点，即使在同一大学毕业生群体中也无法避免出现内部异质化的发展趋势。从最初的工作包分配，到如今推行的自主择业以及积极鼓励和支持自主创业，大学毕业生的就业方式不断变化，也更加表现出日趋灵活的择业特征，时代条件的变迁也为大学毕业生就业空间的拓宽提供了保障。与传统的单一的就业观相比，目前既有一部分人一心追求稳定的工作，也有人认同先就业后择业的观点，此外还有少数人对择业求职采取“宁缺毋滥”的原则。以上这三种心态实际上是两种逻辑的直接表现，前者属于“生存逻辑”，后者是“发展逻辑”。所谓就业观的“生存逻辑”是指迫于形势，以满足自身基本的生活需要作为求职者行动和决策的出发点；“发展逻辑”则意味着追求更高的自我价值实现，对“发展”的关注远超过对“生存”的关注。

（三）代际影响男女有别

在以往的就业过程中，父母或其他长辈对于下一代的关心及其相关的建议想法大都会直接或间接地影响到大学毕业生的就业选择。在世界金融危机的直接冲击下，这种代际影响愈加明显。对于个体的生命历程而言，作为女性更多地承担了照顾家庭、父母和子女的责任。同时婚姻、生育作为个体生命历程的两大阶段直接约束了女性的求职空间，女性会相应地做出比如放弃“读研”而直接就业等选择，而且现在正好是独生子女一代人进入婚育期，女性不得不考虑工作区域和工作性质等，而男性在求职就业的选择上自由度相对大些。

三　推进陕西省大学毕业生就业、创业工作亟需解决的问题

陕西省大学毕业生在就业、创业过程中面临着一系列困惑：一是自主创业能力有限，以往在校学习的理论知识与工作实践结合得较弱，大学生缺乏实际工作经验，难以适应瞬息万变的社会需求；二是就业和创业信息的获得路径分散，没有形成系统性、长期性和稳定性的信息来源渠道；三是与之相关的就业创业政策有待实现系统整合，各级各类就业创业优惠扶持政策频频出台，其整体效应和综合效益发挥受限；四是就业创业资金投入绩效评估相对不足，财政投入缺乏绩效管理机制，要防止资金投入规模大而无序；五是就业创业能力培养缺乏系统性和

持续性，一方面大学生对就业创业能力的认识参差不齐，且深度不足，另一方面关于能力培养平台也亟需加大建设力度；六是就业创业服务体系有所欠缺，服务体系既庞杂又过于分散，缺乏一体化、高效率的就业创业服务体系；七是就业创业机构职能分散、缺乏整合，就业创业过程涉及众多机构，尤其是分段管理模式与就业形势发展不相适应，同时也缺乏更高层次的就业宏观管理协调机构；八是出台了多项就业创业政策，也取得了一定成效，但也面临着进一步整合多项就业创业优惠政策、使其形成合力的挑战。

总之，目前大学生就业、创业面临重重困难，由于全球金融风暴的冲击，东南沿海等发达地区为数不少的企业的衰落和倒闭，进一步加剧了本已十分严峻的就业形势。陕西省高校云集，高等教育规模庞大，每年大学毕业生数量众多，在金融危机的连带作用下就业压力持续加重，而诸多行业吸纳新就业人员的能力处于饱和或接近饱和的状态，在陕西省大中城市就地解决就业问题颇为不易，同时在基层许多地区和社区服务岗位又极为缺乏高素质的大学毕业生，二者形成巨大反差。要想摆脱大学毕业生就业困境，缓解日趋严重的就业问题，就要进一步发挥政策的调控作用，引导大学毕业生进社区、下基层，从而有效地促进大学生就业创业问题的解决。

四　积极发挥政策调控优势，大力引导大学生就业创业

在当前金融危机的影响下，陕西省大学毕业生就业难的问题进一步加剧，为此，建议各级政府与相关部门尽快出台推进高校毕业生就业创业的新政策，合理、科学、高效地运用各级各类财政资金，及时调整优化财政支出结构，加大提高大学毕业生就业创业财政资金支持力度，并通过各类财政调控工具，进一步发挥财政政策的杠杆作用，不断提升大学毕业生的就业创业能力，从而有效促进大学毕业生就业创业。

（一）从宏观角度思考和探讨就业问题并提出治理策略

1. 力求实施“一体化”策略

“一体化”是指就业发展战略及其规划形成相互衔接、有效配合的局面。就业发展战略是治理失业、推进就业的思路指南，就业规划则为就业发展战略的行

动准则，只有两者达到了“一体化”的阶段，就业问题的治理工作才能更加科学、系统、有序、持续、高效。

2. 全力营造浓厚的创业文化氛围

相比较而言，大学生的创业能力不足、创业文化氛围相对较淡、创业经验欠缺的情况仍然存在。当前，大批鼓励和积极支持创业的优惠政策不断出台，包括创业型城市的出现等，都为缓解就业压力，乃至充分激活就业市场发挥了极其重要的作用，但同时更需要以营造浓厚创业文化氛围为“基”，以打造优秀创业合作团队为“本”，以增强创业实际能力为“先”，才能更加有利于落实创业带动就业的政策。

3. 推进身份认同与增强社会信心的“双结合”策略

本文前面谈到了“大学生身份认同模糊乃至缺失的问题”，这个问题直接影响到自身的角色定位，以往荣耀的身份认同丧失后，大学生群体的身份定位出现了空白和困惑，因此，需要加强大学生群体的自我调适以适应就业形势变迁的趋势。在就业过程中，大学毕业生的社会信心实际上表现为两极分化的趋势，一部分大学毕业生多次求职未果，同时知晓自身的不足，由此一些人丧失了支撑自我发展的社会信心，而重拾社会信心对于恢复和重建就业的社会规则和秩序是极为关键和重要的前提。

（二）在宏观思考的基础上，笔者提出几点具体建议

1. 设置针对性强的大学生职业规划课程

从目前就业形势看，将大学生职业生涯规划提上日程显得尤为重要。应在大学开展就业培训指导课程的基础上，尽早地对大学生普及职业规划意识，设计出符合社会需要的、科学规范的、系统完善的大学生职业规划课程，并设立专职的大学毕业生就业辅导人员，该类工作人员必须拥有专业的职业生涯规划领域的认证，同时拥有针对大学生进行心理调适和辅导的能力。大学毕业生也应在专业人士的指导下，针对市场的实际需求，在毕业前完成职业生涯的初步规划，发挥自身优势，降低求职成本，提高就业效率。

2. 及时发放“两补”，引导大学生参加实习积累创业就业经验

一是大学生在高校学习期间，应实行严格的实习制度，根据专业的区别，实习期可暂定为半年至一年，以利于帮助大学生积累创业就业的经验；二是政府有

关部门应发放“两补”，即给在实习期的大学生发放一定额度的生活补贴，给接纳大学生实习的用人单位发放实习用人补贴，以提高大学生及用人单位双方的积极性；三是大学生实习经历应纳入高校学分管理体系中，给予实习课程相当比重的学分，激励大学生更好地投入实习活动，同时由实习期间的用人单位提供实习鉴定报告，并将其放入大学毕业生简历中，如有作假，应向用人单位追回已发放的实习用人补贴，并向社会曝光。

3. 建立健全大学毕业生就业市场监管体系

有关部门应该建立健全监管体系，对大学毕业生、高校、人才市场以及用人单位各方实施全程高效的监管，着力提高就业信息的透明程度，规范大学毕业生就业市场秩序，防止就业欺诈。确保用人单位和大学毕业生的信息相互透明、对称，减少隐瞒、欺骗成分，并应同步建立大学毕业生就业市场内的信用记录体系，即对大学毕业生和用人单位实行双重监督，如发现违规行为，应予以公开曝光，大学毕业生的违规行为将记入其个人信用记录，用人单位的违规行为将纳入人才市场重点监督范围，对于屡教不改的违规者，应给予惩处，直至禁止其进入本地人才市场开展招聘活动。

4. 积极推进形成“一校一专”的优势格局

“一校一专”是指一所大学应该至少拥有一个品牌专业，并将该品牌专业打造成西部领先、国内占有优势的专业。陕西省内的各所高校应该根据自身的特点，整合教育资源，继续加大投入，发展优势专业，最终达到“人无我有、人有我优”的目标。与此同时，各高校及有关部门应积极与东南沿海的吸纳能力强、用人规模大的企业建立长期联系，实行订单式、需求式模式培养，即用人单位需要什么类型的人才，高校就应重点培养什么类型的大学毕业生，形成高校教育与社会市场的有效对接。

5. 设立专门的大学毕业生创业信息网站

应由陕西省人力资源和社会保障厅、陕西省科技厅、陕西省教育厅等有关部门共同参与，系统整合分散的创业信息资源，设计出针对性强的大学毕业生创业信息网站，为大学毕业生提供及时、有效、丰富的创业信息，同时也为大学毕业生创业群体提供交流经验的平台。

6. 尝试创建大学生创业园区

一是由政府有关部门设立大学生创业基金，只要经过相关标准的审核，符合条件准入的大学生，皆可申请该创业基金；二是创业园区主要面向大学毕业生的创业活动，同时也应考虑在校大学生，只要自身条件成熟在校生也可提交申请；三是陕西省大学生创业园区的定位是立足陕西，吸引邻近省份乃至全国各地的大学毕业生来陕创业，同时依托西安高新技术产业开发区和经济技术开发区，为大学生创业园区日后的优化升级提供全力支持。

7. 跨越高等教育和职业教育之间的鸿沟，建立双向认证制度

就目前情况而言，职业教育和高等教育是相对分离的两块。应该看到许多加工制造行业亟需大量的技能人才乃至高技能人才，可令人遗憾的是，很多企业的用人需求长时期得不到满足。一般而言，技能人才更多的是来自职业教育培养体系，而现在高等教育培养规模较大，职业教育发展相对不足，如何化解这一矛盾，实现教育资源的有效整合，现在看来可采取的较好方式就是促进职业教育和高等教育之间的学制衔接，职业教育增设更高的学历，两类教育间的课程实现学分互认。在上学期间，接受高等教育的学生可申请学习职业技能课程，经过考试获得学分，直至最后获得相关的职业技能认证；而接受职业教育的学生也可申请高等教育的有关课程，但之前需经过严格的申请考试，合格者可选修相关课程，最后考试合格者可发放相关的资格证书。

8. 建立与大学生就业创业政策同步的财政支持和绩效考核机制

要及时调整财政支出结构，以适应目前陕西省大学毕业生严峻的就业形势。无论是类似于大学生村官计划、“三支一扶”计划、教师特岗计划和西部志愿者计划发放的补贴，还是为中小企业、非公有制企业吸纳更多大学毕业生所给予的扶持优惠，都需要大量的财政资金支持，为了避免政策执行缺乏动力，需要将这些财政支持政策内容具体量化成一系列的考核指标，纳入到各地市、部门和单位的年终目标考核体系中，以加强监管、提升资金使用效率。

9. 由财政“买单”建立高校毕业生就业导师制度

每年由财政支付给每个就业导师补贴 5000 ~ 10000 元，鼓励各高校积极招聘熟悉人力资源管理、职业规划设计、心理学等领域的专业人士，作为大学生在校学习期间的就业导师，专职指导大学生就业；各院系可配置一二名就业指导老师，具体数量可根据实际需要上报陕西省财政厅审定；就业导师负责根据各个大学生自身特点进行个性分析，调节大学生求职期间的心理变动，设计和辅导大学生职业生涯规划，介绍就业创业政策以及教授就业指导课程等；每年由高校负责向陕西省财政厅提交就业导师工作绩效年度评估报告，确保“买单”见到实效。

10. 创办大学生就业创业“一站式”服务网络平台

由陕西省财政厅出资牵头，会同陕西省人力资源和社会保障厅、陕西省教育厅、陕西省科技厅等有关部门，陕西省内多个高校共同参与，创办为高校毕业生就业创业提供全方位、高效率服务的网络平台；该网络平台为高校毕业生提供就业创业资金、信息、项目和政策服务等内容；如相关条件成熟，将实行网上办公，使以往要往返于多个部门的手续办理过程简化，并利用网络及时解答大学生就业创业难题和困惑；陕西省内各高校要突破校际就业信息屏障，在“一站式”服务网络平台上实现就业创业信息共享；日常维护和信息更新由陕西省人力资源和社会保障厅负责。

11. 建立广泛的各类大学毕业生见习（实习）基地，注重过程和结果的双重考核

一方面积极联系符合条件和有关规定的企业，建立大学毕业生见习（实习）基地，并进一步扩大规模，帮助大学生积累工作经验，提升能力，见习期间给予顺利完成见习任务的企业提供财政补助5000元；另一方面也应考虑在有关的科研院所内建立科研见习（实习）基地，在研究生层面，大多数学生缺乏一线实践经验，很多认识仅停留在书本层次，唯有建立科研见习（实习）基地，通过参与课题和项目，才能更快适应社会；另外，凡是实践性强与企业联系紧密的、经管类或工科类专业的大学生（应由陕西省教育厅、陕西省内各高校和有关企业共同商讨拟定属于该范围内的专业名单，并正式向社会公布）必须完成高校和见习（实习）企业的双重考核，成绩考核合格者才能获得相关学分毕业，在见习（实习）过程中应按时向学校提交中期见习（实习）报告备查。

12. 以财政支持为基础，促进大学生就业和中小企业发展相结合

第一，引导中小企业与高校签订定向培养合同，主要面向专业强、技术类和中小企业亟需的毕业生，为企业未来发展储备人才资源，企业每接受一个大学生可获得财政补贴2000～3000元；第二，每年由中小企业提供人才需求信息，并将这些信息与政府就业培训计划相结合，由财政免费为家庭困难或登记失业的大学毕业生进行专门培训，同时本着自愿原则实行双向选择，如企业选中合适人选，在三年内每年由财政向每人提供补助1000～2000元。

13. 加大“陕西省高校毕业生创业基金”财政投入，支持扩大陕西省“挑战杯”大学生创业计划竞赛规模，提升大学生创业能力

目前，大学毕业生创业能力的培养时间总体上来说过于仓促，尽管也可通过毕业前的就业培训提高大学生的创业能力，但与竞争激烈的市场相比，仍显不足。很多高校毕业生最好能在创业前期就能具有一定的经验，以增强抵御风险和参与市场竞争的能力。要做到财政投入与风险投资相结合，在部分创业计划获得风险投资关注的同时，财政应拿出一部分资金投入到其他的创业计划中，以便给予更多的大学生创业锻炼的机会。

14. 发挥财政政策的调控作用，引导大学毕业生进入服务业领域创业

由于高校毕业生缺乏创业经验，自身拥有的资金有限，对不同行业的创业风险了解不足等，大多数毕业生创业应选择在门槛低、易进入、投入少、风险小的行业。由此可见，服务业是个不错的选择。第一，由财政提供专项资金，召集一批有意从事服务业创业的大学生参加一系列专业性培训；第二，印制和发放创业手册，介绍有关创业政策和成功案例；第三，在已获得小额贷款的条件下，大学生创业的前6个月内由财政给予一次性创业补贴5000元；第四，如高校毕业生短时间内创业成效显著，可由财政提供资金支持小额担保贷款贴息。

陕西省事业单位人事制度改革进程与思考

鱼小辉*

在事业单位建立岗位设置管理制度，是针对事业单位人事管理制度进行的一项重大改革。2007年3月26日，“陕西省政府2007年第6次常务会议”审议通过了陕西省岗位设置管理实施意见。2007年5月23日，经国家人事部审核同意，省委办公厅、省政府办公厅以陕办发［2007］18号文件的形式印发了《陕西省事业单位岗位设置管理实施意见（试行）》，《意见》的下发标志着陕西省事业单位岗位设置管理制度改革工作的正式启动。

一 陕西省事业单位人事制度改革进程

自2007年6月起，陕西省各类各级事业单位的岗位设置管理制度改革工作陆续展开。从现已完成岗位设置工作的部分事业单位的情况看，初步形成了以下几个方面的成功做法和经验。

（一）加强领导，高度重视，确保岗位设置管理工作顺利开展

在事业单位实施岗位设置管理，建立岗位管理制度，是加强事业单位干部队伍建设和人才队伍建设的需要，是深化人事制度改革的必然要求。因此，各类各级事业单位在开展岗位设置管理工作之前，领导部门都高度重视，将此项工作作为当前事业单位人事制度改革工作的重中之重。

陕西省行政学院在岗位设置管理工作正式开展之前，院党委首先召开了专题

---

* 鱼小辉，陕西省社会科学院社会学研究所研究员。

会议进行研究部署，并成立了以党委书记为组长，其他院领导为成员的岗位设置聘用工作领导小组，下设岗位设置聘用工作办公室，并从相关部门抽调人员负责办公室的日常工作。为便于群众行使监督和参与的权利，充分发挥各部门的职能作用，学院还成立了事业单位岗位聘用评审工作委员会，由学院人事、教务、科研、监察、工会等部门的负责人及教职工代表组成；各部门还成立了岗位聘用工作小组，由部门领导和教职工代表组成。为了使全院教职工正确认识岗位设置管理工作的重要意义，并且对本院岗位设置工作的整体安排做好充分的思想准备，学院及时召开了岗位设置管理实施工作动员大会，同时向各部门印发了《陕西省行政学院事业单位岗位设置及人员聘用实施方案》，对全院岗位设置聘用工作作了周密部署。

陕西省卫生厅所属事业单位陕西省疾病预防控制中心，对岗位设置聘用工作高度重视，中心领导班子多次召开会议研究有关问题，抽出专人负责岗位设置工作。同时又通过个别谈话、召开座谈会、职工大会等多种形式听取职工的意见和建议，扩大职工的参与程度，取得职工的理解和支持。陕西省文物局所属事业单位法门寺博物馆为确保这次岗位设置聘用工作的顺利开展，馆党支部认真研究相关政策，及时成立了岗位设置工作领导小组和岗位设置聘任委员会。领导小组多次召开全馆职工大会，贯彻改革精神，分析问题，正视矛盾，积极研究对策，制定了在确保稳定大局的前提下，在专业技术职务评聘上适当向业务人员和年轻同志倾斜的政策，形成了“能者上、平者让、庸者下”的良性运行机制。

（二）搞好调研，摸清情况，科学合理设置本单位的工作岗位

这次岗位设置，政府只对事业单位的岗位“实行总量、结构比例和最高等级控制”，同时充分给予事业单位用人的自主权，体现出这场人事制度改革的原则性和灵活性。从现已完成岗位设置工作的事业单位情况看，大多数单位都能很好地行使用人的自主权，科学合理地制定本单位的用人方案。

陕西省文物局所属事业单位陕西历史博物馆，在制订岗位设置方案时，遵循博物馆事业发展的内在规律，对该馆在册正式人员结构比例和现岗位设置等情况进行深入调研，在准确摸清底数的基础上，馆主要领导多次听取人事部门汇报情况，召开专题会议研究岗位设置问题，对现有管理工作任务、专业技术工作任务、后勤保障工作任务进行科学分解、合理归类。最终，在对现有人员构成、

博物馆事业发展趋势、工作任务量及人员需求等方面认真分析研究的基础上，科学合理地制定出陕西历史博物馆岗位设置方案。确定其岗位总量为286个，其中管理岗位57个，专业技术岗位200个，工勤技能岗位29个。经由各部门职工大会讨论后，提交馆党委会议集体研究，最终报请省文物局和省人事厅审核批准。

陕西省地下水管理监测局为省水利厅直属事业单位。其主要职能是为全省地下水资源的合理开发利用和有效保护提供服务。具体负责全省地下水监测站网、监测设施和信息化系统的规划、建设和管理等。该局下属还有陕西省地下水工程勘察大队、陕西省水利印刷厂、陕西省石棉水泥制管厂、西安华厦轻房装饰设计工程公司、陕西华通玻璃钢制品有限公司等5个自收自支事业单位。从该局的职能看，局机关主要是以为专业技术部门提供社会公益服务为主，5个下属的基层单位则主要是承担技能操作职责。在人员分布上，目前该局工勤技能人员占总人数一半以上。以现实状况定位，工勤技能岗位应占该局岗位总量的50%以上甚至更多。但从长远业务发展的前景考虑，该局认为在岗位设置上应逐步扩大专业技术岗位的数量，缩减工勤技能岗位的数量。最终平衡的结果，该局将工作人员岗位总量设置为615个，其中管理岗位61个（占单位岗位总量10.0%），专业技术岗位246个（占单位岗位总量40.0%），工勤技能岗位则设置为308个（占单位岗位总量的50.0%），较好地完成了岗位设置改革的工作任务。

陕西省江河水库管理局的岗位设置工作成效显著。岗位设置改革前该局管理岗位、专业技术岗位、工勤技能岗位三者的比例是13∶33∶54。从单位的人员结构比例的角度看，应选择第三种类型，即以工勤技能岗位为主的岗位设置类型。但经过深入调研该局认为，如此配置极不符合管理局未来发展的实际需要。管理局现有工勤技能人员多为20世纪70年代知青招工和80年代初的接班顶替，近几年进入管理局的工勤技能人员也仅限于退伍军人或城镇义务兵，显然定性为第三种类型也不能满足履行职能的需要，所以最终将单位定性为以管理为主的事业单位类型。其原因主要有二：一是随着国家对流域管理的逐步强化及陕西省防汛重点工作的实际需要，该局已增加并将继续增加许多新的行政职能，显然，将单位定性为以管理为主体岗位的类型更符合该局的实际状况；二是事业单位人事制度改革将逐步实现由身份管理向岗位管理的转换。该局确定以管理岗位为主，可给其他岗位向管理岗位转变留下较大空间。从尽可能满足当前工作需要，又考虑未来职能发展需求两方面出发，经过多方协调，该局最终将其管理岗位、专业技术岗位、工勤技能岗位三者的比例定为25:45:30。

（三）竞聘上岗，按岗聘用，形成“公平、公开、竞争、择优”的新型用人机制

实施岗位设置，竞聘上岗，按岗聘用，说到底，是为了打破过去那种因人设事、人浮于事的大锅饭局面，形成“公平竞争、能上能下、能进能出、人思进取、人尽其才”的新型用人机制。这也是人事制度改革的初衷。我们高兴地看到，在这次岗位设置工作中许多走在前面的事业单位，已经出现了充满生机与活力的新的工作局面。

陕西省科学院酶工程研究所，在岗位设定后，大力抓好岗位竞聘这一重要环节。所设岗位包括部门正职岗位5个、副职岗位2个、其他技术及工勤岗位共21个。各部门负责人及以下的全部岗位都参与了竞聘。此次竞聘，除3个部门正职岗位外，其余每个岗位都有2名以上的竞争者，全所在职职工都递交了竞聘申请和个人材料，并进行了竞聘演讲，演讲率达85%以上。竞聘的过程十分激烈，每次竞聘都出现了不分高下的情况，尤其在第二次竞聘中，进行了3轮5次投票，经过所务扩大会议的仔细讨论，才形成最终结果。在竞聘的过程中，为搞好竞聘演讲，大多数职工都认真准备申请材料，精心制作演讲幻灯片，从各个方面展示自己的才华。他们的演讲或激情昂扬，或侃侃而谈，或以理动人，或声情并茂。台下“听众”的提问或强调于个人能力，或专注于学术焦点，或着眼于研究所的长远发展，或寻求对研究所科研运行的激励措施等。此次竞聘工作的成功，为研究所职工尤其是科技人员提供了一次充分展现自我才华的机会，也极大地调动了上岗职工的工作积极性。

陕西省气象局所属事业单位陕西省经济作物气象服务台，在实施岗位竞聘时，坚持公开、公平、公正，通过全台专业技术人员和职员的岗位竞聘演讲，努力为全台人员营造一个平等竞争及展示自我、展示风采、展示业绩的平台，发挥了相互学习、互相借鉴、激励先进、鞭策后进的积极作用。同时，也为单位人事制度的考核、管理工作的进一步改革奠定了基础。由于该台在聘岗过程中始终坚持“四个有利于”，即“有利于推动经济台事业发展，有利于提高经济台效率，有利于增强经济台活力，有利于促进各类人才脱颖而出”，不仅保

证了岗位竞聘工作的顺利完成，也使得这场人事制度的深入改革收到了良好成效。

（四）职责分明，岗位管理，建立行之有效的人事考核管理制度

岗位设置是岗位管理的前提，是顺利实施岗位管理、实现事业单位人员由身份管理向岗位管理转变的基础。事业单位要从旧的管理模式中摆脱出来，更新观念，在具体工作中必须适应这种转变的要求。要在管理环节上充分体现这种转变，就要针对不同的岗位确立不同的管理方法和管理制度。

陕西省广电局所属事业单位陕西省音像资料馆，在岗位竞聘之前，对管理类、专业技术类、工勤类三类岗位的不同级别岗位都编制了包括以任职条件和具体职责为主要内容的岗位说明书。各类岗位各个级别的受聘人员，都要全面履行岗位职责。单位对受聘人员实行年终考核制度，考核受聘人员履行岗位职责的全面情况。年度考核结果将作为续聘、解聘或者调整岗位的重要依据。

宝鸡市食品药品监督管理局的经验是，在岗位聘定之后，对其所属的事业单位工作人员全部签订聘用合同。其具体做法为，聘用人选确定后，即由各单位主要负责人与被聘人签订聘用合同，用法律形式确定聘用关系，明确相互的责、权、利。聘用合同在签订后即具有法律约束力。陕西省地下水管理监测局的做法是，对该局职工实行全员聘用合同管理，凡该局的各种形式用人均须签订聘用合同，做到同工同酬、一视同仁。对关键岗位和骨干人员，则可按有关规定实行长期聘用，以保持队伍的相对稳定。与此同时，建立科学的人事薪酬制度，全盘考虑岗位、业绩、能力等多种分配因素，将以岗定酬、以绩定酬与以才定酬相结合，采取灵活多样的分配方式，激发各类岗位人员的活力。通过这些综合措施，推动了全局的岗位考评管理机制建设工作的全面发展。

（五）以人为本，稳妥推进，充分尊重广大工作人员的合法权益

目前，陕西省共有事业单位4.6万多个，实有在职人员112万多人，涉及19大类统计行业，情况千差万别，矛盾错综复杂。因此，所有事业单位在具体实施岗位设置工作当中，既要坚定不移，又要稳妥推进，充分尊重广大工作人员的合法权益，最大限度地调动他们参与改革、支持改革的积极性。要坚持以人为本的原则，时时处处体现人性化。要充分考虑历史原因和客观实际，统筹协调和妥善

处理好各方面的利益关系，切实把广大工作人员的切身利益维护好。决不能借改革之机打击报复，甚至剥夺工作人员的劳动权利，也决不允许以搞活单位内部分配为幌子，侵占工作人员应得的合法报酬。事业单位的岗位设置实施方案及其他涉及广大工作人员切身利益的重大事项，必须提交本单位职工代表大会或职工大会讨论。

陕西省行政学院针对这次岗位设置聘用工作的人多面大、比较敏感等特点，院领导反复强调要坚持以人为本，做好宣传解释工作，把聘用人员的思想工作做深、做细。为了做到既严格执行政策，又广泛听取意见，切实维护职工的合法权益，岗位设置聘用办临时设立了岗位设置聘用工作咨询办公室，并公布固定的时间和专用电话，安排专人接待来访咨询者。对于混岗需要调整的人员，设置聘用办主动与相关部门联系沟通；对需要作出岗位选择的人员，会同所在部门找其谈话，征求他们对岗位选择的想法；对政策规定不理解或有疑虑的人员，则反复宣传政策，耐心细致地做思想工作。据该院不完全统计，实施聘用期间，该院设置聘用办共接待教职工来访咨询 80 多人次，电话咨询 30 多人次，与各类人员谈话 49 人次。通过深入细致的思想工作，使绝大多数职工了解了政策，消除了疑虑，放下了包袱，为整个聘用工作顺利进行奠定了基础。

陕西省林业厅所属事业单位陕西省林业教育培训站，在岗位设置工作实施之初，针对部分职工中存在的问题和意见做了大量的思想工作。由于岗位编制的设定是一项复杂的工作，兼之个别职工对政策理解存在偏差，担心岗位聘用实施后影响到自身利益，一时矛盾较为突出。为此，该站多次召开职工大会，进行宣传教育，反复说明相关政策的精神实质，讲明新老职工区别对待的政策要求，解除了部分职工的后顾之忧。通过这些工作使职工统一了思想，提高了认识。在编制岗位说明书时，又将初稿发到每一个职工手中，让职工反复讨论，提出修改意见和建议。这样，经过完善和充实的不同岗位等级的岗位说明书，既能满足林业教育培训工作的实际需要，又使政策规定得到严格执行，同时也保证了职工利益不受侵害，从而为岗位聘用工作的稳妥推进创造了条件。

宝鸡市食品药品监督管理局，在实施岗位设置工作之初，即将本次人事改革的总体思路定位为“以人为本，平稳过渡”，坚持多方面听取群众意见，获得广大干部职工的理解和支持。在具体工作当中，则坚决杜绝“暗箱操作”，自始至终保证岗位设置工作高度透明，整个改革进程始终处于紧张、有序、平稳的状态，没有引起大的波动，更没有出现人员上访问题，圆满完成了岗位设置管理工作。

二　当前陕西省事业单位岗位设置管理工作中存在的主要问题

从两年多陕西省事业单位岗位设置工作的人事制度改革进程看，取得的成绩有目共睹。然而，毋庸讳言，由于岗位设置管理工作是事业单位人事管理制度的重大改革，是由身份管理向岗位管理迈进的重要一步，是一项制度创新和政策调整，其复杂性、艰巨性决定了不可能一蹴而就，轻易地达到尽善尽美。从我们的调研情况看，在当前陕西省事业单位岗位设置工作的人事制度改革进程中，尚存在如下一些主要问题。

（一）事业单位各类人员的学历构成还存在偏低现象

据有关统计资料分析，2008 年度，全省事业单位管理人员中，具有研究生学历者仅为2.6%，具有本科学历者占29%，具有大专学历者占39.8%，具有中专学历者占17.9%，高中及以下学历者占10.6%。后三者之和，即大专及大专以下学历者占总人数的68.3%，接近七成；全省事业单位工勤技能人员中，具有研究生学历者仅为1.5‰，具有本科学历者占3.9%，具有大专学历者占19.5%，具有中专学历者占18%，高中及以下学历者则高达58.5%；全省事业单位专业技术人员中，具有研究生学历者仅为2.6%，具有本科学历者占31%，具有大专学历者占40.7%，具有中专学历者占20.8%，高中及以下学历者占4.9%。合计而言，大专及大专以下学历者占总人数的66.4%，也接近七成。综上所述，事业单位各类人员的学历构成还存在偏低现象，难以完全适应岗位聘任的基本条件要求。

（二）“按岗聘用、合同管理”的人事制度改革尚有待进一步深化

截至2008 年底，陕西省事业单位共有112 万从业人员，未签订正式合同者高达56 万余人，占总人数的50.6%。其中，正式在册人员为1083846 人，未签订正式合同者为565188 人，占在册人员总数的52%；2008 年度新进人员37987

人，未签订正式合同者17033人，占新进人员总数的45%。这表明，还有超过半数的人员未签订正式合同，“合同管理”的人事制度改革尚有待进一步深化。

（三）事业单位人员超编的问题仍比较明显

据陕西省机构编制委员会办公室发布的2008年度统计数据资料，截至2008年底，陕西省事业单位的人员总数仍超编8万多人，与2004年底时的超编人数相差无几。陕西省事业单位的超编现象主要集中在县乡两级，其主要原因：一是党政机关机构改革后，将一部分超编人员分流到了事业单位；二是县乡两级缺乏吸纳人才的企业，大中专毕业生和复员军人安置分配大都集中在事业单位；三是一些部门及其主要负责人为了照顾人情，将一些不符合条件的人员调入事业单位；四是陕西边远地区农村的中小学尤其是小学受办学条件限制，多存在超编现象。以商洛市商州区为例，一些山多人稀的地方，如砚池河、上房坊、三岔河等边远贫困乡，由于村级学校地处偏远，人烟稀少，一些教学点只有10多名学生，且年龄参差不齐，只能进行复式教学，很难严格按照小学1:23的师生比例来核定教职工数。汉中市属于欠发达的贫困山区，总面积为2.7万平方公里，山区、丘陵占94%，平川仅为6%。山多沟深，区域广、居住分散、生源分散。人口密度仅为134人/平方公里，义务教育阶段每所学校的服务半径达10.4平方公里，且农村学校规模和班额普遍偏小，目前还有360个教学点。现核编标准有利于资源利用率高的城镇学校，但对于山区丘陵占94%的汉中市来说，师资资源利用率因人口密度小而偏低，直接导致农村中小学编制趋紧，造成普遍的超编现象。

（四）事业单位的分类改革亟需抓紧进行

由于种种原因，长期以来陕西省的一些事业单位都或多或少存在着“政事不分”、“事企不分”或“亦事亦企”的现象，亟需理顺体制，厘清类型，转换机制，实行体制、机制的重大人事改革。

所谓“政事不分”，是指一些事业单位享受事业单位的待遇，并不承担法定的政府职能，却拥有主管部门直接或间接转移的行政职能，完全从事政府行政管理活动，拥有与政府主管部门相同的行政权力；所谓“事企不分”，是指一些事业单位虽挂着事业单位的牌子，却从事和企业一样的生产经营性活动。如前西安歌舞剧院、西安话剧院、西安儿童艺术剧院、西安市豫剧团、西安说唱艺术团、西安出版社等“五团一社”，虽属于事业单位，却一直从事经营性文化产业活动。由于体制的束缚，形成了用人机制的僵化，使得这“五团一社”在很大程度上失去了生机与活力，长期以来陷入困境难以发展；所谓“亦事亦企”，是指一些事业单位同时兼具企业身份。这样的现象在一些疗养、干部培训机构表现比较明显。这些单位既在编制部门进行了事业单位法人登记，又在工商部门进行了企业法人登记。这些单位大部分是由政府投资兴办，建成后却移作它用，成为“××酒店”、“××宾馆”等，租赁承包经营，收入归单位小金库所有。这种双重身份，模糊了事业单位的性质，不但造成了国有资产的大量流失，也影响了事业单位职能的发挥，制约了社会事业的发展，更为重要的是在一定程度上损害了政府的形象。因此，在当前事业单位岗位设置管理工作的人事改革中，对事业单位的分类改革也亟需同时进行。

（五）教科文卫等行业的岗位评聘科研成果认证体系纷繁混乱

陕西省早在1996年已经开始对事业单位用人制度的改革进行试点、探索和实践，2007年6月以来开展的岗位设置人事改革更成为各项工作的首要之务。然而，目前在教科文卫等行业中，岗位评聘的科研成果认证体系却存在一定程度的纷繁混乱的状况。

长期以来，陕西省教科文卫等行业的聘用量化指标已逐步形成一套成型的科研考核体系，并以此作为晋升职称、业绩考核、科研评奖、研究资助的依据。对于论著，通常根据其出版社的规格来定“级别”，即中国社会科学出版社、科学出版社、人民出版社、高等教育出版社、中华书局、商务印书馆等六大“国家级”出版社为“权威”出版社。各个省、区的人民出版社为地方一级出版社，以下的各类出版社则为地方二级出版社。对于论文，则“以刊代评”，用期刊杂志的“规格”来定“级别”，分为权威、核心、重要、一般四个级别，发表在SSCI、A&HCI源期刊上的学术论文按权威论文对待。这里面最复杂的则是对“核心”期刊的认定。以文科为例，经过历年来的演化，目前已形成至少7种以上的“核心”期刊的认证体系，即：中国人文和社会科学论文统计与分析数据库（CHSPCD）来源期刊，中文社会科学引文索引（CSSCI）来源期刊，中国期刊方阵·双效期刊，首届、二届全国高校百强社科学报，全国中文社会科学核心期刊，全国人文社会科学核心期刊，等等。现在的问题是，由于这7种“核心”期刊认证体系同时存在，“证出多门”，期刊收录标准不一，对教科文卫等行业的岗位评聘形成了困扰。

（六）岗位设置管理的制度建设应持之以恒

目前，陕西省各行业的许多事业单位已完成首次岗位设置和岗位聘任工作。由于时间紧，任务重，在这次岗位设置实施工作中也暴露出一些具体问题。如有些事业单位在把握三类岗位职数和结构比例上还过于粗略，未能完全避免因人设岗的现象；有些事业单位在制订岗位竞聘实施细则时对“岗位职责”的要求还过于简单，聘用合同书还应当更加详细；还有些事业单位有松懈的想法，认为工作已经结束，没有将岗位设置管理工作视为一种具有长期性和根本性的制度建设。

三 关于推进陕西省事业单位岗位设置管理工作的若干思考

实施陕西省岗位设置管理工作，既要贯彻执行国家的政策规定，也要从陕西省事业单位的工作实际出发，符合陕西省社会事业发展的要求；既要坚持普遍适用的原则，又要强调具体特点，体现出较强的针对性与可操作性。为推进陕西省事业单位岗位设置管理工作的进一步发展，我们提出以下对策和建议。

（一）结合陕西省实际，认真抓好事业单位各类人员的学历教育和培训教育

在陕西省事业单位管理人员中，大专及大专以下学历者占总人数的68.3%，其中中专以下学历者占总人数的28.5%；在陕西省事业单位专业技术人员中，大专及大专以下学历者占总人数的66.4%，其中中专及中专以下学历者占总人数的25.7%；在陕西省事业单位工勤技能人员中，大专及大专以下学历者占总人数的96%，其中中专及中专以下学历者占总人数的76.5%。这种学历构成，尚难完全适应当今岗位聘任的基本条件要求。

据悉，重庆市人保局在近期对全市35岁以下未取得国民教育大专学历的

基层干部学历教育问题进行了调研后，会同市委组织部、市教委、市招办联合下发了《关于进一步加强基层机关事业单位在职人员学历教育工作的通知》。《通知》就基层学员的考核管理出台了新的政策。如，基层机关事业单位在职人员，到2012年12月31日截止，没有取得国民教育大专以上学历的人员（在读人员除外），将视为不能完成工作任务予以辞退（聘）处理。基层机关事业单位在职人员的学历达标情况，将被作为职务晋升、职称评聘的依据，学历不达标的人员，一律暂缓升职、职称评聘。从陕西的实际出发，作为西部省份，我们还无必要像重庆直辖市那样对学历达标做出硬性规定。但是，我们应该认真抓好事业单位各类人员的学历教育和培训教育却是十分必要和迫切的。有条件的事业单位，可鼓励低学历人员通过各种形式完成学历教育。没有条件的事业单位，则应开展各种形式的培训教育，充分利用陕西作为教育大省的各种教育资源，使那些低学历甚至是无学历人员尽快适应当今岗位聘任的基本条件和要求。

（二）进一步深化“按岗聘用、合同管理”的人事制度改革

“按岗聘用、合同管理”是这次岗位设置管理工作的核心。但是，截至2008年底，陕西省事业单位112万从业人员中，已签订聘用合同者为45万多人，已签订劳动合同者为10万多人，仍有多达56万余人未签订正式合同，占总人数的一半之多。在2008年度新进人员37987人中，未签订正式合同者达17033人，占新进人员总数的45%。这说明，在陕西省一些事业单位中，“合同用人”、“合同管理”还未形成一种常态，“合同意识”还有待进一步提高。

所谓劳动合同，也称劳动契约、劳动协议，它是劳动者同用人单位为确立劳动关系，明确双方责任、权利和义务而达成的协议。根据协议，劳动者加入某一用人单位，承担某一工作和任务，遵守单位内部的劳动规则和其他规章制度。同时，用人单位有义务按照劳动者的劳动数量和质量支付劳动报酬，并根据劳动法律、法规和双方的协议，提供各种劳动条件，保证劳动者享受本单位成员的各种权利和福利待遇。所谓聘用合同，其内容与实质都与《劳动法》的相关规定相一致。因此，事业单位与其从业人员所签订的聘任合同也是劳动合同，适用于《劳动法》。当前，必须从坚持《合同法》与《劳动法》的角度大力提高用人单位与从业人员的合同签约率，无论是何种形式的用工都应该强调签订劳动合同。

这不但有益于进一步深化“按岗聘用、合同管理”的人事制度改革，同时也能有效地保障从业人员的合法权益。

（三）完善用人机制和社会保障体系，积极稳妥地解决事业单位人员超编问题

在传统的用人制度下，无法真正形成事业单位的流动机制。人员一旦被录用，就意味着他将在其单位服务终生。各类人员都只能进不能出，只能上不能下，导致事业单位始终处于“想要的人进不来，想退的人出不去”的尴尬局面。岗位设置管理工作的实施，正是为了推进“单位人”向“社会人”的转变。

当前，在推进岗位设置管理工作的同时，要建立与之相配套的、保证人员正常流动的用人机制。在完善社会保障体系的基础上建立人员退出机制，从而积极稳妥地解决事业单位人员超编问题。要通过建立多层次、多形式的安置制度，使离岗退养的人员退得安心、自主创业的人员走得放心、待岗待聘的人员重树信心。同时，还要通过建立健全社会保障体系、完善人才流动政策、健全人事争议仲裁制度等，从根本上解决事业单位人员流动、转岗的后顾之忧。人员分流政策措施的制定和实施，必须与改革的力度、发展的速度和社会可承受的程度统一起来，统筹协调和妥善处理好各方面的利益关系，切实把事业单位广大职工的根本利益实现好、维护好、发展好。

对于陕西省边远地区农村中小学尤其是小学因种种原因造成的教师超编问题，则应具体分析区别对待。一方面，要积极稳妥地调整农村边远地区中小学布局，集约教育资源，对规模较小的初小、完全小学及小学教学点实行撤并，建立农村寄宿制学校；另一方面，考虑到历史原因，做好新旧政策的衔接，对现有在册正式人员数量超过核定编制的学校，应通过自然减员、调出、低聘或解聘等多种方法，逐步达到核定的编制。对教师队伍中的未聘人员，如距法定退休年龄在五年以内，确因身体原因不能坚持正常工作的，经本人申请，用人单位同意、主管部门批准，应实行离岗退养，以空出编制，补充年轻教师。

（四）理顺体制，厘清类型，适时推进事业单位的分类改革

理顺体制，厘清类型，通过对事业单位的分类改革，认真解决长期以来事业单位政事不分、事企不分的不合理现象。从分类改革的方向来看，可将陕西省事

业单位据其性质、职能大致分为如下三类，并予以整合。

第一类，是那些“政事不分”、主要或部分承担行政职能的事业单位。改革的目标，是对于此类行使政府职能的事业单位，按照政事分开的原则，尽可能还政于政。主要承担行政职能的事业单位，要逐步转为行政机构；部分承担行政职能的事业单位，应将其行政职能划归行政机构，进行职责整合，剥离行政职能。例如陕西省江河水库管理局，在这次岗位设置管理工作的实施过程中，该局定性为以管理为主的事业单位类型。然而，近年来，《水法》、《陕西省河道管理条例》、《陕西省渭河水量调度办法》等一系列法律法规的颁行，赋予了该局许多行政职能，而且随着国家对流域管理的逐步强化以及陕西省作为防汛重点的实际，该局将会继续增加新的行政职能。类似这样的事业单位，均应考虑行政资源的合理整合。

第二类，是那些“事企不分”、完全或主要从事生产经营性活动的事业单位。改革的目标是逐步转制为企业，将其推向市场。如陕西省西安市前西安歌舞剧院、西安话剧院、西安儿童艺术剧院、西安市豫剧团、西安说唱艺术团、西安出版社等“五团一社”，长期以来，虽身为事业单位，但一直从事的是文化经营性活动。2008 年以来，西安市高度重视经营性文化单位转企改制工作，将推动经营性文化单位转企改制、打造新型文化市场主体作为文化体制改革的重要环节，作为衡量文化体制改革是否取得实质性进展的重要标志，加强领导，精心组织实施。对于这“五团一社”，西安市相关部门提供了组织保障和财政扶持，并根据国家政策，协助各单位进行了社会保障、人员分流安置、合作对接新的市场主体等工作。2009 年 8 月，这“五团一社”已成功转制改企，正式更名为西安歌舞剧院有限责任公司、西安话剧院有限责任公司、西安儿童艺术剧院有限责任公司、西安市豫剧团有限责任公司、西安说唱艺术传播有限责任公司、西安出版社有限责任公司。又如陕西省地下水管理监测局，其主要职能是为全省地下水资源的合理开发利用和有效保护提供服务。然而，该局下属的陕西省地下水工程勘察大队、陕西省水利印刷厂、陕西省石棉水泥制管厂、西安华厦轻房装饰设计工程公司、陕西华通玻璃钢制品有限公司等 5 个自收自支事业单位，其中一些既从事的是生产经营性活动，又与该局的主要职能不符，亦应考虑逐步转制为企业。

第三类，是主要从事公益性服务的事业单位。改革的目标，是整合资源，强化公益属性，加强政府监管。

（五）加强协调，科学认证，尽快统一教科文卫等行业的科研成果考核体系

自事业单位实行聘任制以来，直至今天实施的岗位设置管理，教科文卫等行业已形成一整套科研成果考核体系。然而，在对科学成果进行量化时，却存在着标准不一的现象。例如，经过多年的演化，文科目前已形成至少7种以上的“核心”期刊的认证体系，即：“中国人文和社会科学论文统计与分析数据库核心期刊，中国人文社会科学论文与引文数据库（CHSPCD）来源期刊，中文社会科学引文索引（CSSCI）来源期刊，中国期刊方阵·双效期刊，首届、二届全国高校百强社科学报，全国中文社会科学核心期刊，全国人文社会科学核心期刊等。这7种认证体系，对于全国数千种刊物的遴选标准都不尽统一。譬如，西安文理学院的学报《唐都学刊》，是“全国人文社科核心期刊”，“中国期刊方阵·双效期刊”，却不是“中文社会科学引文索引来源期刊”。又如，“核心期刊”的“增刊”究竟是否算“核心”，都曾引起很大的争议。这种标准不一、“证出多门”的现象，对教科文卫等行业的岗位聘用、职称评定都形成了困扰。

为此，建议各行业、各单位之间都应加强协调，科学认证，尽快形成相对统一的科研考核体系。譬如，目前教育部系统较多高校以南京大学中国社会科学研究评价中心的中文社会科学引文索引（CSSCI）作为“核心”的依据标准，该索引中大约有460种来源期刊。建议陕西教育行业尤其是高等学校也依此作为“核心”标准，实现相对统一。其他行业则依此类推。

（六）岗位设置管理的制度建设要在认真总结的基础上完善、创新

岗位设置管理是一项全新的工作，也是一种制度创新。为此，那些已完成首次岗位设置工作的事业单位，要针对其工作中的不足之处，在认真总结的基础上完善、创新，逐步建立有章可循、有章必循的管理制度。例如，陕西省科学院酶工程研究所正是在认真总结的基础上认为，该所竞聘工作完成后，不能仅流于形式，要进一步建立健全岗位职责，强化责任意识。岗位职责是实施考核奖惩的依据。《陕西省科学院酶工程研究所岗位竞聘实施细则》中对部门和负责人岗位职责等作了初步的说明，但还需要在实际工作中继续完善。通过这次竞聘上岗工作，每个部门都需要进一步建立健全和修订、完善岗位职责，明确分工，责任到

人，作为工作考核的依据。这次竞聘上岗工作结束后，研究所要加强对各部门负责人及职工履行岗位职责的检查和考核，完成好的要表扬奖励，完不成任务的要警告批评，问题严重的要行使解聘措施。

建议那些已完成首次岗位设置工作的事业单位，要以这次人事制度改革为契机，通过建立健全一套行之有效的考核、管理、激励机制，使新的人事制度管理工作转向日常化、正常化、制度化、规范化。

我们深信，只要坚持以人为本，从实际出发，严格执行政策规定，正确处理改革、发展与稳定的关系，维护广大事业单位工作人员的根本利益，就一定能确保全省事业单位岗位设置管理工作积极稳妥地向前推进，从而建立起充满生机与活力的事业单位人事管理制度。

陕西省网络舆情发展报告

张春华*

2009年是中国网络舆论活跃的一年，也是陕西网络舆论活跃的一年。网民对突发事件和社会事务踊跃发表意见，表现出极大的社会关注，形成了若干轮规模较大、影响力较强的网络舆论。陕西省委省政府对网络舆情高度重视、积极回应，使互联网不仅成为社会各阶层利益表达、情感宣泄、思想碰撞的重要舆论渠道，而且成为政府了解社情民意的新平台。

一 陕西省网络舆情空间发展现状

互联网的迅速发展已成为影响和推动社会进步的巨大力量，网络经济蓬勃发展的同时，也成为提升产业结构的重要技术支撑。更值得关注的是，网络为公民有序参与国家社会政治事务开辟了新的场域，为各级党委和政府听取民意、集中民智提供了新的管道，为丰富大众文化娱乐生活的内容和表现形式，推动文化的交流与对外传播拓展了新的空间。

（一）互联网：社会舆情信息的新场域

据CNNIC发布的《第24次中国互联网络发展状况统计报告》显示，截至2009年6月底，中国网民规模已达到3.38亿，稳居世界第一位。从网民的使用目的来看，目前中国网民在信息获取和交流沟通上使用的比例明显提高。

由于互联网具有即时、便利的特性，网络新闻一直是网民最常使用的网络应用之一，其传播的深度和速度都领先于传统媒体。报告显示，网络新闻用户已经

---

* 张春华，陕西省社会科学院社会学研究所助理研究员。

表1 网络应用使用率排名和类别

单位：%

排名	应 用	使用率	类 别
1	网络音乐	85.5	网络娱乐类
2	网络新闻	78.7	信息获取类
3	即时通信	72.2	交流沟通类
4	搜索引擎	69.4	信息获取类
5	网络视频	65.8	网络娱乐类
6	网络游戏	64.2	网络娱乐类
7	电子邮件	55.4	交流沟通类
8	博客应用	53.8	交流沟通类
9	论坛/BBS	30.4	交流沟通类
10	网络购物	26.0	商务交易类
11	网上支付	22.4	商务交易类
12	网络炒股	10.4	商务交易类
13	旅行预订	4.1	商务交易类

达到26.6万人，使用率达到78.7%，互联网已经成为人们关注新闻事件最便捷的传媒工具之一（见表1）。2009年7月初《纽约时报》宣布允许与其合作的网络媒体将时报新闻内容首先发布在网络上，包括新闻、照片等内容。这种趋势将使得未来网络媒体在信息传播的速度、深度和权威性方面得到加强。

随着互联网的不断发展，网络在促进网民关注和参与社会事务方面发挥着越来越重要的作用。有81.7%的网民表示上网以后，比以前更关注社会事件；78.5%的网民经常在网上与他人分享知识；76%的网民在网上看到自己认为好的东西时，会把它转发；56.1%的网民经常会在网上发表自己的意见。可见，互联网已经成为社会各阶层利益表达、情感宣泄、思想碰撞的重要渠道，无论信息量还是观点数量，都无可争议地压倒了传统媒体。在以报纸、广播、电视、期刊等媒体形成的传统舆论场域之外，由互联网媒体为依托的新的舆论场域已经形成。

（二）陕西省网络舆情空间发展现状

近年来，陕西网民数量和规模迅速增大，网民增速远远超过中部和东部地区。截至2008年12月底，陕西已有790万网民，互联网普及率达到21.1%。这部分群体成为网络舆情表达的主体。

截至2009年6月，陕西省网站数量为38646个，占全国网站总数的1.3%。从网站建设看，目前陕西省政府网站已经比较健全，网站内容上都增加了与网络公众进行互动的板块，使政府与公众之间的沟通和交流更加及时、便捷，同时也降低了公众参政议政的成本。比如，在陕西公众信息网上，省长信箱、书记网事、最新建言、精彩建言等栏目，都是政府与网络公众进行及时沟通的快捷通道。2009年8月31日，省人力资源和社会保障厅门户网站正式开通。广大市民可以在网站上了解人力资源和社会保障方面的重要信息及最新政策法规。新网站整合了原两网优势资源，按照政府部门网站规范化建设要求，突出了政务公开、办事服务、交流互动功能，设立了厅长信箱、网上信访、专题访谈、建言献策、网上调查等互动栏目。除了及时发布全省人力资源和社会保障方面的重要信息及最新政策法规外，公众还可以通过6个专业子网站进行实用信息查询和网上办事，实现便捷服务。新网站的开通运行，初步实现了厅内各项业务资源的整合和共享，成为提高行政效率、问计于民及服务于民的重要平台，更是百姓与政府直接交流与沟通的重要渠道。

除此之外，陕西省的一些主要网站，比如西部网、华商网、大秦网、古城热线都成为广大网民了解时事、发表意见和建议的重要平台。西部网专门开设了“网言兴陕”专栏，广泛征求网民意见，为政府的网络“问计于民”开辟了一个新的场所，并且取得了很大的成效。随着陕西网络舆论主体规模逐渐壮大，网络舆论场域已经逐渐形成并不断趋于完善。

二 网络舆论热点事件及政府的回应方式

互联网的快速发展，对现实社会生活形成了前所未有的冲击与挑战。由于互联网具有无界、即时、互动等特点，使其成为了社会思潮多元化的助推器，社会矛盾和舆论热点、焦点的催化剂与放大器，也成为了党和政府把握社情民意及其变动与走势的窗口，应对和化解社会热点、焦点与难点问题的工具。

在人民网、新华网、千龙网以及新浪、网易、搜狐等各大网站的新闻跟帖中，网民们总会对当时的热点或重大问题展开激烈的讨论，而且通过对问题的讨论形成了一个又一个舆论热点。其中“躲猫猫”、“跨省追捕”、“罗彩霞”、“欺实马”、“反庐舍”、“绿坝软件”、“逯军最牛语录”、“上海在建大楼倒塌”、“这事不能说太细”和“谷歌涉黄被整顿”等事件被网友评为“2009年度十大网络事件”。除此之外，陕西汉中洋县杀狗事件、陕西神木县实行的“全民免费医疗”等事件也都成为网上“超百万级点击率”、“评论数超十万级”的热点事件。陕西省网络公众对社会发展尤其是陕西社会发展也表现出了极大的热情和关注，在一定范围内形成了具有本土性特征的舆论热点。

（一）神木免费医疗事件：主流媒体与网络舆论的碰撞

2009年3月1日，陕西神木县正式推行“全民免费医疗”制度。“制度”规定，凡拥有神木籍户口的城乡居民患者，在定点医疗机构进行医疗，都将成为该制度的受惠者。住院治疗的病人实行住院报销起付线制度，起付线以下（含起付线）住院医疗费用本人自付，超出部分予以报销，但每人每年累计报销医药费不超过30万元。

这项医疗保障制度推行仅两个月时间，就引起了国内外媒体的广泛关注，并引发了一场激烈讨论，在网络上迅速成为舆论的焦点。依据网民关注度、传统媒体报道、网站推荐、意见领袖关注度、境外媒体和网下行动6项指标，网上对2009年的网络舆情事件进行评比，神木县全民免费医疗事件总分为58.16分，继河南郑州“替谁说话”、“上海的户籍新政”之后位于第十。其中网民对于神木县全民免费医疗制度的关注度非常之高，总分为75.02分，在上海新政之前，排在第九位；意见领袖关注度总分为53.41分，排在第十位。

在这些讨论中，一些媒体的报道从这次医疗改革遭遇的道德风险出发，认为神木免费医疗疑似大跃进，甚至认为是乌托邦，担心道德风险会扼杀神木全民免费医疗。从整体上看，主流媒体的报道和评论员的文章大都对神木全民医疗表示出了极大的担忧。但是，从各大网站的帖子和回帖中可以看到，尽管广大网民对神木县免费医疗同样是褒贬不一，然而大多数网民的态度还是赞扬多于质疑。

有网民把神木免费医疗看成是一场福利盛宴，华商网论坛上有跟帖说，“难道在我国现有制度下这样的全额报销比例政策还不好吗？我觉得神木县能走出这举步维艰的一步已经很不容易了，是非常具有历史意义的，人民群众得实惠才是最根本的，只要老百姓是实实在在的受惠者，我们就要支持到底！套用邓老的一句话‘不论是白猫还是黑猫，只要逮住老鼠就是好猫’”；另有网友直接发帖《为神木全民免费医疗制度叫好》，“神木县的免费医疗制度并非如人们所说的是敞开肚子吃饭，免费医疗并非全报，而是报销70%，自己负担30%，这样的报销制度本身就是一种约束。”除此之外，如何避免发生医院和病人套取财政资金、浪费医疗资源，也是网友们的担心所在。

针对神木免费医疗事件，华商论坛还发起帖子《神木免费医疗引争议，坚持还是……?》，对网民观点进行调查，其调查结果是81.43%的网民认为免费医疗应该坚持不动摇；12.14%的网民认为，免费医疗应该暂停，等制度完善后再继续；0.71%的网民认为免费医疗应该停止。面对网络上的争议，神木县政府很快做出回应，表示政府的财力支撑没有问题，同时县里还制定实施了一系列配套政策和监管措施，会将免费医疗继续进行下去。

（二）汉中打狗事件：网络舆论的情绪性与理性的博弈

2009年3月份以来，狂犬病疫情在汉中西乡、洋县、城固、汉台、勉县等县区暴发流行，疫情波及11个县区的186个乡镇。为防止疫情进一步蔓延扩散，5月23日至6月1日，汉中全市开展了一次狂犬病疫情专项防控工作。

在5月29日的华商网论坛上，一位网民贴出了洋县洋州镇某社区“致全体居民的一封信”，信中提到，“汉中市政府已将洋县列为狂犬病疫区，为保障广大市民的生命安全，县政府决定对洋州镇辖区所有的家养犬及野犬全部捕杀，捕杀率务必达到100%”。该信同时要求，凡是家养犬5月底前一律自觉送到社区，由社区捕杀队统一进行捕杀和尸体处理，凡阻挡灭犬和藏匿犬只的将受到严肃处理。这一帖子很快在网上引起轩然大波，无区别捕杀及“无狗县城”遭到绝大多数网友的反对和声讨，并有西安红石榴伴侣动物救助中心的志愿者组成调查队前赴汉中市调查了解情况。

在众多网民的跟帖中，大部分是对这次杀狗行为持否定态度，并给予强烈的指责，甚至与少数持赞同意见的网友形成对立的两派，在网络上争执不休。认为“盲目打狗不可取”的网友占62.14%；认为“这是保护群众，打得好”的网民占24.99%。“那年口蹄疫，我们这里屠杀奶牛，还有猪和羊。可谁为这几万头奶牛、肉牛、猪和羊负责呢？难道你想吃到有病的动物肉？你愿意接触有恶性传染病的动物及其制品?”；认为“狗狗好可怜，不该打”的占有12.87%。腾讯大秦网网友说，“太不人道了，因为它们把你们当朋友，而你们却把它们无情杀戮”。北京大学社会学系教授夏学銮声援网民，认为全城屠狗灭绝物种有违人道。

在诸多的批评声中也不乏理性的声音，大秦网一网友说，“看了汉中打狗的新闻，我发现吹得太离谱了，没那么夸张。凭良心说话，可能是洋县和城固的做法有点过，但是其他县区，起码我们县区没那么野蛮，政府发布通告，然后按照要求为狗打疫苗，采取栓养或者圈养就没事。”

针对网上关于汉中“见狗就杀”的传闻，洋县县政府在第一时间给予了澄清，表示汉中市的防控工作是围绕预防、免疫、捕杀 3 个重点分别开展，“无差别杀狗”的传言并不属实。汉中市委、市政府实事求是，防控疫情的做法和对网民质疑的回应态度得到了媒体的肯定，认为这次紧急行动有效地控制和预防了全市狂犬病大暴发大流行，还广大居民、城市市民一个健康、安全、稳定的生存环境，深受大多数群众的欢迎。

（三）凤翔血铅事件：对突发事件的应对态度与政府公信力的建构

新浪网新闻中心转发三秦都市报一篇报道《陕西凤翔县数名儿童血铅含量超标》，指出，凤翔县长青镇孙家南头村、马道口村中部分儿童在 7 月底的一次微量元素检查中，意外发现血铅含量严重超标，同时，村民怀疑孩童血铅含量超标主要是因为村庄附近的大型锌冶炼企业东岭冶炼厂排放出的废水、废气所致。

此报道迅速引发了众多网友的强烈关注。腾讯网网友回帖说，“环境污染越来越严重了……宁可在蓝天白云下吃窝头，也不在污染天气下吃面包”；还有网友说，“企业造成的污染，为什么要政府买单？”

血铅异常事件发生后，宝鸡市环保局立即向东岭冶炼厂下发了停产通知。陕西省凤翔县政府迅速召开新闻发布会，就凤翔长青镇数百名血铅超标儿童的救治进展、血铅污染的污染源监测结果等相关情况对公众进行发布，东岭集团有关负责人公开致歉。同时，为增加事件处理及搬迁工作的透明度，争取群众的支持，凤翔县还成立了村民监督小组，负责传达民意并配合政府妥善处理此事件。

在血铅事件的应对和处理过程中，凤翔县政府反应迅速，立刻对污染问题进行权威性调查并及时将调查结果全面公开，对中毒孩子进行及时的诊察和治疗，在搬迁问题上又能积极与当地村民平等协商，得到了群众的大力支持和广大网民的好评。媒体评论说，凤翔县善始善终的做法，在公平公正的正义原则基础上树立了政府的公信力，成为政府应对突发事件方面的典范。

（四）西安城管：网络舆论的从众性与理性引导

城管问题一直是网络上热议的话题，在谷歌里输入“西安城管”，可以获得大约674000条查询结果，如果输入“西安城管2009”，会得到449000条查询结果，可见，与“西安城管”相关的话题已经成为广大网民关注的焦点。

在西部网陕西论坛民生热线栏目中，《谝西安城管快跟帖拍砖》一贴中，点击率将近8万人。众多网民的回帖也多是针对城管的执法不当等行为进行批判。也有网民从解决城管和市民矛盾的角度出发，说“城市容貌固然重要，但这并不是仅靠打击来维持的表面工作，我认为最重要的还是人民的生活质量和文化底蕴。政府应该以人民的生活保障为基础，给每一个占道经营家庭落实固定工作，使其在不影响城市面貌的基础上自立。并加强文化宣传，使‘建设西安走向富强’的思想深入人心，只有这样才能从根本上解决城管与市民的矛盾!”。

在华商论坛某网友发表了题为“我也来聊聊城管”的帖子，改变了以往只是对城管拍砖的风格，比较理性地从多个角度对城管的生活进行了讲述，引来很多网友的跟帖关注。从帖子的内容看，网民的态度也随之发生了一些变化，改变了以往盲目从众，只是批评没有表扬的态度，逐渐变得理性。正如某网民说，“以前见的有关城管的贴子，无非是漫骂和自我吹捧，要么就是城管的诉苦，很少深入地去看城管这一行业”。

为了解决这一问题，西安市在新城、莲湖等城六区建成“122”城市管理体系，即每个社区和重点管理村配备1名专（兼）职城市管理人员和2名城市管理监督员，相对固定2名城市管理执法人员，形成管理、执法、监督三位一体的城市管理制度。2009年10月，西安市城管执法局发文明确社区城管监督员无执法权，参与执法、当“内鬼”者，予以开除。进一步对此类人员职责、工作纪律等予以规范。

三 陕西省网络舆情的发展特点及趋势

（一）网络舆情的传播途径越来越多元化和大众化

随着网络技术的推陈出新，网络舆情的传播途径呈现多元化的趋势特点。电子邮件、网络论坛/BBS、网络评论、网络聊天室、网络新闻及跟帖、博客/个人空间、播客、微博客、即时通讯群（QQ 群、MSN 群等）等都成为目前网络舆情传播的重要途径。

陕西省网络舆情的传播与全国的网络舆情的传播特点相似。从《第 24 次中国互联网发展报告》数据来看，我国网民中电子邮件使用率为 55.4%，即时通讯的使用率为 72.2%，个人博客/个人空间在网民中的使用率为 53.8%，论坛/BBS 的使用率为 30.4%。可见，网络新闻跟帖、网络论坛/BBS 交流、撰写博客/个人空间等已经成为网民上网的主要行为，也是网络舆情的主要传播途径。

从近年来陕西省的网络舆情事件的发生特点看，网络新闻跟帖、网络论坛/BBS、博客/个人空间等已经成为陕西网络公众发表个人意见、参与公共事务讨论的主要渠道。随着陕西省政府利用网络“问计于民”活动的开展，网络已经成为政府问政的一个重要平台，网络视频直播、网络新闻等大众化的舆论传播途径也逐渐成为广大网民表达利益诉求的一个重要通道，并将日趋活跃。

（二）现实社会中的弱势群体更容易得到网络舆论的关怀

从网络舆情事件的发生及发展过程看，现实生活中的弱势群体，更容易得到网民的普遍认同和关注，通过网络的传播一些弱势群体成为占据舆论强势地位的群体，比如儿童、妇女、农民等，而富人、官员等在现实生活中处于相对强势的群体却变为网络舆论中的弱势群体，成为网络舆论指向和批评的对象。同情弱者的心理很大程度上主宰了网络公众的言论和行为。

网络公众的情感投向，一般更倾向于现实生活中弱势群体的一方。在网络中，如果某一突发事件中涉及政府官员，舆论一般都是一边倒，将其作为舆论针对的一方进行“拍砖”，而且会将批判的内容进行无限制地扩大。神木医疗事件中看不起病的群众、汉中杀狗事件中“可怜的狗狗”、血铅事件中无辜的儿童、城管问题中的小商小贩等，都成为网络舆论支持的一方。众多网络公众的舆论支持，使得这些现实生活中的“弱势群体”转变为网络中相对强势的一方。而涉及公检法、城管等政府部门，网民则更多地表达了不满情绪。可见，网络为众多公众提供了一个平等发表言论和参政议政的平台，同时面对一些网络公众不理性的上网行为，各级政府的行政工作都遭到了更大的挑战。

（三）环境问题逐渐成为网络舆论关注的焦点

近几年，除了房价、物价、医疗等全国性的和民众利益紧密相关的民生事件很容易引起网民的参与而成为舆论热点外，环境问题也是广大网络公众关心的话题之一。

在中国迈向全面小康的过程中，公众不再满足于就业率与 GDP 的增长，对生活质量提出了越来越高的要求。更多的网民意识到，环境问题就发生在普通人的身边，与我们每个人的健康安危息息相关。严重的环境问题已经直接影响人民群众的身体健康，不利于经济社会的可持续发展，甚至成为影响未来发展的沉重包袱，也损害了我国作为“负责任的大国”的国际形象。大部分网友认为“为了保护环境，宁可放慢经济发展速度”。从血铅事件可以看出，公众对环境问题，无论是居住环境还是生态环境问题都表现出了越来越多的关注。

（四）网络舆论热点从娱乐性向社会性转变

从网络舆情主体的范围来看，网民分布于社会各阶层和各个领域。这些来自不同地域、不同种族、不同身份、不同职业的网民“聚”到一起，即使对同一主题，也都有各自的看法和观点，由此也造成了网上舆论的分散性和多元化。这种多元性或分散性不仅是公众对一个问题所持的看法和态度不同，也反映出中国的社会群体及个人的利益、需求和价值观等的多样化和意识形态的多元性。

陕西网民关注的主题极为宽泛，也呈现出多元性的特点。涉及政治、经济、文化、军事、外交以及社会生活的方方面面。广大网民积极主动地对自己所关心的社会问题进行发帖、跟帖，积极表达自己的观点和看法，甚至为了推动事件的发展和最终解决，网友们自发地组成一定的组织从网上走到网下，调查事件的真相。从 2009 年的网络舆论热点事件来看，网络舆论热点已经由单纯的娱乐性向以参政议政为目的的社会性、政治性转化。

（五）网络舆情主体行为由情绪化向理性化迈进

由于网络存在开放性和匿名性等特点，很容易成为网民情绪发泄的场所。网民所受到的现实压力会直接影响到个体在网上的意见表达。在现实生活中遇到挫折，对社会问题片面认识等，都会利用网络得以宣泄，因此在网络上更容易出现庸俗、灰色的言论，也容易出现感性化和情绪化倾向。

随着网络舆论逐步得到政府相关部门的重视，网民的网上行为也逐渐向理性化方向发展。陕西网民在对某一问题或事件发表意见、进行评论的过程中，改变了以往简单的从众行为，不再盲目地批评或喝彩，网民之间经常形成互动，赞成方的观点和反对方的观点同时出现，相互探讨、争论，甚至出现不同意见交锋。这种网民之间的互动和交流，使各种观点和意见能够快速地表达出来，讨论更广泛、更深入，网络舆情能够更加集中地反映出来。从网民对西安城管的关注态度及对陕西“两会”的关注及提出的6点建议来看，陕西网民所表达的网络民意正朝着理性和建设性方向迈进，成为推动和谐社会建设的一股积极力量。

（六）政府应对网络舆情的能力不断提升

人民网舆情监测室从百余家报刊的新闻报道和评论，8家门户网站的新闻跟帖，约30家论坛/BBS，约300名网络“意见领袖”博客，以及微博客、QQ群和播客网站中，梳理出2009年上半年发生的十件舆情热点，并对各地政府处置能力做出评估。陕西省神木县全民免费医疗所反映的政府应对能力比较迅速，结果比较让公众满意，政府应对为蓝色警报，总体较为得体，在所选十个事件中名列第二位（见表2）。

表2　2009年上半年政府应对网络舆论事件的能力评价

事　　件	政府响应	信息透明度	政府公信力	恢复秩序	动态反应	官员问责	总分	应对能力
四川成都市公交车自燃	7.57	6.79	6.74	3.30	1.20	1.18	26.77	蓝
陕西神木县全民免费医疗	6.73	6.65	6.88	0.00	1.02	0.00	21.28	蓝
上海户籍新政	6.03	6.49	6.03	0.00	1.00	0.00	19.55	黄
河南灵宝市王帅案	3.78	5.16	5.08	0.00	2.44	1.43	17.88	黄
云南晋宁县躲猫猫事件	4.88	4.74	4.68	0.00	1.91	1.19	17.40	黄
浙江杭州飙车案	4.78	3.91	3.45	2.00	2.40	0.20	16.74	黄
河南郑州替谁说话	3.70	4.77	1.73	0.00	1.11	1.72	13.03	橙
重庆高考状元造假	3.82	2.55	3.36	0.00	1.45	1.43	12.61	橙
湖北巴东县邓玉娇案	2.16	0.36	2.29	2.15	2.41	1.09	10.47	橙
湖北石首市骚乱	-0.37	-1.64	-0.82	0.64	-0.09	-0.37	-2.65	红

在人民网发布的2009年第三季度地方应对网络舆情能力排行榜中，陕西凤翔血铅事件排名第六。华商网对此评价说，“作为突发事件中的一类，凤翔县的“血铅超标”事件，当地政府能够快速反应、不遮不掩、平等座谈、讨论协商。

整个事件在关键的十字路口上，由于应对得力正开始朝着一个理性、可控的方向发展。体现出现代责任政府、阳光政府的应有之义”（见表3）。

表3　2009年第三季度政府应对网络舆论事件能力评价

事　件	总分	应对能力
重庆打黑风暴	32.18	蓝
云南陆良事件慎用“不明真相”标签	27.27	蓝
陕西煤矿改革“国进民退”	17.38	黄
新疆乌鲁木齐“针刺”事件	15.98	黄
内蒙古赤峰饮用水污染事件	13.23	橙
陕西凤翔血铅事件	11.84	橙
吉林通化通钢暴力事件	10.91	橙
河南新密农民工“开胸验肺”	10.72	橙
上海市交通行政执法部门“钓鱼执法”	0.55	红
河南杞县“钴60”事件	-2.83	红

在网络舆论面前，很多地方政府对所发生的舆论事件不能采取透明公开的应对解决措施，政府应对失当，往往会引起广大网民的更多不满，导致事件的升级，最终发展成为公共舆论事件。但是从2009年陕西省舆论热点事件的解决过程看，政府应对网络舆情的能力在不断地提升，受到公众的一致好评。

四　网络舆情视角下的政府治理

2008年，胡锦涛总书记在人民网考察时指出：互联网已成为思想文化信息的集散地和社会舆论的放大器，我们要充分认识以互联网为代表的新兴媒体的社会影响力。换句话说，在瞬息万变的网络世界里，网络舆情应对能力正在成为党政机关执政能力的集中体现之一。因此，不断提升应对网络舆论的能力和技巧，已成为各级党政机关施政过程中的重要课题。陕西省委省政府关注网络舆情，积极地与网络公众进行互动和交流，对出现的一些舆情信息及时地给予回应和疏导，建立并初步完善了网络问政的长效机制。

（一）建立“问计于民”的长效机制

为集思广益，汇集民智，西安市政府于2008年9月4日启动“问计于民”

活动，明确提出，“在今后两个月中，市民可通过报纸、电视、网络等多种渠道，就西安市2009年的发展思路、城市建设、改善民生等问题向西安市政府建言献策”。不久，陕西省委的“开门纳谏、问计于民，为陕西科学发展献计献策”活动栏目也于10月份在西部网正式开通。两级党委和政府的问计于民实践，在短时间内，不仅得到了网民们的肯定与赞誉，也收到了数千条涵盖民生和陕西社会发展等各方面问题的谏言。

西部网开设的“网言兴陕”专栏，政府网站设立的“解放思想、陕西在行动、舆情反馈”、“最新建言”、“省长网事”等板块，建立起“问计于民”的长效机制，实现了政府与网民的直接交流与沟通。

（二）建立网络发言人制度

为了更加准确地把握网络舆情，开拓政府与网民交流的畅通渠道，西安市未央区政府推出“政府网络发言人”制度，在西部网、华商网、腾讯网等论坛成功注册“未央区政府网络发言人”的用户名，及时回应网民的发言。同时还建立了一套上传下达的工作机制，使网络问政更有效地发挥了畅通民意、表达诉求、舆论监督、参政议政的作用，得到了众多网民的赞赏。

网络新闻发言人的设立是新闻发言人制度在互联网空间的延伸和拓展，是政府信息公开的一种新的渠道和方式。“政府网络发言人”是政府与网民正式交流的官方平台，也是网络公众更好地参政议政的直接通道。积极主动地进行信息公开，接受网络公众对政府工作的监督，这是政府角色的不断调整、执政理念根本性转变的具体表现。

（三）培养网络意见领袖

网络传播的特性使任何人只要进入网络都可借助虚拟身份畅所欲言，其中既有建设性的看法和观点，也有一些非理智的个人情感宣泄。由于不受任何道德的约束，这就给情绪性舆论提供了一个有利的传播空间。由于很多网民在网络舆论中盲目跟风，缺乏独立思考和独立判断的能力，很容易造成虚假信息的进一步放大，使更多的网民被非理性言论所误导。网络交流中的这种非理性倾向必须得到足够的重视，以防网络“民意”被少数非理性力量驱使，对社会的稳定和谐造成一定的威胁。因此，必须加强网络舆情的监督与引导。

培养论坛的“意见领袖”已经成为目前很多有影响力的论坛的普遍做法，他们的发言往往会被置顶，而且用不同颜色的字体加以强调，以强化主流言论。意见领袖在网络中扮演着两级传播中的重要角色，并且在大众传播效果的形成过程中会起到中介或者过滤的作用。在网络舆论的形成和监督过程中，尤其是在面对大量的虚假信息和网络谣言时，意见领袖的作用是不容忽视的。因此，建立网络意见领袖机制可以更好地把握和引导网络舆论的方向，使网络舆论成为网络“民意”的真实反映。

（四）建立网络“把关人”机制

在网络化时代，每天都要面对大量的信息，网络公众很难辨别真假。大量的垃圾信息、虚假信息泛滥，使得真正有价值的信息在一定程度上被淹没。大量不良信息的存在，成为污染网络社会环境的主要来源，对网络公众的网络健康与安全产生了一定的影响。面对这个问题，广大网民必须加强自我约束，树立健康的网络道德观，尽量减少虚假信息的复制和传播。除此之外，网络“把关人”的作用也亟待加强。

“把关人”的概念是美国社会心理学家库尔特·卢因在研究家庭主妇对家庭视频的把关作用的时候首先提出。传播学家怀特将这个概念引进了新闻传播领域，揭示出新闻筛选过程中的把关人现象。网络媒体作为一种大众媒体，不仅是信息的载体，同时也是公众表达意见、建议的载体，是引导社会舆论的重要工具。因此政府部门应该制定相关法律对网络传播活动进行规范和管理。通过实用技术手段对网络信息进行控制和把关，对一些有害信息尤其是某些媒体的错误言论加强筛选和控制。作为专门的网络传播机构，必须坚持自己的新闻工作理念，对网络信息的内容选择、加工和发布都要通过严格的把关，并坚持价值中立，保证新闻的真实性。面对前所未有的丰富的信息源，政府、网络媒体、传播者等各方必须加强其“把关人”作用，进一步规范信息，创造一个健康、和谐的网络世界。

随着经济的发展与社会的整体转型，公众利益诉求进一步多元化，社会矛盾冲突凸显，对新时期新环境下执政党的执政能力提出了更高的要求。各级党委和政府一方面要在复杂的网络化舆论环境中，坚持公开、公正的原则，营造宽松、有序、和谐的网络舆论环境，并通过逐步完善的法律法规，来规范网络行为，保护网民的权利。另一方面，要充分利用网络传播速度快、辐射范围广、影响程度深的特点，及时把握来自各个阶层的社情民意，及不同的利益诉求，主动发布权威信息，及时表明政府的态度和处置意见，不断提高快速反应和解决问题的能力；同时，加强网络舆论的科学引导，使网络成为公众表达民意、参与政治、经济和社会文化生活的重要渠道，为促进和谐社会建设做出重要的贡献。

民意调查

PUBLIC OPINION SURVEY

2009 年陕西社会舆情调查分析报告

陕西省社会科学院课题组*

2009 年对陕西经济社会发展来说是极具挑战性的一年。努力保持经济持续快速增长的良好势头，促进各项社会事业稳步协调发展，既是应对国际金融危机的必然选择，也是今后一个较长时期持续发展的客观需要。一年来，全省各地深入开展学习实践科学发展观活动，紧紧围绕发展与和谐这个主题，把保增长作为首要任务，巩固和强化持续发展的基础，着力突破制约经济发展的薄弱环节，科学应对国际金融危机的影响，从而确保了全年经济增长预期目标的实现。顺应人民群众的新期待，加快推进“民生八大工程”，切实解决群众最关心、最直接、最现实的利益问题，促进了和谐社会的建设与发展。

一　对 2009 年陕西社会发展进程的评价

2009 年，为了应对全球金融危机持续与蔓延引发诸多不利因素的挑战，保

* 课题组成员：牛昉，陕西省社会科学院社会学研究所副研究员；谢雨锋，陕西省社会科学院社会学研究所助理研究员；江波，陕西省社会科学院社会学研究所研究员；杨丰，陕西人民出版社编辑。

持经济平稳较快发展，中央采取了一系列积极政策措施，充分发挥财政政策在扩大内需、保持经济增长、促进结构调整、转变发展方式和改善保障民生、促进和谐社会建设方面的作用。陕西省委省政府因势利导，积极应对，一方面利用与国家项目配套、重要公共设施工程、优势产业技术升级贷款贴息等，争取国家进一步提高对陕西预算内资金安排的规模；另一方面集中财力重点支持保障性住房建设、农村民生工程和农村基础设施建设、交通等基础设施建设、卫生和教育等社会事业建设、生态环境工程建设、企业技术进步和改造以及灾后恢复重建等。正是在一系列扩内需、保增长政策措施的有效推动下，陕西经济社会在逆境中呈现出较好的发展态势。

（一）对 2009 年陕西社会发展的总体评价

调查显示，有六成多的人对 2009 年陕西社会发展进程给予了积极的评价，其中有 11.8% 的受访者认为 2009 年陕西社会发展进程“很快”，51.3% 的人认为发展较快，二者相加达到 63.1%；同时，也有三成多（32.5%）的人认为这一年来陕西社会发展进程“一般”，只有 4.5% 的人认为“发展很慢”或“没有发展”。通过用 5 级量表赋值方法测量并求取平均值得到的结果，陕西社会发展总体评价的得分为 3.69 分，处在好于“一般”接近于“较快”水平上。这在金融危机弥漫全球的背景下实属难得（见图 1）。

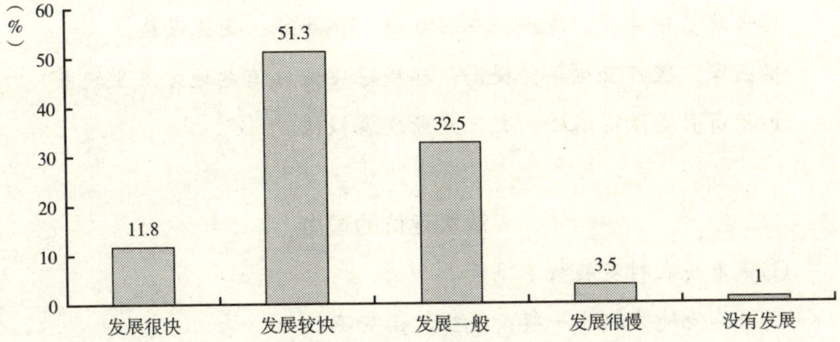

图 1　对 2009 年陕西社会发展进程的总体评价

无论是积极的肯定还是消极的批评，都是受访者将自身的现实生活与陕西社会发展进程紧密钩连而得出的结论，每个人的评判都有其充分的理由和依据，因此，当我们进一步追向这些结论的原因时，受访者也给出了他们的阐释，将受访者所阐释的理由按照积极的肯定和消极的批评进行简单归类并分别陈述于下。

积极评价的依据

①陕西社会发展较快，体现在城市的建设，和谐社会，民生工程等一系列举措。

②各项发展呈上升趋势。

③城市面貌发生很大的改善，硬件配套完善进程较快，人民安居乐业。

④人们生活水平提高了，特别是社会的发展各方面都跟以前不一样，路宽了，车多了。

⑤道路修建，农村政策好，自来水，卫生，交通。

⑥各项政策好，政府对灾害重视，对学生政策好。

⑦管理水平提高，农村建设有较快发展。

⑧国家政策到位，落实较快，比较完善，社会管理提高。

⑨环境改善，医疗水平较高，交通比较顺利。

⑩基本公共设施完善，全民医疗开展较好。

⑪农村发展比较快，农民生活改善，保障提高，医疗水平提高。

⑫群众生活明显提高，人居住环境越来越好。

⑬社会治安等有很大进步，环境卫生有改善。

⑭市政基础建设，地铁，环城线路，楼房等，便民设施。

⑮医保，医疗卫生条件提高，环境绿化好（有些地方卫生较差）。

⑯招商引资做得不错，文化产业发展较快。

消极评价的理由

①城市与农村发展极不平衡。

②跟其他地方相比一般，民生、治安不行。

③工资收入标准太低。

④环境不好，交通太拥护，住房不太好，城中村太乱。

⑤经济发展太慢了，社会保障不完善。

⑥社会经济发展速度不够快，基础设施建设跟不上。

⑦私营经济不活跃。

⑧意识落后，需进一步解放思想。

⑨发展只体现在大型基建项目上，不均衡，平均产值低。

⑩有一定的发展，但是各种资源没有充分开发，而且内耗严重。

⑪没有解决制约陕西发展关键问题“人才”。

（二）对陕西社会发展状况的具体分析与评价

社会发展涉及人民群众日常生活的方方面面，而且不同领域或方面的发展都存在一定的差异性，为了汇集更多的舆情信息，把握社会舆情的动态与取向，在整体评价的基础上，我们选取了陕西社会发展的 11 个具体领域或方面，包括实施新农村建设、促进城乡统筹发展、维护社会稳定、改善住房条件、提高居民收入、促进就业和再就业、环境保护与生态建设、促进教育公平、完善医疗体制、缩小贫富差距、维护社会治安等，并按照“很满意”、“较满意”、“一般”、“不太满意”和“不满意”5 个评价等级请受访者进行评价。

从调查结果的总体情况看，在5 个评价等级中，“很满意”选择率在11 个具体选项中普遍较低，尤其以“就业与再就业”、“缩小贫富差距”和“居民收入”三项最低，分别为 2.2%、2.2% 和 4.0%；最高的三项分别是“实施新农村建设”为13.8%、“环境保护与生态建设”为 10.4% 和“维护社会稳定”为8.4%。

满意度为“一般”的选择率在 11 个选项中普遍比较高，其中最高的是“促进城乡统筹发展”为44.4%；其次是“居民收入”为41.8%；第三位是“促进就业与再就业”为40.8%。

在评价为“很不满意”的选项中，处于第一位的是“缩小贫富差距”达到22.2%；居于第二位的是“促进教育公平”为 10.4%；第三位是“改善住房条件”为 10.3%。

上述所有的领域或方面，其发展好与坏、快与慢，最终评价的权力不属于哪个人或哪一级机构，而是在广大的群众手里，尤其是这些领域或方面又都是与广大人民群众的日常生产、生活密切相关时更是如此。同时，身处不同阶层、不同地位的人群，对社会发展的不同方面和领域的关心和关注程度存在较大的差异，因而其评价结果也就呈现出很大的不同。为了便于进一步比较分析，我们将“很满意”与“较满意”合并为“满意”，“不太满意”与“很不满意”合并为“不满意”，按照“满意”、“一般”、“不满意”三大类进行排序对比。

表1　受访者对2009年陕西社会经济具体领域和行业情况的评价

单位：%

	满意	排序	一般	排序	不满意	排序
实施新农村建设	47.6	3	39.8	4	14.6	11
促进城乡统筹发展	39.6	6	44.4	1	15.9	9
维护社会稳定	49.2	2	29.1	10	22.1	8
改善住房条件	23.9	10	37.2	5	38.9	2
提高居民收入	24.3	9	41.8	2	31.9	4
促进就业和再就业	25.7	8	40.8	3	33.5	3
环境保护与生态建设	54.0	1	30.4	9	15.5	10
促进教育公平	35.3	7	36.2	7	28.5	5
完善医疗体制	44.5	4	28.2	11	27.2	6
缩小贫富差距	9.7	11	36.3	6	54.0	1
维护社会治安	41.6	5	33.7	8	24.7	7

从表1可以看出，受访者满意度排在第一位的是“环境保护与生态建设”，达到54.0%。近年来，陕西不断加大对环境保护与生态建设的投入，狠抓重点区域治理和200户能耗大户的节能降耗，加速淘汰落后产能，大力推广清洁生产，取得了明显成效。200户重点耗能企业节约标准煤130万吨，全省单位生产总值能耗完成全年目标，二氧化硫排放、化学需氧量均削减3%。渭河流域治理成效明显，出境断面污染负荷连续两年以15%的速度下降。生态建设力度加大，秦岭和汉丹江流域的生态保护进一步加强，新增造林面积440万亩，新建“三化一片林”试点村300个，治理水土流失面积6300平方公里。城镇大气质量持续好转，10个城市的市区良好天气全部突破300天，其中西安的良好天气创近年来新高，铜川、渭南、榆林的良好天气增幅都在20天以上。

满意度排在第二位的是“维护社会稳定”，为49.2%。正确认识、正确处理人民内部矛盾，充分认识做好矛盾纠纷排查化解工作是一项基础性、长期性和根本性任务，真正把解决矛盾纠纷作为维护社会稳定的出发点和落脚点。特别是面对国际金融危机给维护稳定工作带来的新问题、新考验，全省各级党委、政府积极有效应对，紧紧围绕“提升人民群众安全感和满意度”的目标要求，组织开展了一系列专项打击行动，不断加大对治安乱点的整治力度。特别是注重从源头上化解，积极解决旧矛盾，力争做到少产生新矛盾，严防矛盾积累，严防矛盾激化，严防新旧矛盾碰头叠加。积极做好控制群体性事件、减少赴省集体上访和进京非正常上访的工作，通过解决实际问题和法治教育等办法，着力解决影响社会稳定的重大问题。同时，高度重视并切实解决涉法涉诉信访问题，实现涉法涉诉信访形势的根本好转。切实加强社会治安综合治理，重点整治治安混乱地区和突出治安问题，确保社会治安大局平稳，确保公众安全感持续提高，得到了社会各界和人民群众的普遍赞誉。

排在第三位的是“实施新农村建设”，也达到47.6%。新农村建设作为全面建设小康社会的重要举措，深得民心。陕西作为经济欠发达的农业省份，近年来通过巨额的财政支持和发展现代农业等举措，新农村建设成绩显著，农村面貌焕然一新。建设新农村以来，陕西在保持现有产业发展的前提下，提出了“一村一品”的发展模式。发展“一村一品”即根据一定区域的资源状况和农村经济发展的特点，以市场为导向变资源优势为产业和品牌优势，使其逐步成为具有区域特色的产业链或产业集群。在“一村一品”模式的探索中，既涌现出像旬邑、千阳等具有新农村建设先期示范意义的先进县，也出现了各种类型不同、特色鲜明、与当地自然资源条件相适应、有较好产业支持的先进村镇。同时，国家巨额的财政投入形成了新农村建设的巨大推动力，使长期困扰农村发展的“吃水难、行路难、上学难、看病难”等问题得到了极大的缓解。

满意度最低的是“缩小贫富差距”，仅为9.7%。社会贫富差距的矛盾由来已久，而目前这一问题仍然比较突出，制约着经济和社会的协调发展，值得注意的是随着贫富差距的进一步拉大，一系列新的社会问题不断出现。尤其是一部分人做的是相同的工作，由于身份、所在地区和部门等不同，享受的待遇有很大差别，收入也可能相差数倍。分配差距不断加大等问题已成为社会和谐发展的“一大羁绊”，极易引起部分社会成员心理失衡甚至利益冲突，给社会带来诸多不稳定因素。因此，正确分析认识产生贫富差距的根源，有针对性地加以解决，正在成为建设稳定和谐社会的突出任务。

群众满意度较低居第二位的问题是“改善住房条件”，满意率为23.9%。近年来，房地产市场的投资与消费已经成为影响中国社会收入分配的重要因素。由于目前住房保障制度不完善，本来就处于中低收入的阶层却受制于房价的日趋走高，被迫成为“房奴”，甚至基本没有购房能力，这部分人未来的预期购房支出将大大增加，由此社会贫富差距面临进一步扩大的可能。

群众满意度较低居第三位的问题是“提高居民收入”，为24.3%。从陕西自身发展的纵向看，居民收入确实有了很大的提高，但从横向比较，不仅与发达地区相差悬殊，就是在西部地区比较，陕西居民收入也处于较低的水平。这些年陕西经济持续保持快速的发展态势，每年都以两位数的速度增长，居民的收入也随之有所增加，但与周边地区相比增长的速度还是比较慢的，原有的差距并没有缩小。

（三）对陕西社会发展的软环境与软实力的评价

在关注陕西社会发展的具体领域或方面的同时，为了获得受访者对陕西社会发展软环境、软实力的评价信息，我们选择了社会和谐度、自主创新能力、对外开放力度、人居环境舒适度、社会文明、应对危机的能力等9项指标进行调查，考量公众对陕西发展的软环境的评价与感受。如果说改善住房条件、提高居民收入、完善医疗体制等与受访者现实生活息息相关，是受访者在日常生活中的切身体会与感受，更多地强调社会发展的客观现实性的话，那么，本题所涉及的诸如对外开放力度、自主创新能力、公众社会信心等似乎与受访者个人的日常生活联系并不那么紧密，但却都是构成他们学习、工作、生活的环境与氛围，是社会发展、个人成长不可或缺的组成部分。正是由于每个人都生活在由这些内容构成的特定的环境空间中，所以每个人都有着自己的深刻感悟与主观判断。本次调查采用七级李克特量表，以强度为赋值等级，“7”代表“高”，“1”代表“低”（见表2）。

对所列出的9项测量指标进行统计分析的结果，呈现出两个明显的特征，一是9项指标普遍得分不高，最高的是“对外开放力度”为4.92分，最低的是“社会管理水平”为4.24分；二是所有测量指标的得分都处于中等偏上，既没有特别高的分值，也没有很低的得分，最高与最低之间相差仅为0.68分。因此，从总体上看，受访者对陕西社会发展的软环境评价还是积极的、正向的。受访者选择最高的是“对外开放力度”，均值达4.92分，属中等偏上相对积极的评价，可

表 2　对陕西社会发展软环境的评价

评价的方面	样本数	均值	标准差	排序
对外开放力度	397	4.92	1.333	1
社会和谐度	406	4.68	1.220	2
公众社会信心	405	4.54	1.328	3
生活成本	401	4.53	1.452	4
社会文明度	406	4.52	1.346	5
应对危机的能力	404	4.47	1.388	6
自主创新能力	398	4.39	1.278	7
人居环境舒适度	406	4.36	1.320	8
社会管理水平	405	4.24	1.308	9

见，近年来陕西不断加大对外开放的力度，积极参与区域合作与竞争得到了公众在一定程度上的认同。“社会和谐度”列在第二位，社会和谐是社会发展和社会进步的一种状态，近年来陕西在加快经济发展的同时，不断推进社会建设，尤其是民生工程的实施，把老有所养、病有所医、住有所居、贫有所助等与人民群众生活息息相关的领域作为支持和发展的重点，极大地推动了“和谐陕西”建设的进程。“公众社会信心”是社会持续健康发展的内在动力，在本次调查中以 4.54 的得分排在第三位。“社会管理水平”在各项指标中评价的得分最低，均值只有 4.24 分，基本上刚刚越过中等水平的评价，这或许也正说明在整个社会公共事务的管理上，存在着一些不尽如人意的地方或方面，从诸如教育的公平公正、医疗资源的合理配置等，到市容市貌以及街区卫生的各个方面，都彰显着社会管理的水平与能力，而且随着人们生活水平的日益提高，对社会管理也就提出了更多、更新和更高的要求。“人居环境舒适度”位于倒数第二，均值为 4.36 分，也显得相对偏低。一方面陕西位于西北内陆干旱半干旱地区，先天的自然条件多多少少影响着人们的居住环境，但更多的是由于人们对工作、学习、生活、创业以及全面综合发展环境的认知、感受与评价，而这样一个评价也就有理由引起各级政府部门和相关机构的高度重视，并下大力气进一步改善人居环境。

二　当前陕西社会发展亟待解决的问题

就当前陕西社会发展中亟待解决的问题，我们列出了与 2008 年调查相同的选项，目的是想通过受访者对这些问题的选择与排序，进一步比较这些问题的解决与变化情况，了解哪些问题依然是广大群众关注的焦点与热点。

与2008年相比，在陕西经济社会发展所面临的涉及社会保障、就业、住房、环保、医疗卫生、教育、安全生产、收入过低及由受访者自行填写的问题中，同样要求选择三项他们认为亟待解决的问题。调查统计显示，14项亟待解决的问题出现的频次分别为：就业压力（45.2%），住房问题（39.3%），贫富差距（38.8%），社会保障（27.5%），贪污腐败（27.5%），医疗卫生（23.1%），收入过低（21.6%），教育乱收费（20.9%），社会诚信（11.3%），环境保护（10.6%），社会不稳定（6.8%），保守封闭（4.7%），安全生产（1.2%），其他（0.5%）（见图2）。

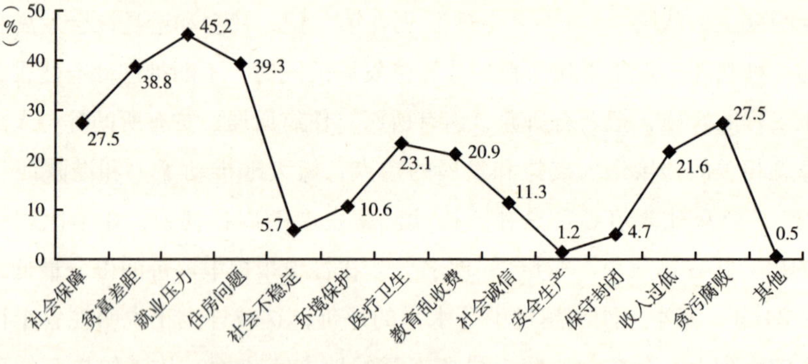

图2　陕西社会发展中亟待解决的问题

与2008年相比，在这14个亟待解决的问题中，从出现的频次上看，就业压力在次序上没有变化，但选择的比率下降了1.6%，可见，就业与再就业依然是人们最为关注的重大民生问题之一；住房问题由2008年的第三位上升到第二位，且选择比率也由2008年的30.4%提高到39.3%，增加了近9%，表明受访者对这一问题关注程度明显提高；贫富差距也由2008年的第四位上升到第三位，尤其是选择的频率也由28.9%提高到38.8%，上升了近10%，这足以表明贫富差距仍然是陕西社会发展中的突出问题与矛盾；而社会保障不仅在排序上有所下降，由2008年的第二位下降到第四位，同时选择的比率也由31.5%下降到27.5%，下降了4%，表明陕西社会保障的能力和水平均有显著提高；贪污腐败从排序上也有较大的变化，由2008年的第七位上升到第四位，与社会保障同处于第四的位置上，同时选择的比率也从去年的 20.5% 提高到今年的 27.5%，提高了 7%。除上述的各项问题变化比较明显之外，其余的如医疗卫生（23.1%），收入过低（22.1%），教育乱收费（17.4%），社会诚信（15.1%），环境保护（12.9%），社会不稳定（6.8%），安全生产（1.2%），保守封闭（5.9%），其他（0.5%）在位次上均无明显的变动，但其中教育乱收费选择比率由 2008 年的 17.4% 提高到 20.9%，说明群众对教育乱收费现象的关注程度仍然比较高。另外，对安全生产的选择比率下降也比较明显，由 2008 年的 6.4% 的选择率下降到 1.2%，下降 4.2%（见表 3）。

表 3　2008 年与 2009 年陕西社会发展中亟待解决问题的比较

单位：%，位

亟待解决的问题	2008 年		2009 年	
	百分比	排序	百分比	排序
社会保障	31.5	2	27.5	4
贫富差距	28.9	4	38.8	3
就业压力	46.8	1	45.2	1
住房问题	30.4	3	39.3	2
社会不稳定	6.8	11	5.7	11
环境保护	12.9	10	10.6	10
医疗卫生	25.9	5	23.1	6
教育乱收费	17.4	8	20.9	8
社会诚信	15.1	9	11.3	9
安全生产	6.4	12	1.2	13
保守封闭	5.9	13	4.7	12
收入过低	22.1	6	21.6	7
贪污腐败	20.5	7	27.5	4
其他	0.5	14	0.5	14

“就业压力”依然是最突出的亟待解决问题，虽然排在了第一位。但与 2008 年相比，选择比例有所下降，全球金融危机的深度影响明显减弱，经济形势总体趋于好转，尤其是外出务工农民工大量重返就业岗位，因而使就业的巨大压力得到一定程度的缓解，但严峻的就业形势并没有从根本上得到改善。

与2008年相比，“改善住房条件”2009年得到更多受访者的关注，一方面是大量的房地产项目开工上马，房地产市场的发展如火如荼，另一方面有大量低收入人群望房兴叹，居高不下的房价使他们与实现拥有自己住房的期望越来越远。

“贫富差距”是一个由来已久的话题，时至今日依然备受人们的关注，是目前陕西社会经济发展中存在的严重问题之一，也是破坏社会公平、引发矛盾冲突、影响社会稳定的最大隐患。

在14个备选问题中，出现频次最低的三项是“安全生产”、“保守封闭”和“社会不稳定”，分别为1.2%、4.7%、5.7%，与2008年基本保持相同的位次。就“安全生产”来说，由于各级政府不断吸取其他地区发生的重大安全事故的教训，对安全生产常抓不懈，一年来，陕西的安全生产形势总体比较好，没有发生重、特大安全生产事故。就“保守封闭”而言，一方面，经过改革开放30余年的实践与发展，陕西人求变、求新的意识也在不断强化，尤其在经济社会发展日新月异情势之下，信息来源的多渠道、思想观念的多元化、利益诉求的多样性，陕西人“保守封闭”的标签已被彻底去除；另一方面同就业、住房等与人民群众生活息息相关的现实问题相比，对其的关注也会有所下降。“社会不稳定”出现的频次总体比较低，表明陕西社会形势总体上比较稳定，这与受访者认为陕西社会经济发展进程整体上“发展较快”和“发展正常”的评价基本吻合。

三　对陕西社会发展的信心

2009年，举国上下全力应对金融危机带来的巨大冲击，扩内需、保增长初见成效，基本实现了经济社会平稳持续发展，极大地鼓舞了全国人民对未来发展的信心，尽管金融危机的阴影还远未散去，经济社会发展中不确定因素依然很多，处于转型期的中国社会需要解决的矛盾与问题时时会涌现出来。对于快速发展中的陕西来说，也面临着加快经济发展，建设西部强省，构建和谐陕西的种种挑战与机遇，这种情况下，广大人民群众的信心是推动陕西未来发展的内在动力和力量的源泉。

本次调查结果显示，有接近七成（66.8%）的受访者表达出对陕西今后的社会发展很有信心（16.8%）或者较有信心（50.0%），而持“信心不足”和

“没有信心”的分别为3.7%和1.5%，二者相加也仅有5.2%，与此同时，也有23.5%的受访者对未来社会发展的信心表述为“一般”，也就是说有近三成的人对未来发展的信心显得相对消极（见图3）。

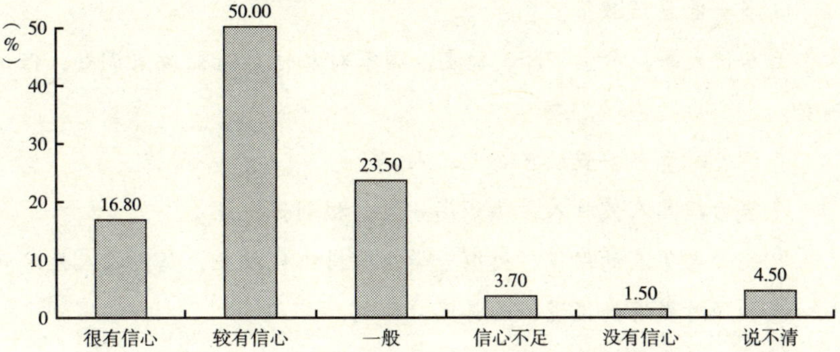

图3　对今后一段时期陕西社会发展的信心

温家宝总理曾经说过“人民的信心尤为重要”，“信心比黄金和货币还要贵重”。公众对陕西社会发展的信心不是凭空产生的，也不会盲目地相信某个权威或某种宣传，而是源于公众对陕西经济社会发展实际状况与发展潜力的判断，建立在切身感受的事实、可知可感的数据和经得起理性分析的实例基础上。从总体上看，对陕西未来发展怀有信心的比例较高，但也无可否认仍然有不到三分之一的人对今后的发展存有一定的消极情绪，这也反映出他们在现实情境下对未来的困惑甚至是迷茫。社会的发展是需要全体人民的共同努力，发展的成果理应由全体人民共同分享，而且分享得越公平、公开和公正，公众对社会发展的信心就越饱满，发展的动力也就越强劲。

四　对2010年的期待和关注

2010年是实现陕西社会经济发展“保增长，保民生、保稳定”的关键一年。在这个过程中既存在许多有利的发展条件，也面临很多的困难和挑战。只有针对并回应公众的需求，安排贯彻省委省政府的相关部署，才能更加主动地推动科学发展，为促进社会又好又快发展提供有利的保障。为此，我们设计了一组开放式问题，受访者的回答结果大体如下。

①改造城中村，建设好城市。

②缓解就业压力。希望大学生就业得以缓解，鼓励大学生自主就业。

③对企业监督，保障打工者的利益问题。

④多一些惠民政策。

⑤房价太高，希望下降、稳定，国家对房地产行业政策调查，保证人人有房。

⑥调整工资，安置破产企业工人。

⑦努力提高人民收入，工资高一点，福利好一点。

⑧关心老年人的保障，大中专学生安排工作就业，居民收入住房问题。

⑨加强对教育的投资，改善医疗体制。

⑩治理教育乱收费。

⑪解决贫富差距。

⑫改善农业基础设施。

⑬社会治安能好转。

⑭提高失业救助水平。

⑮倡导节能减排。

面对新的一年，回顾和梳理2009年广大人民群众关注、热议的重大方针政策和热点、焦点社会问题，及时了解群众关心些什么、议论些什么、满意和不满意的又是什么，把握民众对未来陕西社会发展的期待与愿景，从而正确对待和处理改革与发展过程中的利益关系调整，把人民群众的智慧和力量进一步凝聚到实现建设西部强省的目标任务上来，积极支持党和政府为全面建设小康社会而采取的各项政策措施，推进建设和谐陕西的进程。这也正是我们持续关注社会舆情变化与走势的初衷和目标。

陕西公众文化价值观调查报告

陕西省社会科学院课题组*

改革开放三十多年来，陕西社会结构发生了极大的变化，社会经济取得了长足发展。与此同时，在市场化、城市化的推动下，传统社会价值、现代社会价值乃至后现代社会价值相互碰撞融合，文化价值观呈现出多元化的特征。那么，这一状态是否像一些人认为的那样出现了价值观上的断裂，抑或是更加理性与成熟。陕西公众文化价值观的现实状态到底怎样？本报告将从社会道德、政治取向、工作伦理和生活态度四个维度对陕西公众的社会文化价值观予以剖析，并试图对上述问题作出回答。

一　对当前社会道德状况的认定

（一）对社会道德状况的整体评价：平淡中见乐观

近年来，人们对道德的关注日益加深，悲观与乐观的评价往往交织在一起。一方面认定社会道德出现了严重的滑坡；另一方面则认定社会心态愈发稳健而成熟。我们首先请受访者针对社会道德的整体状况进行评价。结果如下：

调查结果显示，有接近半数（48.8%）的受访者认为目前社会道德状况较为“一般”，只有三成多一些（31.2%）的人认为状况“很好”（1.2%）或“较好”（30.0%），有二成的受访者认为当前的社会道德状况“较差”（16.6%）或“很差”（3.5%）。当然，对道德状况得出相应的评价，并非完全出于主观臆想，实际上又是由每个人的自我经验、社会感受以及媒体的影响交互作用共同完成的。

* 课题组成员：江波，陕西省社会科学院社会学研究所研究员；谢雨锋，陕西省社会科学院社会学研究所助理研究员；牛昉，陕西省社会科学院社会学研究所副研究员；黄海涛，陕西教育学院助教。

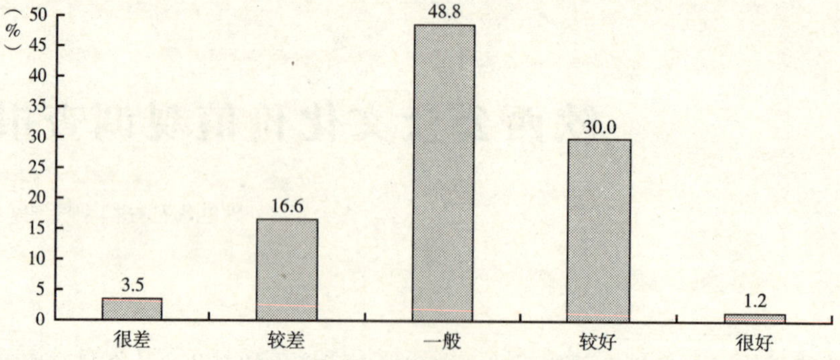

图1 公众对当前社会道德状况的整体评价

只有把这一结果放置在一定的情境下，才可能得出较为正确的判断。对此，我们又针对评价的原因提出一系列问题。访问结果显示，公众对社会道德状况的整体评价既有来源于十分情境化、微观社会互动的认知结果，也有来自于对社会系统、道德机制的深层思考。另一方面也表明，公众个体与社会整体、个人品质和社会道德之间从未真正彻底分离过，这些因素的相互纠结构建了现实的社会道德观。现将受访者的回答梳理后按照“积极评价”与“消极评价”分别予以陈述（见图1）。受访者的基本论据如下。

对社会道德状况积极评价的阐释

道德状况比过去有了很大的改善；道德约束力提高了，更多公民的公德意识提高了；极少数人道德败坏，大多数人友善；基本上可以互相帮助；民风比较淳朴；经济加速发展，人们的整体素质不断提高；人与人之间沟通比以前好了，助人为乐精神存在；社会发展进步，价值多元，社会道德标准多元化；文明度提高，不文明的现象减少了；对社会有信心；多数人还是讲道德；社会责任都可以；有正义感的人较多；社会风气有较大改善；教育程度提高，个人素质普遍提高；敬老爱老，奉献爱心。

对社会道德状况消极评价的阐释

信任危机；每个人只管自己，不关心别人；不道德的现象也存在；大家都比较自私，人情冷漠；诚信原则丧失，虚假广告；腐败；以金钱为生活目标，忽视关爱和社会福利；少数机关干部作风不行；一些人行为举止言谈恶劣；不文明的行为到处可见；不遵守社会公德的人还有很多；一些医生没有职业道德；不尊重老龄人，儿女不养老；公车上不给老弱病残让座；有些人破坏公共设施；追求金钱，利己主义。

（二）对自我道德观的评价：积极认同度较高

社会道德价值的体现来自于不同类型的社会实践。人们对自我的评价往往会有别于对他人和社会的评价。如果说，对社会道德状况的评价结果只是表明了公众对整体状况所持的基本立场，那么，作为道德实践的主体，他们在现实生活中又是如何作为的？他们又将如何为自己的道德实践打分？为此，我们设计了四个在当前看来较为重要的指标供受访者为自己打分。调查采用七级李克特量表，以强度为赋值等级，“7”代表“高”，“1”代表“低”（见表1）。

表1　公众对自身道德观的评价

道德观	样本数	均值	标准差
尊重他人	406	5.61	1.108
节约/节俭	404	5.40	1.447
助人精神	400	5.36	1.267
社会责任感	405	5.23	1.221

调查结果显示，公众对自身道德水平的评价大大高于对社会道德整体状况的评价。这种差异折射出公众对其他社会成员的道德认知和自我评价都存在一定的片面性。在所列出的四项测量指标中，选择最高的是“尊重他人”，均值达到了5.61分，接近积极评价。看来，尊重、平等这类融传统与现代意识为一体的价值观得到了公众较一致的认同。“节约/勤俭”的生活方式被列在第二位，在社会财富日趋丰富、人民生活水平不断提高的背景下，大多数公众依然能保持勤俭节约的生活理念。这一结果，与社会上普遍认为的现代人不再“勤俭”的评价形成较明显的对照。“助人精神”是社会成员需要持守的美德，其分值达到5.36分，间接地体现了社会团结的状况。“社会责任感”的分值相对最低，均值只有5.23分。这也多少显露出社会成员在社会责任与义务承担上的某些消极状态。

二 对当前公众政治关注状况的认定

（一）对政治关注的整体评价：关注度较强

公众社会意识积极与否，与他们对政治领域的关注程度密不可分。政治能否成为他们关注或优先考虑的问题，既是政治社会化结果的体现，也是公众政治热情、公民身份成熟度的反映。在经历了剧烈的社会经济变革之后，我们很想知道当下人们对政治是否还保持着必要的敏感、关心和热情。调查结果如图2所示。

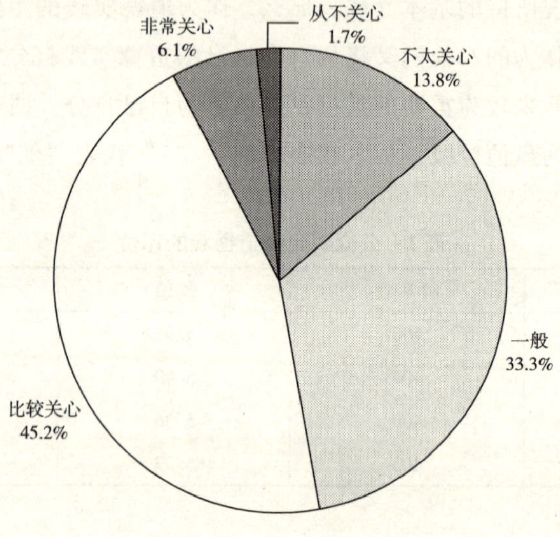

图2 公众对政治的整体关注度

调查结果显示，有超过半数（51.3%）的受访者表示“非常关心”（6.1%）或“比较关心”（45.2%），只有13.8%的受访者表示“不太关心”，另有33.3%的受访者对此持“一般”的态度，而认定“从不关心”的人数极少，仅占1.7%。用5级量表赋值方法测量并求取平均值得到的结果显示，公众对政治的关心程度总体得分为3.40分，处于“一般”和“比较关心”偏向“比较关心”的水平。可见，人们对政治的关注程度处于“弱积极”的状态，对政治的关注度较强。这一结果同人们对国家发展、社会政策的积极评价和期望，以及对社会经济生活中政治辐射影响力的认识有重要的关联（见图2）。

为了阐释公众对该问题的深度理解，我们仍以开放提问的形式请受访者说出自己的看法，具体结果如下表所示。

积极的评价

政府在这方面做得好；从事这方面职业，关系到民生问题；公众言论越来越影响到政府的执政方针；关心国家的发展；国家发展好，生活就好；社会公信力提高了，和群众关系大；政治最终结果在公众利益上会得到体现；国力强大，增强了民族自豪感，民众政治敏感性增加；随着生活水平的提高，大家对政治比较关心，关心政策对自己生活的影响；政府出台的各项惠民政策，养老，医疗，民众的租房等政策，涉及个人的生活方面，改革与每个人利益息息相关；不关心政治，就是不爱国爱民；不能单顾自己的小家，要关注国家；公民受教育的程度越来越高；国家比以前更发达，更强了；民主意识加强；因为政治与个人利益联系紧密；信息比较通畅，给人们创造了条件。

消极的评价

离自己生活太远，只想提高生活；平时只关心与自己有关的；弱势群体还处贫困线上；都在关注自己，现在的人越来越自私；腐败问题造成的，百姓不太关心；公众对政治的影响力很弱；不太关心政治，尤其是年轻人，关心经济较多；从个人工作，生活讲，政治影响不太大；大学生没有这种意识，关心的少；政治是领导关心的事，与老百姓没有关系；关心政治与自身境况改善没有联系；经济上的困难都解决不了，没有精力关心政治。

从这些的话语中可以感受到，人们对政治的关注度是与政治的影响力，以及人们在政治生活中的位置相关联的。因而受访者更多的是从国家、民族、社会利益与发展的视角来看待这个问题，同时，也融入了个人的利益与需要。这些“积极”或“消极”的评价，既同国家国际地位不断提升，政府着力关注民生建设，近年来推出一系列惠民政策与实践有很大关联，也显然与社会发展中出现的一些社会问题，人们对促进社会和谐发展、完善社会政策的期望有关。当然，其中也暴露出公众对某些社会现象判断上仍存在一些误区。

（二）对自我政治观的评价：民族国家感强

为获得有关政治价值观的公众信息，我们结合了具有一定历史意义的“传统”话语和现实社会流行话语设计了“民族自豪感”、“为祖国贡献一切”、“有远大的理想”和“社会参与的愿望”四项指标进行调查，其意义不仅在于试图发现政治社会化的持续影响力，还在于探讨在新的社会发展背景下需要如何去完善政治社会化的实践（见表2）。

表2　公众对自我政治观的评价

政治观	样本数	均值	标准差
民族自豪感	404	5.95	1.119
社会参与感	398	5.26	1.301
为祖国贡献一切	404	5.22	1.332
有远大的理想	402	5.09	1.394

调查结果显示，“民族自豪感”被列在了首位，这也是本次社会文化价值观调查各项指标中积极评价最高的一项，均值达到了5.95分。居于十分肯定的“较强积极”评价区位。这一结果当然同我国不断提升的国际地位和社会经济发展速度，以及在社会、经济、文化、政治、外交、国防等领域的不断成熟有关。“社会参与感”是公民理应具备的心理素质和价值目标。然而，调查结果不能不使我们对此喜忧参半，在自我认定的结果中，人们社会参与的愿望并不十分强烈，平均分值为5.26分，处于“一般”偏上一点的水平。而社会参与既包括了公民理应享有的权利，也包括了公民应该承担的种种义务。“为祖国贡献一切”其均值为5.22分，认同这一观念的被访者占44.3%。这反映出这一代表特定时代的流行话语，在当下社会中依然保持着较大的社会感召力。我们也看到，公众在“有远大的理想”上出现了某种偏差或失衡，在所有调查指标中，这项指标的评价度最低，仅为5.09分，只有四成多一点（42.5%）的受访者表示“有远大的理想”。需要警惕的是，社会与个人理想是社会化的产物，是体现社会智慧与公众精神的重要坐标。作为社会建设的重要内容，必须意识到社会和个人理想严重缺失可能产生的消极性后果。

三　对当前公众劳动、工作态度的认定

（一）对敬业状况的整体评价：敬业成为职业伦理主流

人们的劳动、工作态度既同个人能力、机会选择、职业类型有关，也同文化价值、社会评价相联系。劳动、工作对人们有着不可缺少的价值与意义，它是社会成员获得社会地位的重要渠道，更是创造、提供社会财富的基础，社会良性运转的保障和社会活力的源泉。透过人们对于劳动、工作态度的评价，可以认识劳动、工作在人们心目中的作用。尤其在强调敬业、爱岗，以效率价值为取向的当下，工作态度、劳动观、责任心，即敬业程度更该成为认识社会动力的重要指标（见图3）。

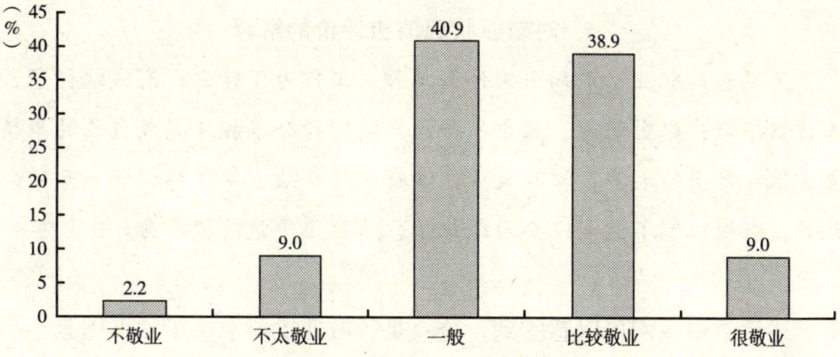

图3　公众对敬业状况的评价

调查结果显示，有近半数（47.9%）的受访者认为当前社会公众对工作"很敬业"（9.0%）或"比较敬业"（38.9%），有一成多一点（11.2%）的受访者认为当前社会公众对工作"不太敬业"（9.0%）或"不敬业"（2.2%），另有四成多（40.9%）的受访者对此持"一般"的模糊评价。用5级量表赋值方法测量并求取平均值得到的结果，公众对工作的敬业程度总体得分为3.43分，处于"一般"和"比较敬业"偏向"比较敬业"的水平。总体上，职业伦理保持相对稳定，也与前文提及的"社会道德平淡中见乐观"的初步判断基本吻合。职业，在很多人眼中，是社会个体安身立命之本，但近几年就业局势频频告急，间接地冲击着职业伦理，而且也可能导致维系人与人之间信任关系的成本进一步

加大，甚至走向断裂。由此可见，在竞争激烈的市场经济环境下，公众对人们的敬业精神还是持有较为积极的看法。但也要看到，其中也还存在不少悲观的评价，甚至出现职业危机的某些征兆。

对敬业状况积极评价的解释

绝大部分人都尽职尽责；自我价值的体现；待遇好自然就敬业了；不仅为了工作，也为了未来；敬业为的是理想，不敬业的是混日子；打工必须干好，今天不努力工作，明天努力找工作；为国家强盛，民族复兴，人们都在各自的岗位努力工作；不敬业就会被淘汰，工作竞争压力大；工作机会难，珍惜；享受工作中的乐趣；既然干了就应敬业；敬业与个人价值的实现有关。

对敬业状况消极评价的解释

不满当前职业；不知道为什么工作，工作为了什么；有钱就行了，不管工作好不好；私企还行，国企不行；只是例行公事般地完成自己的事情；工资太低，付出的太多，收入太少；没有信仰，缺少责任感；当一天和尚撞一天钟；激励机制不健全；要看给谁干，给自己干就比较敬业。

从上述话语中我们可以感受到，公众是否敬业主要取决于如下因素：一是个体层面的工作兴趣、工作态度、职业理想；二是组织层面的制度建设、发展空间、社会保障措施如工资待遇，福利水平等；三是社会环境层面的支持与排斥。可见，人们的工作、劳动价值观是在社会系统中被不断强化、复制与消弱、颠覆的。为了培育更加积极的劳动、工作价值观，需要整合社会建设思维和制度设计。

（二）对工作与劳动价值的自我评价：精神追求趋同

随着社会、经济结构的变迁，职业空间、就业渠道、行业差异的不同，人们的工作、劳动价值是否也发生了碎片化的倾向？从个体层面来看，公众又如何评价自身在工作、劳动方面的态度和表现？对此，我们选取了“工作责任心”、“劳动最光荣”和“工作成就感”三项指标请受访者评价（见表3）。

表3　公众对自己工作价值的评价

工作观	样本数	均值	标准差
工作责任心	400	5.82	1.208
劳动最光荣	401	5.47	1.393
工作成就感	397	5.17	1.397

调查结果显示，在所列选项中，“工作责任心”获得了较高的认同，其分值达到了5.82分，这也是本次调查各项指标中获得较高评价的指标之一。有接近七成（68.8%）的受访者表示，自己的工作责任心“非常强”（35.8%）或“比较强”（33.0%）。“劳动最光荣”，其平均分值也达到了5.47分，有54.1%的受访者表示“非常认同”（28.2%）或“相当认同”（25.9%）。但也要看到，也还有少数受访者并不认同这样的观点。被列在最后一位的是“工作成就感”，其平均分值仅为5.17分，只有45.3%的受访者表示在工作中有“非常强烈”的成就感。相反，有超过半数（54.7%）的受访者表示在工作中成就感较低甚至没有。可见，工作对一些公众来说，其工具性意义大于工作乐趣和成就感。

四　对当前公众生活态度的评价

（一）对生活态度的整体评价：乐观而自信

生活态度作为文化价值观的一个重要表征和组成部分，是我们不能不予以特别关注的问题。对生活的乐观态度是保证社会和谐的前提。相反，悲观的生活取向则是社会凝聚力的消解与制约因素。实际上，人们的生活态度体现的是“公众精神”与“社会价值”的高度统合（见图4）。

调查结果显示，有超过六成（60.7%）的被访者认定公众对生活持积极乐观的态度（“很乐观”7.2%，“比较乐观”53.5%）。这些积极、乐观的生活态度显然是同实践和谐发展、科学发展，贯彻以人为本、关注民生政策的实践与效果相联系的。相反，持悲观态度的仅为5.0%（“比较悲观”4.5%，“很悲观”0.5%）。而人们积极、乐观的生活态度也正是构建和谐社会的强大动力。用5级量表赋值方法测量并求取平均值得到的结果显示，受访者对公众生活态度评价的

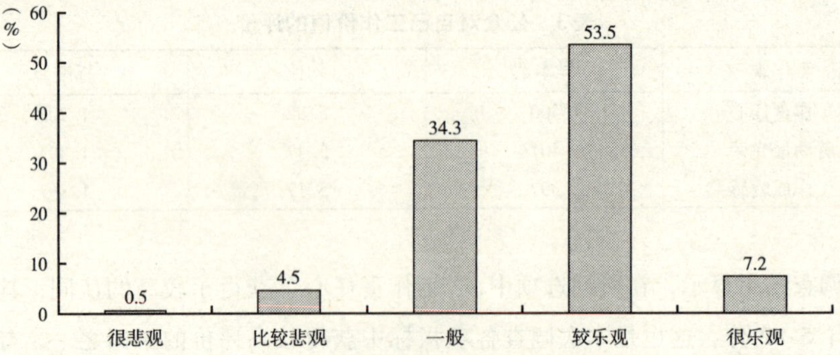

图4　对公众生活态度的整体评价

总体得分为3.62分，处于“一般”和“比较乐观”偏向“比较乐观”的水平，这一评价反映出公众对近年来社会政策、社会环境、发展前景的信心。当然，也要看到发展的过程中所有社会成员都要面对的问题与挑战。公众的生活态度，是个体心理状况的表现，更凝聚组成了社会化情绪，可想而知，积极、乐观的态度与判断将有利于降低社会发展的成本。

对此，我们很想了解公众对生活持乐观或悲观态度的缘由。受访者给出了如下答案。

积极评价的解释

有钱乐观；知足常乐；只有乐观的人才会觉得生活有意义；百姓图个平淡生活，吃饱穿暖；生活质量有很大提升有幸福感、满足感；享受到的社会福利在增加；有信心，生活就应该乐观；政府政策好，对百姓生活重视；对社会充满希望，对中国发展有信心；悲观解决不了问题；物质生活丰富，生活比较安定；人民每天都为自己的生活努力奋斗着。

消极评价的解释

收入不平等，贫富差距过大；活着没多大意思，生活困难；还缺乏让公众放心的社会保障体系；社会问题多，尤其是腐败；普通人民群众对住房、工作不太满意；家庭负担和生活压力过大；生活保障不太好，为生计发愁；就业、医疗、住房问题不好解决。

（二）对生活价值观的自我评价：相同中存在差异

人们的社会态度与价值观的形成是在社会发展与个人成长的过程中完成的。每个人都对自身的价值有所定位，当个人对自身做出判断和评价时，实际上体现的是不同程度的幸福感。为此，我们选取了四项评价指标请受访者作答（见表4）。

表4　公众对自己生活价值观的评价

生活价值观	样本量	均值	标准差
家庭责任感	405	6.14	0.989
注重人际关系	403	5.80	1.190
乐观的生活态度	405	5.70	1.163
追求表现个性	403	4.61	1.534

从调查结果可以看到，公众对自己的评价，整体上看，都持有乐观的生活态度，并较为重视人际关系。正因如此，在“乐观生活态度”和“注重人际关系”上被访者都有较正面的评价，分值分别达到5.70和5.80。对于“家庭责任感”，这是调查中唯一达到6分以上的指标，为6.14。可见，即便是在家庭功能被不断外移的情况下，人们的家庭观念还是倾向于传统，并持有较强的家庭责任感。这一结果与现实中离婚率上升的现象似存在较大的出入。在此需要特别指出的是，被访者对“追求表现个性”持较为谨慎的态度，认定分值是各项最低的，仅为4.61，处于“中等”区间。只有29.3%的受访者对此持非常积极的态度。相反，有超过七成多一点（70.7%）的受访者对此持略微积极或比较谨慎的态度。

五　公众社会价值观的取向及其存在的主要问题

（一）社会价值观的取向：多元化选择鲜明

人们最看重的是什么？最值得珍惜的是什么？对这个问题处于不同社会位置上的人会有不同的态度和看法，它是认识现代人价值取向的重要指标。我们根据相关的研究筛选出15个主题词，供被访者回答。调查结果如下。

调查结果显示，“健康”被认为是人生最宝贵的东西，以72.4%的百分比位居显要位置。对健康的关注反映的是人们更具有积极的生态世界观，健康作为生存和发展的基础和结果，在生活幸福的天平上具有重要的意义。其后的选择依次为“亲情/友情”（43.3%）、“诚信/责任”（39.4%）和“爱心/孝心”（36.9%）。可见，这些传统美德依然受到人们的普遍重视，构成人们的核心价值。社会上的一系列消极现象，非但没有削弱人们对诚信和责任的忠诚，相反，却反复引发了人们对它的追求。同时，随着物质财富的急剧增加，社会价值观呈现出多元化的发展趋势。然而，在个人安乐之外，缺乏精神追求的“社会危机”并没有真正地发生。列在第三档中的是“有理想/有追求”（29.3%）、“乐观/积极”（22.2%）。有理想并追求理想，乐观生活并积极进取，仍然是社会价值的深层结构，而并非是“失落”的悲观和虚无的情绪。“享受”所占比例最低，只有1.2%，被列在了最后的位置。当然，我们也必须看到，“助人/利他”（4.7%）占的比例很小，而传统意义上的“奋斗和奉献”也只有被9.4%的人所认同。这对现代人来说不能不是一种遗憾。“事业和成就”列在第六位。“金钱”、“财富”被置于重要位置。当然，这也不能证明人们完全蜕变成为“经济人”，说明市场经济的影响已经深入人心（见表5）。

表5　公众对“人生最宝贵的东西”的理解

	频次	百分比	排序
有理想/追求	119	29.3	5
金钱/财富	60	14.8	7
诚信/责任	160	39.4	3
健康	294	72.4	1
当官/权力	6	1.5	11
亲情/友情	176	43.3	2
爱心/孝心	150	36.9	4
名誉/地位	10	2.5	10
奋斗/奉献	38	9.4	8
事业/成就	69	17	7
助人/利他	19	4.7	9
享乐	5	1.2	
乐观/积极	90	22.2	6
其他	2	0.5	12
合　计	1198	295.1	

注：由于本题为多项选择题，故百分比之和大于100%。

（二）社会价值观中存在的主要问题

随着改革开放和社会主义市场经济的不断发展，人民的物质生活水平不断提高，思想文化领域呈现日趋多元、复杂的态势，社会上也的确出现了拜金主义、享乐主义、极端个人主义以及思想蜕化、道德滑坡、精神空虚等问题。

那么，陕西公众是如何认定相关问题并对其进行阐释的呢。对此，我们认为，对社会价值观状态的评价，其实本身就受到受访者价值观的影响。正是不同社会角色、多元价值观以及不同的认识与分析能力，为我们提供了丰富的“素材”，以及对“素材”的理解与分析。因此，我们将公众的看法进行梳理合并后呈现出来，它们比较系统地反映了当前社会价值观领域存在的主要问题、强度与产生的机制等。调查结果如下。

主要问题的认定

传统文化缺失；有些人为谋利益不择手段；奉献精神欠缺；看重物质利益；太冷漠自私；享乐主义，心浮气躁；互助的人太少；不重视节约；拜金主义；对现实失望；安于现状，不上进；个人主义；道德观念淡薄，缺乏诚信；人际关系淡薄，向钱看；公众缺乏社会责任感；没有理想，缺乏精神，较迷茫；对社会不关心；腐败。

六　构建社会主义核心价值体系的对策建议

社会文化价值观建设的主体是社会公众，他们对文化价值观的评价与感受是价值观建设的出发点。也只有围绕从公众现实生活中了解到的知识来制定构建社会价值观的战略和措施，才能起到更加积极的作用。为此，我们还是持守尊重公众知识，强化公众参政议政机会的理念，把不同的声音经初步分类呈现出来，在体现多元社会政策建构的同时，完成构建社会主义核心价值观的任务。

（一）政治建设

要加强各级党员领导干部的思想作风、学风、工作作风、领导作风、生活作风建设，发挥他们在践行社会主义核心价值观中的表率和示范作用。受访者将这一认识具体表达为如下意见或建议。

从公务员做起，起带头作用、打击腐败；要懂得什么是为人民服务；加大宣传教育力度，加强廉政建设；应主动对基层关心；加强与百姓的沟通，政府透明，才能取信于民，民心才会回暖，社会自然会和谐；干部作风建设，提高执政能力，清廉；为公众提供更多服务；加强政府决策；制定政策并落实住房，医疗，教育。

（二）文化建设

充分认识社会价值观与各种社会规范的内在关系，以社会主义核心价值观统率、指导、贯穿其他规范的建设，把社会主义核心价值观教育融入国民精神和精神文明建设全过程，转化为人们的自觉追求。受访者对这一问题做出了如下表述。

从教育等方面加强爱心教育；从学校抓起，帮助人们树立正确的价值观；倡导劳动光荣，传承古代文化和礼仪；从自己做起；从基础教育做起；促进人与人的交流。

（三）经济建设

把社会价值观体系建设纳入经济社会发展目标、发展规划和政策制定中，形成有利于社会主义核心价值体系建设的利益导向、竞争机制和市场环境。强化职业道德，打击制止不法、违规行为。受访者的具体表述如下。

提供更多的就业渠道；发展经济，促进社会公平，加强职业道德；农民经济收入应增加，工人阶级收入不高；经济发展也要带动人民素质的提高，个人注意，政府引导；打击取缔不法分子；保证质量，追求安全；关心低收入人群。

（四）社会建设

完善工作机制，引导各级各类部门把建设社会主义核心价值体系作为一项重要工作来抓，发挥好政府部门、社区、家庭、单位、学校等各方面的作用，整合社会资源，形成全社会建设社会主义核心价值体系的合力。受访者的希望和要求如下。

> 对老年人多加关心；多搞爱心活动；多强调奉献，减少自私地索取；加强和保障社会福利水平；多建设有本地特点，符合本地文化历史的建筑；提高公众对诚信的认识，培养社会责任感；对青少年的教育；提高公众社会参与度，社区文化建设；多提供机会，多做公益性活动；提高农民收入，缩小贫富差距；人均收入平稳，房价不要过高。

（五）法制建设

将道德建设纳入相关法律法规中，发挥法律制度的规范和警示功能，以更好地推进社会主义核心价值体系建设。把价值体系的要求体现在各类法律制度、政策规定之中，完善实践机制，具有可操作性，充分发挥其激励约束作用，体现这一体系的奖惩特征。受访者对此持有强烈的要求。

> 法律都管不了了，什么能管呢；法制建设有待提高；严惩不道德行为，加大宣传；法制进一步完善。

（六）道德建设

以爱国主义为核心的民族精神和以改革创新为核心的时代精神构成了多样化的社会道德的核心和基础。紧紧围绕人民利益，尊重人民情感和意愿，以贴近生活、贴近实际的方式开展社会道德建设，是行之有效的工作方法。受访者也提出了类似的建议。

> 要多宣传以社会为重的人生观价值观；加强意识形态建设；多办点公益

活动，遏制个人主义膨胀；加强爱国主义教育；加强民族自豪感教育；引导树立诚信、奉献的价值观；舆论引导，政府关注；教育引导，传媒引导，树立正确价值观。

社会文化价值观是社会成员参与社会发展所持的态度和信念体系，是社会活力与动力的源泉，隐含着人们社会心理状况及其变动趋势。在物质生活水平快速提高的背景下，更要看到社会文化价值观对经济发展，尤其对社会的稳定、和谐与发展的重要作用。社会文化价值观是社会结构与社会成员互动的结果。因此，要培育健康的社会文化价值观，就要努力认识究竟是哪些社会因素决定着人们的社会价值的选择，而这些选择又如何反馈于社会的运行，然后，将这些因素与价值作为反思、继承与发展的基础，最大限度地动员公众积极参与，在社会的整体转型中推进社会主义核心价值体系的建设。

陕西公众对“民生八大工程”的基本评价

陕西省社会科学院课题组*

“民生八大工程”是陕西省政府从解决人民群众最关心、最直接、最现实的民生问题入手，通过积极调整财政支出结构，把扩大公共服务和改善民生摆在突出位置，整体推进和实施的包括教育、就业和再就业、公共卫生、社会保障、住房保障、农村基础设施、公益性文化体育设施和城乡社区服务体系建设等民生八大领域建设和发展的一项社会系统工程。“民生八大工程”自 2008 年实施以来已有两年时间了。两年间它的进展状况如何？实施效果怎样？还有哪些领域、方面需要进一步完善和加强？对此，我们进行了一项公众调查。本报告即依照此次调查数据完成。

一 公众对“民生八大工程”实施状况的整体认定

（一）对“民生八大工程”的整体认定

调查结果显示，对陕西“民生八大工程”的实施状况，公众在整体评价上持“一般”偏乐观的态度，用 5 级量表赋值方法测量并求取平均值得到的结果，总体得分为 3.35 分（标准差：0.732）。若以百分比观察，有近四成（37.6%）的受访者认为“民生八大工程”实施状况“很好”（6.0%）或“比较好”（31.6%）；只有 8.3% 的受访者认为“民生八大工程”“比较差”（7.7%）或

---

* 课题组成员：刘玲琪，陕西省社会科学院社会学研究所副研究员；谢雨锋，陕西省社会科学院社会学研究所助理研究员；江波，陕西省社会科学院社会学研究所研究员；牛昉，陕西省社会科学院社会学研究所副研究员；李巾，陕西省社会科学院社会学研究所实习研究员。

"很差"（0.6%）；另有超过半数（54.1%）的受访者认为"一般"（见图1）。从总体上看，公众对实施"民生八大工程"中的改善民生和提高社会保障水平的策略给予了肯定，但同时也应注意到，目前"民生八大工程"实施状况还与公众的期望存在一定的差距，这说明陕西民生状况的系统改善是一项长期而艰巨的任务，因而也就更需要各级政府部门进一步加大工作力度，扎实有效地推进各项工程的顺利进行。

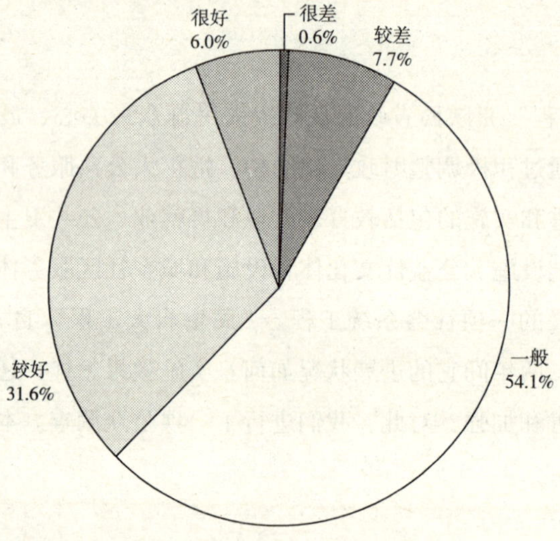

图1　公众对"民生八大工程"的总体评价

在调查访问中，我们既采用了问卷调查通常使用的封闭式问题设计，同时，还通过提出开放性问题请公众作答的形式要求受访者作出进一步解释。调查显示，民众对"民生八大工程"持多元的看法，大致可分为以下几类。

对"民生八大工程"持肯定态度的观点："比较有针对性，都是需要解决的重要问题"、"成效明显"、"从城市的发展可以看出来，人们的生活水平提高了"、"对群众生活有一个保障，生活起来有安全感"、"关系到百姓生存的基本问题，能促进社会和谐发展"、"关注百姓医疗，住房，教育"、"关注民生，让老百姓得实惠，维护老百姓利益"、"建广场，交通，绿地都对百姓有利"、"教育事业投资较好，普及九年义务教育"、"解决了很多人的生计问题"、"楼房盖了，有生活保证，教育也都有保证"、"民生，三农，关注人民生活"、"民生安定，社会安定"、"解决农民工子女就学困难方面做得较好"、"衣食住行改善了”、“一系列配套政策相应出台，使人看到改善民生的希望”、“医疗卫生，社会保障有了很大改善”、“引进外资良好，房地产发展较快”、“尤其是在医疗改革方面，新农村合作医疗的实施”、“与人民息息相关，体现了以人为本”、“政府很重视，一直在努力”、“对于西部的内陆省份，底子又薄，能在这一重大决策上下功夫，已经十分不易”等。

对“民生八大工程”持不满意态度的观点：“财力不够，措施不够”、“成绩不突出”、“低收入人群没有注重”、“政策未落到实处，执行率差”、“房屋改造慢，拆迁没有按期到位”、“干部素质差，工作重点不突出”、“很多工程未真正落实”、“基建太多，资金分配不均”、“虽然提出很多措施但落实得不是很好”、“交通太乱，社会保障不好”、“教育花钱多，病看不起，收入低”、“民众参与不够”、“存在官本主义，贪污腐败”、“各部门协调不到位”、“政策制定容易，实施难”、“落实的力度不够，尤其是农村”、“实施速度不够快，发展也不平衡”、“宣传力度不够”等。

（二）对“民生八大工程”主要领域的评价

“民生八大工程”涉及民生八大领域，共40个项目，其中包括10个重点项目。我们选取了其中的18个项目进行调查，既有重点项目，也有一般项目。调查结果显示（见表1）：满意度较高的依次是：“加强食品药品监管”、“提高城乡医疗救助标准”、“提高城乡最低生活保障标准”、“建立城镇居民基本医疗保险”和“提高社区公共卫生服务补助标准”，公众对上述项目持“很满意”评价的比例都达到25%以上；满意度较低的分别是：“支持社会化养老”、“建立贫困家庭子女教育救助体系”，公众持“很满意”的评价的比例基本都在15.0%以下；公众持“不满意”评价的比例在17%以上的项目主要有：“加强食品药品监管”、“支持流浪未成年人救助保护机构建设”、“建立城镇居民基本医疗保险”、“提高城乡医疗救助标准”、“支持计划生育”等。事实上，对于诸如“加强食品药品监管”和“建立城镇居民基本医疗保险”等相关领域，无论公众的满意度是高是低，都表明公众对这些方面的高度关注，也说明公众对“民生八大工程”所涉及的方方面面抱有很高的期望，尤其是在现状与群众愿望尚有一定差距的情况下，更需要政府及相关部门付出更多的努力，切实将这些惠民政策落到实处。

表1　公众对“民生八大工程”主要领域的评价

单位：%

项目名称＼比例	很满意	一般	不满意
建立贫困家庭子女教育救助体系	13.4	73.9	12.8
发展职业教育*	20.9	66.9	12.2
促进就业再就业工程	19.8	69.1	11.1
发展劳动力市场建设*	18.4	68.1	13.6
提高社区公共卫生服务补助标准	26.1	57.1	16.8
支持计划生育	21.2	61.7	17.1
加强食品药品监管	34.2	45.9	19.9
提高城乡最低生活保障标准	27.4	55.7	16.9
加强被征地农民就业培训和社会保障	18.9	67.7	13.5
提高城乡医疗救助标准	30.7	52.1	17.2
支持社会化养老	11.4	72.8	15.8
支持救助管理站建设	19.3	65.2	15.5
支持流浪未成年人救助保护机构建设	18.1	62.6	19.3
搞好救灾物资储备	19.8	69.1	11.1
建立城镇居民基本医疗保险*	27.3	55.5	17.3
搞好城镇廉租房制度建设*	19.6	65.9	14.5
加强文化体育设施建设	23.8	69.3	6.9
加强城乡社区服务体系建设*	17.4	74.1	8.5

注：带*号为重点项目。

二　公众对“民生八大工程”的认知度

（一）对“民生八大工程”的知晓度

表2数据显示，持“一般”了解程度的公众最多，基本上都在40%以上。公众“很了解”的项目主要有：“加强被征地农民就业培训和社会保障”、“提高社区公共卫生服务补助标准”、“支持救助管理站建设”、“加强文化体育设施建设”、“搞好城镇廉租房制度建设”、“支持社会化养老”、“加强城乡社区服务体系建设”、“发展职业教育”，其了解程度都在25%以上；公众“很了解”程度在20%以下的项目主要有：“促进就业再就业工程”、“提高城乡医疗救助标准”、“提高城乡最低生活保障标准”、“建立贫困家庭子女教育救助体系”、“支持计划生育”；公众“不了解”比例在35%以上的项目主要有：“支持计划生育”、“建立城镇居民基本医疗保险”和“加强食品药品监管”。可见，公众对“民生八大

工程”认知率较高的项目有“加强被征地农民就业培训和社会保障”、“提高社区公共卫生服务补助标准”、“支持救助管理站建设”、“搞好城镇廉租房制度建设”、“加强文化体育设施建设”等，认知率较低的项目有“促进就业再就业工程”、“提高城乡医疗救助标准”、“提高城乡最低生活保障标准”、“支持计划生育”、“建立城镇居民基本医疗保险”等，反映了这些项目在宣传力度和工作力度上不够，群众没有从中受益或受益很少，没有真正显示出实施效果。

表2　公众对“民生八大工程”主要领域的知晓度

单位：%

项目＼比例	很了解	一般	不了解
建立贫困家庭子女教育救助体系	18.1	55.3	26.6
发展职业教育*	26.8	52.5	20.7
促进就业再就业工程	12.7	68.7	18.6
发展劳动力市场建设*	23.9	56.8	19.4
提高社区公共卫生服务补助标准	31.6	37.7	30.7
支持计划生育	18.0	43.0	39.1
加强食品药品监管	21.3	42.1	36.6
提高城乡最低生活保障标准	16.4	57.7	25.8
加强被征地农民就业培训和社会保障	32.7	41.0	26.3
提高城乡医疗救助标准	15.0	61.5	23.5
支持社会化养老	28.6	37.5	33.9
支持救助管理站建设	30.2	39.7	30.2
支持流浪未成年人救助保护机构建设	21.4	46.9	31.7
搞好救灾物资储备	20.4	47.7	32.0
建立城镇居民基本医疗保险*	20.5	40.9	38.6
搞好城镇廉租房制度建设*	29.1	47.3	23.5
加强文化体育设施建设	29.4	50.1	20.5
加强城乡社区服务体系建设*	27.8	51.5	21.1

注：带*号为重点项目。

（二）对“民生八大工程”重要度的评价

依照省政府制定的发展目标，全省将始终坚持把加快发展作为兴陕富民的主题，把改善民生作为一切工作的出发点和落脚点，把深化改革和扩大开放作为根本动力。因此，民生工程的实施情况已成为省、市年终考核的重中之重，是评价各级政府执政能力的重要依据。那么，公众对“民生八大工程”的重要度持何种评价态度呢？调查结果显示：公众对“民生八大工程”的重要度评价中，选择“很重要”的项目主要有“支持计划生育”、“建立城镇居民基本医疗保险”、“加强文化体育设施建设”、“建立贫困家庭子女教育救助体系”、“提高社区公共卫生服务补助标准”、“加强食品药品监管”、“搞好城镇廉租房制度建设”、“提高城乡医疗救助标准”、“支持社会化养老”、“提高城乡最低生活保障标准”，比例都在25%以上；选择“不重要”的比例在45%以上的项目有“支持社会化养老”、“加强食品药品监管”、“提高城乡医疗救助标准”、“建立贫困家庭子女教育救助体系”、“建立城镇居民基本医疗保险”、“提高城乡最低生活保障标准”、“促进就业再就业工程”。由此可见，“民生八大工程”作为政府在改善民生方面推出的重要举措，经过一年多的实施，在民众中已经产生了一定的影响力，民众亦享受到工程实施带来的实惠，与此同时，我们必须看到这种影响力及其带来的实惠就其广度和深度而言还有待于进一步强化，使广大群众更深切感受到通过“八大工程”的实施给自己生产生活带来更加明显的变化（见表3）。

表3　公众对“民生八大工程”主要领域重要度的评价

单位：%

项目 \ 比例	很重要	一般	不重要
建立贫困家庭子女教育救助体系	28.8	24.2	47.0
发展职业教育*	23.1	42.0	34.9
促进就业再就业工程	23.3	31.4	45.3
发展劳动力市场建设*	20.6	53.2	26.2
提高社区公共卫生服务补助标准	27.4	38.9	33.7
支持计划生育	35.0	34.5	30.5
加强食品药品监管	27.3	23.8	48.9
提高城乡最低生活保障标准	25.5	27.7	46.7
加强被征地农民就业培训和社会保障	18.7	54.1	27.2
提高城乡医疗救助标准	25.7	25.5	48.8
支持社会化养老	25.6	22.3	52.1
支持救助管理站建设	22.8	46.8	30.3
支持流浪未成年人救助保护机构建设	21.7	42.5	35.8
搞好救灾物资储备	23.8	34.5	41.7
建立城镇居民基本医疗保险*	29.6	22.4	47.9
搞好城镇廉租房制度建设*	25.9	38.5	35.6
加强文化体育设施建设	29.2	48.5	22.2
加强城乡社区服务体系建设*	23.7	55.9	20.4

注：带*号为重点项目。

（三）对“民生八大工程”进展状态的评价

两年来，陕西省实施“民生八大工程”的总体情况是，项目建设开局比较顺利，进展情况令人鼓舞，实施效果良好。主要体现在：一是领导重视，机构健全，目标明确，责任落实，资金到位，实施顺利；二是实际投资规模比原计划的大，完成任务比预定的多，民生改善的速度比设想的快，为进一步加快实施积累了经验，奠定了基础。那么，公众的态度呢？调查结果如图2所示，当问及“在您看来，陕西推进‘民生八大工程’建设的速度如何?”，有三成多一点（31.4%）的受访者认为“民生八大工程”的建设速度“非常快”，有接近四成（37.9%）的受访者认为“民生八大工程”的建设速度“比较快”。若把两者相加可以发现，有将近七成（69.3%）的受访者认为“民生八大工程”的建设速度快。可见，“民生八大工程”的建设速度得到了广大群众的认可和赞同，这也从另一个侧面说明各级政府都十分重视“民生八大工程”，重视与老百姓关系密切的民生问题。当然，我们也看到，有高达21.6%的受访者认为“民生八大工程”的建设速度“非常缓慢”，有9.0%的受访者认为“民生八大工程”的建设速度“比较缓慢”，看来，要完成“民生八大工程”的设计目标，确保实现“四个明显改善”，全面达到“四个显著提高”，即：确保实现城市就业状况明显改善，社会保障明显改善，基础设施明显改善，文化体育设施明显改善；全面达到城乡基础教育和职业教育水平显著提高，公共卫生服务水平显著提高，低收入群众住房保障水平显著提高，社区服务水平显著提高，使陕西公共服务水平位居西部前列，力争接近全国平均水平，各级政府任重而道远，仍需加大投入力度和工作力度。

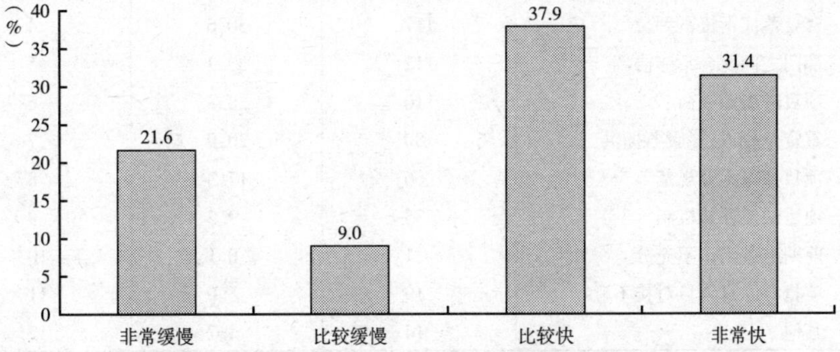

图2　公众对“民生八大工程”进展状态的评价

实践证明，实施“民生八大工程”，是省委、省政府高度重视民生、切实解决民生问题的一项重要创举，有效解决了一批群众最关切、最急迫需要解决的问题和困难，进一步改善了城乡群众的生产生活条件，得到了社会各界的广泛赞誉和广大群众的热烈欢迎。

三 实施“民生八大工程”面临的主要问题和关键领域

（一）面临的主要问题

“民生八大工程”是一项涉及面广、政策性强、实施项目多、时间跨度长的系统工程，需要投入的资金量之多、工作量之大在陕西省历史上是空前的。我们也清醒地看到，由于“民生八大工程”涉及面广、项目繁杂、建设难度大，特别是当前影响工程建设的不确定因素还在增多，实施过程中还存在一些不容忽视的困难和问题。在本次调查中，我们列出了一些问题请公众选择，调查统计结果如下。

表 4 实施“民生八大工程”面临的主要问题

单位：%

问　题	频次	百分比	排序
监管落实不足	180	47.1	1
公众参与不够	172	45.0	2
宣传力度不够	157	41.1	3
资金落实衔接不到位	117	30.6	4
部门之间配合不够协调	112	29.3	5
项目进展不平衡	110	28.8	6
重资金投入、轻服务提供	80	20.9	7
项目实施不够规范	66	17.3	8
项目缺乏评估机制	35	9.2	9
前期准备工作不充分	31	8.1	10
项目与原有项目对接不顺	19	5.0	11
其他	14	3.7	12

注：由于本题为多项选择题，故百分比之和大于100%。

调查结果显示，当问及“在您看来，陕西在实施‘民生八大工程’中存在哪些问题或困难?”时，受访者认为：“监管落实不足”、“公众参与不够”和“宣传力度不够”最为突出，排在第一序列，其所占比例分别达到了47.1%、45.0%和41.1%，远高于第二序列10到19个百分点；其次为“资金落实衔接不到位”、“部门之间配合不够协调”和“项目进展不平衡”，分别以30.6%、29.3%和28.8%的比例居于第二序列；列入第三序列的是“重资金投入、轻服务提供”和“项目实施不够规范”，所占比例分别为20.9%和17.3%；最后依次为“项目缺乏评估机制”、“前期准备工作不充分”与“项目与原有项目对接不顺”，所占比例均比较低，分别为9.2%、8.1%和5.0%。可见，在公众看来，“民生八大工程”在实施过程中的确还存在不少的问题和困难，体现在项目定位、项目执行、项目宣传、项目监督评估等方方面面，需引起有关部门的高度重视。

（二）对民生建设关键领域的认定

为了解公众最关心和期待的陕西民生建设的关键领域，我们设计了一个开放性题目，请公众根据自己的认知和愿望作出回答。在回答这一问题时，许多被访者都表达了自己的心声，话语频次主要集中在教育、医疗、就业、住房、养老、社保、治安、交通、物价、农村发展、扶贫、社会公平、和谐稳定等。具体表述如下所示。

公众对民生建设关键领域的认定：

就业、医疗、社会保障、经济都挺重要；城里是住房问题，农村是医疗和养老问题；城乡协调发展问题，加快城镇建设；促进就业再就业工程，帮助大学生就业；城镇人民社会保障系统建设；精神文明建设，道德建设；低收入人群的最低生活保障；农民工问题、对农民工的医疗；发展职业教育、发展劳动力市场；发展农村生产、扶贫、加强农民培训；提高贫困山区广大群众人均生活水平；基础设施建设；居民文化体育设施建设；下岗职工的就业；城乡建设、城乡居民的低保问题；缩小城乡差距、城乡一体化；城镇廉租房制度建设；对没有工作的人的养老应关注；低保制度，药品监管；降低房价；保险方面的制度政策；医疗救助；提高退休人员的工资；搞好城镇廉租房制度建设；提高城乡最低生活保障标准；社区养老。

四　加强“民生八大工程”的对策建议

（一）公众的需求和建议

“民生八大工程”是关系国计民生的大事，政府有责任有义务把这件事情做好。因此，有必要认真听取公众的意见和建议，以便提高认识，加强领导，改进工作作风，完善机制建设，将“民生八大工程”更好地向前推进。

从公众提出的需求和建议中可以看出，百姓对政府寄予了很高的期望，“加强宣传力度”、“加强政府监督，让人民监督”、“加大监管力度，不能只有政策，不落实”、“加强部门配合，减少行政成本，加强服务建设”、“加强干部作风建设，发扬民主”、“加强官员管理以及服务态度改善”、“应切实落实，不应只是口号”、“切实为百姓着想，处处以百姓安危为重”、“廉政，效率，政令通畅”、“领导多做社会调查研究，进一步关心民生中的众大问题”、“领导以身作则，下基层体验民情，听取群众意见”、“透明化，公众化，别让百姓都不知道八大工程干了什么”等是很多民众的呼声。

同时，他们希望加大与自己切身利益最密切相关项目的实施力度，如“帮助大学生就业”、“加大医疗保障”、“重视老年人养老”、“农民工保障”、“加强就业工程”、“解决城乡差距问题”、“完善公共卫生体系”、“多给下岗工人增加岗位”、“社会化养老”、“加大农村养老投入力度”、“加强和完善社会保障体系”、“加强药品管理”、“加强住房保障，降低房价”、“提高医疗救助标准”、“提高工资待遇”等。

（二）继续推进“民生八大工程”的对策建议

1. 进一步提高对“民生八大工程”重大意义的认识

“民生八大工程”既是加强社会事业建设、促进建设西部强省的发展工程，又是改善民生、促进构建和谐陕西的和谐工程，对改善人民生活水平、加强社会事业建设、实现又好又快的发展具有全局性作用。“民生八大工程”不仅是构建社会主义和谐社会的应有之义，更是各级政府责无旁贷的职责和义务。各级各部门都要从这个大局出发，坚定不移地把“民生八大工程”作为当前的重点工作和大事抓紧抓好。

2. 加强宣传力度

“民生八大工程”是政府从解决人民群众最关心、最直接、最现实的问题入手，通过实施“民生八大工程”，达到扩大公共服务，提高人民生活水平的目标，让广大人民群众学有所教、劳有所得、病有所医、老有所养、住有所居、基本生活有保障，就要加大宣传力度，通过电视、广播、互联网、报纸等媒体进行广泛宣传，将“民生八大工程”的具体项目、项目的资金投入情况、项目的实施进展情况以及项目建成后的效果情况如实报导，让广大民众都能了解到“民生八大工程”是什么，都能感受到“民生八大工程”给他们带来的实惠。

3. 明确各级政府及相关部门职责

加强组织领导，明确各级政府及相关部门职责，加强各部门之间的沟通，正确处理好各方面关系。省一级重点做好规划和统筹，市一级重点做好协调和指导，县、乡重点做好组织和实施。各自的工作情况及成效都要纳入年度目标责任考核指标体系。各级政府要主动承担本级应该承担的主体责任，将“八大民生工程”建设项目作为工作重点，落实任务，责任到人，确保“民生八大工程”项目年度目标如期实现。

4. 抓好项目的统筹安排

在继续实施好原有规划项目的基础上，重点抓好“扩面”、“提标”以及新增项目的资金落实工作。实施中突出抓好项目的统筹安排，注重加强各部门沟通，把未来两年国家将要实施的民生工程统一纳入陕西省“民生八大工程”年度实施方案，统筹规划，统一实施。重点抓好民众最关心、最迫切的项目建设，让广大群众真正能享受到看得见、摸得着的实惠。

5. 加强资金投入

抓住贯彻落实中央扩大内需的有利时机，积极做好资金争取工作，加强与国家各部委的衔接，在国家新增投资方面，积极争取国家更多支持。把国家投资与“民生八大工程”相关的资金整合起来，统筹考虑，并对贫困地区实行政策倾斜，加大资金投入，优先安排贫困地区的项目建设，确保“民生八大工程”与农村扶贫工作两不误、两促进。

6. 加强项目管理

创新工作机制，加大工作力度，加强项目管理。在项目计划下达后，严格按项目运作程序组织实施，规范项目管理，严格执行基本建设程序，务必坚持“四制”

管理，即“项目法人责任制、招投标制、监理制、合同制”，切实提高项目建设质量。加强项目资金管理，设立专户，专款专用，确保资金安全。加强项目监管，建立健全全方位的监督制约机制，对工程建设质量和资金安全实行监管，组织开展对项目建设的稽察、审计和监督，确保工程建设进度、质量和资金安全。

在新近推出的“2009年度中国最具幸福感城市”评选中，陕西西安获此殊荣，这既是一份荣誉，更是一种鞭策。本次评选活动是根据幸福学测评体系，当选标准涉及城市总体幸福感、生活节奏、人情味、赚钱机会、生活便利、自然环境、文明程度、文化娱乐、治安状况、发展速度、教育质量、贫富分化、医疗卫生、社会保障、政府威信、生活总体幸福感等25类指标，有相当多的指标正是陕西“民生八大工程”所要着力解决的问题。我们有理由相信，在省委省政府的坚强有力的领导下，随着“民生八大工程”进一步推进和实施，陕西的民生状况必将有一个根本性的改善，幸福美好的生活将会伴随每一个陕西人。

陕西公众对社会保障政策及状况的基本评价

陕西省社会科学院课题组*

社会保障是现代国家社会政策和社会立法的重要内容，是国家和社会为补偿现代化过程中被削弱的家庭保障功能，帮助全体社会成员对付现代社会中的社会经济风险，运用社会化的保障手段，依法保障全体社会成员基本生活的经济福利制度。① 作为社会保障政策直接受益者的陕西公众对陕西现行的社会保障政策及状况持何种评价？这正是本研究要予以关注的问题。本课题侧重于从公众对陕西社会保障状况、重要度、满意度的评价，对陕西社会保障政策的认知度，对陕西社会保障政策面临问题和困难的认定以及对社会保障政策的建议等方面开展调查，并以陕西公众对社会保障政策及状况的基本评价为中心完成了调查报告。

一　对社会保障状况的主要评价

（一）对社会保障整体状况的认定

调查结果显示，对于社会保障水平，公众整体持“一般”的评价，用5级量表赋值方法测量并求取平均值得到的结果，陕西当前社会保障水平的总体得分仅为3.03分（标准差：0.922）。具体来看，只有不到三成（28.8%）的受访者

---

* 课题组成员：谢雨锋，陕西省社会科学院社会学研究所助理研究员；杨红娟，陕西省社会科学院社会学研究所副研究员；刘玲琪，陕西省社会科学院社会学研究所副研究员；牛昉，陕西省社会科学院社会学研究所副研究员。

① 唐钧著《市场经济与社会保障》，哈尔滨，黑龙江人民出版社，1995。

认为陕西社会保障水平"很高"（4.0%）或"比较高"（24.8%）；有两成多（22.0%）的受访者认为"很低"（7.4%）或"比较低"（14.6%）；另有将近半数（49.3%）的受访者认为"一般"。

对于社会保障体系，受访者的整体评价更低，用5级量表赋值方法测量并求取平均值得到的结果，陕西当前社会保障体系的总体得分仅为2.99分（标准差：0.966）。具体来看，有不到三成（29.4%）的受访者认为陕西社会保障体系"非常完善"（3.2%）或"比较完善"（26.2%）；有24.0%的受访者认为"不完善"，其中表示"非常不完善"的占10.0%、"不太完善"的占14.0%；另有高达46.6%的受访者对此持"一般"的模糊评价。这一结果表明，陕西社会保障水平还不太高，社会保障体系仍不太完善，这显然与全面建设小康社会的发展需求存在一定差距，还需政府加大改革力度提高社会保障水平，完善社会保障体系（见图1、图2）。

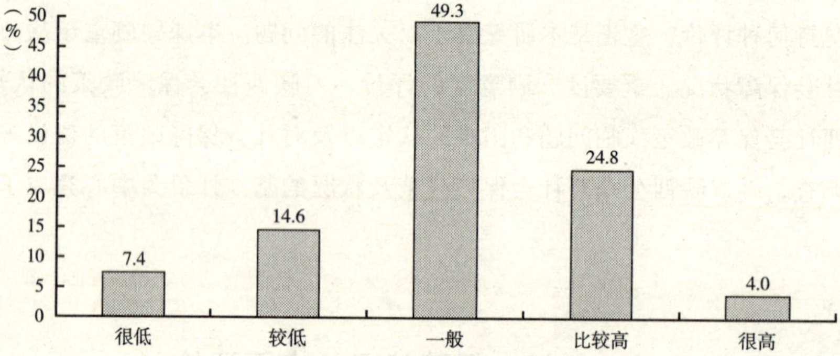

图1　公众对陕西社会保障水平的评价

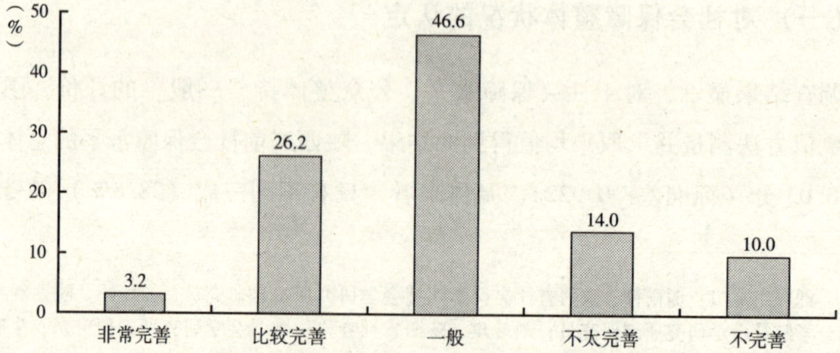

图2　公众对陕西社会保障体系的评价

（二）对社会保障评价的缘由

社会保障是与民情民意相通的。公众是社会保障政策最直接、最密切的受益者，他们的主体感受是对社会保障政策客观、具有“权威性”的基本评价。因此，我们在调查访问中请公众对其上述评价做出了进一步解释，经综合相关答案后得到如下结果。

1. 关于社会保障体系建设，受访者提出了如下看法：

从国家政策上来看很多还是贴近人民生活的；保障体系整体可以，还要继续完善；各方面不到位，不够完善；体系完善，保障水平低，层次不齐；城镇单位完善，对外来务工，乡村不完善；处于逐步完善之中；还可以，和人家外国比还差些；保障体系需健全，仍有漏洞；城乡发展极不平衡；对外出工作人员没有任何保障；城里可以，农村保障不完善；农民生活水平低，有待提高；好多处在底层的人在困难中，社会给予帮助不大；绝大多数人是农民工，没有任何保障；单方面还是比较到位，但整个系统还是不完善；农村的人生活还是困难；农民生活更好了；下岗人员多；低收入人群，没有很好关注；不会完善，政府能力有限；覆盖面不够广泛。

2. 关于社会保障水平，受访者提出了如下看法：

房住不起，病不敢看，孩子没学上，养老没保障；真正保障的人占总人数的比例较少；保障水平低无法保障城市居民的日常生活消费；保障水平在提高，但是不完善，改善环境方面应努力；不同人享受的条件不同，特别是看病看不起；社会保障水平不错，实施不到位；对于西部地区来说还算不错；保障金偏低；不同单位差距大；面积小，受益人少；部分社会人员生活水平依然低；全国来讲，陕西水平较低。

3. 关于社会保障政策宣传，受访者提出了如下看法：

公民参与度不高，宣传度不高，不太了解；社会宣传不够，导致人们对社保认识上的差异；政策很好，知道的人并不多，有的知道但不了解；落实不到位，宣传不够；宣传力度不够。

4. 关于社会保障政策执行，受访者提出了如下看法：

存在问题解决速度慢；想的很全面，落实还可以；很多有钱人也领低保；基本到位，应加强各省市衔接；落实得不好，大部分人都不清楚是咋回事；上层传达意见，下层曲解实施；体系完善，部分执行力度不够，没作用；没落实到实处，对下岗职工关注度不高，政策不透明；相关手续办理太繁琐，工伤鉴定水平不行；有钱人反倒享受更多，没钱的却享受更少；有些政策都没听过，听过的也没落实；钱虽然少，但普及了；不透明，不调查，不公平；管理部门多；办理时程序简单化；某些政策实施不公平；说的多做的少；执行不彻底，政府操作不透明；政府机制不完善；政府监管力度不够；执行力度弱；政府做得到位，衔接不协调；部分人享受，部分人没有享受。

5. 关于社会保险，受访者提出了如下看法：

购买保险金个人比例高，尤其是社会人士；社保资金交纳较多，失业人员社保金交纳困难；投保起始金太高，有的地方根本投不了保；有些企业没交保险，对小型企业没有强制性；医疗保障体系不完善，工人的保险没落实；退休老人医保太差；养老，医疗还不够完善；中小企业没有保险；大病和小病的保障条件不一样。

6. 关于经济因素的影响，受访者提出了如下看法：

经济发展较滞后，不适应新时期社会发展要求；经济发展水平较低，没有足够的资金进行社会保障建设；陕西省整个经济情况不够好；体系虽相对完善，但经济水平有限；与省财力有关，与经济发展水平相关；国家政策都较好，只是物价涨得快；经济发展水平不够高；经济发展制约社会水平；经济发展不是很快影响社保；与陕西经济有关，经济上不去；工业发展慢，保障差；社会保障跟不上物价的上涨。

7. 关于社会保障发挥的社会效益，受访者提出了如下看法：

比以前好多了；低保金按时发，大部分穷人得到保障；对没固定工作的人来说还是挺好的，有些帮助；社会进步很快，社保从无到有健全，已经有很大进步；生活保障提高，医疗发展，养老发展；政府的威信日益提高；目前做得不错，但还有待发展；街上流浪的人少了；解决百姓后顾之忧；居民生活水平提高了；人们生活基本得到保障；效果明显；力度太小；虽然有，但管不了大事。

二　公众对社会保障政策的认知度

（一）对社会保障政策的知晓度

调查结果显示，观察标准差的值，发现离散程度均比较大，可见整体来说受访者的了解程度差距较大。若以平均数观察比较，公众对“职工养老保险”和“城镇居民医疗保险”的知晓度比较高，其平均分值分别为3.58分和3.56分，处于“一般”和“比较了解”的中间水平，居所列社会保障政策的前两位。有将近六成（57.7%）和超过四成（42.6%）的受访者表示“非常了解”或“比较了解”“养老保险”和“城镇居民医疗保险”。相形之下，公众对其余社会保障政策的打分均不太高，均在“一般”（赋值为3分）水平左右，其中，“生育保险”得分最低为2.59分，其次为“失业保险”（2.98分），再次为“工伤保险”（3.01分），最后是“城乡低保救助”（3.18分）。其中，有半数的受访者表示“不太了解”或“不了解”“生育保险”；有34.9%的受访者表示“不太了解”或“不了解”“失业保险”；“非常了解”工伤保险、失业保险和生育保险的受访者比例仅占一成左右。此外，受访者对上述社会保障政策了解程度持“一般”的比例也比较高，一般都达到了25%～30%左右。看来，社会保障政策在宣传方面亟需加强，以提高公众对各项社会保障政策的知晓率（见表1、表2）。

表1　公众对社会保障政策知晓度之平均数分析

保险种类	样本量	均值	标准差	排序
养老保险	402	3.58	1.071	1
城镇居民医疗保险	404	3.56	1.070	2
城乡低保救助	404	3.18	1.167	3
工伤保险	405	3.01	1.145	4
失业保险	404	2.98	1.176	5
生育保险	404	2.59	1.306	6

表2　公众对社会保障政策知晓度之百分比

单位：%

知晓度	养老保险	失业保险	工伤保险	医疗保险	低保救助	生育保险
不了解	3.5	12.4	11.1	5.4	9.7	27.2
不太了解	13.7	22.5	21.7	9.4	18.6	22.8
一　般	25.1	30.9	32.1	27.7	29.2	23.5
比较了解	36.8	23.5	25.2	38.4	29.5	16.8
非常了解	20.9	10.6	9.9	19.1	13.1	9.7
合　计	100.0	100.0	100.0	100.0	100.0	100.0

（二）对社会保障政策观念、取向的看法

根据社会保障政策的内涵，社会保障的目标是要以保障的社会化来应对社会经济生产的社会化，追求社会公平，保障全体社会成员的基本生活需求。但在具体实施过程中，由于受经济发展水平、社会主流的价值观、制度设计、历史文化传统、社会发展需求等因素影响，不可避免会出现一些争议。因此，我们在调查中也对此给予了关注，选取了一些比较有代表性的观点，请受访者谈谈自己的看法（见表3）。

调查结果显示，整体来看，受访者对所列观点的看法持赞成和基本赞成态度的较多。对于“有些社会保障政策还没有完全落实”和“农民工、下岗失业人员参保难”等观点，受访者均表示高度赞成，有超过八成的受访者持“赞成”看法，分别达到了83.9%和81.1%，可见，公众对我省社会保障政策的落实意

表3　公众对有关社会保障政策观念、取向的看法

单位：%

对社会保障政策的观念、取向	赞成	中立	反对
社会保障受益人群数量偏低	72.0	24.2	3.8
对灵活就业人员来说，社会保障缴费起点太高	61.4	32.2	6.4
农民工、下岗失业人员参保难	81.1	14.5	4.5
部分企业不愿意给员工参加社会保险	69.2	21.7	9.1
参保人群之间享受的待遇差别较大	68.6	25.1	6.3
社会保障服务水平不高，服务人员态度有待改善	73.3	24.5	2.2
有些社会保障政策还没有完全落实	83.9	13.9	2.1

见不小，也希望社会保障政策的覆盖面再扩大一些。其次是“社会保障服务水平不高，服务人员态度有待改善”、“社会保障受益人群数量偏低”、“部分企业不愿意给员工参加社会保险”、“参保人群之间享受的待遇差别较大”，受访者都表示“中度赞成”，持“赞成”看法的比例分别为73.3%、72.0%、69.2%和68.6%。同时，我们注意到，超过两成的受访者对上述四项表述都持“中立”态度，这不能不引起我们的进一步思考。再次是“对灵活就业人员来说，社会保障缴费起点太高”，受访者表示“低度赞成”，有60%多一点（61.4%）的受访者持“赞成”看法，而持“中立”态度的受访者比例也达到了32.2%。总之，在受访者看来，尽管我们的社会保障已经做了不少工作，产生了较好的社会效益，但是在社会保障体系建设、保障水平、政策执行等方面还是存在一些值得我们反思的地方，需要进一步完善。

三　对社会保障政策的重要度与满意度评价

（一）社会保障政策的重要度认定

调查结果显示，观察标准差的值，发现离散程度均比较小，可见整体来说受访者对所列社会保障政策重要度认定的趋同性比较强。若以平均数观察比较，公众认为“养老保险”、“工伤保险”和“城镇居民医疗保险”的重要度比较高，

其平均分值分别达到了4.67分和4.63分，处于“比较重要”和“非常重要”的水平，居所列社会保障政策的前三位。其中，有超过七成（72.5%）的受访者认为“养老保险”“非常重要”；有超过九成（95.6%）的受访者认为“工伤保险”“非常重要”或“比较重要”；有超过九成（94.3%）的受访者认为“城镇居民医疗保险”“非常重要”或“比较重要”，显示出了很高的集中度，可见，随着我国老龄化社会的发展以及国人医疗保障意识、安全保障意识的增强，养老、医疗、工伤这些关系到老百姓直接利益的社会保障政策，已成为老百姓“民生问题”的头等大事。政府如何稳妥解决上述关系“民生大计”的问题具有高度的现实意义。其次是“失业保险”和“城乡低保救助”，公众对这两项社会保障政策的打分也比较高，平均分值分别达到了4.46分和4.45分，有接近九成（89.8%）的受访者认为“工伤保险”“非常重要”或“比较重要”，有接近90.0%的受访者认为“城乡低保救助”“非常重要”或“比较重要”。最后是“生育保险”，公众对该项社会保障政策的打分尽管为4.03分，但相对于上述其他政策的分值，其分值显得比较小，受访者中有不到七成（68.9%）认为它“非常重要”或“比较重要”，而且，有26.1%的受访者持“一般”态度的模糊评价，远远高于受访者对其他政策的一般评价比例。出现这样的结果，固然与该项政策的受益群体比较特殊有一定关系，但也说明该项政策在实施过程中存在某些纰漏，需要加以总结、反思。此外，调查结果也显示，没有受访者认为“养老保险”、“医疗保险”和“城乡低保救助”等三项社会保障政策“不重要”，可见，该三项政策对于老百姓来说，不仅重要也更加迫切，相关职能部门不可等闲视之（见表4、表5）。

表4　公众对社会保障政策重要度认定之平均数分析

社会保障政策	样本量	均值	标准差	排序
养老保险	404	4.67	0.579	1
工伤保险	400	4.63	0.607	2
城镇居民医疗保险	403	4.63	0.623	3
失业保险	402	4.46	0.734	4
城乡低保救助	404	4.45	0.732	5
生育保险	402	4.03	0.947	6

表 5　公众对社会保障政策重要度认定之百分比

单位：%

重要度	养老保险	失业保险	工伤保险	医疗保险	低保救助	生育保险
不 重 要	0.2	0.3				0.7
不太重要	0.2	1.5	0.5	1.0	1.0	4.2
一　　般	5.0	8.5	3.8	4.7	11.4	26.1
比较重要	22.3	31.8	26.8	24.6	29.0	29.1
非常重要	72.5	58.0	68.8	69.7	58.7	39.8
合　　计	100.0	100.0	100.0	100.0	100.0	100.0

（二）对社会保障政策的满意度认定

作为社会保障政策最直接的利益享受者，公众的主观感受和评价无疑是最客观、最有力的参考，也是我们寻求提高社会保障政策满意度、完善实施效果的重要依据和改进的切入点。故此，请公众对各项社会保障政策进行满意度评价也必然进入了我们的调查视野。

调查结果显示，公众对社会保障各项政策的满意度整体评价并不太高，平均得分均在一般偏强或一般偏弱水平。若以平均数观察比较，公众对“养老保险”和“城镇居民医疗保险”的满意度评价分别以 3.39 分和 3.19 分排在所列项目的前两位，不过，观察标准差的值，发现其离散程度均相对比较大，可见大家对这两项政策的感受和评价存在一定差异。位居其后的是“生育保险”、“城乡低保救助”，其平均分值分别为 3.08 分和 2.93 分。最后是“失业保险”和“工伤保险”，其平均分值分别为 2.86 分和 2.85 分，处于“一般”和“不太满意”之间，可见，公众的满意度评价还不太高，应引起我们的注意。若以百分比观察比较，有超过 40%（46.7%）的受访者对“养老保险”“非常满意”或“比较满意”；有超过三成（35.8%）的受访者对“城镇居民医疗保险”持“非常满意”或“比较满意”评价。受访者表示“不太满意”或“不满意”集中于“失业保险”的选项，比例最高，达到了 26.1%；其次是“城乡低保救助”，“不满意”比例也达到了 25.0%（不太满意 17.1%；不满意 7.9%）；位列第三位的“工伤保险”，“不满意”比例为 24.3%（不太满意 14.8%；不满意 9.5%）；其余选项依次为“城镇居民医疗保险”、“养老保险”和“生育保险”，表示“不满意”比例分别为

20.5%、14.4%和13.9%。此外，在“比较满意”组别中，受访者对“生育保险”的满意评价比例位居最末位置；在“一般”组别中，“工伤保险”、“失业保险”和“生育保险”位居前三甲。总之，为适应我国人口老龄化、城镇化、就业方式多样化的社会发展现状，我们一方面要继续完善“养老保险”、“城镇居民医疗保险”、“生育保险”等已产生较好社会效益的社会保障政策；另一方面，对于“工伤保险”、“失业保险”、“城乡低保救助”等实施效果尚不太明显、老百姓满意比例比较低的社会保障政策，我们应加强计划、投入和管理，从而切实为百姓筑起一道“生活安全网”，保障广大群众的基本生活（见表6、表7）。

表6　公众对社会保障政策满意度评价之平均数分析

社会保障政策	样本量	均值	标准差	排序
养老保险	377	3.39	1.029	1
城镇居民医疗保险	385	3.19	1.017	2
生育保险	303	3.08	0.899	3
城乡低保救助	361	2.93	0.968	4
失业保险	357	2.86	0.983	5
工伤保险	355	2.85	0.922	6

表7　公众对社会保障政策满意度评价之百分比

单位：%

重要度	养老保险	失业保险	工伤保险	医疗保险	低保救助	生育保险
不满意	6.5	10.2	9.5	6.2	7.9	4.8
不太满意	7.9	15.9	14.8	14.3	17.1	9.1
一　般	32.5	42.4	46.0	38.8	41.9	42.3
比较满意	35.7	16.6	16.5	26.9	18.4	15.6
很满意	10.9	3.5	2.0	8.9	4.2	4.5
说不清	6.5	11.4	11.3	4.9	10.4	23.7
合　计	100.0	100.0	100.0	100.0	100.0	100.0

（三）重要度与满意度评价的比较

为进一步探寻我省社会保障政策的实施状况，我们将公众对政策的重要度认定和满意度评价两个关键评价指标结合在一起进行分析，以了解政策改进、完善的方向和路径选择。结果显示，公众对政策在其生活、工作中的重要性位置的认定与其对政策实施效果的满意度评价之间存在较大距离。其中，重要度曲线的斜度不太大，比较平缓。而满意度评价曲线的坡度较大。具体来看，“养老保险”的距离最小，而“工伤保险”、“失业保险”、“城乡低保救助”等三项政策的距离则比较大，至于“生育保险”差距小的原因，主要与该政策的实施对象范围较小有关。由此可见，“工伤保险”、“失业保险”、“城乡低保救助”等政策在公众看来是我省社会保障政策中的短板，需要加以重视（见图3）。

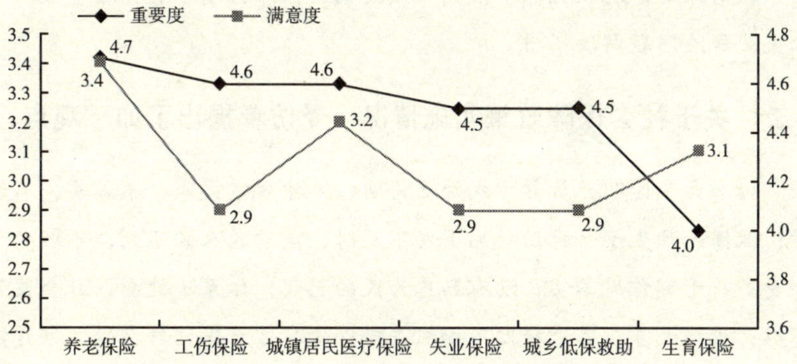

图3　公众对社会保障政策重要度与满意度评价的比较

五　公众对社会保障政策实施中面临主要问题的认定

那么，我省社会保障政策到底面临哪些问题，阻碍我省社会保障政策推进的难点究竟是什么？为了解这些问题，我们打破了以往问卷调查中常用的封闭式问题设计，而是以“在您看来，我省社会保障政策中存在的主要问题是什么?”为题，请受访者作答。对于开放性问题，受访者作出了如下回答。

（一）对于制度设计，受访者提出了如下观点：

保险覆盖面太窄；保险条目太少，内容少，范围小，受保不均衡；保障项目很多，但太复杂；标准低，保障不足；城镇居民医疗保险支付线偏高；存在断层，下岗职工人员的断层；低保资金太少，社会保障缴费起点高；对卫生事业的投入不足；看病难，看病贵；保险金过高，工厂关注度低；保障水平低，体系不完善；边缘群体享受不到；城乡两极化，难以落实；初级工人权利得不到保障；低收入、农民无法保障；对保障项目不够细致；国企有，私企没有；农村社会保障不够健全；农民社保区域之间不平衡；社会保障全国没接通；失业情况，失业后的生活保障没有；收入差距大，参保人差异大；下岗职工的资金保障；医保体系不完善，漏洞太多，不能真正得到保障；养老医疗比例仍旧偏低，普及性弱；政府对小单位关注度不高，国企政策不透明；倾斜严重，顾此薄彼；社会保障体系不完善；退休职工的医疗保险、养老保险；现在医保卡报销必须大病，保障力度不够；经费投入少；职工失业保险问题解决不当。

（二）关于社会保障政策实施情况，受访者提出了如下观点：

标准太不透明，计算方式缺乏讲解；不按规定办事；不落实，不切合实际；低保、独生子女救助补贴下发不及时；该拿的人拿不到，不该受益的人却受益；干部作风不实，没有勤恳为民的思想；体系不健全，社会监管力度不够；机构太多，寻求帮助不知该去哪；跨省区社保的转交题；每月钱都打卡上，稀里糊涂，也不知道该拿多少钱；过程麻烦，繁琐，操作步骤复杂；不规范，不全面；执行力小；大部分企业无保险，无人监管；低保，医疗不公平；实施的和政策讲的不一样；机构太多，资金流失；实施过程不透明；政府工作人员工作作风问题。

（三）关于社会保障的政策宣传，受访者提出了如下观点：

不能普及，还是宣传与政策不完善；不清楚标准，无法区分人群；不太了解社保政策；较多政策人都不知道咋享受；贴近民生，宣传、落实不到位；百姓不了解；对政策不太了解，没有全民化；落实不足，宣传不够；资金监管不到位，宣传力度不够。

通过分析上述观点，我们看到，既有对目前社会保障政策的描述性信息，也有对目前社会保障政策的反思性信息。反复出现的“覆盖面窄”、“保障水平低”、“看病难”、“看病贵”、“落实”、“宣传”、“规范”等词语无不在提醒着我们，目前施行的社会保障政策的确存在覆盖面窄、社会保障水平较低、城乡保障不均衡、政策执行存在不规范和不公正现象、政策宣传不到位、老百姓的知晓度比较低等现实性问题，也反映出公众希望尽快解决上述问题的强烈愿望和诉求。

五　进一步完善社会保障制度的几个关注点

如何解决目前社会保障政策中出现的问题和困难？我们同样没有沿用以往问卷调查中常用的封闭式问题设计，而是以开放性问题请受访者表达他们的想法和建议，最后，运用类属分析方法，获得了如下调查结果：

1. 关于进一步完善政策，受访者关注的重点：

促进保障政策平衡化，城镇贫富能够得到统一，促进城乡平衡发展；多关注弱势群体，多考虑低收入者；加强养老，医保建设；平衡城乡保障政策，对农村政策落实到实处；在中国社会和劳动体制保障的基础上，根据西部的发展提出一些符合民生的政策；提高对农民工的保障；加大下岗职工的保障；加大住房保障。

2. 关于加大财政对社保的投入，受访者提出的意见：

继续提高服务水平，加大资金投入；加大对农村的资金投入；加强在健康医疗方面的投入。

3. 关于扩大社会保险覆盖面，受访者提出的建议：

范围扩大，水平高一点；加大覆盖面，提高救助比例；扩大参保范围，扩大参保人群；现在一下子完善不太可能，社保面应扩大，受益人群应多一点。

4. 关于加强对社会保障政策的执行与监管，受访者的观点如下：

兑现政策承诺；改善政府管理体制，加大反腐力度；加大民众参与，听取人民意见；加大宣传，让老百姓知道得更多；完善社会制度，增强部门执行力；加快对中低收入人群保险的实施；监管要完善；简化办理手续，扩大受益人群，灵活支取；联系社会实际，加强就业保障，重视社会老龄化；办理流程简化；关心农民工，下岗失业人员生活；加大对基层干部作风培训，加大对基层保障资金流向监管；强制要求企业参保，加强城乡无业人员参保；缴费起点降低；提高农民医保的报销额；加强职工再就业培训。

认真分析受访者对开放性问题的回答，我们找到了阐释“政策制定”、“政策执行”、“政策环境”等重要问题的公众语言，同时还发现它们之间不仅是社会保障政策的不同层面，而且，还具有较强的因果逻辑关系和语义关系。“标准明确”、“公平一点”、“加大社会保障的范围”、“多关注弱势群体”、“走群众路线”、“在住房上加强”、“出文件说明”、“继续加大资金投入”等出现频次较高的话语，清晰地指出了社会保障政策下一步改革和完善的路径和方向，既要重新调整政策定位、政策制定原则和方向，也要在执行方面严格管理，保证政府好的政策最终取得好的社会效用。

西安市社会诚信状况调查报告

陕西省社会科学院课题组*

诚信是中国传统文化的精髓，是社会文明的象征。诚信作为人与人之间相处的基本原则，在构建社会主义和谐社会中具有极其重要的意义。目前，随着社会主义市场经济的不断发展和完善，社会诚信体系建设已成为政府、公众和社会关注的热点。本次调研的基本问题是，公众、企业和政府部门人员对西安诚信现状有何感受和评价？西安诚信状况存在哪些问题？产生的原因和对策建议。此次调查向一般群众发放问卷 420 份，回收 407 份，有效问卷为 393 份，回收率为 96.9%，有效率达 93.6%；向企业发放问卷 200 份，回收 192 份，有效问卷为 180 份，回收率为 96.0%，有效率达 90.0%；向公务人员发放问卷 200 份，回收 152 份，有效问卷为 143 份，回收率为 76.0%，有效率达 71.5%。

一　关于“诚信”的解读

为获得公众对“诚信”概念的基本理解，我们以“提到诚信，您想到的是什么?”为提问内容，对不同类型的群体进行了调查，结果显示：

> 做人的原则；政府形象；以诚待人；依法行政；三鹿奶粉；为人之本；注重产品质量；重合同守信用；人民利益；服务、公仆；中华传统美德；真诚互信；老百姓信任；守信用；权为民所用；诚实守信；互利互赢；质量保证；奉公守法；理念与经营诚信；遵守诺言；责任；一诺千金；社会责任；爱岗敬业；企业信誉；遵纪守法；对员工守信用；公开、公正、廉洁；党的威信。

* 课题组成员：杨晖，西安市社会科学院社会学研究所副研究员；谢雨锋，陕西省社会科学院社会学研究所助理研究员；杨丰，陕西人民教育出版社编辑；江波，陕西省社会科学院社会学研究所研究员。

从上述结果我们可以发现，公众在回答这一问题时，不仅将诚信与我国传统诚信观的主要内涵联系在一起，还将诚信与社会意义、经济现象联系在一起，甚至同民族、国家、人民利益、执政能力、党的建设等这些政治概念及内容联系起来。可见，诚信在公众心目中占据着重要地位。

二　公众对西安诚信状况的整体描述

相关研究表明，随着经济社会的发展，社会诚信度在逐渐下降。那么，西安社会的诚信度整体状况到底如何？我们首先就此问题展开了调查和访谈。调查结果如下：

（一）整体评价

1. 社会整体诚信度

调查结果显示，只有14.0%的受访市民认定西安整体社会诚信状况“比较好”，认为“比较差”的占到16.6%，持“很差”观点的为4.8%，若将其与认为“一般”（62.0%）的模糊评价相叠加，则得出公众认为西安目前社会诚信状况“不太好”的比例高达83.4%。用5级量表赋值方法测量并求取平均值得到的结果，西安社会的总体诚信度得分为2.87分，处于“一般”和“比较差”偏向“不太好”之列。这一结果表明，大部分西安市民对西安社会的诚信状况持负向评价。这也在一定程度上反映出市民对西安市加快社会诚信建设和社会文明建设的期望（见图1）。

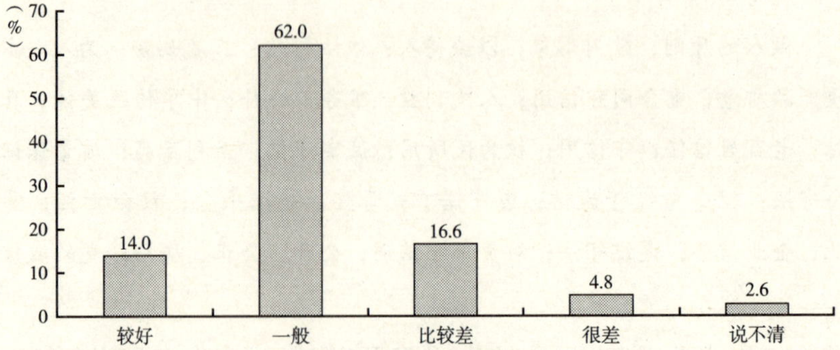

图1　西安社会整体诚信度

为更深入地获得公众对“好的诚信表现”和“失信现象”的看法和理解，我们采取开放式访问的方法，请他们说出自己的想法，以期更接近于公众的真实心理，同时，也试图去发现公众对社会诚信建设的关注点。受访者对两类问题做出了如下回答：

好的诚信表现

都市遗风犹在；服务行业还可以，比较守信用；公民道德水平和社会责任感较强，大部分诚实守信；顾客的满意度，产品的售后服务都挺好；雇方与雇员间关系稳定；经济水平高了，坑、蒙、拐、骗少了；良好的社会关系；纳税事业良好发展；企业，大的单位等诚信良好；人朴实、真诚；社会风气基本良好；拖欠工资的现象相对以前有所减少；知识分子集中，大部分市民自身素质；质优价廉的商品多。

失信表现

不诚信事件太多；盗版书籍猖獗；个人诚信体系不健全；各行业都存在欺骗消费者行为；好多人诚信意识弱；经济活动不如南方城市诚信度高；开发商业欺诈行为较多；买东西缺斤少两，假冒伪劣产品等；人与人之间的距离感严重；唯利是图，不择手段的人不少；小偷多，有的小店铺不诚信；落后于其他城市。

2. 企业诚信状况

调查结果显示，仅有极少数受访者（1.1%）认为西安企业的诚信经营环境“很规范”，接近两成（19.6%）的受访者认为西安企业的诚信经营环境“比较规范”，将近六成（57%）的受访者认为西安企业的诚信经营环境“一般”，认为“不太规范”的受访者比例占16.2%，而认为“不规范”的受访者比例占6.0%。用5级量表赋值方法测量并求取平均值得到的结果，西安企业诚信经营环境的总体诚信度得分为2.93分，处于“一般”和“不太规范”偏向“不太规范”之列（见图2）。

3. 公务员诚信状况

调查结果显示，有超过30%（“很好”5.1%；“比较好”30.4%）的政

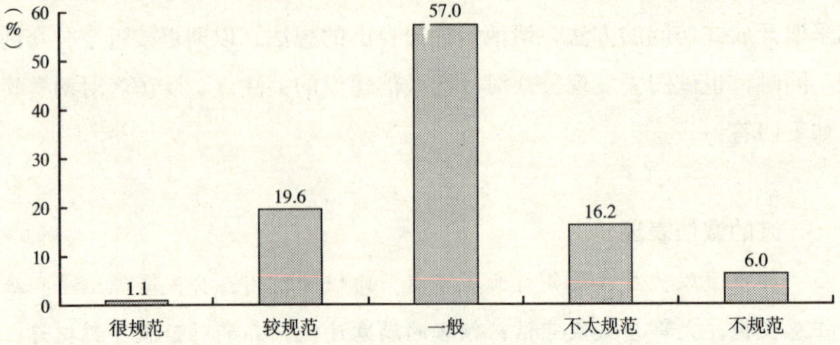

图2　西安企业诚信状况

府工作人员认为西安公务员目前的整体诚信状况良好；超过半数（54.3%）的受访者对西安公务员目前的整体诚信状况持“一般”评价；8.7%和1.4%的受访者认为“比较差”或“很差”。用5级量表赋值方法测量并求取平均值得到的结果，西安公务员的整体诚信度得分为3.29分，处于“一般”和“比较差”偏向“一般”之列。这一结果表明，作为发展市场经济体制、构建和谐社会的基石与根本保障的政府信用和公务员信用必需下大力气建设和完善（见图3）。

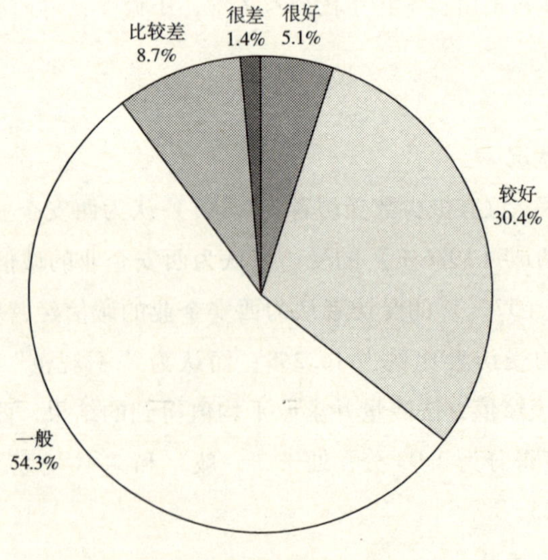

图3　西安公务员目前的整体诚信度

（二）具体评价

为了使“社会诚信”这个概念更具有操作性，从一定程度上全景式地呈现西安社会诚信的状况，我们在关注各受访群体对西安社会诚信整体评价的同时，还选取了与社会诚信相关的几个问题，请受访者打分，结果如下：

1. 公众生活中的诚信表现

调查结果表明，整体来看，所列的 7 项指标得分均在 3 分左右，处于“一般”或“一般偏弱”水平。具体来看，受访者对西安公众的“道德水平”和“文化素养”评价较高，分别以 3.17 分和 3.14 分位居前两位。这既与西安厚重的历史文化积淀有一定关系，也在一定程度上表现出市民对西安市近年来加强城市社会文明建设成绩的肯定。其次是“邻里关系”和“社会责任感”，分别为 3.07 分和 3.03 分，一方面说明公众在这方面的意识尚不太强烈，另一方面也说明我们在社会管理中亟需增强公众的社会意识，提高民众的社会责任感。最后是“公民意识”、“法制观念”、“社会参与”，得分均在 3 分以下，而它们是社会诚信体系建设的关键内容，对此不能不引起我们重视和思考（见表 1）。

表 1　公众对诚信不同方面的评价

具体领域	均值	标准差	样本量	排序
道德水平	3.17	0.833	389	1
文化素养	3.14	0.898	392	2
邻里关系	3.07	0.811	389	3
社会责任感	3.03	0.806	390	4
公民意识	2.93	0.796	390	5
法制观念	2.93	0.818	388	6
社会参与	2.83	0.832	388	7

2. 公众对“影响诚信的重要因素”的判断

西安市民对 7 个分项诚信指标的评价，在多大程度上影响了他们对社会整体诚信度的评价？其中哪些因素又起到了更加关键的作用？通过相关分析，我们得出了各分项指标与整体诚信度之间的相关系数，并按照影响力的强弱程度进行了排序。调查结果显示，“文化素养”（相关系数为 0.221）、“公民意识”

（0.187）、“社会参与”（0.170）、“社会责任感”（0.167）等因素是影响西安市民诚信度的更为重要的指标。值得注意的是，西安市民对这四项强影响力指标的评价普遍不太高。这一结果提醒我们，要建设西安社会诚信体系，上述几方面既是关键点也是重要的切入点，对于提升西安市民的整体诚信度具有非常重要的实际操作功能（见表2）。

表2　西安居民整体诚信度影响因素排名

排序	相关因素	系数	显著性水平	样本量
1	文化素养	0.221	0.000	391
2	公民意识	0.187	0.001	387
3	社会参与	0.170	0.001	387
4	社会责任感	0.167	0.001	389
5	邻里关系	0.089	0.001	389
6	道德水平	0.165	0.078	388
7	法制观念	0.081	0.113	389

3. 公众对各类信用的关心度

调查结果显示，受访者对与其日常生活关系密切的各项信用的关心度均比较高，得分均在4分以上。可见，社会诚信体系建设是个系统工程，个人、组织、政府、企业，一个都不能少。其中，“个人信用”（4.35分）得分最高，位居首位，是社会诚信体系建设的基础；“政府信用”（4.26分）位居其次，是落实和推进社会诚信的动员组织者；居后两位的分别是“单位信用”（4.19分）和“企业信用”（4.11分），它们是社会诚信体系得以顺利运行的重要“终端”（见表3）。

表3　公众对各类信用的关心度

具体领域	均值	标准差	样本量	排序
个人信用	4.35	0.759	392	1
政府信用	4.26	0.893	392	2
单位信用	4.19	0.868	391	3
企业信用	4.11	0.906	392	4

4. 公众对各个行业信用的评价

我们之所以将各个行业信用的整体评价作为西安社会诚信体系建设的重要考

量内容，一则它们是西安诚信建设水平、程度的表征，二则它们与老百姓生活关系密切，直接影响着西安社会诚信建设。我们选择了12个行业，以5级量表的形式请受访者进行评价。调查结果显示，受访者对西安市各个行业信用的评价均不高。其中，教育（3.19分）、金融（3.13分）、交通（3.12分）和商场/超市（3.11分）的信用水平相对较高，得分均在3分以上；受访者对其余行业的信用评价均比较低，得分都在3分以下，尤其是美容（2.58分）、房地产（2.57分）、物业管理（2.50分）、家政/婚介/职介（2.43分）等行业的信用得分最低，这反映出这些行业管理上的混乱，失信严重，老百姓抱怨较多，亟需相关部门调整其诚信体系中的机制，不断加强对各个环节的监督和管理（见表4）。

表4　公众对社会各行业诚信的评价

具体领域	均值	标准差	排序
教育	3.19	.890	1
金融	3.13	.810	2
交通	3.12	.844	3
商场/超市	3.11	.806	4
旅游	2.96	.809	5
电信	2.92	.865	6
餐饮	2.84	.831	7
医药卫生	2.79	.841	8
美容	2.58	.857	9
房地产	2.57	.922	10
物业管理	2.50	.933	11
家政、婚介、职介等	2.43	.881	12

5. 政府工作人员对公务员各方面表现的评价

调查结果显示，受访者对西安市政府公务员的“道德水平”评价最高，达到了3.49分；其次是“服务意识”和“依法行政”，得分均为3.19分；位列第四的是“行政能力和水平”，得分为3.13分；得分最低的分别是“决策科学化”和“不正之风”，得分依次是3.03分和3.01分。可见，要建设西安社会诚信体系，提高政务能力，搞好行政服务是确立社会诚信原则的重要前提（见表5）。

6. 政府工作人员对西安各部门诚信的评价

在访问中，我们还请作为社会事业管理者的政府工作人员对西安各部门的诚信作出评价。同样采用5级量表的形式，1分代表最低，5分代表最高加以计算。

表5 政府工作人员对公务员各方面表现的评价

	样本量	均值	标准差	排序
道德水平	140	3. 49	0. 85	1
服务意识	140	3. 19	0. 96	2
依法行政	139	3. 19	0. 92	3
行政能力和水平	141	3. 13	0. 92	4
决策科学化	140	3. 03	0. 99	5
不正之风	138	3. 01	1. 15	6

结果如表6所示。观察财政、城建、环保、市政、电信、公安、教育、医疗卫生等行业标准差的值，发现离散程度大。可见，整体来说受访者对上述行业信用的评价分歧较大。若以平均数观察比较，受访者对民政、财政、金融、宣传的信用评价给与了较高分值，而对电信、公安、教育、医疗卫生等部门的信用评价则比较低，这和公众的评价基本相同。

表6 政府工作人员对西安各部门诚信的评价

行　业	样本量	均值	标准差	排序
民　政	141	3. 46	0. 85	1
财政管理	142	3. 35	1. 01	2
金　融	141	3. 32	0. 89	3
宣　传	141	3. 30	0. 98	4
城　建	141	3. 17	1. 08	5
环　保	142	3. 15	1. 03	6
市　政	141	3. 02	1. 06	7
工　商	141	2. 96	0. 92	8
电　信	142	2. 80	1. 10	9
公　安	143	2. 76	1. 04	10
教　育	142	2. 70	1. 10	11
医疗卫生	142	2. 56	1. 08	12

三　诚信缺失的严重程度及其影响

（一）公众认定社会失信的严重程度

诚信建设对于提升社会的精神文明和道德水平具有非常重要的作用。那么，在现实生活中，哪些诚信行为与失信行为最为严重，又是哪些失信现象破坏了社会诚信体系的形成，造成了怎样的不良社会影响。调查结果显示，在受访公众看来，“垄断行业收费不透明”（4.09 分）、“虚假广告盛行”（4.08 分）、“假冒伪劣商品盛行”（4.02 分）是目前社会上比较严重的失信现象。此外，调查数据也显示，有超过半数（57.0%）的受访公众表示目前西安社会的诚信状况影响他对别人的信任感：表示“有很大影响”占 8.3%；“有一定影响”占 48.7%；“没有影响”的人数比例只占 8.0%；另有 35.0% 的受访者表示“影响不大”（见表7、图4）。

表7　公众对社会失信现象严重程度的评价

失信现象	均值	标准差	排序
垄断行业收费不透明	4.09	.818	1
虚假广告盛行	4.08	.823	2
假冒伪劣商品盛行	4.02	.856	3
政府相关部门不作为	3.89	.970	4
农贸市场缺斤少两	3.76	.943	5

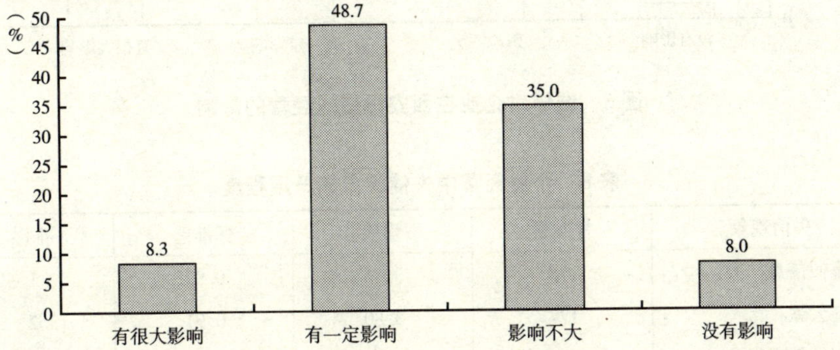

图4　诚信对公众人际信任的影响

（二）企业经营中失信现象的严重程度

调查结果显示，当问及“目前西安企业的诚信状况对您所在企业在西安投资或经营的影响？”时，仅有 3.4% 的企业受访者表示“没有影响”；不到两成（18.4%）的企业受访者表示“影响不大”；有 19.0% 的企业受访者表示“有很大影响”；接近六成（59.2%）的企业受访者表示“有一定影响”，后二者合计比例达到了77.6%，可见，西安企业诚信状况的好坏对企业在西安投资或经营的影响力度相当大。那么，企业在具体经营过程中各种失信现象的严重程度到底如何？在企业受访者看来，若以平均数观察比较，“虚假信息”（3.86分）和“拖欠款”（3.80分）等失信现象在企业经营中比较严重；紧随其后的依次是“假冒伪劣产品”（3.63分）、“质量欺诈”（3.53分）；最后被提到的是“违约”（3.47分）和“侵权行为”（3.47分）。而观察其余失信现象的标准差值，发现离散程度比较大，可见受访者对其他失信现象的看法不甚一致（见图5、表8）。

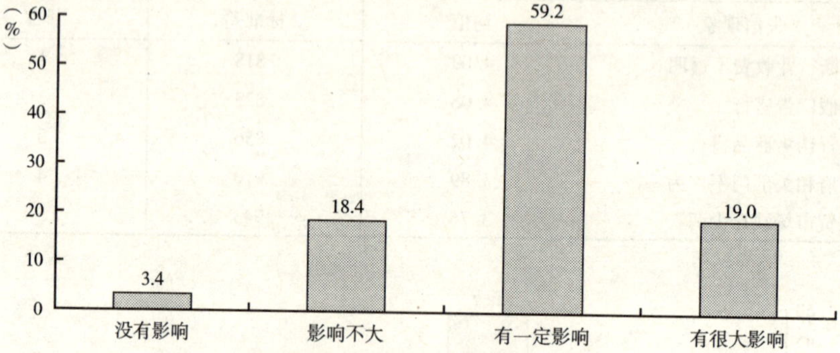

图5 诚信对企业在西安投资或经营的影响

表8 企业经营中失信现象的严重程度

失信现象	样本量	均值	标准差	排序
虚假信息	178	3.86	0.92	1
拖欠款	177	3.80	0.91	2
假冒伪劣产品	178	3.63	1.09	3
质量欺诈	178	3.53	1.07	4
违约	178	3.47	1.04	5
侵权行为	177	3.47	1.09	6

（三）政府工作人员诚信缺失的影响

调查结果显示，受访者认为“公务员诚信缺失的负面效应和危害”首先是

“损害党和政府的形象”，比例高达74.1%；其次是“损害投资环境”和“破坏经济社会秩序”，比例分别为49.0%和43.4%；最后是“容易失信于民”（33.6%）和“助长社会不诚信风气”（26.6%）。可见，公务员的诚信缺失造成的负面效应和危害比较严重，涵盖了政治、经济、社会各个层面，不可等闲视之（见表9）。

表9　公务员认定诚信缺失的危害

影响表现	频次	百分比	影响表现	频次	百分比
损害党和政府的形象	106	74.1	容易失信于民	48	33.6
破坏经济社会秩序	62	43.4	其　他	2	1.4
损害投资环境	70	49	合　计	326	228.1
助长社会不诚信风气	38	26.6			

说明：由于本题为多项选择题，故百分比之和大于100%。

四　诚信缺失的原因分析

社会诚信在构建和谐社会和建立社会主义市场经济中扮演着极为重要的角色。因此，系统分析社会诚信缺失的原因，科学认识社会诚信体系的基本内涵和建设路径，不仅十分必要，而且极为紧迫。

（一）公众的认识

调查结果显示，对于造成目前西安社会存在不诚信现象的原因，受访公众首先认定“社会上缺乏诚实守信观念”（53.5%）和“社会风气造成的”（49.6%）；其次，不少受访者认为受“管理制度法规不健全”（44.5%）、“缺乏信用评价、监督体系”（40.4%）、“缺乏组织领导”（23.0%）、“惩戒与奖励措施不配套”（22.5%）制度因素影响比较大；同时，受访者认为这和“市民素质能力不适应”（30.4%）也有一定关系。此外，“缺少宣传和教育”（29.9%）也被受访者认定为造成诚信缺失的重要原因之一。由此可见，造成诚信缺失的原因是多元的，包含了社会环境、组织/制度、个体、对外宣传等各个方面（见表10）。

表 10 公众认定造成诚信缺失的原因

	频次	百分比		频次	百分比
社会风气造成的	194	49.6	市民素质能力不适应	119	30.4
缺少宣传和教育	117	29.9	缺乏信用评价、监督体系	157	40.4
社会上缺乏诚实守信观念	209	53.5	惩戒与奖励措施不配套	88	22.5
管理制度法规不健全	174	44.5	合　计	1148	293.8
缺乏组织领导	90	23			

说明：由于本题为多项选择题，故百分比之和大于100%。

（二）企业人员的看法

调查结果显示，在回答“您认为造成目前西安企业存在不诚信现象的原因”时，66.5%的受访者认为是“管理制度法规不健全”；其次是“缺乏诚信环境”（54.7%）和“社会上缺乏诚实守信观念”（49.7%）；接下来依次是“职业道德素质不高”（44.1%）、“缺乏信用评价、监督体系”（38.0%）、“缺乏组织领导”（24.0%）、“惩戒与奖励措施不配套”（22.9%）和“缺少宣传和教育”（22.3%）。“企业短期行为”和“体制障碍”等因素尽管也有受访者提出来，但所占比例较小。这说明，企业人员对于诚信缺失的影响因素更多归因于制度因素和环境因素以及个人因素，其他因素则显得不太显著（见表11）。

表 11 企业人员认定造成诚信缺失的原因

	频次	百分比		频次	百分比
缺乏诚信环境	98	54.7	缺乏信用评价、监督体系	68	38
缺少宣传和教育	40	22.3	惩戒与奖励措施不配套	41	22.9
社会上缺乏诚实守信观念	89	49.7	企业短期行为	26	14.5
管理制度法规不健全	119	66.5	体制障碍	15	8.4
缺乏组织领导	43	24	其他	1	0.6
职业道德素质不高	79	44.1	合　计	619	345.7

说明：由于本题为多项选择题，故百分比之和大于100%。

（三）政府工作人员的思考

调查结果显示，在回答“您认为造成目前西安公务员存在不诚信现象的原因”时，61.4%的受访者认为首要原因是“官本位和缺乏公民意识”；其次是“管理制度法规不健全”（59.37%）和“政府职能转变不到位”（52.9%）；接下来依次是“缺乏信用评价、监督体系”（47.1%）、“社会上缺乏诚实守信观念”（37.9%）、“考核体系不科学”（31.4%）、“惩戒与奖励措施不配套”（22.9%）。由此可见，在政府工作人员看来，政府工作人员自身因素和管理制度、组织改革因素是造成公务员诚信缺失的三大绊脚石（见表12）。

表12　政府工作人员认定造成诚信缺失的原因

	频次	百分比		频次	百分比
政府职能转变不到位	74	52.9	缺乏信用评价、监督体系	66	47.1
管理制度法规不健全	83	59.3	惩戒与奖励措施不配套	32	22.9
社会上缺乏诚实守信观念	53	37.9	其　它	1	0.7
官本位和缺乏公民意识	86	61.4	合　计	439	313.6
考核体系不科学	44	31.4			

说明：由于本题为多项选择题，故百分比之和大于100%。

五　社会诚信建设的机制与对策建议

（一）诚信建设的结构与关注点

我们将与诚信建设相关的概念操作化，从政策法规、技术标准、诚信服务、诚信监管、道德文化等方面对普通百姓、企业人员和政府工作人员进行了调查，调查结果如下：

1. 公众认定建立诚信体系的关注点

调查结果显示，就“建立西安社会诚信体系具体措施”的必要性而言，普通百姓认为首先应该“推进政府的自身信用建设”，其必要性得分达到了4.44分；其次是“发展信用服务产业”，得分为4.37分；第三至第五位依次是“加强市场监管力度”（4.34分）、“大力进行社会诚信文化建设”（4.32分）和“加强地方性信用法制建设”（4.28分）；最后是“尽快建立资信评估体系”，其得分最低，只有3.69分。而且，观察其标准差的值，发现离散度比较大，可见，受访者对采取此项措施的必要性上还存在一定分歧。总之，在普通百姓看来，政府扮演着重要的角色，政府是社会诚信体系建设的主要推手，政府诚信是建设诚信社会的基础（见表13）。

表13　公众认为建立社会诚信体系的关注点

具体领域	均值	标准差	排序
推进政府的自身信用建设	4.44	0.722	1
发展信用服务产业	4.37	0.857	2
加强市场监管力度	4.34	0.792	3
大力进行社会诚信文化建设	4.32	0.821	4
加强地方性信用法制建设	4.28	0.825	5
尽快建立资信评估体系	3.69	1.147	6

2. 企业人员认定建立诚信体系的关注点

调查结果显示，大多数接受调查的企业人员认为很有必要“加快信用立法进程”，其必要性得分高达4.59分；其次是“加大执法力度”，得分为4.52分；接下来是“加大舆论监督和曝光力度”和“建立企业信用档案”，得分分别为4.49分和4.42分；最后是“加快体制改革步伐”和“发展信用服务产业”，得分分别为4.15分和4.13分，明显低于前面的措施。可见，在企业从业人员看来，市场经济从一定意义上说就是法制经济，要建立西安企业的诚信体系，加快西安社会经济向前发展，必须利用完备的制度加以引导、规范和保证（见表14）。

表14　企业人员认为建立社会诚信体系的措施

具体领域	均值	标准差	排序
加快信用立法进程	4.59	0.731	1
加大执法力度	4.52	0.714	2
加大舆论监督和曝光力度	4.49	0.682	3
建立企业信用档案	4.42	0.8	4
加快体制改革步伐	4.15	0.892	5
发展信用服务产业	4.13	0.985	6

3. 政府工作人员认定建立诚信体系的关注点

调查结果显示，大多数受访的政府工作人员认为，要提高西安公务员的诚信水平，首先应该“加快政府管理改革”，其必要性得分高达4.54分；其次是“健全管理制度法规”和“建立诚信考核的标准和制度”以及“完善惩戒与奖励制度”，得分分别为4.52分和4.51分、4.50分；接下来是“加强公务员道德教育”，得分为4.25分；对于“成立诚信管理机构”这项措施，大多数政府工作人员予以否定，认为必要性不大，得分仅为1.87分，远远低于上述各项措施。我们也注意到，该措施的标准差值比较大，可见大家对是否有必要采取这项措施有着相当大的分歧。总之，要提高西安公务员的诚信，政府工作人员更希望从组织改革和制度建设方面着手（见表15）。

表15　政府工作人员认为建立社会诚信体系的关注点

具体领域	均值	标准差	排序
加快政府管理改革	4.54	0.838	1
健全管理制度法规	4.52	0.755	2
建立诚信考核的标准和制度	4.51	0.796	3
完善惩戒与奖励制度	4.50	0.806	4
加强公务员道德教育	4.25	1.024	5
成立诚信管理机构	1.87	2.224	6

（二）对西安未来诚信建设的信心度

推进社会诚信体系建设是党的十六届三中全会做出的一项重要决定，也是西安市历届政府为之努力的重点工作。完善西安的社会诚信体系既是每一个西安市民殷切盼望的事情，更是打造“活力西安、人文西安、和谐西安”，建设社会主义市场经济不可或缺的重要环节，对推动西安社会经济又好又快地发展具有至关重要的作用。我们也想通过调查进一步了解受访者对西安未来社会诚信建设的信心度，进一步了解、把握社会公众对目前西安社会诚信状况的态度和评价，增强社会发展动力和建设新西安的信心和力量。

调查结果显示，在“越来越好”组别中，企业从业人员的信心度最高，认为西安未来的社会诚信度会“越来越好”的企业受访者比例高达56.4%，与之相比，政府工作人员对此选项的选择比例为42.3%，相差14%；受访公众对此选项的选择比例为33.1%，相差23%。在“和现在差不多”组别中，公众所持比例最高，达到了50.8%，远高出政府工作人员（30.2%）20%，也高出企业受访者（21.2%）将近30%；在“越来越差”组别中，大家的看法基本差不多，政府工作人员对此的看法相对更低些。出现这样的差距，固然与各受访群体的文化背景、工作环境、未来预期等因素有一定关系，但更深刻的原因是，近年来为加快地方经济发展步伐，不断加大对市场经济秩序的整顿和规范力度，加快影响城市经济发展硬实力的打造和建设，而放缓、轻视或忽略了社会改革、道德宣传、思想教育等软实力的建设（见图6）。

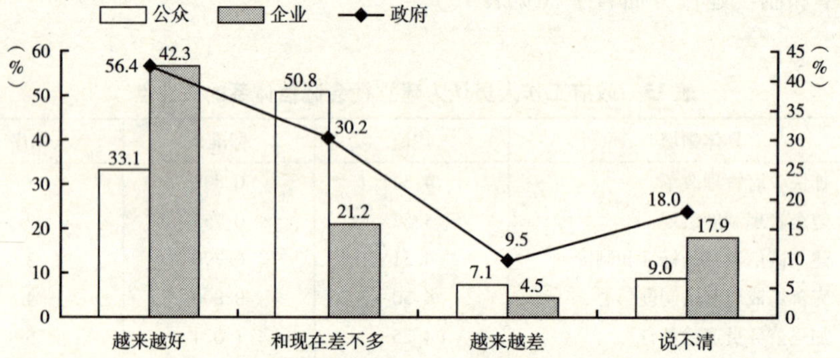

图6　受访者对西安未来诚信建设的信心度

（三）社会诚信建设的对策与建议

1. 关于社会诚信建设，受访群众提出了大量的建议：

加强宣传和贯彻力度；建议政府加大惩罚力度，杀一儆百；宣传社会诚信文化；拥有诚信观念，宣传诚信；做一个有诚信的人；诚实对待朋友，同学；对人守信用，对社会负责任；规范房地产市场，打击假冒伪劣；诚信建设，从自身作起，坚持法律法规和社会道德规范，积极监督他人，维护诚信体系，并适时上言献策，促进诚信体系建设；敢于同一切腐败现象作斗争，个人没有能力改变现状，需要每位社会成员一起努力；劝戒他人，诚信做人；首先自己要做到诚实守信；穷则独善其身，达则兼济天下；增强个人和集体的责任感；做一个诚信的西安人；参与到诚信体系的建设当中；诚信宣传；个人力量渺小，但可以从自身做起。

2. 企业人员对诚信建设也提出了大量的意见和建议：

加强诚信管理，健全管理制度；不拖欠工资，对员工的尊重；加强管理，奖罚分明；建立健全的法制体系，监管体系；加快立法，加大处罚力度；企业之间一定要诚信守信用；把诚信经营贯穿于每一个员工思想中；一个人的力量有限，还得国家重视；加快信用立法进程，加大舆论监督力度；加强教育工作，同时国家规范法律制度，两手抓两手硬；企业内部建立诚信体系，公司领导以身作则，重视集体行为，实现对员工的承诺，培养员工的忠诚；加强改革力度；不要朝令夕改；建立企业诚信档案；建立诚信度查询体系；提高每个人的诚信道德意识；从做好自身起，企业诚信就有了；从公司领导做起，公司职员人人有责；首先要有一个大的环境，这是根本；加快建立企业信用档案和评价机制。

3. 公务员对诚信建设提出的建设和对策是：

从上层自身带头做起；多进行宣传教育；公务员诚信应纳入长期学教内容；建立诚信体系，加大宣传力度；营造氛围；要发展经济，让普通公务员的腰包鼓起来；加强公务员道德教育；各级领导干部要带头以身作则；心里想着党和人民；上行下效，榜样的力量是无穷的；严格监管，任用上要有新突破。

社会诚信建设需要的是全社会的动员与参与。透过上述不同社会群体间差异性的表达，我们看到全社会对改善社会诚信状况的热切期望，实现社会诚信建设的长远目标，既需要多层面社会干预措施，也需要从制度建设做起，从自我实践做起，调动全社会的力量，才能真正建立起世风清正、诚信有序、和谐文明、健康向上的社会主义新风尚。

区域发展

REGIONAL DEVELOPMENT

"关中—天水经济区"区域社会发展研究报告

杨 波*

2009年6月25日，国务院批准了由国家发改委制定的《关中—天水经济区发展规划》，在西部大开发十周年之际批复实施这一规划，是中央为进一步打造西部大开发战略高地，推进区域协调发展作出的重大战略决策。经过十年的西部大开发，关中地区和天水市都获得了飞速的发展，通过实施《规划》，坚持科学发展观和可持续发展理念，经济区在未来十年将成为西部地区经济的增长极，区域社会协调发展的成功范例。

一 关中—天水经济区发展的基本条件与特点

（一）地理环境与自然资源

关中—天水经济区包括陕西省西安、铜川、宝鸡、咸阳、渭南、杨凌、商

* 杨波，西北大学公共管理学院讲师。

洛（部分区县：商州、洛南、丹凤、柞水一区三县）和甘肃省天水所辖行政区域，面积为7.98万平方公里，2007年末总人口为2842万人，直接辐射区域包括陕西省陕南的汉中、安康，陕北的延安、榆林，甘肃省的平凉、庆阳和陇南地区。

关中，指陕西秦岭北麓渭河冲积平原，又称关中盆地，其北部为陕北黄土高原，向南则是陕南山地、秦巴山脉，是陕西工农业发达和人口密集的地区，号称"八百里秦川"。关中地区总面积为5.55万平方公里，行政范围包括西安、铜川、渭南、宝鸡、咸阳、商洛等6个城市，集聚了全省约60%的人口。以西安为中心的关中地区，在全国区域经济格局中具有极为重要的战略意义，被国家确定为全国16个重点建设地区之一。

甘肃省天水市位于甘肃东南部，东临陕西省宝鸡市，西、北、南分别与定西、平凉和陇南相接，有"陇上小江南"之称。总面积为14392平方公里，全市横跨长江、黄河两大流域，新欧亚大陆桥横贯全境。中华人民共和国成立后天水逐步发展成为西北地区的重要工业城市，是国家老工业基地之一。目前有工业企业749家，形成了以加工制造业为主体，电子电器、机械制造、轻工纺织三大行业为主导，食品、建材、化工、冶金等行业竞相发展，门类较多、技术装备较好、具有一定实力和特色的区域工业体系。

（二）基础设施与经济发展

改革开放以来，陕西尤其是关中地区经济发展较快，以西安市为例①，GDP从1978年的25.35亿元增加到2007年的1763.73亿元，翻了6番多。经济增长速度明显加快，以年均12.1%的速度递增，比全国同期平均增幅高2.3%。从2001年开始，西安生产总值连续7年保持在13%以上的增幅，经济增长的稳定性明显增强。

基础设施建设也取得了突破性进展，以西安为辐射中心、纵横交错、四通八达的"米"字型高速公路运输网已经形成，截至2007年底，西安已建成高速公路286公里，全市公路通车里程达到9672公里，是1978年的2.8倍，其中等级公路7281公里，是1978年的5.3倍。咸阳国际机场航线已增加到149条。

① 数据来自：西安市统计年鉴2008，http：//www.xatj.gov.cn。

（三）产业发展迈出新步伐

经济区的装备制造、高新技术、能源化工、果业、畜牧业等优势特色产业增势强劲，以宝鸡市为代表①，2008 年工业增加值 351.53 亿元，比上年增长 19.5%。规模以上工业总产值 852.49 亿元，增长 30.1%；增加值 289.70 亿元，增长 22.8%，其中装备制造、有色冶金、食品和能源化工工业共完成工业总产值 723.55 亿元，占规模以上工业生产总产值的比重为 84.87%。2008 年农林牧渔业及其服务业总产值 133.90 亿元，比上年增长 7.6%。

（四）生态环境明显改善

关中—天水经济区中的铜川市是以煤炭、水泥、火电、陶瓷为主导产业的典型资源型城市，在发展过程中环境污染和生态破坏比较严重。铜川市努力探索可持续发展方式，在经济快速发展的同时加强生态保护，积极开展造林绿化活动，强化森林资源保护力度，取得了显著成效。1999 年西部大开发以来，铜川市共完成各类重点工程造林 197 万亩，森林覆盖率增加了 8%。完成退耕还林工程面积 86.8 万亩，“三北”防护林四期工程造林 14.76 万亩，建立了太安、香山两个省级自然保护区，推动了铜川市的生态环境的改善。

（五）对外开放进一步扩大

关中地区对外开放呈现由点到面、从局部到整体的开放态势，全方位、多层次、宽领域的对外开放格局基本形成。以咸阳市为例②，2002 年外贸进出口总额为 2.21 亿美元，其中出口 1.61 亿美元；2008 年进出口总额达到 3.7 亿美元。其中，出口 2.9 亿美元。招商引资取得显著成就，2008 年实际利用外资 3776.2 万美元，国内外资金实际到位投资 140 亿元。2008 年接待国内外游客 1110.7 万人次，较 2007 年增长 7.6%，其中接待外宾人数 7.2 万人次，增长 35.7%。实现旅游综合收入 52.69 亿元，增长 15%。

---

① 数据来自：宝鸡市统计年鉴 2008，http://www.shaanxi.gov.cn。

② 数据来自：咸阳市统计年鉴 2008，http://www.shaanxi.gov.cn。

（六）社会事业加快发展

基本公共服务逐年改善，教育、卫生、文化事业不断进步，社会保障体系逐步健全。教育、科研方面，国家级示范区——杨凌农业示范区的教育、科研能力是关中—天水经济区的杰出代表①。2008 年研究与实验发展经费突破 1.5 亿元，新增科技成果和专利申报数 255 项，较 2007 年增长 4.1%。新增国家级科技计划项目 16 项，省级科技计划项目 113 项。在区外新建科技示范推广基地 11 个，有效带动了当地农业的发展和农民的增产增收。

医疗保障以商洛市为例，2008 年全面推行新型农村合作医疗，累计“参合”200.69 万人，参合率达到 94.95%；农村卫生服务网络建设得到加强，全面落实了乡镇卫生院全额预算管理和村医补助政策，农村三级卫生服务网络的基础条件得到显著改善，服务能力得到全面提高；社区卫生服务覆盖率达到 100%。

二　发展优势

（一）自然资源丰富，畜牧业发达

西部地区历来是中国能源、有色金属和其他多种原料的生产基地。例如，天水蕴藏着丰富的矿产资源。现已探明的 35 种资源中，有金属矿 15 种，非金属矿 20 种。渭南市的矿产资源也极为丰富②。已探明的矿藏有 30 多种，其中煤、钼、金、石为优势矿种。素有“黑腰带”之称的渭北煤田年产煤炭千万吨以上；已探明钼矿储量达 100 万金属吨，居全国第二位；金矿石探明储量 21.7 万金属吨，占陕西省 48.4%；地热水和医饮兼用矿泉水资源丰富，其中大荔矿泉水日出水量达 5.6 万吨，被誉为“中国之冠”。

适宜的自然生态环境，为动植物提供了有利的生长条件，渭南是陕西省最优的农业生态区。人工饲养的畜禽 20 多种，其中秦川牛、关中驴、奶山羊等品质最为优良。

---

① 数据来自：杨凌农业示范区统计年鉴 2008，http：//www. shaanxi. gov. cn。

② 数据来自：渭南市统计年鉴 2008，http：//www. shaanxi. gov. cn。

（二）旅游资源十分丰富

关中和天水都是华夏文明的重要发祥地。先后有 13 个王朝在西安建都，3 万多处文物景点遍及全域。陕西以西安为中心的旅游景点，如秦始皇兵马俑等都是世界范围内具有相当影响的旅游景点。西安的历史文化遗产、天水的天然景色使关中—天水开发区形成了一个各具特色的统一整体。这些互补优势又进一步提高了开发区整体旅游资源的经济价值。

（三）区位优势和具有战略意义的地理位置

关中—天水经济区地处西部内陆地区，位居欧亚大陆桥中国段的中心位置，铁路、公路、航线和通信、油气等各种管线密集交汇，是连东西、接南北的枢纽。新欧亚大陆桥的贯通关中—天水经济区与中亚、西亚以及欧洲大陆各国的联系，为古代丝绸之路的繁荣与复兴创造了条件。大陆桥是目前世界上贯穿欧亚大陆最长的一条经济走廊，形成一条带动中国西部经济区域发展的巨大经济辐射带。欧亚大陆桥也因此被誉为“现代丝绸之路”，这对于加快关中—天水经济区的发展具有极其重要的战略意义。

（四）科技教育的领先性

关中地区拥有 80 多所高等院校、100 多个国家级和省级重点科研院所、100 多万科技人才。平均万人拥有在校大学生 285 人、科技人员 60 人，比全国平均数分别高 76 人和 25 人，是我国智力资源最密集的地区之一。关中地区共有 9 个国家级开发区和产业基地、3 个国家级大学科技园区，拥有一支高素质的科研、管理队伍。

国防科技工业居全国第一，聚集了全国八分之一左右的军工科研生产能力，“九五”末期以来承担了全国六分之一左右的高新技术武器装备的研制任务。西安市集中了全省 60% 以上的生产能力和 86.2% 的科研院所，西安是全国军工企业最密集的城市。天水的装备制造业中，军工行业亦占据了相当大的比重。

三 关中—天水经济区发展中面临的挑战

（一）经济实力不强

中华人民共和国成立后，尤其是改革开放以来，中国西部的开发建设取得了巨大成就，但仍存在经济总量偏小，产业聚集效应没有完全形成，创新能力弱和管理水平低等现实问题。以关中—天水经济区中心城市西安和东部发达城市南京比较，2008 年西安市全年实现生产总值（GDP）2190.04 亿元，南京市实现地区生产总值 3775 亿元；按常住人口计算，西安市人均地区生产总值 26259 元，南京市人均地区生产总值达到 50327 元。西安市完成工业增加值 742.65 亿元，南京市完成工业增加值 1555 亿元。可以看出，东西部区域经济无论是总量还是人均量都存在很大差距。

（二）体制创新活力不足

地方政府的创新能力受制于制度环境、人文环境等因素的制约，难得充分释放。关中—天水经济区地处西部内陆地区，与外部沟通不畅，法律供给不足使地方政府创新的动力缺失，导致在既定制度结构下创新机制的自组织演进本身由于不具备基本条件而变得成本过高。加之，地方政府机构臃肿，管理方式落后，效率低下，必然导致创新能力不足。

目前，随着关中—天水经济区的进一步发展，如何突破行政分割成为了实现体制创新亟待解决的关键问题。区域内各个城市间发展的整体协调范围狭窄，协调力度不够，各城市追求自身利益最大化造成了区域内的恶性竞争，导致经济区整体发展的不协调和不可持续性。例如，陕西苹果产业已经形成产业集群，成为渭北苹果产业带，目前的问题是，处于这个产业带上的各个区县，无法协调利益，因而亟待进行行政体制调整和改革。关中—天水经济区不是临近几个城市的简单拼凑，扩大规模，而是要在区域规划的指引下，统一经济区一体化的理念，建立优化分工与协调统一的竞争规则，培育核心城市，增强其对整个经济区域的带动作用。

（三）居民收入水平不高，贫富差距进一步拉大

以关中—天水经济区中心城市西安为例，居民收入水平在全国 15 个副省级城市中居于下游，而且差距越来越大，2003 年首次排名最末位，比上海、北京、成都收入分别低 47.9%、44.2% 和 12.1%。城乡居民的收入差距也进一步拉大，2008 年西安市城镇居民人均可支配收入是农民人均纯收入的 2.95 倍，而 1980 年是 2.1 倍。贫富差距拉大说明区内经济没有协调、均衡发展，不利于和谐社会建设。

（四）过度强调经济增长，忽略社会的可持续发展

改革开放后，我国确定了以经济增长为中心的发展战略，西部地区的经济快速增长，但也带来了发展中的问题，伴随着人口增长，城市化、资源消耗和环境承载力的矛盾不断加剧；生态建设和环境保护问题突出。如何避免发达国家工业化进程中，“先污染，后治理”的老路，创新出“依靠高科技，经济效益好，环境又好”的新型工业化道路是今后关中—天水经济区要解决的重大课题。

四　关中—天水经济区社会发展的目标

根据《规划》，关中—天水经济区的总体目标定位是：建设成为西部及北方内陆地区的“开放开发龙头地区”，“以高科技为先导的先进制造业集中地，以旅游、物流、金融、文化为主的现代服务业集中地，以现代科教为支撑的创新型地区，领先的城镇化和城乡协调发展地区，综合型经济核心区，全国综合改革试验示范区”。农业方面，要建成全国重要的在世界上有重要影响的果业、畜牧业基地，建成全国农业示范基地和航天育种基地。经济方面每年要以12%的速度增长，到2020年农民人均纯收入达到11500元。

实现这个宏伟的区域社会发展目标，第一，走可持续发展之路；第二，坚持地区社会、经济、资源、环境协调发展，逐步缩小地区间的发展差距。即要在合理利用资源和保护人类赖以生存的环境前提下，解决好地区经济差距问题。因此，区域经济发展理念的选择必须是可持续发展观。

五　关中—天水经济区社会协调发展路径构想

（一）非均衡发展模式

根据区域经济发展规律，在经济区内，区域之间因为要素及要素禀赋的差异，必然导致区域经济发展的起点不平衡；影响经济发展的内在核心动力——聚集机制在空间上的差异性，直接导致区域经济发展的过程不平衡；制约聚集机制发挥效果的外部环境、政策的差异导致了区域经济发展的外部环境不平衡，这就

需要解决区域经济发展协调的问题。

以区域内一些比较发达的“城市带”率先摆脱分离性二元结构的状态，使之成为发展模式升位和产业结构调整的起点，然后通过这些“城市带”的技术经济势能向外扩散，最终带动整个区域的发展和产业结构的升级，走一条适度非均衡发展的模式，最终达到经济区各个经济功能区协调发展，共同繁荣。

从这个角度上讲，应首先实现西安（咸阳）在关中—天水经济区建设中率先发展，进而发挥核心城市的功能和龙头作用，并引导、培育和促进经济区主导产业、特色产业的形成与发展。西安率先发展，充分发挥在关中—天水经济区中核心城市的规模经济效应和产业聚集经济效应，使西安成为商贸中心、金融中心、科技研发中心、物流中心等，带动经济区的发展。同时，经济区内各地方产业结构的相似性使得资源配置效率低下，区域内合理分工格局无法形成，严重影响了经济区协调发展。因此，对于未来关中—天水经济区产业结构布局，产业特点等的形成，西安作为核心城市必须起到引导、培育和促进关中—天水经济区的主导产业、特色产业的形成和带动作用。

（二）确立优势产业综合体

优势产业综合体是指围绕利用区域内资源优势的主导产业形成的、能够使区域经济实现最优先发展的核心产业结构。所选择的产业必须充分利用本区域的资源，能够将资源优势转化为经济优势，同时能够使本区域经济实现最优化发展。确立优势产业综合体，首先要解决区域内产业聚集度低的问题，同时要加速产业集群的发展。例如杨凌农业示范区优先发展农产品加工业，在农业与农村加工业之间建立起良性循环系统，以便促进农业的发展。由于利益驱动，追求规模、总量，在规划实施过程中容易导致主导产业选择同构化，对培育壮大产业集群极为不利。因此，要制定规划实施细则，突出区域优势和特色，做好区内城市、开发区、工业园区等功能区的主导行业规划，统一产业布局，才能形成有竞争力的产业集群。

第一，在制造业方面，以西安为中心的关中区域在现有资源禀赋的基础上，“军民结合”，重点发展航空航天、装备制造、资源加工等产业集群，建设全国先进制造业基地。天水在已经形成了机械、轻纺、电子三大支柱行业的基础上，要调整工业结构，升级换代工业产品，将天水建设成为全国著名的电器工业基地。

第二，在高新技术产业方面，以国家级产业园区为载体，将西安高新区创建世界一流科技园区，充分发挥杨凌示范区在现代农业领域的示范作用，形成一批高新技术产业化基地，促进产学研结合和科技成果转化，把关中建成全国统筹科技资源的改革示范基地。

第三，在文化、旅游产业方面，要利用关中区域彰显以周秦汉唐为代表的历史文化底蕴的特点，构建文化、旅游、会展等一体化产业链，打造一批具有世界影响的精品。以临潼秦兵马俑和秦始皇陵为中心，建设秦文化旅游区；以茂陵、汉阳陵和汉长安城遗址为重点，建设汉文化旅游区；以乾陵、昭陵和唐长安古城为重点，建设唐文化旅游区；以宝鸡西周遗址，建设周文化旅游区。天水则依托伏羲庙、麦积山、小陇山等丰富的旅游资源，开发建设寻根祭祖、生态休闲观光、佛教石窟艺术、现代农业观光等精品旅游线路。

第四，在现代服务业方面，进一步加大物流基础设施建设力度，加快西安国际港务区、咸阳空港产业园等重点物流园区项目建设。加强城乡商业网点和农副产品交易中心、批发市场建设，培育大型流通骨干企业。

（三）以西安为中心的城市群带动经济区的发展

城市群，是指在城市化过程中，在一定的地域空间上，以物质性网络（由发达的交通运输、通信、电力等线路组成）和非物质性网络（通过各种市场要素的流动形成的网络组织）组成的区域网络化组织为纽带，在一个或几个中心城市的组织和协调下，由若干个不同等级规模、城市化水平较高、空间上呈密集分布的城镇通过空间相互作用而形成的，包含有成熟的城镇体系和合理的劳动地域分工体系的城镇区域系统。

保罗·克鲁格曼根据模型实验得出结论，相隔一定距离，彼此竞争的经济中心，都能够繁荣兴旺。因此，城市群是区域经济活动的空间组织形式。其中，中心城市对群体内其他城市有较强的经济、社会、文化辐射和吸引向心作用。中心城市的发展和衰退会直接影响到区域的发展，城市是区域发展的关键。城市群并不仅仅是若干个城市在空间上的集聚现象，而是在一定程度上起到了中心城市对于周边区域的发展带动作用，是区域发展的引擎和增长极。

因此，关中—天水经济区的发展要形成以西安为中心的城市群战略，通过国际化大都市西安带动整个经济区的经济发展，这是促进区域社会和谐发展的战略选择。以西安为中心，天水、杨凌农业示范区为次核心城市，宝鸡、渭南等大城市组成的“大关中”城市群正在中国的西部形成。关中目前占陕西省总人口的62%，经济总量占全省的63%，发展目标是到2020年关中—天水经济区的经济总量占整个西北地区经济总量的1/3以上，真正形成具有全球意义的城市群和国家西部财富聚集的区域载体。城市群辐射带动城市化，成为关中—天水经济区未来发展的驱动器。关中—天水经济区发展之初，就应该加强宝鸡、咸阳、渭南、商洛、杨凌示范区等城市或地区的分工协作和优势互补，增强整个经济区的竞争力。调控引导得好就会促进区域经济健康协调发展，反之则有可能出现城市之间产业同构、重复建设、资源浪费以及“大城市病”等严重经济社会问题。

（四）发挥外向型经济的积极作用，推动经济区又好又快发展

除了利用好国家政策和支持性资金，利用外部资金、外部市场也是经济区解决发展过程中资金瓶颈的有效途径。发展外向型经济应做好以下几点：一是要突出招商引资。经济区利用外资的重点可以放在美国、日本等发达国家，依托西安高新区的优势区位，建立中央商务区，大力吸引跨国公司和大型企业集团来陕设立地区总部或职能型总部。吸引内资突出昆山、广州、上海等发达地区，不断提升招商引资的规模和水平；二是要加快外贸出口，围绕巩固和扩大一般贸易、大力发展加工贸易、加快发展服务贸易的要求，培育新的出口增长点，努力扩大外贸规模；三是坚持“走出去”战略，鼓励和支持有实力的企业扩大对外投资，在全球范围内积极拓展发展空间；四是扩大入境旅游。加强关中—天水经济区的优势旅游资源和精品线路的国际旅游市场推广，抓好重点市场，拓展新兴市场，积极吸引更多海外游客旅游观光。

（五）加快制定法律、法规，保障区域社会协调发展

法律不仅为市场经济的公平竞争和社会和谐发展创造制度环境，而且还为规范政府的行为提供法律保障制度。目前，我国在区域社会发展的立法上仍处于空白状态，必须加快各种区域法律、法规、条例等的制定，以便为中央政府和地方政府制定、实施区域政策提供法律依据。这样做可以有效地避免出现区域发展政策制定和实施过程的随意性和不连续性。促进区域协调发展，中央政府对区域之

间以及区域内部不同功能区的地方政府之间利益的宏观调控，都直接间接地负有责任。如果没有明确的法律依据，就会导致各级政府陷于无休止的博弈，不利于经济区的协调发展。有鉴于此，国家应该针对区域协调发展的实际情况，加快制定一系列专门法律、法规，例如“区域规划法”、“生态补偿法”、“反地区垄断法”等。这样做既能使从中央到地方的各级政府在法律的框架下各司其职，也有利于保证区域政策的权威性、可持续性，促进经济区又好又快地发展。

（六）加强经济区区域治理

区域治理是近年来西方学术界最流行的理论之一，是指内生于一个区域的正式或非正式的制度安排，通过这些制度安排，区域主体可以实现区域内部的集体活动，包括设定区域的目标和规划，制定区域公共政策，组织并协调区域的集体活动等。可以看出，区域治理不同于单纯的政府行为，它是通过政府、企业、非营利组织和居民多主体的自主协调，实现区域发展目标的社会行动。

对于关中—天水经济区的未来发展，地方政府应该做“有效政府”而不是“全能政府”，即把社会力量办不好、市场机制不能解决而只能由政府管理的事情管理起来，并努力管理好，把社会能管理好的事务尽量归还给社会管理。区域经济中最重要的就是由于聚集经济带来的分工效应、规模效应、外部效应和低交易成本，在这些聚集效益的作用下，能够得到最大聚集收益的经济主体必然愿意支付最高的经济租，从而获得该区位的使用经营权，使边际土地的贡献率达到最大。这样经济区内空间结构最优化才能得以实现。而经济区内的地方政府要做的是保障由市场机制产生的有效率的空间秩序，建立统一、开放的市场，防止垄断等行为对市场机制的破坏。

区域经济的自组织演进可能是良性的累积机制，也有可能造成消极、负面的恶性竞争。恶性竞争是发展的瓶颈，打破造成恶性竞争的恶性机制是解决发展瓶颈的关键，政府应以积极的态度解决诸如经济贫困、由于教育投入不足而引起的劳动力素质低下、基础设施不足导致经济发展的障碍等问题。政府与公民的良好合作和公民积极参与经济区建设，是实现管理民主化的重要途径。

经济区的区域治理模式可以因所处环境和项目不同而采用以下几种模式：

1. 专题项目合作

专题项目指的是跨地区实施的合作项目，实施过程中会出现大量的单靠哪一方地方政府都难以解决的问题，例如，经济区内各个经济功能区之间高等级公路的建设，大桥、跨区域水电基础设施建设等，需要通过相互合作来共同完成的各种项目。必须通过签订合同、协议和契约等形式明确各方利益主体的责任，权益和义务，保证项目顺利实施。

2. 专门委员会

西方国家区域合作发展的一个比较成功的制度创新是建立专门委员会，专门委员会的主要职责是提供跨行政区的公共服务与产品，以及参与区域规划的制定并监督其实施，它可以否决地方政府提出的与经济区规划相矛盾的规划。专门委员会既要研究区域的资源与环境问题，又要研究经济发展与人口增长及社会结构、社会管理等方面的问题。这样就可以避免地方政府片面追求 GDP 增长、追求短期效应，盲目上大项目等现象。

在打造“大关中”区域建设的背景下，专门委员会可以对污染治理、固体垃圾处理、运输、土地利用、人力资源、公共产品提供、社会保障以及经济发展等方面为关中—天水经济区域内的各级政府制定的规划提出意见和建议。

3. 城市联盟

城市联盟指的是一个区域，这个区域由一个或多个历史形成的中心城市及围绕其周边的一系列城镇所组成，这些周边城镇在政治、经济、环境方面相互依赖，对外代表一个共同的身份，作为一个整体在贸易、商业和各种沟通交流活动中发挥作用。《规划》明确提出，加快推进西咸一体化建设，着力将打造西安成为国际化大都市。

（七）建立区域协调发展机制，提高人民生活水平，促进和谐社会的建设

加快关中—天水经济区发展的体制机制创新，利用市场机制、合作机制、互助机制和支持机制交互作用，既要保持经济区经济高速运转和增长，又要促进经济区社会协调发展，实现共同繁荣。这就要求提高教育、医疗、社会保障等公共服务的普及面和惠及面，逐步缩小城乡差别，推动经济区和谐社会建设。

教育方面，在现有科技、教育优质资源的基础上加快发展教育事业，普及初等教育，提高高等教育水平，大力发展职业教育。同时，还要加强对教育人才的培养，加强教育科学研究成果转化和推广工作；推进教育和科技信息化资源共

享。推动教育事业又好又快地发展，为“关中—天水经济区”的建设提供人才和智力支持。

医疗方面，完善医疗保障体制。建立覆盖经济区全部城乡居民的基本医疗卫生制度，完善公共卫生服务体系、基层医疗服务体系、基本医疗保障体系和药品供应保障体系。着重加强农村医疗服务体系建设，医疗保障要关注弱势群体，包括农民工以及农村留守的老人、妇女、儿童的保障，以及破产企业职工的保障、退休职工的保障等。加强城市和农村医疗卫生网络的建设，提升医疗救治能力和应对突发公共卫生事件、重大疫情、重大疾病、新发传染病等的快速应急处置能力。

人力资源和社会保障方面，要培养适合经济区建设的开放型、高素质人才，培养和引进并举，全面提高人才的国际化水平。推进统筹城乡就业体系建设，在关中—天水经济区实现充分就业。同时，在经济区率先建立覆盖城乡居民的社会保障体系，提高统筹层次和保障水平。完善社会救助体系，建设儿童福利院、敬老院、救助站、残疾人康复中心等社会福利和社会救助服务机构。

西安市计划生育老年人口的养老保障调查报告

陕西省社会科学院课题组 *

20 世纪 70 年代，中国开始实行计划生育政策，现在第一代独生子女的父母已跨进了 60 岁的门槛，逐步迈入老年人行列，即产生了计划生育老年人口这一特殊群体。由于家庭结构的特殊性，导致这一群体的生活状况也呈现一定的特殊性，他们的养老保障成为政府和社会关注的重要问题。计划生育老年人口是整个老年群体的组成部分，他们的生活状况和整个老年群体既有共同性，也有其特殊性，本报告通过对计划生育老年人和非计划生育老年人的调查对比，以分析探讨计划生育老年人的生活状况和养老保障需求，为建立和完善西安市城乡计划生育老年人口的养老保障制度提供实践基础和政策依据。

一　计划生育老年人口的生活状况及特征

（一）养老状况

由于计划生育政策的实行，家庭结构呈小型化和核心化，“4－2－1”家庭结构增多，一对独生子女夫妇将难以承受两对父母的养老负担，越来越多的独生子女的父母将面临养老的后顾之忧。特别是在独生子女发生意外伤亡的家庭中，失去唯一的家庭支持和精神支柱，老年的父母更陷入养老的困境。

1. 经济供养问题

关于经济供养问题，在接受调查的老年人中，靠退休金生活的老人比例最

---

* 课题组长：石英，陕西省社会科学院副院长、研究员；副组长：刘玲琪，陕西省社会科学院社会学研究所副研究员；成员：黄海涛，陕西教育学院助教；杨红娟，陕西省社会科学院社会学研究所副研究员；聂翔，陕西省社会科学院社会学研究所助理研究员。

多，占32.4%；其次是靠子女接济的老年人，占30.5%；靠工作或劳动收入的占14.1%；靠配偶收入的占8.5%；靠储蓄、房租、理财性收入及其他的占到14.4%（见表1）。可见，老年的经济供养情况并不乐观，自己有经济收入的老人不足一半，大多数老人靠配偶、子女、储蓄、房租、理财性收入及其他收入供养。城市老人主要靠退休金和子女接济，而农村老人主要靠子女接济和劳动收入。

表1　西安市老年人经济供养状况

单位：%

收入来源	整体	按居住地划分			按计划生育状况划分	
		城　镇	乡　村	城中村	计划生育户	非计划生育户
工作或劳动收入	14.1	9.3	35.8	1.9	14.1	14.2
退休金	32.4	43.5	8.5	22.2	45.9	29.4
配偶收入	8.5	8.7	9.3	6.8	7.6	8.7
子女接济	30.5	20.6	44.3	51.2	20.5	32.6
储蓄、房租和理财性收入	3.3	2.3	0.4	11.7	5.9	2.8
其他	11.1	15.7	1.6	6.2	5.9	12.3
合　　计	100.0	100.0	100.0	100.0	100.0	100.0

计划生育老年人口的经济供养问题更为突出。由于计划生育家庭人口少，经济来源就少，劳动抚养比显然低于多子女家庭。数据显示，计划生育老年人主要依靠退休金生活，比例占45.9%，比非计划生育户高16.5%；依靠子女接济的占20.5%，比非计划生育户低12.1%。农村的情况更为突出，独生子女的父母到了老年，经济状况更为窘迫。调查还发现，城市独生子女父母退休后加发5%退休金的政策，在一些困难企业就没有实行。我们在西勘社区调查时发现，独身老人的生活更加惨淡，退休职工去世后，没有工作的老伴每月只有280元生活费，日常生活难以维系。

2. 养老储备状况

关于目前拥有的养老储备，统计结果显示，拥有自己住房的老年人占48.9%，拥有国家养老保险的占14.3%，拥有商业化养老保险的占1.9%，拥有医疗保险的占27.9%，拥有专用养老储蓄及其他养老储备的占7.0%。从城乡差异分析看，农村老年人当中拥有自己住房的比例高于城市老人，比例高于城市17.6%；而城市老年人在享受国家养老保险方面的优越性则高于农村老年人，比例高于农村13.9%。总之，养老储备不足在西安市老年人口中是普遍存在的现象，大多数老年人都缺乏购买商业养老保险的经济基础（见表2）。

表2　西安市老年人目前拥有的养老储备状况

单位：%

养老储备	整体	按居住地划分			按计划生育状况划分	
		城　市	乡　村	城中村	计划生育户	非计划生育户
自己住房	48.9	44.7	62.3	49.2	48.2	49.2
国家养老保险	14.3	17.6	3.7	14.1	19.0	13.1
商业化养老保险	1.9	2.1	0.4	3.2	2.4	1.8
医疗保险	27.9	25.6	32.5	31.9	27.5	27.8
专用养老储蓄	1.1	1.4	0.7	0.5	0.4	1.3
其他	5.9	8.7	0.4	1.1	2.4	6.8
合　计	100.0	100.0	100.0	100.0	100.0	100.0

进入新世纪以来，由于计划生育优惠政策的有效实施，计划生育家庭养老保障被推向一个新的层次。从数据反映，计划生育家庭老年人享受国家养老保险的比例高于非计划生育家庭5.9%，显示了计划生育政策优越性。

3. 日常照料问题

关于日常生活照料问题，调查显示，30.8%的老年人是自己照顾自己，31.8%的老人由配偶照顾，33.3%的老人由家人及子女照顾，2.4%的老年人由亲戚、邻居和保姆照顾，1.5%的老人由社区人员的照顾。城市中的老人主要依靠自己和配偶照顾，而在农村和城中村，依靠家人及子女照料的比例最高。从计划生育状况看，计划生育户依靠自己照顾自己的比例高于非计划生育户12.1%，依靠子女照顾的比例低于非计划生育户5.5%，表现出明显差异（见表3）。

特别是生病后的照料问题，是受访老年人普遍担心的问题，一旦生病住院，由于子女少，将面临无人照料的困境。特别是独生子女父母的高龄化会导致照料需求的增加，尤其是到了晚年，疾病越多，照料的困难就越多。

表3 西安市老年人日常照料状况

单位：%

由谁照料	整体	按居住地划分			按计划生育状况划分	
		城　市	乡　村	城中村	计划生育户	非计划生育户
自己照顾	30.8	33.2	28.8	24.5	40.8	28.7
配偶	31.8	33.7	25.8	33.0	25.9	33.1
家人、子女	33.3	28.6	41.9	39.9	28.9	34.4
亲戚	0.7	0.5	1.5	0.0	1.0	0.8
邻居	0.9	0.8	0.7	1.6	1.5	0.5
保姆	0.9	1.2	0.0	1.1	1.5	0.8
社区人员	1.5	2.0	1.1	0.0	0.5	1.7
合　计	100.0	100.0	100.0	100.0	100.0	100.0

（二）生活状况

1. 日常消费情况

调查数据显示，老年人的日常消费主要在饮食和医疗上，分别占37.1%和31.5%；其次是学习、读书看报和文化娱乐，占14.2%；购买营养品占9.4%；体育健身占1.4%，租房及其他占3.2%。从城乡差异看没有太大区别，在饮食消费上城市稍高于农村，而在购买营养品和读书看报方面农村则高于城市，这可能与农村饮食单调和文化娱乐活动匮乏有关。从计划生育状况看，计划生育户与非计划生育户在日常消费上没有明显差异，在饮食及营养方面，计划生育户低于非计划生育户4.6%；而在学习、休闲、旅游、体育健身及资助家人方面，计划生育户则高于非计划生育户，说明了计划生育父母更注重精神文化方面的消费及对子女的关照（见表4）。

2. 劳动负担问题

计划生育家庭由于人口少，缺乏劳动力，使得农业生产劳动、家务劳动以及平日生活购物等无人帮助，老人承担了大部分生产生活的劳作。在农村调查中了解到，很多老年人特别是“留守老人”都是自己种地，同时还要照顾孙辈的生活，生活负担很重。调查时一位农民无奈地说：“农村人不像城里人，家务事和农活多，能干动都自己干，实在干不动了，就雇人干！”这反映了计划生育家庭面临着沉重的劳动负担。

表4　西安市老年人日常消费情况

单位：%

日常消费	整体	按居住地划分			按计划生育状况划分	
		城　市	乡　村	城中村	计划生育户	非计划生育户
饮食	37.1	38.6	33.5	36.3	35.9	37.3
医疗	31.5	31.7	30.3	32.2	31.7	31.3
营养品	9.4	7.9	14.4	8.3	6.8	10.0
资助家人	3.2	2.9	3.9	3.2	4.2	2.9
读书看报	9.0	8.2	11.8	8.6	8.4	9.2
租房	1.2	1.5	0.0	2.1	1.6	1.2
体育健身	1.4	1.5	1.1	1.5	1.6	1.4
学习	1.9	2.0	1.5	2.1	2.6	1.8
休闲娱乐	2.3	2.5	1.1	3.5	3.7	2.1
旅游	1.0	1.0	0.4	1.5	2.4	0.6
其他	2.0	2.3	2.1	0.9	1.3	2.2
合　计	100.0	100.0	100.0	100.0	100.0	100.0

3. 住房问题

如前所述，拥有自己住房的老年人只占被调查老年人总数的48.9%。而计划生育家庭拥有自己住房的老年人比非计划生育家庭低1%。在灞桥区六棉社区、陕水社区调查时，独生子女父母反映较多的是住房问题，过去是按家庭人口分配住房，政策规定独生子女可增加一个人口的分配面积，但在实际中都没有按规定执行，导致现在独生子女家庭住房紧张，有的甚至是三代同堂，有个别家庭的老人竟无处可居。

（三）精神慰藉

计划生育家庭很容易成为“空巢”家庭，孩子长大成家立业后，大多与父母分开居住，老年面临生活孤独、精神空虚的境况，父母的精神赡养问题日益突出。精神慰藉是老年人口养老保障研究中普遍使用的概念，当老年人在感到生活孤寂或遇到烦心事儿时，会主动寻找诉说对象，从而调节心态，抚慰心灵，家庭亲情是老年人精神慰藉的主要源泉。从调查数据可以看出，计划生育老人在有心事时，无人诉说的比例比非计划生育老人低1.8%；与家人及子女诉说的比例，比非计划生育老人低5.7%；而与亲戚、朋友、邻居和社区人员诉说的比例，则比非计划生育老人高8.1%。表明精神慰藉对于独生子女老年人是非常重要的（见表5）。

表5　西安市老年人在有心事时的诉说对象

单位：%

诉说对象	整体	按居住地划分			按计划生育状况划分	
		城　市	乡　村	城中村	计划生育户	非计划生育户
无人诉说	8.3	10.3	2.5	10.7	37.3	39.1
家人、子女	38.8	38.3	39.0	40.4	30.4	36.1
配偶	35.0	38.2	28.9	33.7	8.3	8.3
亲戚	7.5	4.2	14.3	7.9	11.1	6.7
邻居	6.3	4.8	10.2	5.1	7.8	5.9
社区人员	2.2	2.0	3.8	0.0	3.7	1.9
其他	1.9	2.0	1.3	2.2	1.4	2.0
合　　计	100.0	100.0	100.0	100.0	100.0	100.0

（四）医疗状况

近年来西安市在城乡分别推行了居民医疗保险和农村合作医疗制度，再加上企事业单位职工享受的国家医保待遇，总体参保率应当有所提高，但从表2显示的数据来看，享有医疗保险的只有27.9%，这个参保率比想象中的要低，这反映出有相当多的老年人还没有参加城市居民医疗保险和农村合作医疗。

调查结果显示，在老年人的消费支出中，医疗支出占整个消费支出的1/3（见表4）。医疗消费支出所占比例之高，令人难以想象，医疗费用已经成为老年人的一大负担。从农村医疗消费支出低于城市的比例看，农村老人“大病看不起，小病扛”的现象更为严重。计划生育户的老年人医疗消费高于非计划生育户0.4%，差别虽不是很大，但也能反映出计划生育老年人面临的医疗问题相对要多一些。

二　计划生育老年人养老保障需求评估

老年人特征与人口特征一样，具有自然属性和社会属性。自然属性的特征如性别、年龄、身体健康状况等，社会属性的特征如文化程度、婚姻状况、计划生育状况、经济状况、居住地域、职业类型等。老年人的不同特征及个体间的差异性，必然导致养老保障需求的差异性。这里我们仅选择老年人的某些社会特征进行差异分析。

（一）老年人的养老意愿及差异分析

老年人的养老意愿，随老年人的不同特征表现出一定的差异性。总体来讲，老年人在选择养老方式的态度上，选择家庭养老方式的比例最大，达到46.2%；其次为自我养老，比例为30.8%；再次为社区养老和养老院养老，比例分别为9.9%和9.0%；选择土地养老的比例最小，仅为4.1%（见图1）。

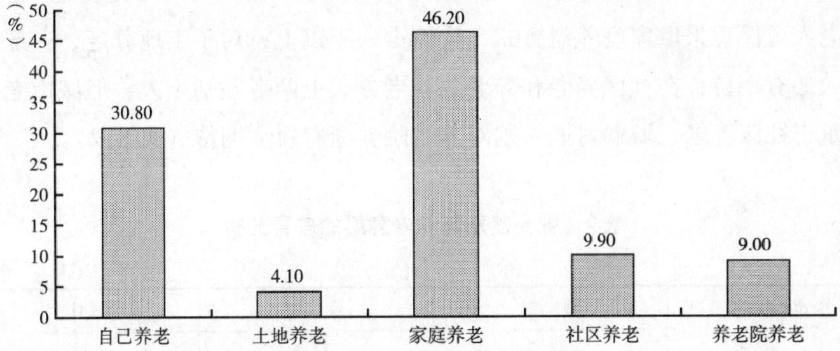

图1　西安市老年人的养老意愿

1. 婚姻状况与养老意愿的差异分析

表6显示：有配偶和丧偶老人在自己养老方式这一选择上比例相近，有1/3多的人选择此项，而离婚老人选择这一方式的只有20%；选择家庭养老方式的，有配偶的老年人高于丧偶和离婚的老人；而丧偶和离婚的老人中更多地愿意选择社区养老，特别是离婚老人中有15%选择此项，比有配偶老人高出两倍还多；离婚老人中也有更大比例愿意采取养老院养老方式，比例比有配偶老人高22.3%。

表6　婚姻、计划生育状况与养老意愿的差异分析

单位：%

养老意愿	婚姻状况			计划生育状况	
	有配偶	丧偶	离婚	计划生育户	非计划生育户
自己养老	33.5	33.9	20.0	31.6	30.8
土地养老	4.5	2.2	0.0	2.9	4.4
家庭养老	47.0	40.9	35.0	33.3	48.8
社区养老	7.3	12.9	15.0	14.0	9.0
养老院养老	7.7	10.2	30.0	18.1	7.0
合　计	100.0	100.0	100.0	100.0	100.0

2. 计划生育状况与养老意愿的差异分析

表6显示：计划生育户的老年人更多倾向于自己养老、社区养老和养老院养老，比例分别高于非计划生育户0.8%、5%和11.1%；而选择家庭养老的老年人，非计划生育户则高于计划生育户15.5%，表现出明显差异。反映了计划生育老年人由于其家庭养老功能的弱化而做出的不同于非计划生育户的选择。

3. 城乡差别与养老意愿的差异分析

调查显示：城市中有更多的老人倾向于自我养老方式，比例高达38.3%；农村老人更愿意采取家庭养老方式，比例占一半以上；对于土地养老，一部分农村老人还有期待；在社区养老和养老院养老方式上两者差别不大，但城市老年人更侧重于社区养老，城中村老人则对养老院养老有较大期待（见表7）。

表7 城乡差别与养老意愿的差异分析

单位：%

养老意愿	城市	乡村	城中村
自己养老	38.3	21.6	13.8
土地养老	2.9	8.5	1.5
家庭养老	40.9	53.4	56.9
社区养老	10.3	9.3	9.2
养老院养老	7.7	7.2	18.5
合计	100.0	100.0	100.0

（二）老年人面临的主要困难及差异分析

了解老年人面临的问题和困难，是政府实施民心工程的出发点和落脚点。单个老年人的困难，可能反映的是一个个体的具体问题。许多老年人的困难，如果集中到了某一个问题或事件上，说明那个问题就是带有倾向性的社会问题。

调查结果显示，老年人心中的牵挂和目前面临的主要困难有：反映经济方面的困难占主要地位，包括“经济收入少”、“担心物价上涨”、“无养老保险”和“没有生活来源”等，分别占35.5%、33.6%、30.6%和29.6%，排在第二、第三、第四、第五位；医疗保健方面的问题，包括“看病难看病贵”、“无医疗保障”，分别占59.2%和21.7%，排在第一、第七位；反映精神心理方面的问题和压力的也为数不少，包括“文化生活缺乏”、“心理比较孤独”、“家庭关系不融洽”、“子女不在身边”、“担心子女的前途”等；生活方面遇到的困难有“体弱多病”、“不能劳动或工作”、“没人照顾”、“家务活重”、“居住条件差”、“交通不方便”及其他等。总之，经济收入和医疗保健是老年人最为牵挂的两件事情，这当然应该成为政府养老保障政策设计中的重点议题（见表8）。

表8　老年人心中的牵挂和目前面临的主要困难

问题和困难	响应数	响应百分比(%)	有效百分比(%)	排序
不能劳动或工作	136	5.3	17.0	8
没生活来源	237	9.3	29.6	5
无养老保险	245	9.6	30.6	4
看病难看病贵	474	18.6	59.2	1
无医疗保障	174	6.8	21.7	7
心理比较孤独	41	1.6	5.1	15
文化生活缺乏	44	1.7	5.5	13
没人照顾	43	1.7	5.4	14
体弱多病	176	6.9	22.0	6
交通不方便	57	2.2	7.1	12
居住条件差	78	3.1	9.7	11
家庭关系不融洽	10	0.4	1.2	18
子女不在身边	113	4.4	14.1	10
担心子女的前途	129	5.1	16.1	9
家务活重	18	0.7	2.2	16
经济收入少	284	11.2	35.5	2
担心物价上涨	269	10.6	33.6	3
其他	16	0.6	2.0	17
合　计	2544	100.0	317.6	

注：由于本题为多项选择题，故有效百分比之和大于100%。

1. 计划生育状况与困难的差异分析

调查数据显示：计划生育老年人在“看病难看病贵”、“子女不在身边”、“担心子女的前途”、“家务活重”、“经济收入少”、“担心物价上涨”等生活照料和经济方面的担忧和困扰比非计划生育户多；而非计划生育户在“不能劳动或工作”、“没生活来源”、“无养老保险”、“无医疗保障”、“体弱多病”、“交通不方便”等身体健康和社会保障方面的困难较计划生育户多一些。反映了计划生育老年人虽然子女少，家庭养老功能弱化，但享受到政府的计划生育优惠政策，解决了一些生活困难和养老的后顾之忧，但生活照料和精神赡养方面仍存在不少困惑，有待于政府和社会的关注和支持（见表9）。

表9　按城乡、计划生育状况划分的老年人面临的主要困难

单位：%

牵挂和困难	按城乡划分			按计划生育状况划分	
	城　市	农　村	城中村	计划生育户	非计划生育户
不能劳动或工作	6.3	3.4	.8	4.0	5.6
没生活来源	7.3	14.9	8.1	8.3	9.6
无养老保险	8.2	12.7	10.3	7.6	10.0
看病难看病贵	17.8	19.6	20.4	19.4	18.5
无医疗保障	7.6	5.8	5.5	4.7	7.2
心理比较孤独	2.1	0.6	1.5	1.4	1.7
文化生活缺乏	1.6	1.6	2.5	1.7	1.8
没人照顾	1.9	1.1	2.0	1.7	1.7
体弱多病	8.2	6.0	3.8	4.5	7.4
交通不方便	2.7	0.9	2.8	0.9	2.5
居住条件差	3.5	3.0	1.5	2.6	3.2
家庭关系不融洽	0.5	0.3	0.3	0.2	0.4
子女不在身边	4.8	2.2	6.5	5.5	4.2
担心子女的前途	5.2	3.8	6.5	6.4	4.8
家务活重	0.5	1.4	0.3	0.9	0.7
经济收入少	10.8	13.2	9.3	15.2	10.4
担心物价上涨	10.3	9.1	13.9	14.2	9.9
其他	0.9	0.5	0	0.7	0.6
合　　计	100.0	100.0	100.0	100.0	100.0

2. 城乡差别与困难的差异分析

从表9可以看出，老年人心中的牵挂和面临的主要困难明显地存在城乡差异，城市老年人主要在“不能劳动或工作”、“体弱多病”、“无医疗保障”、“心理比较孤独”、“担心子女的前途”、“交通不方便”及“居住条件差”等身心健康及居住外出等方面存在的困难，而农村老年人则更多面临“没有生活来源”、“经济收入少”、“看病难看病贵”等经济方面的困难。因此增加农民收入仍是解决“三农”问题，缩小城乡差别的主要问题。

（三）老年人对政府养老保障政策的期盼及差异分析

关于老年人对政府养老保障政策的期盼和希望，调查结果显示：老人们最期盼的是希望享有医疗保险，其次是解决经济生活问题。有77.2%的老年人希望“降低看病医药费”，排在首位；有53%的老年人希望“享有医疗保险”，排在第二位；有一半的老年人建议让“更多困难老人享有低保”，排在第三位；也有近一半的老年人希望“享有养老保险”，特别是农村老年人希望“享有养老保险”，分别排在第四、第八位；有近1/3的老年人希望“享有老年法律保障”；有1/5的老年人希望“兴办老年活动娱乐场所”；有1/5的老年人希望在社会上“大力弘扬敬老爱老之风”；还有部分老年人希望“兴办养老机构”，包括“建一些高档养老院”；“加大社区上门服务”，“提供老年人交友平台”、“增加心理咨询服务”等（见表10）。

表10　老年人对政府养老保障政策的期盼和希望

期盼和希望	响应数	响应百分比(%)	有效百分比(%)	排序
更多老人享有医疗保险	440	15.3	53.0	2
降低看病医药费	641	22.2	77.2	1
更多困难老人享有低保	414	14.4	49.9	3
鼓励兴办养老机构	129	4.5	15.5	9
办老年活动娱乐场所	168	5.8	20.2	7
维护老年人权益	241	8.4	29.0	5
更多老人有养老保险	253	8.8	30.5	4
大力提倡敬老爱老观念	180	6.2	21.7	6
提供老年人交友平台	40	1.4	4.8	11
加大社区上门服务	113	3.9	13.6	10
增加心理咨询服务	36	1.2	4.3	12
多关心计划生育户老人	30	1.0	3.6	14
建一些高档养老院	22	0.8	2.7	15
农村养老保险政策	144	5.0	17.3	8
其他	32	1.1	3.9	13
合　计	2883	100.0	347.3	

注：由于本题为多项选择题，故有效百分比之和大于100%。

老年人的期盼和愿望主要集中在以下七个方面：一是医疗保障问题；二是老年生活问题，包括能够享受低保和养老保险；三是权益维护问题；四是养老机构问题；五是社区服务问题；六是精神慰籍问题；七是计生家庭关怀问题。可见，医疗保障和经济生活仍然是老年人最为关心的两大问题。老年人权益保障问题也表现得日益突出，应作为养老保障体系建设中的法律问题和法治意识培养问题纳入规划。

1. 计划生育状况与希望的差异分析

与前面的困难分析相对应，计划生育老年人更多希望在“多关心计划生育户老人”、“降低看病医药费”、“鼓励兴办养老机构”、“办老年活动娱乐场所”、“加大社区上门服务”、“建一些高档养老院”、“增加心理咨询服务”等社会养老保障方面问题得到社会各方面的关注；而非计划生育户的老年人在“更多困难老人享有低保”、“更多老人享有养老保险”、“农村养老保险政策”和“大力提倡敬老爱老观念”等经济供养方面对政府提出殷切的希望（见表11）。

表11 按城乡、计划生育状况划分的老年人对养老保障政策的期盼

单位：%

期盼和希望	按城乡划分			按计划生育状况划分	
	城 市	农 村	城中村	计划生育户	非计划生育户
更多老人享有医疗保险	14.6	17.1	15.0	15.6	15.2
降低看病医药费	21.9	21.9	24.1	23.3	22.0
更多困难老人享有低保	12.7	17.7	16.0	11.0	15.1
鼓励兴办养老机构	4.5	4.4	4.6	4.7	4.3
办老年活动娱乐场所	7.5	2.9	3.5	6.1	5.8
维护老年人权益	9.1	6.4	8.6	8.2	8.5
更多老人有养老保险	8.6	10.3	7.2	3.4	5.3
大力提倡敬老爱老观念	6.8	5.9	4.4	5.5	6.5
提供老年人交友平台	2.0	0.3	0.5	1.1	1.5
加大社区上门服务	4.4	2.4	4.2	5.5	3.6
增加心理咨询服务	1.6	0.9	0.5	1.5	1.2
多关心计划生育户老人	1.1	1.2	0.7	3.4	0.5
建一些高档养老院	0.7	0.6	1.4	1.9	0.5
农村养老保险政策	2.9	8.0	9.0	3.4	5.3
其他	1.7	0.0	0.5	0.9	1.2
合 计	100.0	100.0	100.0	100.0	100.0

2. 城乡差别与希望的差异分析

表11显示，从城乡比较来看，城市中有更多的老人倾向于精神生活及社会

服务方面的诉求，希望“兴办老年活动娱乐场所”、“维护老年人权益”、“大力提倡敬老爱老观念”、“提供老年人交友平台”、“加大社区上门服务”、“增加心理咨询服务”等，城中村的老年人在“降低看病医药费”、“建一些高档养老院”、“享有农村养老保险政策”等方面寄予更多的希望，而农村的老年人的希望更多倾向于“享有养老保险”、“医疗保险”、“困难老人享有低保”等方面政策的完善。

三 完善老年社会保障政策，加强计划生育养老保障工作

陕西省已进入人口老龄化社会，人口老龄化的过快发展，会给社会经济发展带来一定的压力。应对人口老龄化的总政策就是努力协调一切积极因素，加速完善老年社会保障体系，保持经济社会的可持续发展。与此同时，国家相继出台了许多关于建立和完善社会保障体系的普惠政策。梳理计划生育养老保障优惠政策，使其和国家养老保障普惠政策对接，形成一套兼容统筹的计划生育养老保障体系。

（一）老年人经济保障对策

1. 把城镇社会养老保险工作继续向前推进

继续做好城镇企业职工基本养老保险的扩面工作，把该纳入而未纳入的城镇企业所有务工人员全部纳入其中。同时，建议尽快出台城镇居民养老保险政策，解决具有城镇户口而从未参加过工作、没有享受过任何养老保险的老年人的养老问题，建立全民基本养老保险制度。

2. 积极推行“新农保”制度，为消除农村老年贫困奠定坚实基础

2008 年陕西省建立了新型农村社会养老保险制度，但是，目前仅在全省 10% 的县（市、区）开展试点，计划争取 3 年内实现陕西新型农村养老保险全覆盖。建议西安市提前一年实现全覆盖，同时，可适当提高基础养老金补贴标准。对无力参保的贫困人群特别是老年人，由政府帮助参保，不能把因贫困而无力参保的弱势群体排除在政策之外。计划生育家庭参加“新农保”，可效仿“新农合”对计划生育家庭的优惠政策，采取用“普惠”+“特惠”的措施，减少计划生育家庭父母和子女个人缴纳部分的额度。

3. 建立农村基本养老金制度

改善民生是当前政府关注的焦点。建议政府的投入真正用到民生上，应在农村社会养老保障制度改革中有所创新。建立农村基本养老金制度，给农村65岁以上老年人发放养老金，解决基本生活来源问题。提出这一建议的理由有三：第一，它无疑是向城市基本养老保险制度接轨迈进的坚实的一步，有利于缩小城乡差别；第二，因为目标人群有限，西安市农村老年人占总人口的比例大约在8%左右，就目前的财力状况是可以负担得起的；第三，它对目标人群能够提供真正意义上的社会养老保障，而不是蜻蜓点水或撒胡椒面；第四，它与农村计划生育家庭奖励扶助制度并行不悖，不会对奖励扶助制度造成冲击，也就是说计划生育老年人可同时享受“双保险”。这样既解决了所有老年人的基本生活问题，又体现了对执行计划生育政策人口提供的优惠。

4. 继续实施好计划生育三项基本优惠政策

计划生育三项基本优惠政策是：农村部分计划生育家庭奖励扶助制度，即农村独生女父母年满55周岁，独生子和双女户的父母年满60周岁，每人每月发给60元补助金；城市独生子女父母男年满60周岁、女年满55周岁按全省职工月平均工资的5%发给补助金；计划生育家庭特别扶助制度，即独生子女未满18周岁发生意外伤残或者死亡，其父母不再生育或者收养子女的，按月给予生活补助。这三项重要的计划生育优惠政策覆盖了全省城乡全部计划生育家庭，为今后计划生育养老保障工作奠定了基础。今后，随着经济社会的发展，应逐步提高补助标准，帮助计划生育家庭增强养老保障的经济供给能力。

（二）老年人医疗保障对策

1. 扩大基本医疗保险的覆盖范围

陕西省自推行城镇职工医疗保险、城镇居民医疗保险和农村新型合作医疗制度以来，对城乡职工和居民医疗保健起到了积极作用，但提高参保率仍然是后续工作的重点之一。据全省医疗保险扩面工作电视电话会议上获悉，三年内陕西省要实现基本医疗保险全覆盖，城镇职工医疗保险、城镇居民医疗保险和新农合参保率要达到90%以上。建议加大扩面力度，把参保率指标提高到95%以上，重点关注城镇非从业人员、关闭破产和困难企业的退休人员、失业和下岗再就业人员、灵活就业人员、大学生、进城长期务工的农民工、计划生育老年人和儿童。

2. 把农村"新农合"中对计划生育家庭的优惠政策引向城镇

2008 年以来，西安市在城镇居民中推行了城镇居民医疗保险。这一险种以家庭为单位，把没有加入职工医疗保险的市民（主要是老人和儿童）全部纳入其中。我们看到，这项保险没有体现对城镇独生子女及其父母的优惠。建议在城镇居民医疗保险中，按照"新农合"的做法，减少独生子女及其父母参保的个人缴纳部分的额度。

（三）老年福利服务对策

1. 以产业化市场化方向发展老年服务事业

老年服务事业是以满足老年人对服务产品需求为目标的各种产业的综合，其满足方式以市场化运作为主。对于政府如何促进老年服务业的发展，提出如下建议：第一，在制定现代服务业发展规划时，把老年服务业考虑在内；第二，建立健全扶持老年福利服务产业发展的政策法规体系，逐步加大对养老服务业的投入；第三，推行政府购买服务，可以通过各种方式提供财政补贴，建立示范性社区老年照料服务中心。

2. 有计划地进行养老机构建设

从老年人的实际需要出发，对建设数量、规模、档次、布局等，都应在调查研究的基础上，经过周密细致的科学论证，制定建设规划，让每一座养老机构建成后，其申请入住率和老年人满意率均能达到设计要求。加大公共财政对养老服务机构的投入力度，同时，对现有养老机构，加强科学规范管理，根据不同地域和老年人的不同需求，调整规模、档次，加强硬件设施建设，提高服务人员素质。加大对民办养老服务机构的资金投入和政策优惠，吸引、扶持社会力量共同参与，扶持福利性、非营利性民办养老服务机构的发展。

西安市民办养老机构可持续发展研究

杨红娟　刘莹*

随着人口老龄化的不断发展和家庭结构的小型化、人口流动的日益加剧，老年人养老保障问题日益凸显。为应对未来社会老龄化的挑战，在政府引导下，中国逐渐形成以家庭服务为基础、社区照顾为依托、机构供养为补充的养老模式，促进了人口与经济、社会的和谐发展。

20世纪90年代中国开始出现民办养老机构。1999年，民政部出台的《社会福利机构管理暂行办法》，为民办养老机构的规范发展提供了法律支持，为社会力量兴办养老机构创造了有利的条件，促进了民办养老机构蓬勃发展。逐渐改变了国办福利机构一统天下的格局，投资主体多元化开始出现。但由于我国民办养老机构发展时间短、经营经验不足、资源整合能力有限等因素的制约，民办养老机构存在诸多不足。与此同时，随着老龄化社会的到来和发展，庞大的老年群体在入住养老机构和日常生活照料、精神慰籍、心理调适、康复护理、临终关怀等方面的服务需求呈增长态势；而且随着经济发展和养老需求的不断扩大，民办养老机构成为社会化养老最具活力、发展速度最快的社会化养老方式之一。

一　西安市民办养老机构发展的背景分析

（一）西安市人口老龄化的发展特征

（1）老龄化速度不断加快。据统计，2000年西安市60岁以上人口已达到74.39万人，占人口总数的10.23%，标志着西安已进入人口老龄化阶段；2005年60岁以上人口比例进一步达到13.41%；2008年底，这一数字又提高到

* 杨红娟，陕西省社会科学院社会学研究所副研究员；刘莹，西北大学应用社会科学系副教授。

14.83%，老龄人口增加速度不断加快标志着西安已经进入了深度老龄化阶段。

（2）高龄老人增长速度加快。2005年，全市80岁以上高龄老人占老龄人口的8.68%，2008年，这一比例达到12.1%。根据2008年的统计，西安有90岁以上老年人7600多名，100岁以上老年人102名。

（3）空巢老人不断增加。2000年，空巢家庭户仅为老年人口户数20.57%，独居老人占老年人口的17.9%，但到2008年底，全市空巢老人占老年人口的49%以上，空巢老人数量急剧上升。

（4）失能老人数量巨大。根据2005年陕西省1%人口抽样的比例，西安60岁以上人口中，身体健康的老人占66.76%，基本能保证正常的工作生活的老人占24.02%，不能正常工作或生活不能自理者占7.96%。如果以这样的比例计算，到2008年底，西安市失能老人的数量接近10万人。

人口老龄化、高龄老人数量增加、空巢家庭不断增长以及失能老人数量的刚性存在，对西安市的社会化养老提出了更高的需求。

（二）相关概念：机构养老与居家社区养老

研究发现，近年来中国老人的实际养老方式日益多样化，主要包括家庭养老、机构养老、居家社区养老以及自我养老。其中社会化养老方式主要为机构养老和居家社区养老。

机构养老是指，只要按月交纳规定的费用就可获得专门为老年人提供护理、食宿、照料的各种福利院和敬老院的养老模式。它能减轻家庭成员因照顾老人而承担的压力，缓解家务劳动所带来的各种矛盾，使老人得到较为集中的照顾和有秩序的生活。老人在院舍中可以参与同辈群体的交流，对增进老人的身心健康创造了有益的条件。

居家社区养老是建立在个人、家庭、社区和国家基础之上的，以居家养老为形式，以社区养老网络为基础，以国家制度政策法律管理为保证，家庭养老和社会养老相结合的养老体系。

自我养老指既不靠子女和亲属（或无从依靠），又没有离退休金的社会保障，主要靠储蓄、劳动收入或其他收入（如租金、股金）来维持生计的养老模式。

（三）老年人群的社会化养老意愿分析

（1）居住方式对老人养老意愿的影响。研究结果表明，老年人居住方式与生活质量关系密切，以“同巢而居”最好，“分巢而居”次之，“空巢独居”最差。因此，社会机构养老或社区养老成为“空巢老人”养老的一个比较好的选择。为老人提供一个“分巢而居”的机会成为社会的责任。①

居住方式可以反映老人对社会养老支持的潜在需求。根据西安市统计局的统计，2008 年全市空巢老人占老年人口的 49% 以上，独居老人占老年人口的 17.9%。我们的调查也反映了这一估算，在课题组对西安市城乡 819 名老人进行的抽样调查中，表1 显示，在西安市，有 15.1% 的老人为独居的生活方式，46% 的老人只与配偶居住，属于空巢家庭，这些老年人由于身体机能逐步退化，自我照料及相互照料功能弱化，极易发生突患疾病或意外事故等问题，非常需要所在社区提供照顾或依赖养老机构照顾。

表1 老人居住方式

单位：%

居住方式	比 例	居住方式	比 例
独 居	15.1	子女及配偶	14.0
配 偶	46.0	孙子女	4.9
子 女	41.1	其 它	0.5

（2）老人对养老机构养老意愿分析

在老人对养老机构的意愿中，大约有 18.3% 的老人愿意去养老院养老，另有 20.6% 的老人还没有考虑，在“还没有考虑”的人群中可能有部分老人是潜在的养老院养老的选择者。表明现今的老年人的养老观念发生了比较大的变化，有更多的老人认可并接受了机构养老的方式（见表2）。

（3）老人去养老机构养老原因分析。老人为什么愿意选择去养老院，“家里无人照料”成为老人们的首选；“家里寂寞孤单”和“居住条件差”也成为主要

① 张玉银、郑军、范平：《居住方法对老年人生活质量的影响》，见《中国疗养医学》2007 年第 4 期。

表2　您是否愿意去养老机构养老

单位：%

老人意愿	比　例	老人意愿	比　例
愿　意	18.3	还没有考虑	20.6
不愿意	61.1		

的原因；认为“养老院的集体生活快乐”，为我们分析老人选择养老院养老提供了分析的视角，也向养老院提出了更多的要求，更多的老人希望通过去养老院养老找到生活的快乐）（见图1）。

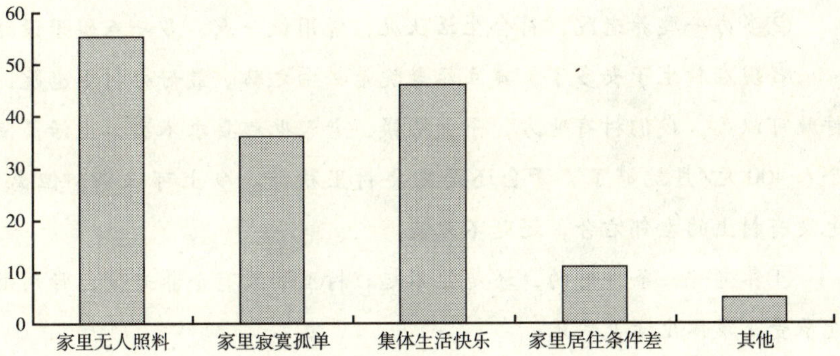

图1　老人愿意去养老院的原因

另一方面的调查显示，“家里生活习惯了”、“经济负担重”成为老人不愿意去养老院的最主要的原因（见表3）。目前的状况是，西安全市各类老年福利机构平均入住率已达到90%，少部分服务质量高、管理规范、设施完备、综合实力较强的老年公寓，甚至出现了入住需要排队预约的情况。

表3　老人不愿意去养老机构的原因

单位：%

	比　例		比　例
经济负担重	32.5	家里生活习惯了	40.9
不适应集体生活	7.2	其他	7.1
享受天伦之乐	12.4	合　计	100.0

小组访谈显示，更多的老人希望在社区养老，认为社区养老是一种比较经济又能不脱离自己原来的生活环境和社会关系的合适的养老方式，特别是农村老人，认为只有在自己村里建一个养老或托老机构是最好的选择，这样会生活得比较舒服，也心安。

小组访谈显示的部分农村老人对养老机构的期待：

①有些人不愿意去养老院，有钱愿意雇人照顾自己。有一个人去过养老院考察，有各种类型的，条件好的，费用高，1000 多元一个月，不适合自己。看那里的老人都没精打采的 ，看着很寂寞。对县上的养老院不了解，听说条件差，是那些五保户、无依无靠的人才去的。村里的五保户住在亲戚家，没有去养老院的。

②多办一些养老院，符合生活状况，费用低一点，多一点娱乐设施。

③现在独生子女多了，建立养老院是必由之路。最好办村养老院，有条件就可以办，我们村有地方，子女给钱，老人也都要求不高，生活简陋，两个人 400 元/月就够了。资金还是需要村里扶持。乡上可以搞，但离家远，也没有村上的左邻右舍，还是不方便。

④养老院，条件好的，还是住不起。村里如果有个养老院，费用低，人能承受，集体生活也快乐。

⑤在村里集体住着，会比较好，想家里，可以随时到家里看看。

表 4 显示，尽管有将近 20% 的老人希望通过社会养老机构取得养老服务，但目前的现实情况让我们感觉到并不乐观，调查显示，30.8% 的老人自己照顾自己，31.8% 的老人由配偶照顾，33.8% 的老人由家人照顾，只有 1.5% 左右的老人取得了社区人员的照顾。因此，目前老人社会化养老的需求基本处于难以满足的状态。

表 4　老人目前日常照料状况

单位：%

	响应百分比		响应百分比
自己照顾	30.8	邻　居	0.9
配　偶	31.8	保　姆	0.9
家　人	33.3	社区人员	1.5
亲　戚	0.7	合　计	100.0

以上分析表明，西安有将近20%老年人表达了对机构养老的需求，也就是说，有20多万西安老人愿意通过各种社会化机构实现养老。而老人们更愿意在民办养老机构养老，说明他们对民办养老机构的认可，可见西安市民办养老机构具有广阔的发展空间。而要将这些潜在的老人需求变为实际入住养老院，需要养老机构从数量和质量上提供更多更好的能够满足老人需求的服务。

二　西安市养老机构发展现状

（一）西安市养老机构发展历程

（1）公办养老机构的发展。20世纪80年代，西安市开始出现了第一批包括未央区草滩敬老院、未央区三桥老年公寓、莲湖区寿星乐园等较具规模的养老机构，这些养老机构均为公办性质，是政府开办或政府与集体合办的面向特殊老年群体的社会福利机构。20世纪90年代，各区县相继开办了一些同样性质的养老院。近年来，西安市委、市政府高度重视养老机构建设，先后投资4100万元，用于老年福利机构设施建设。在市政府加大资金投入的带动下，各区县政府也加大了对养老服务机构的投入，公办敬老院建设取得了长足发展。

（2）民办养老机构的发展。随着我国人口老龄化社会的到来，养老社会化的需求刺激着养老服务机构的发展。特别是1999年民政部出台的《社会福利机构管理暂行办法》对养老机构的发展产生了极大的推动作用。加之人口老龄化的不断加剧、家庭养老功能的弱化，公办养老机构无论是数量还是质量都远不能满足社会需求，民办养老机构便应运而生，并迅速发展起来。西安的民办养老机构最早出现于1998年。

进入21世纪，随着西安社会老龄化的到来，高龄、“空巢”、失去自理能力老人日益增多，养老需求快速增长，传统的单一家庭养老方式已经难以适应现代经济社会发展引起的家庭结构和家庭养老形态的变化。民办养老机构得到迅速发展，在种类、规模以及服务方式上不断增长，为缓解老龄化带来的社会压力做出了贡献。

2003年以后，西安新办养老机构大多为民办的养老服务机构，到2006年，西安全市共有老年福利机构83个，其中属于社会力量兴办的机构有31

个。2008 年西安市政府出台了《关于加快实现社会福利社会化的实施意见》，极大地鼓励了社会力量对养老机构的投入热情，社会力量申办新建养老服务机构 25 家，总投资达 2.4 亿元，新增养老床位 6866 张，比历年累积养老床位之和还多。在养老机构的不断发展和逐步规范下，西安养老机构正在形成独特的养老服务行业。

截至 2009 年底，西安市共有养老服务机构 111 家，养老总床位为 2.4 万张。虽然近几年养老服务机构从规模和质量上有较大的提升，但从数量上来说，平均每 100 位老人才摊 1.9 张床位，大大低于发达国家 5% ~7% 的水平，现实与日益增长的老年人口社会化的需求存在着很大的差距。

养老机构发展历程表明，养老机构的规范化、规模化和可持续发展需要政府的大力支持和依法监管。

（二）西安市促进养老社会化的政策措施

2000 年，国务院办公厅转发了民政部等部门联合发出的《关于加快实现社会福利社会化的意见的通知》；2005 年，民政部下发了《关于支持社会力量兴办社会福利机构的意见》；2006 年，国务院办公厅转发全国老龄委办公室和发改委等部门联合发出的《关于加快发展养老服务业意见的通知》。在规划、建设、税费减免、医疗、用地、用水、用电等方面提出了一系列优惠扶持政策，鼓励和支持企事业单位、民间组织、个人等社会力量投资兴办养老机构。

2008 年，西安市政府出台了《关于加快实现社会福利社会化的实施意见》，推出了 14 项优惠政策扶持社会养老服务业，包括了对民办养老机构进行公共财政补贴，并提出了明确的补贴标准。《实施意见》规定：对福利机构的建设用地优先安排；市、区县在制定城市居住规划时，无论是新区建设还是旧区改造，都应将社会福利设施特别是老年服务设施纳入公共设施统一规划；经县以上人民政府民政部门审批同意筹建的社会福利机构，发改委和规划、建设等部门要优先立项、优先办理规划手续、优先完善社会福利机构周边的城市基础设施，并免缴城市基础设施配套费等；对获得民政部门批准的社会福利机构，暂免征收企业所得税，对其提供的育养服务免征营业税等；对获得民政部门批准设置的社会福利机构，用水、用电、用气按居民生活类价格执行，使用电话及办理其他有关电信业务执行住宅电话交费标准；对新建的社会福利机构，城六区范围内每张床位给予一次性补贴3000元，城六区范围外每张床位给予一次性补贴2000元，在建成运营1年后分3年拨付；对贫困老人及其他需要帮助的“空巢老人”、单身老人、高龄老人等，可由政府出资购买社会公益岗位，为老人提供无偿或低偿入户服务和送时服务等。

2009年，西安市先后出台了《西安市人民政府关于加快发展养老事业的意见》、《西安市资助社区居家养老服务中心（站）实施细则》、《西安市资助爱心护理院实施细则》等一系列促进民办养老服务机构发展的配套文件，对《关于加快实现社会福利社会化的实施意见》提出的优惠政策进行细化，积极鼓励社会力量兴办养老服务机构。

（三）西安市养老机构发展现状

西安市现有养老社会化服务机构，可以划分为两种类型，一种为不完全脱离家庭的社区养老服务机构，包括在社区建立养老服务中心及托老所；另一种为完全脱离家庭的养老服务机构，包括由福利院、养老院、敬老院、老年公寓，护理院等，其中养老院、社会福利院和敬老院是我国传统的养老机构，是政府开办或政府与集体合办的面向特殊老年群体的社会福利机构。在西安市属各区县一般都会有一所这样的机构；老年公寓和托老所是面向全部老年对象的养老机构，一般以民办为主，政府和集体进行扶持，允许在政府的监督下收取合理的费用以满足实际的需要，可以略有盈余，以备机构的生存和发展所需，西安80%的养老机构都属于这种机构；护理院的服务对象主要为高龄老人和身体不能自理的老人，为他们提供包括专业护理、医疗服务、康复保健、文化娱乐和临终关怀服务，这种护理院在西安乃至全陕西省仅有一所，成立于2009年的“碑林区第一爱心护理院”。

（1）社区养老服务机构。目前，西安的社区养老服务可以分为由政府“埋单”的社区养老福利服务和“民办公助”社区养老服务两种形式。

由政府“埋单”的社区养老福利服务，主要是通过招聘有志于从事居家养老服务的工作人员、特别是“4050”人员，组成关爱老人服务队伍，为老人提供送时服务、上门服务。如灞桥区席王街办的汽配社区春意居家养老服务站、西安市红专南路社区和长庆西仪服务处合办的居家养老服务站、三桥社区的养老服务站等都进行了有益的尝试。这些养老服务机构主要是专门照料社区内的独居或空巢老人，为需要照顾的老人提供诸如购买生活必需品及入户服务。一些老人在邻居的陪伴和照顾下，基本生活问题得到了解决，老人生活满意率较高。西安市未央区推行的"居家养老服务"、"日托养老"、"志愿助老"、"信息化养老"等服务模式都属于社区养老服务的范围，通过社区定期为老人提供身体检查护理和家政服务、"朝至夕归"托老服务，并将社会福利机构、街道社会化养老服务中心、社区卫生服务中心、日托养老、社区老人"呼救通"系统、空巢老人"爱心门铃"等组成一个养老服务网，通过及时沟通养老服务信息等，动员各种社区志愿力量，充分发挥社区服务在养老中的功能，取得了较好的效果。这些服务主要为高龄老人、困难老人、空巢老人提供的免费服务，属于社区养老福利性质的服务。

"民办公助"的养老服务是指民间组织如社区组织等开办的养老机构，为老年人提供微利性的机构养老服务。这类养老机构的运行成本除主要来源于入住者的缴费外，政府补贴和社会捐赠也是重要的组成部分。

近年来，西安市出现了一些"民办公助"的社区养老托老服务机构，是依托社区服务、将家庭养老服务社会化的一种服务形式。老人住在家庭里，在继续得到家人照顾的同时，由社区承担养老工作或托老服务，如提供老年饭桌、送餐上门、家庭病床、料理家务和"急救铃"等服务。在收费方面则有一定的福利性质，根据老人的生活条件适当收取费用，对于生活十分困难的老人则实行无偿服务。目前在西安各个城区都建立了许多这样的"社区养老服务中心"、"老年活动中心"，为老人提供了一种比较经济、适宜、有效的养老方式。在调查中我们发现，这种面向全体社区老人的养老托老服务，由于种种条件限制，一些尝试并未能取得良性的发展。比如在西安开办的老人餐桌，最早在碑林区孟家巷试点，虽然也以社区为主导，由于经营与老人需求之间存在较大的差距，特别是一些老人经济能力有限，认为收费高，难以承受，另外承包者认为如果价格低，用餐老人数量不稳定，成本较高，难以为继。反映出这种社区支持下的"民办公助"老人服务机构遇到的困境。但这些有益的尝试，为面向全体老人服务的社区养老积累了经验。

（2）养老服务机构。目前西安市将本市养老机构划分为公办养老机构和民办养老机构两类。

根据西安市老年福利协会提供的部分西安养老服务机构的名单，在50所养老机构中，公办的为19所，民办的有31家。

从分布看，这些养老服务机构遍布西安市的“九区四县”，其中新城区3所，碑林区7所，莲湖区4所，雁塔区4所，未央区11所，灞桥区5所，长安区6所，闫良区和临潼区各1所，蓝田县4所，户县、周至县、高陵县各有1所公办社会福利院。数据显示，未央区养老服务机构数量和每千名老人拥有床位数量在各区县中排名居首位。近年来，未央区投入885万元，新建、改建各类养老机构13家，拥有床位1610张，每千名老人拥有床位达到25张，远远高于全省全市乃至全国的平均水平。

在规模上，床位从20～1000张不等，其中规模最大的为民办性质的临潼区金秋爱心乐园，共有床位1000张。规模在20～50张床位的占总数的1/4左右，这些养老院大部分为公办的养老院，50～99张床位的占总数的1/5，100～200张床位的大约占到其中的2/5，其他为200张（见表5）。

表5　西安市养老服务机构名录

辖　区	机构名称	性质	开办时间	床位数
新城区	西安市朝阳老年公寓	民办	2006. 8	104
	新城区星光老年公寓	公办	2000. 10	32
	西安增福来老年乐园	民办	2005. 8	100
碑林区	碑林区文艺路金秋老年公寓	公办	2002. 11	50
	碑林区南院门老年公寓	公办	1987. 5	30
	碑林区长乐坊老年公寓	公办	2002. 7	30
	碑林区祥和老年公寓	民办	2003. 8	30
	碑林区温馨苑老年公寓	民办	2004. 6	30
	碑林区第一爱心护理院	民办	2008. 7	90
	新城区西一路老年公寓	公办	2001. 7	20
莲湖区	西安市福星老年公寓	民办	2006. 8	120
	西安遐龄老年公寓	民办	1999. 6	110
	西安沁春园养老院	民办	1999. 10	70
	莲湖区寿星乐园	公办	1989. 6	50
雁塔区	西安颐和园老年公寓	民办	2001. 1	150
	西安丰泽园老年公寓	民办	2003. 7	60
	西安颐景苑第一老年公寓	民办	2004. 3	131
	西安康复老年公寓	民办	2008. 5	350

续表 5

辖 区	机构名称	性质	开办时间	床位数
未央区	西安裕华老年公寓	民办	2002.4	
	西安百岁爱心老年公寓	民办	2005.3	
	西安和平老年公寓	民办	2005.6	
	西安大明宫老年公寓	民办	2007.8	
	未央区安泰老年公寓	民办	2007.3	
	未央区博爱老年公寓	民办	2006.9	
	未央区幸福院	民办	1998.10	
	西安未央区老年福利服务中心	公办	2004.12	
	未央区三桥老年公寓	公办	1987.6	
	未央区草滩敬老院	公办	1985.7	
	西安汉长乐宫养老院	民办	2007.8	
灞桥区	灞桥区洪庆街办老年之家	民办	1999.9	
	灞桥区狄寨街办老年中心	公办	1998.8	
	灞桥区敬老院	公办	1998.12	
	灞桥区东林老年公寓	民办	1998.10	
	西安晋源老年公寓	民办	2007.7	
长安区	西安祥和老年公寓	民办	2000.12	
	西安新大地温泉老年公寓	民办	2005.6	
	西安市夕阳红老年公寓	民办	2008.5	
	西安昆明湖生态老年公寓	民办	2008.6	
	西安颐乐苑老年公寓	民办	2007.2	
	长安县社会福利院	公办		
闫良区	闫良区老年公寓	公办	1999.9	100
临潼区	临潼区金秋爱心乐园	民办	1999.11	1000
蓝田县	蓝田县池湖老年福利服务中心	公办	2004.12	30
	蓝田县敬老院	公办		
	西安仙云寺老年公寓	民办	2007.8	60
	西安玉山老年公寓	民办	2008.1	80
户 县	户县社区老年福利服务中心	公办		
周至县	周至县社会福利院	公办		
高陵县	高陵县社区福利服务中心	公办		
	西安文宝斋民族福利院	公办		

在规模上，拥有 100 张以上床位的公办机构仅有 3 家，其他养老机构大部分都为民办性质。从开办时间来看，民办养老机构从 1999 年开始进入养老社会化

服务领域。

在机构设施上，较大的养老机构一般都分为标准间和普通间，标准间一般包括双人间和单间，普通间包括有三人间和双人间，最大的区别在于是否设有卫生间。一般都是三层楼房或平房，比较好的机构具备有紧急呼叫系统、防滑地板、走廊扶手、热水淋浴、电视、空调、暖气、医疗室等基本设施。

在服务标准上，一般按照自理、半自理、全护理和特护等类型设立不同的服务标准。养老院对老人提供卫生清洁、饮食等基本生活服务，服务标准有比较具体的规定。有的养老院设有棋牌室、书画室、娱乐室、医务室、洗衣房等公共娱乐、服务场所，供老人们自由选择休闲娱乐。

在收费标准上，根据不同的设施，一般自理型为500~1000元，半自理型为900~1500元，全护理一般都在900元以上，全护型一般在1100元以上，特护型在1400元以上，专护服务一般收费在2500元以上。

在我们的访问中，大部分受访老人，由于对养老院的生活和服务没有更高的期待，对于养老院提供的生活服务基本满意，认为在养老院和大家在一起共同生活，可以为儿女减轻压力。但也希望养老院不仅能提供基本的生活服务，还能组织大家参加共同的娱乐休闲活动，使养老院的生活更加丰富一些。

调查显示，近年来陕西民办养老机构的发展速度很快，数量、投资、服务设施、服务质量都得到了很大的提升。人们对养老机构的看法也发生了很大的变化，对养老机构的认同感有了很大的提升，养老机构也取得了一定的社会和经济效益。但相对于全国来说，目前西安民办养老机构的发展仍然滞后于现实的需求。据我们了解，现在西安规模较大、服务质量较好、经营时间长、收费合理的一些民办养老机构出现了供不应求的局面。大多数的民办养老机构的入住率也都达到70%以上。一些投资者也开始对民办养老机构表示了强烈的兴趣，认为这是一个很有前途的朝阳事业，但更多的人依然在观望之中。

调查也显示，相对于公办养老机构，民办养老机构具有服务多样、服务质量好、效率较高、运作比较灵活的特点，为缓解养老压力起着越来越重要的作用。“求大于供”的养老服务市场，为西安民办养老机构的发展提供了广阔的空间。

（四）西安市民办养老机构的特征

（1）民办养老机构发展迅速，成为支撑社会化养老的主要力量之一。近年来，西安的民办养老机构从数量和规模上已超过公办养老机构。

（2）部分养老机构形成了比较好的品牌。这些养老院一般都具有环境舒适、有文娱场所、能提供康复治疗等设备，特别是一些成立较早的机构，形成了自己的服务特色和推介特色，也积累了经验，更加适应市场的需求，在社会上有一定的知名度，因此入住率高，运营形成了良性循环。但仍有相当部分养老机构运营存在规模小、设施简陋、难以提供必要的医疗服务、影响能力有限等问题。

（3）部分养老机构可以提供不同层次的服务，满足老年群体的差异性需求。但对老人的服务主要局限于老人的日常生活，缺乏必要的娱乐活动和精神慰籍。比较大的养老院都能提供从自理、半自理、全护、特护等服务，并且可以提供普通和标准间，以及单人、双人、三人间等不同层次的住宿条件，不同身体健康状况和经济状况的老人可以自由选择适合自己条件的服务。

（4）取得了一定的经济效益和社会效益。西安民办养老机构服务逐渐被社会认可，人们普遍认为民办养老机构的服务质量比较好，但也有部分人认为，一些养老院“唯利是图”，对老人服务不周。

虽然近几年西安市民办养老机构有了较大的发展，但相对于日益增加的社会需求，发展速度仍显得十分缓慢，养老机构面临的困难成为其发展的主要障碍。

三 制约西安市民办养老机构发展的各种因素

西安民办养老机构发展的影响因素主要来自两个方面，一为养老机构自身的问题，二为影响民办养老机构发展的政策因素。

（一）一些现实养老机构自身的发展困难及原因分析

（1）资金困难，导致可持续发展缺乏后劲。在与养老机构负责人的访谈中，大多数负责人对养老机构的发展前景充满信心，但目前面临的首要问题是资金不足，他们表示，“其他的困难还可以克服，就是资金问题，想尽了各种办法，还是有缺口”。由于目前市场上需求旺盛，有些老年公寓的入住率已达到100%，并且还有人前来预订，因此他们急需扩建；有些需要提升机构的档次，增添一些体育锻炼、医疗等基础设施；还有的人看到养老服务的前景，希望投资养老院建设，而资金缺口成为他们发展的最大障碍。资金短缺导致西安大多养老机构投入较少，以低成本运作。

因为目前我国民办养老院一般只能在民政部门登记为“民办非企业单位”，民办养老机构陷入两难境地：登记为民办非企业单位，虽然理论上可以享受免税等优惠政策，但却会出现融资困难问题，同时养老机构本身投资大、利润低、回收周期长，在运营过程中属于微利性质，一般能基本做到收支平衡，利润空间十分有限，自我积累、自我发展能力不足，要依靠自身的经营来发展是十分困难，一些经营时间长的机构大都依靠自己的其他经营收入补充养老院资金。

（2）护理人员不稳定，服务质量难以提升。老人特别是失能老人的照料，对长期照料和康复护理等方面服务的依赖性需求越来越多，因此养老机构需要掌握专业社会工作知识和服务技能的专门人才，相关文件也要求护理人员具有健康证和参加培训。但是，西安民办养老机构的实际情况却是，护理员大多来自周边农村和下岗人员，由于护理员劳动强度大、待遇低，社会地位不高，很多人不愿意长期从事这一工作，一有其他机会，就要离开。服务人员的不稳定使得经营者因为人手紧张而疲于应付，也就难以顾及提高服务质量，因此很多从事养老护理工作的人员都没有经过正式培训，缺乏养老护理基本常识，距离一个合格的护理员的要求存在很大差距。服务人员总体素质和服务质量不能满足老年人的需要，成为民办养老机构提升服务质量的重大障碍，严重影响着民办养老机构的发展。

（3）部分养老机构设施简陋，缺乏基本的服务设施。用地不足也是养老机构面临的重大问题之一，西安市没有像规划学校、幼儿园、社区健康中心那样，对养老机构用进行规划。多数民办养老机构，由于前期投入不足，场地大都是租赁闲置的工厂或其他用房用地，硬件条件比较差，基础设施缺乏，有的并不完全适合开办养老机构，有的由于场地限制，缺乏基本的绿化空地、休闲空间及活动场所。

（二）影响民办养老机构发展的政策因素

民办养老机构主要是指由政府以外的社会主体投资兴办并经营管理的养老服务机构。但在我国“未富先老”的背景下，绝大多数老人的支付能力有限。而养老机构本身又存在的前期投资大、回收周期长的特点，社会化养老服务的目的是为了解决老年人生活中的困难，公益性和福利性应是它的本质属性，由此决定了社会化养老要以社会效益为重，而不应以赢利为目的。民办养老机构属于微利经营，其发展所需的资金、人员等应该得到政府的扶持与帮助，但西安对民办养老机构的支持却十分不足，这已成为影响西安民办养老机构可持续发展的重要因素。

（1）相对滞后的优惠政策。早在2000年，国家已经出台了一系列鼓励社会力量投资养老机构的政策措施，其他省市也很快出台了相关的优惠政策，而西安市直到2008年才出台《关于加快实现社会福利社会化的实施意见》，2009年才出台相关的配套政策，目前还未能具体实施，政策效应未能显现。

（2）现有的政策优惠没有真正落实。现在西安的大部分民办养老机构除享受到税收优惠外，大多数老年公寓的水电费、暖气费等费用，至今仍按商用或企用价格标准收取，费用支出较多；有些机构可以享受到政策优惠，有些机构却难以享受到政策优惠。经营者认为这很不公平，认为有些人“以权谋私”。造成政策执行者与民办养老机构、民办养老机构之间的矛盾；完全靠政府资源经办的公办养老机构与完全靠自身力量经办的民办养老机构无法在同一起跑线上平等竞争，造成民办和公办养老机构之间出现一些不合理的竞争，扰乱了养老社会化健康发展的环境。

（3）缺乏明确准入制度和行业标准。对于民办养老机构，分为民办非企业和企业之分，但缺乏可以真正作出适用不同政策待遇的营利性和非营利性区分，大部分养老机构都登记为民办非企业，但对其营利性缺乏有效的监管。再者，由于对民办养老机构的规范性法规的缺乏，也使很多投资者和经营者心里没底，对投资养老服务机构持观望态度。

四　促进西安市养老机构的可持续发展的对策建议

人口老龄化意味着将有数量庞大的高龄老年人在相对集中的一段时间内同时出现。随着家庭规模缩小、空巢家庭的增加，传统的家庭养老功能被削弱，并引起代际关系在供养方式、居住方式、照料方式、交往和沟通方式等方面的变化，使传统的家庭养老模式面临巨大的挑战，促其必然向社会化养老转化。面对我国人口快速老龄化的基本国情，需要政府从战略的高度，重视并研究制约养老社会化发展的问题和因素，坚持养老机构的福利性、公益性的方向，将公办与民办养老机构各自的优势相结合，充分发挥政府对养老机构的扶持作用，才能促进民办养老机构的可持续发展。

（一）加强优惠政策执行力度，促进政策效应尽快显现

政策执行作为政策过程的中间环节，是将政策目标转化为政策现实的唯一途径．政策执行的有效与否关系到政策的成败，政策执行者、政策执行环境在很大程度上影响着政策效应的发挥。目前西安出台了一系列促进养老机构发展的政策措施，这些措施的出台为西安养老机构实现“民办公助”提供了政策依据，也极大地激励了社会力量对养老机构投入的热情。在我们采访中，看到一些养老机构就是因为优惠政策的出台而创办起来的，但由于至今未能享受到优惠，导致了资金的缺口，也使主办者对政策的有效性产生了疑虑。因此应加强政策执行力度，简化程序，规范行为，让优惠政策落到实处，真正扶持民办养老机构走过发展初期的艰难时期，并形成长期的制度性的政策和资金支持。

（二）加强对政策执行的评估力度，不断完善养老机构的支持的政策体系

民政部门应不定期对民办养老院进行走访、关心老人的生活需求、跟踪优惠政策的落实到位等，做到了如指掌。及时总结经验，促进对民办养老机构支持机制的形成和完善，特别要对民间投资的养老设施项目，在税收、地价、房租和配套收费等方面给予实实在在的优惠和减负，尽可能降低其成本，以保证其基本收益和必要的回报。在公共财政预算中增设社区养老服务预算科目，并随社会发展逐年增长。加大财政资金和福利彩票公益金对民办养老事业的投入，从项目补贴到床位补贴，对新建民办养老机构，按照规模、投资额等，给予相应的资助。同时应加强对养老机构在用地上的规划，促进养老社会事业的发展。

（三）养老机构增强服务意识，提高服务水平

服务是养老机构的生命线，增强服务意识是养老机构确保服务质量的关键所在。西安市的养老机构几乎都把提供满意服务作为宗旨，但服务不能只停留在口头上，而必须在行动中体现出来。目前，在西安市的许多养老机构中，服务还只是停留在低层次上，主要满足老人的基本生理需要，而忽视老人的高层次需要。有些养老机构为了节省成本，甚至在服务上打折扣，降低服务水准。这些损害老

人利益的事情，降低了养老机构的声誉，最终影响到养老机构的入住率。因此，养老机构应完善医疗保健和康复功能，确保集预防、医疗、保健、健康教育技术为一体，为老年人提供经济、方便、综合的服务，并逐步拓展为包括生活照料、临床医护、临终关怀等在内的一条龙服务。应该将增强服务意识，提高养老机构的服务水平的工作常抓不懈。

（四）加强对民办养老机构的规范与监管

目前西安全市各类养老机构已经发展到100多个，政府应尽快出台西安市民办养老机构规范化管理的办法，使民办养老机构从筹办、运行以及相关问题的解决都能有法可依，规范管理；明确营利性和非营利性的标准；促进建立养老服务机构的行业协会，制定行业等级标准，将服务规范与收费挂钩，并建立起民办养老机构的资质评估系统，为民办养老机构营造合法运营的良好环境，促进民办养老机构有序发展。

（五）加强对服务人员的免费培训、补贴，提升服务素质

只有不断提高护理人员的专业化水平，才能进一步促进养老机构服务的专业化。但是，缺乏相应的专门培训机构、标准等已经成为护理人员专业化的障碍。因此，政府应制定相应的法律法规来明确培训的主管部门、指定有权考核发证的机关，并且指导培训的主管部门明确关于培训的事项，包括培训的内容、培训的时间、培训的有效期等一系列的细则。同时民政部门应同劳动等相关部门协调，将养老院护理知识作为政府对下岗失业人员和农民工免费培训的重要内容，进行有针对性的培训，促进护理人员专业化水平的提高，保障护理工作规范化。同时对于养老机构护理人员参加各种社会保险实行补贴，提高他们的待遇，使养老护理员有保障、有归属感，以吸引更多有知识、有文化的年轻人从事养老服务行业。稳定护理人员队伍，提升养老机构护理人员的素质。

（六）引入社会工作，使老龄服务更加专业化

社会工作是以利他主义为指导，以科学的知识为基础，运用科学的方法进行的助人服务活动。在养老机构的服务中，通过引入社会工作的专业理念和实务技巧，将社会工作和机构养老有机地结合起来，从而使老年人既可身有所养，

又可心有所依，用社会工作专业知识服务老年群体，使他们安度晚年。社会工作在提高服务水平方面具有极大的优势，作为专业的助人活动，社会工作者在养老机构中可充当“资源整合者”、“社会支持者”、“沟通协调者”、“精神抚慰者”、“院舍管理者”及“使能者”等角色，运用个案工作、小组工作、社区工作等专业手法为老年人提供服务。因此，在社会工作职业化刚刚起步的当下，养老机构应当大力引入社会工作，对工作人员进行社会工作方面的培训，或者设立社会工作岗位，引进专业人员，让社会工作在养老机构服务方面发挥积极作用。

（七）建立统一的西安市养老院信息平台

目前，一部分养老机构通过各种网络平台发布信息，提高了它们的知名度，也很好地宣传了自己，方便了老人。但是，现在大部分西安养老机构缺乏发布平台，政府应通过相关网站整合资源，建立一个统一的养老机构服务网站，免费发布养老院的总体状况，相关政策，为养老机构和需求者建立便捷的权威性沟通渠道，也可以发动社会力量对养老机构的行为予以监督，促进西安养老机构全面健康地发展。

西安市计划生育贫困家庭状况调研报告

陕西省社会科学院课题组*

人口问题是制约西安市全面、协调、可持续发展的重大问题，是影响西安市实现社会经济发展的关键因素之一。关注计划生育家庭，落实有关奖励优惠政策，尤其是完善针对“计生贫困家庭”的相关政策是构建和谐西安的有效途径。本研究的主要目标：1. 了解西安计生贫困家庭的生活现状；2. 了解造成西安计生贫困家庭生活现状的原因及其面临的困难和需求。本研究采用的主要调查方法是问卷法与访问法。

一 计划生育贫困家庭的整体状况

（一）大部分计划生育贫困家庭对自己目前的生活状况整体评价不太积极

为了解计划生育贫困家庭的生活状况，从整体上勾勒这一群体对其生活状态的评价，我们采用5级量表的赋值方法，即5分表示“很好”，依次递减，1分表示“不好”，对他们的生活状况整体评价进行定量测度。排除回答“说不清/拒答”等不确定结果，调查结果显示，有超过半数（51.5%，“不太好”29.4%；“不好”22.1%）的受访者表示目前家庭的生活状况“不好”，认为生活“很好”的仅占0.9%，认为生活“较好”也仅占5.4%，对生活状况持“一般”模糊评价的达到42.2%。用5级量表赋值方法测量并求取平均值得到的结果，西安计划生育贫困家庭的生活状况总体评价得分仅为2.34分（标准差0.910），

* 课题组长：石英，陕西省社会科学院副院长、研究员；副组长：谢雨锋，陕西省社会科学院社会学研究所助理研究员；成员：江波，陕西省社会科学院社会学研究所研究员；刘玲琪，陕西省社会科学院社会学研究所副研究员；李巾，陕西省社会科学院社会学研究所研究实习员；聂翔，陕西省社会科学院社会学研究所助理研究员。

处于“不太好”和“不好”偏向“不太好”的评价。这一结果表明大部分西安计划生育贫困家庭对自己的生活状态持较为消极的评价。具体情况（见图1）。

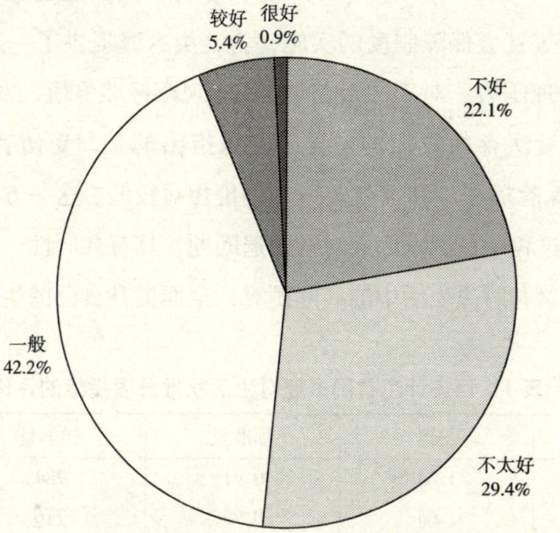

图1　计划生育贫困家庭对自己生活状况的整体评价

如果进一步从社会分层的视角进行分析，可以发现，在每月家庭平均经济收入状况和年龄段不同的受访者间对生活状况的总体评价存在着较大差别，调查数据具有统计学显著意义。而性别、文化程度、婚姻状况的差异对受访者的评价态度的影响没有统计学显著意义。从受访者每月经济收入水平来看，呈现出经济收入愈低，其对生活状况整体评价愈低的趋势，反之亦然；从受访者年龄段来看，在各项评价指标中，基本呈现年龄越大，越倾向认为整体生活状况较好的态势。

（二）计生贫困家庭的温饱问题已基本得到解决，提升生活质量需求呈上升趋势

西安计划生育贫困家庭的生活感受既涉及他们在工作、学习、生活中的主观体验，也包括他们对生活系统中各领域的综合评价。为了更深入地探讨他们对生活的不同领域和层面的评价，我们设计了9项分指标请受访者评价。调查结果表明，在所列指标中，受访者对“家庭关系”、“人际交往”评价较高，分别以3.84分和3.64分值位居前二位。

需要指出的是，受访者对剩余的7项指标的评价均不高，处于“一般偏弱”或“不太好”水平。其中，对“吃饭穿衣”、“经济收入”和“子女上学”给出的分值分别为2.90分、3.39分和2.50分，尽管较低，但还是反映出现行的普惠政策和低保政策等社会保障制度的实施，为这类家庭提供了一定的物质帮扶，缓解了相当大的心理压力。对于“经济收入”，观察标准差值，发现离散度比较大，可见，受访者的看法存在较大的差异。应该指出的是，受访者对“闲暇娱乐”、“住房条件”、“保险福利”和“就业”的评价相对较低。这一方面说明，上述问题是目前社会发展过程中贫困家庭面对的普遍问题，具有共同性；另一方面也说明受访者希望通过改善和解决生活中的实际困难，全面提升自己的生活水平（见表1）。

表1　西安计生贫困家庭对生活状况分项指标的评价

生活评价指标	均值	标准差	样本量	排序
家庭关系	3.84	0.91	784	1
人际交往	3.64	0.95	776	2
经济收入	3.39	1.24	655	3
吃饭穿衣	2.90	0.74	781	4
子女上学	2.50	1.00	729	5
闲暇娱乐	2.27	1.10	744	6
住房条件	2.24	0.94	783	7
保险福利	1.85	0.99	720	8
就　业	1.95	0.94	708	9

利用百分比的统计结果来分析受访者的评价结果，我们发现，有接近七成（68.8%）和六成（58.1%）的受访者对“家庭关系”和“人际交往”持积极评价；对“吃饭穿衣”的正面评价则超过了八成（82.0%）。不难看出，大多数计生贫困家庭已经解决了温饱问题。在负向评价的几项指标中，七成以上的受访者选择了“保险福利”（“不好”为49.9%；“不太好”为22.4%）；七成受访者选择了“就业”）“不好”为39.8%；“不太好”为30.9%）；接近六成受访者选择了“住房”（“不好”为26.9%；“不太好”为30.1%）；同时，不能忽视的是，五成以上的受访者对“闲暇娱乐”给出了负面评价（“不好”为32.4%；“不太好”为24.2%），这一结果实际上也反映出计生贫困家庭在文化上的贫困状态与需求的强烈程度（见表2）。

表 2　西安计生贫困家庭对生活状况分项指标的评价

单位：%

评　价	经济收入	住房条件	家庭关系	就业	保险/福利	子女上学	闲暇娱乐	人际交往	吃饭穿衣
不　好	25.6	26.9	2.9	39.8	49.9	19.2	32.4	4.0	6.8
不太好	30.4	30.1	2.4	30.9	22.4	27.2	24.2	4.0	11.1
一　般	39.0	35.8	25.9	24.2	21.4	39.6	29.3	33.6	69.1
较　好	5.0	6.5	45.3	4.4	5.6	12.1	12.2	40.5	11.5
很　好		0.6	23.5	0.7	0.8	1.9	1.9	17.9	1.4
合　计	100.0	100.0	100.0	100.0	100.0	100.0	100.0	100.0	100.0

以上结果反映的是社会结构性影响对计生贫困家庭带来的普适性问题，比如“住房”、“就业”、“上学”等。但更应看到，文化消费的重要标志“休闲娱乐”被凸显出来，表明计生贫困家庭在文化需求方面面临的困境。

二　计生贫困家庭的结构分析

（一）经济收入状况

“退休金和基本养老金”、“工资收入”和作为普惠政策的“最低生活保障金”是计划生育贫困家庭最基本的经济来源，是其维系基本生活的保障。而计生奖励补贴等政策作为经济补偿的作用并不明显。

调查结果显示，即便是计划生育贫困家庭受访者间在经济收入上也存在较大的差距。近一年来每月的经济收入平均值为 837.93 元（标准差 538.73），收入最多的达到4000 元，而最少的只有 100 多元。其中，将近六成（57.7%）的受访者表示每月的平均经济收入为“501～1000 元”；超过三成（34.5%）的受访者表示他们的收入为“100～500 元”；而表示月平均经济收入为“1001～1500 元”和“1501～4000 元”的受访者比例仅占 5.8% 和 2.0%。之所以出现这样的结果，一方面由于计划生育贫困家庭的经济条件的确比较差，这是他们真实的反映；另一方面，在我国传统思想观念中，经济收入属于个人隐私，向来对外都讳莫如深，或虚报、瞒报，当然，也不排除存在“骗保”、隐瞒工作收入的现象（见图 2）。

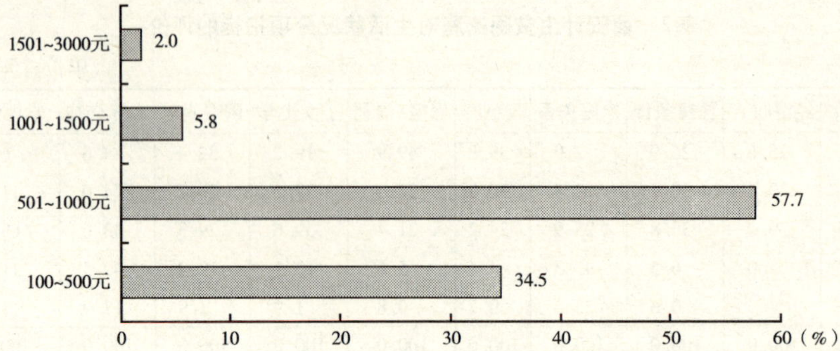

图2　西安计生贫困家庭每月的经济收入状况

通过进一步深入访问，我们获得了受访者经济收入来源的有关信息。调查结果显示，当问及“您每月的经济收入主要来源”时，受访者选择“退休金和基本养老金”、“最低生活保障金”和“工资收入”的比较多，比例分别占41.8%、32.4%和30.2%。而其他经济收入来源所占比例均低于前面三项，“下岗职工基本生活费”（4.3%）、“失业保险金”（3.2%）、“个人经营收入”（2.4%）、“福利、奖金、补贴”（1.6%）、“利息、房租和理财收入”（1.2%）和“计生奖励补贴”（0.1%）等来源方式受访者的提及率均较低，均低于前三项来源方式25%～40%。这一结果说明，计生贫困家庭的收入来源比较单一，主要仍以固定的社会保障性资金为主，而其他额外收入则比较少（见表3）。

表3　西安计生贫困家庭经济收入来源渠道

	频次(人)	百分比(%)	排序
退休金、基本养老金	317	41.8	1
最低生活保障金	246	32.4	2
工资收入	229	30.2	3
下岗职工基本生活费	33	4.3	4
其他	32	4.2	5
失业保险金	24	3.2	6
个人经营收入	18	2.4	7
福利、奖金、补贴	12	1.6	8
利息、房租和理财收入	9	1.2	9
计生奖励补贴	1	0.1	10
合　计	921	121.4	

注：由于本题为多项选择题，故百分比之和大于100%。

（二）生活花费状况

计划生育贫困家庭在“食品”和“看病买药”等基本生活方面花费比例极大，“子女上学”等教育开支较高，“房租、物业管理费”也是重要开支内容。

调查结果显示，当问及“近一年来，您家每月平均的生活花费大概是”时，将近四成（39.8%）的受访者表示为“401～800元”，排在首位；其次是“801～1200元”，其所占比例为27.2%；排在第三位的是“400元以下”，其所占比例为14.9%。而表示每月花费为“1201～1600元”（9.9%）、“1601～2000元”（6.0%）和“2001～5000元”（2.2%）的受访者比例则随着花费额度的增加不断降低。由此可见，大多数计生贫困家庭每月的生活花费基本为生存型、温饱型消费（见图3）。

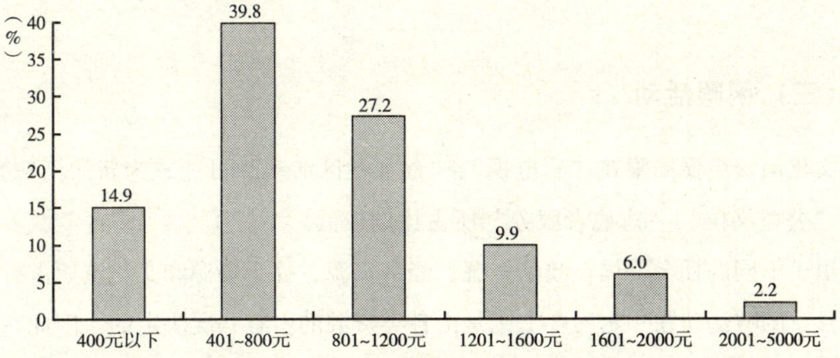

图3　西安计生贫困家庭每月的平均消费状况

通过进一步访问我们获得了他们生活花费的具体信息。调查结果显示，“食品”、“看病买药”排在每月生活花费的前两位，所占比例分别达到了81.7%和73.5%，尤以食品花费最多；其次是“子女上学”、“衣物”和“房租、物业管理费”，所占比例分别为36.2%、22.7%和12.5%；排序靠后的依次是“书刊”（2.6%）、“交通”（2.0%）、“营养品”（1.8%）、“闲暇娱乐”（0.4%），均以极小的比例出现在计生贫困家庭每月的生活花费中。这说明，由于计生贫困家庭自身的经济收入较低，生活花费重心仍以身体保障型为主，这部分花费在整个家庭消费支出中占有重要地位，而书刊、交通、营养品、闲暇娱乐等其他生活休闲、享受型、发展型消费方面支出则较少（见表4）。

表4　西安计生贫困家庭每月生活花费状况

	频次(人)	百分比	排序
食品	638	81.7	1
看病买药	574	73.5	2
子女上学	283	36.2	3
衣物	177	22.7	4
房租、物业管理费	98	12.5	5
书刊	20	2.6	6
交通	16	2.0	7
营养品	14	1.8	8
闲暇娱乐	7	0.4	9
其他	10	1.0	10
合　计	1837	234.4	

注：由于本题为多项选择题，故百分比之和大于100%。

（三）闲暇活动

文化消费主要局限在“看电视”；“参加社区活动”可能成为新的消费亮点；从事“公益岗位”、“志愿者服务”所占比例较低。

由于不同的社会群体在政治资源、经济资源、社会资源和文化资源占有上存在差异，闲暇活动在一定程度上正是由各类资源的占有状况决定的。因此，分享资源是消除群体间在文化消费上存在的不平等现象的前提。那么，计生贫困家庭的闲暇活动又是怎样？我们对此也做了调查。在对西安计生贫困家庭闲暇活动方式的调查问卷中，我们给定了17种闲暇活动方式供被访者选择。结果显示，只有2.3%的受访者选择了其他，其余97.7%的受访者在所列的16个选项中均做出了选择（参见表5）。这说明，问卷给定的15种闲暇活动方式基本上反映了西安计生贫困家庭的闲暇活动现状。

观察表5可以发现，西安计生贫困家庭闲暇活动方式选择比例较高的前五项依次是：“看电视”、“串门聊天”、“读书看报”、“参加社区活动”、“从事体育锻炼“。其中，选择“看电视”的受访者数量最多，比例高达72.1%，说明电视已经成为社会文化传播的最重要媒体，“看电视”是计生贫困家庭最主要的闲暇娱乐方式；接下来依次是“串门聊天”、“读书看报”、“参加社区活动”，比例分别为37.0%、30.4%、30.2%。可见，“串门聊天”、“读书看报”等传统闲暇活动方式在计生贫困家庭文化生活中仍占据着重要地位；接下来受访者表示参加较多的是“进行体育锻炼”、“走亲访友”，其所占比例分别为23.3%和19.0%。受访者选择剩余选项的比例均比较低。

表5　西安计生贫困家庭的闲暇娱乐活动

	频次	百分比	排序
看电视	553	72.1	1
串门聊天	284	37.0	2
读书看报	233	30.4	3
参加社区活动	232	30.2	4
从事体育锻炼	179	23.3	5
走亲访支	146	19.0	6
上街购物	72	9.4	7
公益岗位	59	7.7	8
养花养鸟宠物	41	5.3	9
做小生意	32	4.2	10
上网	15	2.0	11
志愿者服务	14	1.8	12
外出旅游	11	1.4	13
买卖股票	3	0.4	14
其他	18	2.3	15
总　　计	2004	264.1	

注：由于本题为多项选择题，故百分比之和大于100%。

（四）家庭负债数目与用途状况

有近四成家庭举债度日，且数额在万元左右，其主要原因是“看病、就医、买药”和“子女上学”，所占比例较大，而“日常生活”占相对较少的比例。

调查结果显示，当问及“您家目前欠别人的钱吗?”，回答“有”的受访者比例为37.0%，表示“没有”的受访者比例达到63.0%。值得注意的是，尽管本次调查的有效问卷共有794份之多，但回答该题的受访者只有近三分之一(253人)。也许，对于计生贫困家庭来说，“借钱”是他们的“家丑”，而中国自古就有“家丑不可外扬”的文化传统。其中，欠钱最少的数目仅为20元，而最多的数目竟然达到了210000元，平均欠钱数目为19723.229元，数目比较惊人。通过进一步追问显示，受访者借钱比例最高的区间为“10001~50000元”，达到了31.2%；其次是“5001~10000元”，比例为27.3%；接下来的是“0~2000元”和“3001~5000元”，其所占比例为17.0%和13.0%；排在最后两位的分别是“50001~210000元”和“2001~3000元”，其所占比例均较小，只占7.5%和4.0%（见图4、表6）。

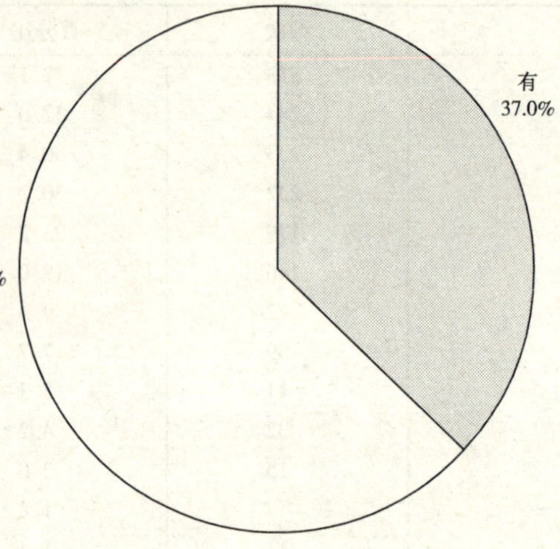

图4　计生贫困家庭的负债情况

表6　受访者借钱的数目统计

借钱数目	频次	有效百分比	借钱数目	频次	有效百分比
2000元以下	43	17.0	10001~50000元	79	31.2
2001~3000元	10	4.0	50001~210000元	19	7.5
3001~5000元	33	13.0	合　计	253	100.0
5001~10000元	69	27.3			

当问及借钱的主要用途时，回答“就医买药”的受访者最多，比例达到了43.7%，成为计划生育贫困家庭负债的首要原因；其次是“子女上学”，比例为30.0%；若将上述两者比例相加，则达到了73.7%。这说明计划生育贫困家庭面临着普遍的、亟待解决的困难是医疗和子女入学等问题。排在第三位的是用于“日常生活”，比例为13.9%；其后是“购房”，比例为11.7%，看来，尽管政府近年来为解决中低收入群体的住房问难问题，加大了廉租房和经济适用房的建

设速度和投入力度，但是，对于基础相对较薄弱的计生贫困家庭来说，“购房”仍构成了较大的压力。调查同时显示，受访者借钱用于“投资”的比例最低，仅为0.5%（见表7）。

表7　计生贫困家庭借钱的用途

借钱用途	频次	有效百分比	借钱用途	频次	有效百分比
就医买药	179	43.7	日常生活	57	13.9
子女上学	123	30.0	其　他	1	0.2
购　房	48	11.7	合　计	410	100.0
投　资	2	0.5			

三　计生贫困家庭的自我认知

要探讨改善计划生育家庭生活状况的对策，需要对他们的自我认知水平及其对社会的认知能力状况加以了解。为此，我们选取了社会评价、心理压力、社会参与、政府依赖、社会地位、谋生能力、自信心等七个方面，采用五级量表加以测量，分数范围从低到高为“1”到“5”分，即得分越高，自我认知评价也越高。调查结果如下：

（一）计划生育贫困家庭仍保持着较高的自信心；对自身能力的评价较为消极，存在着较大的“精神和心理压力”，“对政府的依赖”程度较高

调查结果显示，受访者对自己家庭所列指标的评价不甚一致，积极和消极取向交叉。观察受到他人歧视、精神/心理压力、参与社会活动、对政府的依赖、谋生能力、自信心等自我评价标准差的值，发现离散程度大。可见，整体来说受访者对上述自我认知的评价分歧较大。若以平均数观察比较，受访者认为自信心的平均分值为3.4分，这是各项评价指标中最高的分值。这说明，计生贫困家庭在现实生活中尽管面临不少压力，但是，他们在心态上积极应对，表现出了较强的生活自信心。其次是精神、心理压力和对政府的依赖，其均值为3.3分和3.0分。接下来依次是谋生能力、参与社区活动、社会地位、受到他人歧视，受访者给予的平均分值分别为2.5分、2.4分、2.4分、2.0分（见表8）。

表8　受访者对家庭各方面的评价

	频次	均值	标准差		频次	均值	标准差
受到他人歧视	780	2.0	1.160	社会地位	776	2.4	0.890
精神、心理压力	784	3.3	1.270	谋生能力	783	2.5	1.020
参与社区活动	778	2.4	1.270	自信心	788	3.4	1.060
对政府的依赖	773	3.0	1.290				

（二）生活信心：对未来生活充满信心

生活信心反映的是个体对当前和今后一段时间生活、工作的基本态度。因为外部环境状况会引发人们信心的增强、减弱或缺乏，而人们的自我处境也会影响对生活、工作环境状态的积极或消极评价。因此，有必要全面认识、把握计划生育贫困家庭成员的生活信心。调查结果显示，当问及“您对今后生活的信心如何”时，有15.3%的受访者表示“充满信心”；有30.3%的受访者表示“较有信心”；有42.1%的受访者持“一般”的模糊评价；只有8.4%的受访者表示“没有信心”；另有3.9%的受访者表示“说不清”。可见，计生贫困家庭成员对今后生活的信心度较高。这从侧面也反映出政府采取的有关计划生育贫困家庭救助政策、工作、措施得到了他们的肯定，这些政策、工作、措施也在很大程度上激励他们对今后生活发展前景增强了信心（见图5）。

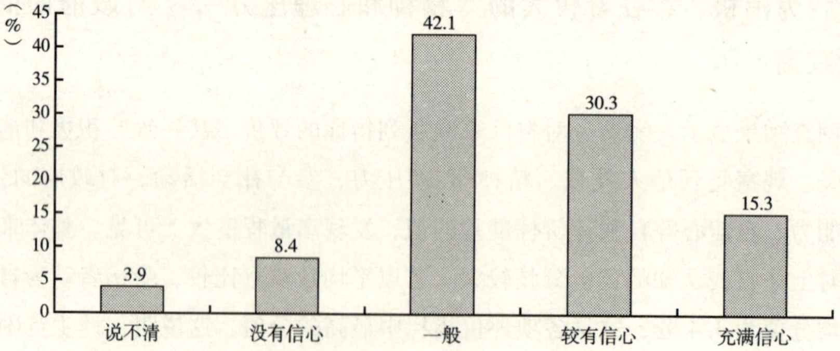

图5　计生贫困家庭对未来生活的信心度

观察对应分析图可以发现，第一，点的分布空间不太均匀。第二，除了“很好”之外，其余的点集中分布在3个小区域，形成3个小集群，而且在各个小集群内点的分布比较紧密。第三，相对于各个小集群的面积而言，各个小集群之间的距离较大。这意味着，生活自信心和整体评价之间存在着明显的对应关系。其次，生活自信心和整体评价都分化为3个类型，而且在此基础上形成3种对应模式，即生活自信心和整体评价之间存在3种稳定的对应模式或组合模式。可见，计划生育贫困家庭成员今后的生活自信心与其对生活的整体评价密切相关。从图中小集群内点的分布来看，“没有信心”和“不好”、“不太好”构成了“生活失落型”；“较有信心”与“一般”构成了“生活观望型”；“充满信心”与“较好”、“很好”构成了“生活进取型”（见图6）。

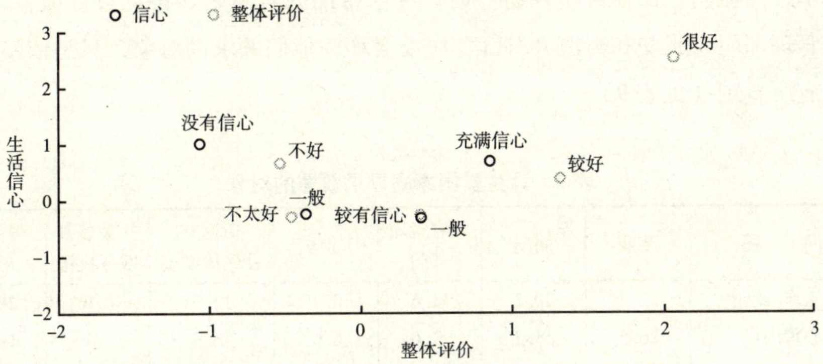

图6　生活自信心与整体评价的关系

四　社会支持系统

（一）正式与非正式支持系统

调查结果显示，计生贫困家庭“寻求工作/就业”过程中，向“亲戚”和“朋友”寻求帮助的比例最高，二者相加达到了47.6%；向“街道办/社区/居委会”和“政府管理部门”寻求帮助的比例相对较低，只占12.9%和11.6%；而向“社会慈善服务机构”和“邻居”寻求帮助的比例更低，仅为0.6%和0.4%。这与计生贫困家庭的自身意识和态度有一定关系，也说明我国“社会慈善服务机构”比较缺乏，相关救助制度尚不完善。同样，当计生贫困家庭“出现心理困扰”时，“朋友”和“亲戚”依然是他们的首选寻求帮助对象，二者相加的比例超过了六成（65.2%），远远高于其他求助对象所占的比例，尤其是“朋友”，有将近四成（38.7%）的受访者表示首先考虑他们。当计生贫困家庭“发生家庭矛盾”时，表示首先向“亲戚”寻求帮助的受访者比例达到了35.2%，高出选择“朋友”（21.8%）13%；同时，向“街道办/社区/居委会”寻求帮助的比例也较高，占17.8%；当计生贫困家庭“遭遇意外伤害”和“正当权益受到侵害”时，他们向“政府管理部门”寻求帮助的最多，所占比例也最高，分别达到了38.4%和50.1%，其次选择的求助对象也是政府的代言人“街道办/社区/居委会”，其所占比例也占到了19.8%和29.6%。不过，调查同时显示，当他们“出现经济纠纷”时，寻求帮助的对象则显得比较分散，亲戚、政府管理部门、朋友和街道办/社区/居委会均为他们的求助对象，只是依赖程度相对有所差别（见表9）。

表9 计生贫困家庭寻求帮助的对象

问　　题	亲戚	朋友	政府管理部门	邻居	街道办社区居委会	社会慈善服务机构	得不到帮助
寻找工作/就业	27.4	20.2	11.6	0.4	12.9	0.6	26.8
出现心理困扰	26.5	38.7	1.6	6.6	5.9	1.1	19.5
发生家庭矛盾	35.2	21.8	3.8	6.3	17.8	0.5	14.6
遭遇意外伤害	13.5	8.6	38.4	1.0	19.8	3.7	15.1
出现经济纠纷	33.2	15.5	25.5	1.1	10.8	1.1	12.9
正当权益受到侵害	2.7	4.2	50.1	0.4	29.6	0.8	12.1

（二）对社会政策认知与评价

随着社会救助机制的建立和完善，为了妥善解决目前一些实行计划生育的家庭特别是独生子女家庭，由于子女病残、死亡等原因造成的生活困难、养老缺乏保障等方面的问题，国家相继建立了计划生育贫困家庭救助机制和社会保障制度，将计划生育贫困家庭优先纳入当地最低生活保障范围。那么，政府和社会针对计划生育贫困家庭出台的优惠政策是否为这一群体认可？其作用如何？作为受益者的计生贫困家庭对此持何种评价？

1.“低保补助”获得较大认同，对享受计划生育优惠政策认知度较低

调查结果显示，当问及“您享受到了哪些优惠政策”时，有48.3%的受访者表示享受“低保补助”；25.5%的受访者表示享受“免缴合作医疗费用”；24.9%的受访者表示享受“加发退休金”；另有部分受访者表示享受“独生子女保健费”（7.8%）和“商业性养老保险”（7.3%）。问卷中所列出的五保供养制度、增加婚假产假、节育手术补贴、多分配住房、多分配集体财务、发展经济和扶贫优惠、城市老年奖励制度、独生子女或双女户养老保险、独生子女意外伤残、死亡补助等优惠政策，很少被受访者提及。由此可见，计生救助政策的覆盖程度还不太高，对计生贫困家庭的利益关怀仍需强化（见表10）。

表10　计生贫困家庭享受到的优惠政策

	频次	有效百分比		频次	有效百分比
低保补助	307	48.3	多分配集体财务	1	0.2
商业性养老保险	46	7.3	发展经济和扶贫优惠	8	1.3
五保供养制度	2	0.3	城市老年奖励制度	5	0.8
独生子女保健费	49	7.8	加发退休金	157	24.9
增加婚假产假	3	0.5	独生子女或双女户养老保险	3	0.5
节育手术补贴	1	0.2	独生子女意外伤残、死亡补助	2	0.3
多分配住房	4	0.6	其他	64	10.1
免缴合作医疗费用	161	25.5	合　计	813	128.6

2. 相关政策的作用：在普惠政策的“挤压”和社会经济发展格局下，原有的计划生育优惠政策效果明显降低

调查结果显示，当问及如何评价国家的关怀计生贫困家庭优惠政策的作用时，受访者认为“作用很大”的只有6.7%；回答“有点作用”和“作用不太大”的分别占36.7%和36.5%；认为“没有多大作用”的有20.1%。这个结果值得我们深思。目前的现状是，很多政策非计生家庭似乎还享受得更多，向计生家庭倾斜政策事实上却没有得到很好的落实。所以，有关部门今后仍需以更加务实的态度制订政策，切实解决部分实行计划生育群众的贫困问题，巩固计划生育成果，推动人口和计划生育工作持续健康稳定发展（见图7）。

3. 优惠政策作用的具体体现：解决部分生活费用，缓解生活压力，保障基本生活需求。生存功能凸现，发展功能弱化

为了更深入了解有关计划生育贫困救助政策作用的具体体现，我们采用主体诉求的方式，以开放式问题“如果有作用，主要体现在”请受访者写出来，调查结果如下：

保障基本日常生活；不论多少能解决燃眉之急也不失为一种好的帮忙；不生病还行，生病就不行；得到社会帮助，生活条件可以改善；调动大家积极性，社会影响；对无工作的人就靠这些钱；改善生活，可以看的起病；可以给精神方面有点安慰；经济上保障生活，减少心理压力；比以前好多了；补助生活费用；不算多，但能起点作用；减少医疗费用；解决了经济困难；多少可解决病情费用；改善生活条件；可救急，例如：日常生活费用；解决温饱问题，维持生活。

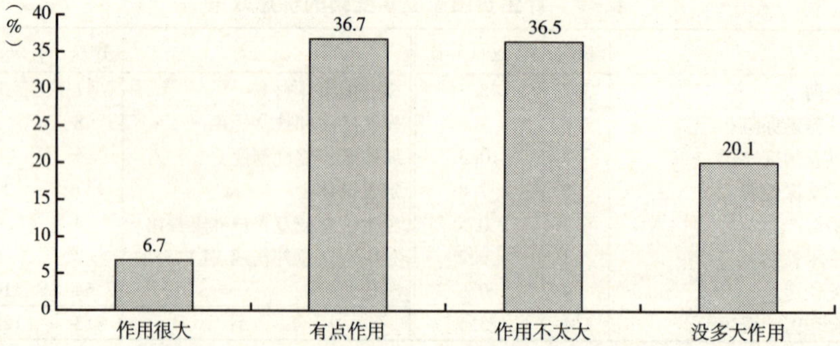

图7　计生贫困家庭对享受过政策作用的评价

通过计划生育贫困家庭成员“温饱”、“减少”、“救急”、“保障”等关键性、丰富性的表达话语，我们一方面能感受到计划生育贫困家庭救助政策所达到的社会效益，起到了帮助这一部分困难群体解决生活问题，体现党和政府的温暖的政策目标；另一方面，也提醒我们计划生育贫困家庭救助工作机制尚不健全，只有从多角度、系统性地认识计划生育贫困家庭救助的重要社会意义，才能切实完善计划生育奖励和扶持体制，发现计划生育贫困家庭救助工作的更加完善的逻辑和路径。

五　计划生育贫困家庭面对的困难及对策建议

（一）面对的主要困难

调查结果显示，在回答“您家目前面临的主要困难”时，将近六成的受访者选择了“疾病健康”（58.6%）和“经济来源”（57.1%），远高于其他困难表现；32.2%和30.1%的受访者分别选择了“子女教育问题”和“养老问题”；还有28.4%的受访者认为“养老”困难，22.3%的受访者认为“就业和再就业”困难；选择“孤独无助”的受访者最少，比例仅占6.4%。可见，计生贫困家庭目前面临的主要困难是疾病健康、经济来源、住房和子女教育问题四个方面（见表11）。

表11　计生贫困家庭面临的主要困难

	频次	百分比	排序		频次	百分比	排序
疾病健康	452	58.6	1	就业和再就业	172	22.3	6
经济来源	440	57.1	2	孤独无助	49	6.4	7
住房	248	32.2	3	其他	2	0.3	8
子女教育问题	232	30.1	4	合　计	1814	235.4	
养老问题	219	28.4	5				

注：由于本题为多项选择题，故百分比之和大于100%。

为了更细致地厘清上述困难表达背后隐藏的想法，我们设计了一个开放性问题请受访者回答，具体调查结果如下：

1. 疾病健康

> 看病花费大，无劳动能力；二老退休，不够看病用；家里老人多病，花费多；收入少，经常生病；家中有瘫痪老人；疾病多，花费多；残疾人无劳动能力；看病贵，交养老金高；年纪大，多病，无人照顾。

由以上资料可以反映出四个层面的问题：首先，计生贫困家庭成员中不少人会面对较为严重的健康问题；其次，健康花费给原本就较为贫困的家庭带来更大的经济压力；再次，由于健康开支的增加使得这些家庭在承受经济压力的同时，还会承担精神和心理上的压力；最后，当经济收入少、丧失劳动能力或者家中有老人需要多方面支持，家中的病人、医药花费与孩子上学、家庭成员下岗失业等交织在一起时，使计生贫困家庭处于综合性贫困压力之下，难以维系生计。

2. 经济收入

家里有病人，只有一个劳动力；经济基础不好，导致困难较多；一家五口，一个人在外挣钱，负担重；没有经济独立，创造不出自己的人生价值；工资低，物价高；经济来源少，只有低保；社会再就业太难，下岗就失业；经济能力达不到。

计生贫困家庭劳动力缺乏的问题看似简单，实际上对于贫困家庭来说确实是一种极大困难。围绕经济、收入问题，我们可以看到它带来的是连锁的负面效应，用受访者的话来说就是“多方面都成问题”、“困难增多”，对于人口较多的家庭来说可能会因多元“收入”而降低问题的发生，可计生家庭从业人口相对较少，因收入少而造成的生存困难更加严重。

3. 住房

5个人住40平米，都没工作；房太小，条件太差；房价太高，买不起；租房住，经济收入低。

住房问题不仅困扰着经济状况较好的家庭，更成为贫困家庭的巨大生存压力。居住环境差不仅是引发健康上的潜在问题，而且给贫困者的心理也带来了冲击。高房租也使得本来就十分拮据的生活变得更加困难。住房问题既是个体层面的问题，更是现代都市生活条件下人人都必须面对的共性问题，对贫困家庭来说更似乎一种无奈的奢望。

4. 子女教育

孩子上学，花费大；工资不见涨，孩子上学花费大；孩子上学视力不好，看病花费高；孩子上学生活压力大；孩子上学花费大还得赡养老人；学费太贵。

在教育费用不断上涨的背景下，对于经济条件相对富裕的家庭都会感到存在一定的压力，更不要说贫困家庭了。尽管在教育领域的普惠政策已经在很大程度上降低了教育支出，但是，幼儿教育和高中/大学教育等依然要求家庭承担不小的开支。

5. 养老/孤独无助

保险金的政策不到位；儿女不在身边，无依靠，孤独无助；福利无保障；养老费用高，看病贵；集体单位员工无医保；儿子不养；医保费少；医保报销太少，养老金自己交。

随着我国老龄化社会的不断凸显，独生子女老人的养老问题成为一个焦点问题，且这一问题变得越来越突出。这些已经为国家计划生育事业做出贡献的人们，理应受到更多的人文关怀。上述情况凸现出我国社会服务机制、体系尚不太健全，专业的社会工作护老服务队伍尚属空白。

6. 就业和再就业

打零工挣钱少，不稳定，有困难；社会竞争太激烈；工作难找；公司破产，儿女失业/下岗；儿子无正式工作；工作压力大，就业难。

就业问题是结构性问题的具体反映。这个问题不仅仅在计生贫困家庭内发生，在其他家庭也存在，是重要的社会问题，只是对贫困家庭来说就业显得更加“举足轻重”，失业意味着“雪上加霜”。

计生贫困家庭需要面对的问题往往不是单一而是综合的，包括制度、物质、心理等层面的困扰和短缺，如何去救助他们，发挥他们的自救自助能力，向他们提供更多的机会才是相关政策制订中必须予以注意的重要内容。

（二）需求与建议

各项“生育关怀”政策、活动、行动是计划生育贫困家庭最直接、最关心、最现实的利益问题，他们既是直接的受益者，也是基本的实践者。故此，我们向受访者询问需求与建议。调查结果如下：

把政策落实到位；不要歧视女孩；对于没有多生的家庭和不要孩子的奖；大力宣传，大力普及；多生多罚、重罚；孩子多了养不起；好的政策继续落实；尽量提高独生子女的保障，加大对独生子女的就业问题；流动人口计划生育问题应加强机制管理，应杜绝超生；不管男孩、女孩只生一个好；大力推广计划生育；政策需要完善；独生费低；希望对双生子女多点优惠政策；家里富裕可以多生；感觉应该一家有两个孩子，不然负担太重。对实行计划生育的家庭多点优惠政策，再实际一点；解决养老问题，对老人的身体、医疗保险方面有所补助。

从受访者的上述表达中我们可以获得很多启示：看到一个由“计划生育政策”产生、发展、延伸出来的社会发展全景；既看到了计划生育政策的在宏观层面的战略意义，也看到了它在微观层面产生的诸多问题。

陕西建设西部强省对策研究

康喜平*

建设西部强省是陕西省第十一次党代会从省情出发提出的战略目标。建设西部强省战略包括“经济强、科教强，文化强”三个方面。经济强，就是要使经济保持较快增长速度，运行质量效益显著提高，综合实力位居西部前列；科教强，就是要把科教优势充分发挥出来，使其成为经济社会发展的强大动力；文化强，就是要建立起与经济社会发展水平相适应的文化发展格局，文化事业整体水平和文化产业实力处于西部前列。

一 建设西部强省战略的基本要求

建设西部强省战略是新的发展阶段对陕西经济社会发展的重新定位，从陕西省第十次党代会提出的建设“西部经济强省”到十一次党代会提出的建设“西

* 康喜平，陕西省委党校陕西经济研究所教授。

部强省”目标上的重大转换，既彰显了陕西近些年来经济社会呈现快速发展态势，也揭示了陕西在科教、文化等方面独特的资源优势，具有厚积薄发的潜能与实力，是在新的发展阶段制定的更加符合省情的战略目标。

这一战略是陕西贯彻落实科学发展观的内在要求。科学发展观的第一要义是发展，落实科学发展观，必须选择好依托的载体。与发达省份相比，经济欠发达而又具有后发优势是陕西的基本省情，从“西部经济强省”到“西部强省”的提升，就是针对经济欠发达的省情提出的现实决策，始终以经济建设为中心，把发展作为第一要务，转变发展观念，创新发展模式，提高发展质量，实现速度与质量、结构、效益相统一，经济与人口、资源、环境相协调的发展目标，为建设西部强省和全面实现小康社会奠定坚实的物质基础。

这一战略是富民强省与实现社会和谐的必然选择。长期以来，经济基础薄弱，总量偏小，城乡居民收入普遍偏低，社会事业发展欠账太多，是陕西大省、穷省的具体体现。富裕群众，改善民生，是我们面临的重大而紧迫的任务。建设西部强省的根本目的就是富裕陕西人民，就是要坚持以人为本，关注民生、改善民生，把就业、社会保障、教育、医疗卫生等社会事业的发展放在突出的位置，致力于社会各项事业全面繁荣，这既是经济发展的需要，更是全面建设小康社会的需要。通过这一目标的实现，使三秦百姓过上更加富裕的生活，只有这样，才能做到又好又快、科学全面发展。

这一战略是实现经济社会全面协调可持续发展的根本途径。近年来，发展速度快而质量不高、科教文化优势突出而潜能难以发挥、能源资源优势明显而增长方式粗放、经济结构不合理等是制约陕西省经济发展的突出问题。建设西部强省战略就是要充分考虑陕西经济发展的特殊历史方位，充分发挥科教文化潜在优势，积极发展以现代科技为支撑的，同资源环境相适应的，体现资源特点的高新技术产业、先进制造业、现代服务业、能源化工等产业，实现经济结构的全面升级，从而又快又好地实现全省经济发展目标。

这一战略也为正确处理经济社会各方面关系找到了新的视角。实现城乡、区域以及经济与资源环境之间协调发展，一直是陕西致力于解决的重点问题。建设西部强省战略首先要贯彻落实统筹城乡发展方略，第一，在促进城乡协调发展方面有所突破。社会主义新农村建设，是为解决农村人口的生产、就业与生活安居问题的重大举措；而推进城镇化，全面提升城市现代化水平，是增强城市带动力，加快社会主义新农村建设的根本途径。2008 年，陕西城镇化率为 42.1%，低于全国 3.8%，县域城镇化水平仅为 28.3%。统筹城乡发展，就是要把加快城镇化进程与推进新农村建设结合起来，以关中城市群为重点，完善大中城市功能，提升小城镇档次，整体推进城镇化进程，增强城镇对农村的带动能力；以城镇化带动新农村建设，以新农村建设促进城镇化，实现二者的协调发展。第二，在区域协调发展方面有所突破。由于地理、历史、资源禀赋等种种因素，导致关中、陕北、陕南三大区域经济社会发展极不平衡，呈现"中快、北强、南弱"的态势，近年来地区之间经济差距进一步拉大。"关中率先发展、陕北跨越发展、陕南突破发展"的发展战略，要求三大区域因地制宜、发挥优势，形成各具特色的发展路径，最终形成区域功能对接、资源共享、产业互补、共同发展的格局，尤其是通过政府财政转移支付以及公共产品和服务供给均衡化，加快缩小关中、陕北、陕南人民群众生活水平的差距。第三，在经济与资源环境可持续发展方面有所突破。整体而言，陕西作为我国能源大省和重要的资源输出地，自然环境脆弱，生态功能突出，环境保护任务繁重。陕北既是国家级能源化工基地，又是全国防治土地沙化和水土流失的重点地区，在资源开发和社会经济发展中面临着比其他地区更大的生态环境保护任务；陕南既是我国重要的生物资源宝库和南水北调中线重要的水源涵养地，又处于穷乡僻壤，自身发展较为困难，有待在资源开发和产业提升上有所突破；正确处理经济发展与资源节约、生态环境保护的关系，就是要加快经济发展方式的转变，依赖科技进步，注重发展循环经济，走出一条资源节约、环境又好、协调、健康、持续的发展道路。

二　建设西部强省面临的主要问题

实施建设西部强省战略就是要从经济、科教，文化三个方面建立起与现代经济社会相适应的发展格局。"十六大"以来，陕西经济社会发展取得了较大成效。2002～2007 年，全省经济年均增长 12.9%，高于全国 11.2% 的增速，到 2009 年经济总量达到 8186.7 亿元，GDP 增长 13.6%，高出全国 4.9%，居全国各省市区第 17 位；人均 GDP 达到 3181.8 美元，跨上 3000 美元新台阶。但按照西部强省战略目标来审视和分析陕西发展现状，总体上看还比较落后，欠发达省份的地位仍然没有改变，在西部12省区竞争当中发展质量还有待提高，多项核心指标有待进一步提升。具体情况如下所示。

（一）经济总量偏小，距西部强省目标仍有差距

西部大开发实施10多年来，在国家政策、资金的大力支持下，西部12省区经济社会均实现了较快发展，各省区在经济结构调整、优势特色产业确立、固定资产投资、基础设施建设和生态环境改善以及提高人民生活水平等方面都取得了重大进展。在这场持续性的重大战略机遇面前，陕西经济呈现出快速发展态势，经济总量由2000年的1060亿元快速增长到2008年的6800多亿元，实现了质的飞跃。但与西部经济大省四川、内蒙古、重庆等省区市比较，经济总量相对较低，GDP增速和人均GDP水平有待进一步提高。2008年，在西部12省区生产总值排名中，陕西居第四位，与西部经济大省相比，经济总量只相当于四川省的54%，内蒙的89%。在GDP增速上，2008年尽管保持了15.6%以上增长速度，位居西部第二，与重庆、四川等省区增速相当，但比增长速度最快的内蒙古仍低2%（见图1、图2）。

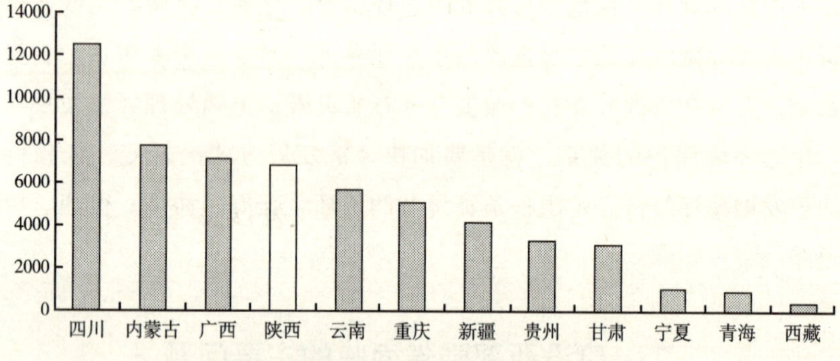

图1　2008年西部12省区生产总值比较

数据为各省统计局公布数字整理所得。

如果说，GDP总量只是衡量一个国家或地区综合实力的核心指标，而人均GDP则是准确判断经济发展状况和人民生活水平的最佳指标。2008年，内蒙古人均GDP为25558元，已跻身于全国较高层次，排名第八位，西部第一位。当年陕西人均GDP为12843元，仅相当于内蒙古的一半，新疆的79%，居全国第21位，西部第三位，与西部强省目标仍有一定距离（见图3）。

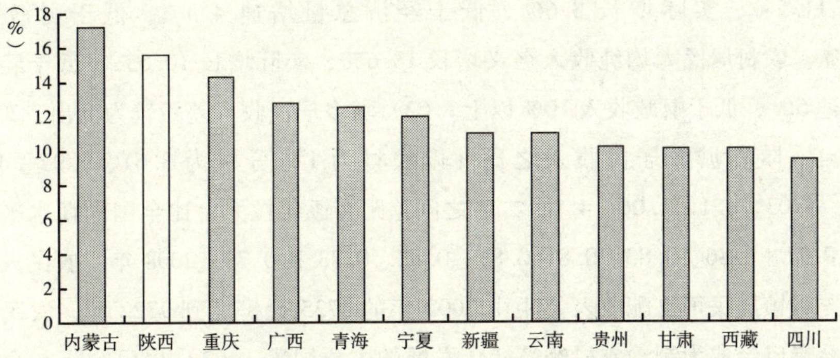

图2　2008年西部12省区生产总值增速比较

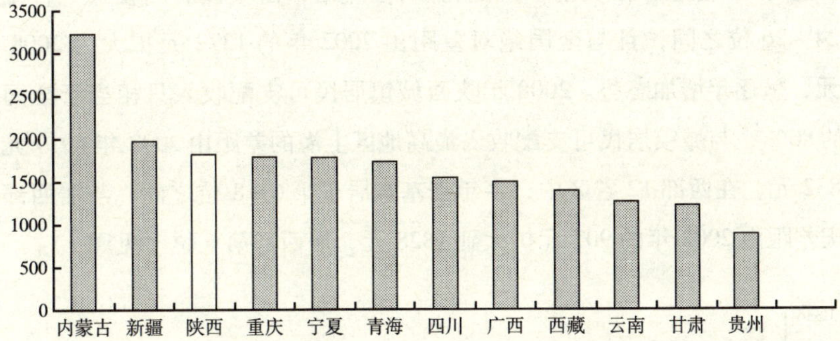

图3　2008年西部12省区人均生产总值比较

（二）城乡居民收入明显偏低，社会事业发展总体滞后

近年来，陕西坚持科学发展观统领经济社会发展全局，着力提升综合竞争能力，经济总量大幅提升，财政实力不断增强。虽然居民收入有了相应增长，人民群众生活水平有了一定提高，但从统筹协调发展角度看，社会事业发展滞后，城乡居民收入明显偏低，与经济发展极不吻合，距群众的预期、西部强省的要求仍有较大的差距，成为建设西部强省最薄弱的环节和最紧迫的任务。其主要问题有：（1）居民收入增长与经济增长极不协调。2003～2007年，全省经济总量平均增长12.9%，连续7年保持两位数增长，创20年来的最高水平。2008年全省经济总量达6851.32亿元，增长15.6%，全省财政收入突破千亿，达到1104亿元，以每年25%以上的速度增长。而同期，城镇居民人均可支配收入年均名义

增长 11.5%，实际增长 8.6%，低于经济总量增速 4.3%，低于财政收入 14.7%。农村居民人均纯收入名义增长 18.6%，实际增长 10.6%，低于经济总量增速 5%，低于财政收入 10% 以上。（2）城乡居民收入差距较为突出。2001～2008 年，陕西城乡居民收入之比（以农村为 1）分别为 3.61、3.97、4.06、4.01、4.03、4.1、4.06、4.1，二者之间差距在逐年拉大，比全国同期水平分别高出 0.71、0.86、0.83、0.8、0.81、0.82、0.73 和 0.79。2008 年，农民人均纯收入与城镇居民可支配收入差距由 2002 年的 4735 元扩大到 9722 元，农民收入增长缓慢已经成为制约农村经济社会发展的主要因素。（3）居民收入与全国平均水平差距逐年拉大，在西部位次靠后。2002～2008 年，陕西经济总量占全国经济总量的 2% 左右，位次基本稳定在 20 位左右；而城镇居民收入一直徘徊在全国 24～26 位之间，且与全国绝对差距由 2002 年的 1372 元扩大为 2008 年的 2923 元，呈逐年增加态势。2008 年陕西城镇居民可支配收入只相当于全国平均水平的 80%，与城镇居民可支配收入最高地区上海的差距由 2002 年 6919 元扩大到 13832 元。在西部 12 省区中，多年来基本居于第 6～8 位之间，与居西部首位的重庆差距由 2002 年的 907 元扩大到 1828 元，居西部第 6 位（见图 4）。

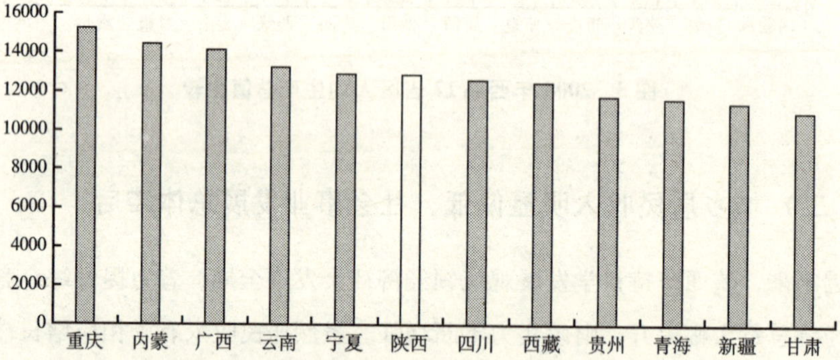

图 4　2008 年西部 12 省区城镇居民人均可支配收入比较

与城镇居民可支配收入相比，农村居民人均收入偏低问题更为严重。2008 年，陕西农村居民人均纯收入 3136 元，居全国第 28 位，与全国绝对差距由 2002 年的 880 元扩大为 1625 元，只相当于全国平均水平的 65% 左右；与西部强市重庆相差 990 元，与西部首位的内蒙古相差 1465 元，位居西部第 8 位（见图 5）。

社会事业方面，社会保障体系不完善，覆盖范围窄，统筹层次低，农村居民得

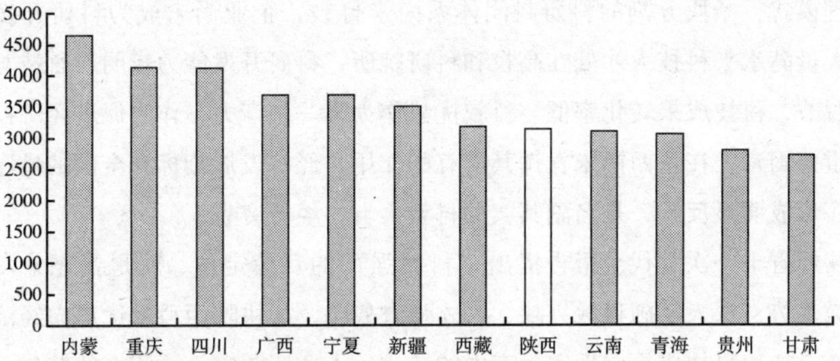

图5 2008年西部12省区农民人均纯收入比较

不到基本的社会保障；公共服务不健全，科教、卫生、文化等社会事业发展滞后，特别是农村社会事业发展缓慢；2008年，陕西省初中升入高中的仅有46.86%，比全国平均水平低28%，中等职业学校生均实习设备价值等设备指标处西部后列。

居民收入水平偏低，社会事业发展滞后，城乡差距拉大势必影响经济协调发展与和谐社会的建设，建设西部强省就是加大各项社会事业投入力度，千方百计增加居民收入，努力遏制城乡发展差距，以较快速度赶上全国平均水平，实现强省富民之目标。

（三）科教体制改革滞后，优势难以充分发挥

陕西是全国有名的科教大省之一，有一批实力较强的科研院所，其中有国家级重点实验室11个，国家级工程技术研究中心12个，全国唯一设置的专业有17个，居全国领先水平的专业方向50个，是全国航空、航天、机械、电子、农业等领域重要的科研生产基地；有一支素质较高，研究和开发能力较强的科技队伍。其中两院院士47人，国家级突出贡献专家78人，省突出贡献专家861人，享受政府特殊津贴专家1736人；最为突出的是高等学校布局密集，专业门类齐全，数量、质量均居全国前列，西部首屈一指。全省共有普通高等院校76所，其中国家“985工程”高校3所，“211工程”高校8所，分别居全国第二位和第四位，西部第一。博士和硕士授权点的规模居全国第三，民办教育在全国名列前茅，层次高、实力强，陕西也被称为“科技大省”、“教育大省”和“人才大省”。

但是，由于科技体制改革滞后，在很大程度上仍延续着计划经济条件下的运

行管理模式，条块分割的科研封闭体系尚未打破，企业尚未成为科研开发的主体，大量高水平科技人才处在高校和科研院所，科研开发能力较弱，科技与经济严重脱节，科技成果转化率低。科教优势作为第一生产力，作为促进经济社会发展的重要因素，在陕西尚未发挥其应有的作用，经济发展指标在全国的排序与科技排序形成明显反差，是名副其实的科教大省，经济穷省。

陕西省十一次党代会报告提出“科教强”的目标定位，就是要充分发挥陕西科教优势，深入实施科教兴陕、人才强省战略，加快陕西科教优势向经济优势的转变，加速科技成果向现实生产力的转化，人才资源向人才资本的转化，使陕西的科教优势真正成为经济社会发展的强劲动力。

（四）就业压力短期内难以缓解

近年来，陕西的劳动年龄人口占总人口比重达71%，处于不断上升阶段。同时，国企改制处于攻坚期、农村富余劳动力向外转移处于加速期，就业形势十分严峻。有专家分析认为，2009年，我国城镇真实失业率将上升到14%左右。按此水平计算，保守地估计，陕西现存劳动力闲置量将达到300万人左右，主要由城镇新增劳动力、大中专毕业生、转移进城农民工和下岗失业职工四部分组成。如果按省劳动保障部门测算，“十一五”期间，陕西每年新增适龄劳动人口约65万人，而每年能够提供的城镇就业岗位仅为30万个左右，供需缺口近35万人，2009年，全省大学毕业生人数达28万人，2008年沉淀未就业大学生4万人，城镇需就业的下岗失业人员近20万人，新近返乡农民工、农村新成长劳动力、新的农村富余劳动力合约100万人需要就业；而全省每年可提供的就业岗位仅有30万个左右。这就意味着在相当长的时期内，陕西面临的劳动力供给绝对过剩的问题将一直存在下去。

（五）发展方式粗放，结构性问题突出

从发展方式角度看，陕西经济结构存在以下问题，一是投入结构上，经济增长主要依靠要素投入和物质资源消耗来实现。各级政府出于强烈的投资冲动，注重经济增长的数量和速度，忽视经济增长的质量和结构，上项目、铺摊子、重复建设，不仅在增长方式上呈现高投入、高消耗、低效益的特征，而且以浪费资源和牺牲环境为代价，个别区域对资源进行掠夺式开发，生态环境不堪重负。陕北

因不合理开发造成的水土流失面积达 12 万公顷，并继续以每年 20% 左右的速度递增。渭河流域 COD 排放量占全省 COD 排放量的 80%，超环境容量 2.5 倍。与此同时，发展方式呈现过度依赖重化工业特征。2008 年，全省规模以上工业企业完成工业增加值中重工业所占比重高达 86.3%。水泥、火电、有色、冶金、能源化工等重化工业的迅猛发展带来了能源消耗水平和污染物排放的大幅增加。

二是需求结构上，投资增长过快，而消费需求增长乏力的问题较为突出。"十五"规划以来，陕西投资率一直保持在 40% 以上的水平，到 2008 年，固定资产投资完成 4835.15 亿元，比 2007 年增长 32.8%，增速居全国第七，全省全年在建施工项目 9086 个，其中新开工项目 6747 个，增长 29.8%。而与之形成鲜明对比的是消费需求增长乏力，2008 年陕西省消费率仅 45.2%，居民收入过低，增速过慢。固定资产投资增长过快而消费需求增长乏力，使陕西经济发展越来越依赖于投资，依赖于外部市场，与省内消费需求脱节，促使经济增长的有效性下降，损害了增长对人民生活提升的作用，强化了为增长而增长的势头。

三是产业结构上，经济增长主要依靠第二产业带动倾向越来越明显。2000～2008 年，陕西第二产业增加值占生产总值的比重一路攀升，由 43.4% 升至 56.1%，而第三产业增加值所占比重却在一路走低，由 2000 年的 42.3% 下降到 32.9%，低于全国平均水平 7.2%。2008 年，全省规模以上工业企业完成工业增加值 2988.07 亿元，比 2007 年增长 21%，创 20 年来最高增速，与天津并列全国第 8 位；完成工业总产值 7322.92 亿元，增长 31.9%，同比加快 4.6%。其中能源化工工业、装备制造工业、食品工业、非金属矿物制品业和有色冶金工业共完成工业总产值 6717.58 亿元，占工业总产值的 91.7%，对工业的贡献率达 94.41%。煤炭石油为主的能源工业又占工业总量的近一半，呈现出典型的资源型特征。这不仅带来了诸如资源的极度浪费、环境的严重污染等问题，而且也导致一二三产业比例不协调，影响整个社会经济的健康发展。

三　建设西部强省的对策建议

（一）以关中—天水经济区为平台，全面提升陕西区域竞争力

关中经济圈长期以来一直是全国生产力布局的重点区域，形成了高等院校、

科研院所、国有大中型企业相对密集且能够辐射西北经济发展的产业密集区，在全国区域经济发展中占有重要地位，是陕西经济的重要支撑。2009 年 6 月 25 日国务院正式发布了《关中—天水经济区发展规划》，确立了关中—天水经济区为西部三大重点经济区之一。其规划范围包括陕西的西安、铜川、宝鸡、咸阳、渭南、杨凌、商洛部分县市和甘肃天水所辖行政区域，总面积 6.96 万平方公里。规划总的思路是以大城市西安为核心，以次核心城市宝鸡、铜川、渭南、商洛、杨凌、天水等作为节点，依托陇海铁路和连霍高速公路，形成西部发达的城市群和产业集聚带，带动汉中、安康、延安、榆林以及甘肃的平凉、庆阳和陇南地区协调发展。总体目标是要把这一区域打造成为全国内陆型经济开发开放的战略高地，以现代科教为支撑的统筹科技资源改革示范基地，以装备制造业和高技术产业为重点的全国先进制造业基地，以杨凌国家级农业高新技术产业示范区为依托的全国现代农业高技术产业基地，以旅游、物流、金融、文化为主的现代服务业集中地和彰显华夏文明的历史文化基地。

关中—天水经济区的主体部分在陕西，规划的批准实施将给陕西带来了又一次重大的发展机遇，随着《规划》的逐步推进，必将为陕西经济社会发展注入新的活力。为此，依托关中——天水经济区，充分发挥西安经济基础好、自然条件优越、人文历史深厚、发展潜力较大的优势，把西安建设成为国家重要的科技研发中心、区域性商贸物流会展中心、区域性金融中心、国际一流旅游目的地以及全国重要的高新技术产业和先进制造业基地。发挥西安特大城市对周边地区的辐射带动作用，推进区域内城镇化进程不断加快。同时要充分发挥陕西科教资源优势，借助国家支持西安统筹科技资源改革政策，争取中央财政对陕西竞争前沿技术和共性技术的研发、引进技术消化吸收再创新等方面的投入，提高陕西在统筹科技资源、提高自主创新能力，加快统筹科技资源改革示范基地的建设。

借助关中地区工业基础良好，国家级、省级开发区云集优势，全面落实国家的各项优惠政策，加快陕西装备制造业基地建设。关中以国家级和省级开发区为重点，根据全国装备制造业发展的大格局和陕西的特点，着力打造三大新兴产业高地：（1）航空产业高地：依托陕西飞机设计、制造、试验、试飞等已有体系和飞机总体、发动机、机载设备基本配套的优势，在我国民用飞机国产化中发挥主导作用。加快闫良国家航空高技术产业基地建设，促进全省航空资源的优化整合，建成我国最大的飞机制造基地。（2）航天产业高地：着重在航天动力和卫星应用领域形成产业优势。在抓好现有航天产品的基础上，加快大推力、无污染液氧煤油发动机的研制和星载设备的科研开发。进一步发展卫星遥感、卫星通信、卫星导航、卫星地面站等卫星应用产业。加快建设新设立的西安（韦曲）国家航天科技产业基地。（3）电子信息产业高地：重点开发新型电子元器件、国防电子系统装备、移动通信与网络设备以及汽车电子产品等。力争使陕西省跨入电子信息产业强省行列。

通过关中——天水经济区的建设，全面提升陕西建设西部强省的综合实力，基本建成以西安为中心的统筹科技资源改革示范基地、新材料基地、新能源基地、先进制造业基地、现代农业高技术产业基地。全面提升陕西的科技创新能力和综合科技实力，提高科技进步对经济增长的贡献率；实现西咸一体化，把西安建成国际现代化大都市，以关中城镇群建设为重点，加大城乡统筹力度，在建设西部强省战略上取得重大进展。

（二）做大做强特色产业，加快区域协调发展步伐

区域发展不平衡一直是陕西发展的一大障碍。关中以西安为依托，是全省自然条件优越、交通发达、工商业集中、科技实力雄厚、旅游景点密集的地区，也是全省最为发达的多产业综合发展的经济区。2008 年，关中的国内生产总值达 4346.75 亿元，占全省总量的 63.7%，在陕西经济中居于主导地位。陕北随着国家级能源化工基地建设，经济出现强劲增长，“第十个五年计划”以来，延安、榆林两市经济增幅分别高达是 24.8% 和 24.5%，居全省之首；2008 年陕北 GDP 总量为 1721.53 亿元，占全省比重 25.2%，尤其是榆林经济增速连续七年居全省第一，2008 年实现国内生产总值 1010 亿元，占全省的比重已由 2002 年的约1/20 上升到近 1/6。相比之下，陕南发展明显滞后，2008 年，陕南 GDP 总量为 760.32 亿元，占全省总量的 11.1%，比 2000 年下降了 3.4%。三大区域发展不协调已成为影响全省经济社会全面可持续发展的突出问题。

加快区域特色产业发展是加快区域协调发展的重大举措，对实现西部强省战略目标具有十分重要的战略意义。基本政策取向是突出区域产业优势，走专业化、特色化和集群化路子。产业上，应充分发挥三大区域的自身比较优势，大力发展“六大特色产业”即高新技术产业、果业、畜牧业、旅游业、装备制造业和能源化工重点产业。在空间布局上，要依托关中、陕北、陕南三大区域主要交

通干线和十多个中心城市，以国家级及省级高新区、开发区和工业园区为重点，围绕区域特色产业，逐步形成一批具有规模效应和市场竞争力的高新产业带，形成关中先进制造业、陕北能源化工、陕南绿色产业和渭北果业四大特色产业基地。

总体而言，关中要充分发挥科技和制造业优势，以建设国家重要的先进制造业基地为重点，率先发展，目前已形成了以电子信息、装备制造、有色冶金、医药、旅游、果业、畜牧业等主导产业，其中通用设备制造业、专用设备制造业、交通运输设备制造业和电器机械及器材制造业都是陕西装备制造业的优势产业。2008 年，尽管受原材料及能源动力价格上涨的影响，装备制造业仍保持了平稳较快的发展势头。全年通用设备制造业完成工业总产值 230.8 亿元，同比增长 27.6%；专用设备制造业产值达 224.47 亿元，增长 27.6%；交通运输设备制造业产值达 714.13 亿元，增长 19.1%；电器机械及器材制造业产值达 272.43 亿元，增长 30.2%。五大行业共完成工业总产值 1441.83 亿元，占装备制造业产值的 92.4%，成为支撑陕西经济发展的核心力量。

陕北现已成为我国能源化工发展战略规划的重点地区，是全国唯一的国家级能源化工基地，在国家能源战略中具有举足轻重的作用。自 2003 年以来，陕西省连续 6 次召开陕北能源化工基地建设座谈会，按照大型化、国际化和可持续发展的要求，以重大项目为支撑，制定并加快实施了“三个转化”战略，即煤向电力转化、煤电向材料工业品转化、煤油气盐向化工产品转化，使陕北成为全省最具活力的经济增长极，经济发展步伐明显加快。今后，陕北要站在建设西部强省的战略高度，充分发挥资源优势，以建设国家重要的能源化工基地为重点，走资源的可持续发展路子，实现跨越发展。首先，要确立环境友好型、资源节约型的开发理念，精细开发，集约开发，切实做好“三个转化”，提高资源附加值。其次，加强后续产业培育，在资源开发回报率比较高的时期，要立足当地农业、牧业等资源，大力培育、发展农牧产品加工等产业。再次，针对基地建设水资源紧缺的问题，加强陕北地下水资源勘查和环境综合评价，根据水资源总量、能源资源质量和生态环境容量，搞好规划布局，加强基础设施综合配套，协调资源开发与环境保护，统筹工业发展与城镇建设，建立资源开发、产业发展、环境保护良性互动的新机制，确保基地可持续发展。

渭北果业基地是农业部确定的中国苹果优势产业带，在全国乃至世界水果生产格局中占有重要地位。2008 年，陕西水果总产达 1067.7 万吨，突破一千万吨大关，创历史新高，其中苹果面积为 796.3 万亩，产量达 745.5 万吨。渭北黄土高原 30 个苹果基地县的苹果面积和产量占全省比重分别达 84.6% 和 84.1%，成为全国乃至世界集中连片最大的优质苹果生产基地。2008 年，30 个苹果基地县果农人均果品纯收入由 2000 年 400 多元增加到 2000 元，增长了 5 倍，占基地县农民人均纯收入的 75% 以上，苹果基地的每亩纯收益达 4000 元以上。渭北果业基地要继续以建设西部果业强省为已任，大力推广优质苹果生产"四项"关键技术，加快建设渭北 300 万亩绿色果品基地，扩大加工专用果基地规模，推动果业发展由数量扩张向质量效益提高转变，力争在优果、销售、储存、加工四个产业化环节上取得进一步突破。

陕南气候温润、雨水充沛，拥有极为丰富的动植物资源和水资源，是我国生物资源的宝库和南水北调中线重要的水源涵养地。国家"十一五"规划纲要明确提出陕南坚持保护优先、适度开发、点状发展，因地制宜发展资源环境可承载的特色产业，加强生态修复和环境保护，使其逐步成为区域性乃至全国的重要生态功能区。陕西"十一五"经济和社会发展规划纲要也强调，陕南要充分发挥自然环境优美、生物资源和水资源丰富的优势，以建设绿色产业基地为重点，突破发展。在西部强省建设中，陕南要积极开发绿色资源，壮大绿色产业，走经济发展、生态良好、群众致富的和谐发展之路。要重点发展中药、食品、水电、旅游等绿色产业，有序开发优势矿产业，加大技改力度发展装备制造业；要坚持富民为本，分层次突破：在特色种养业上实现突破。

（三）以文化建设为核心，全面提升发展水平

陕西作为中华民族的发祥地，拥有丰厚的历史文化；党中央在陕北 13 年，留下了大量的革命旧址和宝贵的精神财富，形成灿烂的革命文化；风格各异的三大区域悠久的历史传承形成独具特色的民俗风情文化；新时期涌现出一批批优秀人才和大量的优秀作品形成了具备相当实力的现代文化，由此，奠定了陕西是一个名符其实的文化资源大省。但潜在的资源优势不等于现实的产业强势，文化产业发展的现况与文化资源大省极不相称，核心竞争力尚未形成，企业集团和骨干企业发展不足，文化管理体制落后。将得天独厚的文化资源优势转化为与文化产业优势，使陕西从文化资源大省转变为文化产业强省，成为建设西部强省的当务

之急。

建设西部强省，做大做强文化产业，就是要根据目前陕西文化产业发展中存在的问题，从实际出发，寻找陕西文化产业发展定位与突破口，依据陕西文化资源优势确立和构建陕西文化产业发展的方向和特色，力求在培育市场、打造特色文化产品上下功夫。总体思路是坚持以资源为依托，以市场为导向，以资本为纽带，以科技为动力，以体制机制创新为突破，构筑以西安为中心，关中、陕北、陕南三大板块联动，以文化旅游、广播影视、新闻出版、文娱演出为发展重点，以一批重点文化产业园区和产业基地、大型文化产业集团和文化企业为支撑的文化产业发展基本格局，推动陕西省文化产业的跨越式发展。

（四）以科教体制改革为核心，努力提高自主创新能力

未来陕西经济社会的发展，必须依赖自身科技、教育、人力资本优势。加快陕西科教优势向经济优势的转变，加速科技成果向现实生产力的转化，推动科技进步和技术创新，关键在于能否转变行政化的科教管理体制，充分发挥专业技术人员的积极性和创造性。为此，首先要树立科学的人才观，实施人才强省战略，建立一套有利于学术繁荣和技术创新的科教体制，建立健全人才培养、评价、选拔任用、合理流动、激励和保障等管理机制，营造人尽其才、才尽其用的良好环境，充分调动人才的积极性、创造性。其次，提高自主创新能力。科技创新是加快发展的重要原动力，提高自主创新能力，是建设科技强省、提高陕西综合实力的关键，也是建设西部强省的重大目标之一。其主要内容，一要加强创新体系建设；二要做强科技产业园区；三要创新科技投入机制；四要加强人才队伍建设。

（五）以提高城乡居民收入为重点，不断提高人民生活水平

建设西部强省必须按照科学发展观的要求，重视民生、保障民生、改善民生，切实解决好关系群众切身利益的突出问题，确保人民生活水平不断提高。各级政府要树立改善民生是最大政治的理念，自觉把增加居民收入、富裕三秦百姓作为考核党委政府工作的一项重要内容，成为各级党委政府工作的着力点。

首先，鉴于陕西居民收入增长与经济增长不协调的现实，从统筹经济社会

协调持续发展的高度，自觉调整收入结构，提高居民在社会财富分配中的比例，让利于民。建立城乡居民收入与经济发展同步增长的长效机制，规范公务员和事业单位人员工资正常增长机制，完善企业工资指导线和最低工资制度，在提高效益的基础上逐步提高最低工资标准和离退休人员待遇。稳步提高城乡居民收入，力争通过十年努力，使全省城镇居民收入和农民人均纯收入赶上全国平均水平。

其次，抓住中央扩内需、保增长一系列惠民政策，针对民生薄弱环节，继续实施民生工程。民生“八大工程”是陕西省委、省政府贯彻落实科学发展观，加快构建和谐陕西、造福全省人民的重要举措。在建立覆盖城乡居民的社会保障体系方面，以实现城乡困难群众最低生活保障全覆盖、城乡困难群众大病医疗救助全覆盖、城乡居民基本医疗保障制度全覆盖等为主旨，扩大社会保障范围，适时提高保障标准。在完善城乡居民最低生活保障制度方面，稳步提高低收入群众的保障水平，继续提高离退休人员离退休费、优抚人员抚恤标准、低保群众的低保水平等。在完善社会保障制度方面，建立健全职工基本养老的保障制度，逐步形成基本养老保险、社会养老投保、个人储蓄相结合的养老保险体系。以大幅度降低贫困人口为宗旨，积极扶持生活困难群体自主脱贫；加快推进城乡居民基本医疗保险制度，继续完善农村新型合作医疗制度和卫生服务体系建设；重点落实好农村免除义务教育学杂费，对家庭经济困难学生免费提供课本和补助寄宿生生活费等政策，认真解决好农村困难学生上学难问题。

再次，要推进新农村建设，多渠道增加农民收入，缩小城乡收入差距。一是调整财政支出结构，实施工业返哺农业、城市支持农村战略举措，建立稳定的农业投入增长机制，实现工业与农业、城市与农村的协调全面发展；二是坚持“稳粮、优果、兴牧”的思路，以果业和畜牧业为重点提升农业产业化经营程度，带动农民增收；三是加快特色产业基地建设，做大做强龙头企业，健全营销网络，培植规模化特色产业集群，促进农村分散生产要素向特色产业和城镇聚集，拓宽农民就业空间和增收渠道；四是，贯彻落实各项支农政策，研究制定鼓励农村消费措施。

（六）千方百计扩大就业，增强经济发展后劲

就业是民生之本，是关系社会和谐稳定最直接的社会问题，只有人人有活

干、有饭吃，社会才能稳定和谐。陕西和全国其他地区一样，就业形势非常严峻。如果从保增长、扩内需、调结构的目标看，要启动内需，促进经济增长，其着力点在于增加就业。如前所述，如果按专家预计的2009年我国城镇真实失业率为14%左右计，陕西现有的失业人数在300万人左右。以促进就业目标为标准，陕西劳动力闲置率要由当前的14%降为4.5%，即增加劳动力就业率9.5%的话，大致新增就业人口为250万人，按全省在岗职工年平均工资21296元计，年新增收入近553亿元，以居民收入消费比50%算，年新增消费额276亿元，相当于全省社会消费品零售总额的15.3%。这是增加居民消费，带动经济发展的持久动力。因此，千方百计保就业，要在扩大就业方面作出更大的努力。

首先，大力发展非公有经济。2008年，陕西非公有制经济只占全省经济总量的46.9%，低于全国平均水平18.1%，更低于沿海省份。实践证明，民营经济的发展是解决就业的主要渠道。统计表明，近年来以个体、私营企业为主体的民营经济所吸纳的劳动力占城镇就业增量的80%左右。从农业转移出来的农村剩余劳动力绝大部分在民营经济中实现就业，国有企业下岗职工中也有相当大的部分在民营企业中实现了再就业。据国家人事部近日公布的调查结果，民营企业吸纳的高校毕业生也超过党政机关、事业单位和国有企业吸纳高校毕业生的数量。因此，给民营企业宽松的发展环境，从政策、资金、人才等方面给以扶持，进一步放宽产业准入限制，降低包括垄断行业和公共服务行业在内的准入门槛，增强民营企业对劳动力的吸附能力，是解决陕西就业问题的一条重要途径。

其次，大力发展包括社区服务在内的第三产业、中小企业、劳动密集型产业，发挥其增加就业的主渠道作用。第三产业尤其是商贸、餐饮、服务业等传统服务业和旅游业等新兴服务业，是解决就业问题的主要渠道。根据国家统计局测算，第三产业附加值每增长一个百分点平均增加就业岗位达85万个，比第二产业多68万个。与第三产业相同，中小企业和劳动密集型企业，都是就业容量最大的领域。近年来，发展包括清洁、绿化、保安、公共设施养护等在内的社区服务业，也是劳动和社会保障部门着力开发就业岗位的领域，社区服务业门槛低、投入少、容量大，是下岗失业人员实现再就业的重要渠道。

再次，继续全面实施“人人技能工程”，有效缓解就业压力。不断扩大职业教育和技能培训的覆盖面，逐步使新增劳动力人人有技能，人人能就业，开拓就业渠道，维护社会的稳定。

最后，鼓励劳动者自主创业和自谋职业，促进多种形式就业。要下大力加强人才市场建设，强化市场服务功能，规范劳动力市场秩序，通过集中办公、“一条龙”服务等形式，为创业者提供便利；要把解决大学生就业问题作为一项大事抓紧抓好；要通过思想动员、摸清市场、沟通联系等方式，有计划地组织农民外出打工，帮助更多的农民走出家门，加快农村富余劳动力转移。

（七）加快经济增长方式转变，促进资源节约和环境保护

根据“十七大”确立的转变经济发展方式的要求，针对陕西生态环境状况、自然资源特点和现已形成的产业结构类型，当务之急是转变要素投入方式，以健全资源环境补偿机制为重点，促进资源节约和环境保护，实现经济的可持续发展。特别是对陕北、陕南而言尤为重要。陕北是集煤、油、气、盐四大资源于一身的能源资源富集区，也是我国典型的生态脆弱区。随着大规模能矿资源的开发和大型重化工园区的投资建设，在实现经济跨越式发展的同时也带来了资源破坏、生态退化与环境恶化等问题。因此，要从区域可持续发展战略高度，转变经济增长方式，建立生态环境保护制度与防治土地沙漠化的应对之策。陕南尽管是陕西生态环境最好的区域，生物资源十分丰富，但同样存在着水土流失、地质灾害频发、环境污染严重等生态环境问题，特别是陕南作为国家南水北调的主要水源区和引汉济渭工程重要取水口，如不加强保护，等到南水北调工程全面完工以后将可能出现无水可调或调水工程效益日趋降低的局面。水源保护区农民收入低、增长慢，地方经济发展缺乏有效支撑，如不采取措施建立生态补偿机制，大力支持水源区发展经济，提高水源区人民生活水平，就会影响生态环境保护地区和受益地区的和谐发展。

当前，我国已按照“谁开发、谁保护、谁受益、谁补偿和资源、环境使用权责利相一致”的原则，构建资源环境补偿机制试点方案。近年来也在一些地区相继启动了资源生态补偿试点工作，中央已将陕北能源重化工基地纳入全国生态补偿试点，将汉丹江流域28个县全部纳入南水北调生态补偿专项转移支付补助范围，这为陕西在发展陕北能源化工产业和陕南绿色产业的同时搞好资源环境保护和生态建设提供了机遇。从陕西资源开发的实际来看，开发与保护、破坏与恢复、使用与付费的主体并没有对应起来，资源开发补偿标准模糊，补偿形式主

要限于纵向的财政转移支付，横向的资源开发、利用者还没有承担应该承担的补偿责任，导致现行的资源生态补偿严重不到位，地方政府缺乏相应的财力支付涵养资源和恢复治理生态环境的巨额投入，使重要资源和生态环境保护工作举步维艰。

陕西要抓住国家构建资源环境补偿机制试点的机遇，可按照原国家环保总局《关于开展生态补偿试点工作的指导意见》，通过省人大制定能矿资源矿区的沉陷、“三废”污染治理、植被恢复等补偿办法及细则，建立生态补偿标准体系，明确企业环境保护和补偿的主体责任，以及补偿资金来源、渠道、方法等，形成地方法规，建立“谁开发、谁破坏、谁付费，政府统一治理”的生态补偿机制；也可参照外省区的做法，尽快研究制定陕西省重要资源有偿使用管理办法，停止对各类重要资源的行政划拨，停止无偿或低价出让资源，实行资源的有偿占有和开发，依此保障国家对陕南、陕北的应有的财政转移支付，以及自然资源使用人或生态受益人对陕南、陕北必要的经济补偿，保障陕西更好地承担保护资源和生态环境的责任，保障陕南、陕北人民的收入、生活水平随资源开发规模的扩大而不断提高。有关部门应建立强有力的协调和监督管理机制，及时解决资源开发过程中不同利益主体间可能产生的矛盾，实现互惠互利和可持续发展。同时，陕西应积极建议国家立法在资源开发型企业经营成本中加入社会成本，改革资源税费制度，完善资源有偿使用制度和生态环境保护补偿机制，健全资源环境补偿机制，以支持和鼓励社会，特别是资源地和生态环境脆弱地区更多地承担保护资源和生态环境的责任。

陕西省贫困治理中社会工作介入的思路与对策

西北大学课题组*

贫困现象由来已久，是一个世界性的社会问题。从不同的视角出发，对贫困会有不同的界定。在社会工作的视野里，贫困是指社会成员缺乏生活必需品和服务，难以维持最低生存需要，或一定程度地缺乏适应社会生活环境的社会现象。贫困问题即是指由贫困人口所产生的社会问题。

贫困治理，或“反贫困”，即为通过一系列的手段、措施、途径来减少贫困现象，减少贫困人口引发的各种社会问题，及至达到缓解、减轻，乃至于根除、消灭贫困及其社会问题的终极目的。从总体上说，在当前甚至很长一段历史时期，彻底消灭贫困及其带来的社会问题绝非轻而易举，消除贫困只能说是人类社会一个长远的、坚持不懈的战略目标。

一　陕西省贫困治理的主要举措

进入21世纪以来，陕西省的城乡反贫困实践，取得了显著成效，使贫困问题得到前所未有的关注与解决，其贫困治理的重大举措主要有以下几个方面：

（一）实现了城市反贫困机制的重大改革，建立了城市居民最低生活保障制度

这一制度是政府对城市贫困人口按最低生活保障标准进行差额救助的新型社会反贫困行动和社会救助制度，也是对陕西省传统反贫困机制的重大改革。

* 课题负责人：薛新娅，西北大学大学教授；成员：陈国庆，西北大学教授；钟小浜，西北大学副教授；杜雪、杨杨，陈倩、赵丽红，西北大学在读研究生。

陕西省从1995年起，开始了建立城市居民最低生活保障制度的探索性实践，1999年底，建立了城市低保制度的基本框架。2002年1月发布实施了《陕西省实施〈城市居民最低生活保障条例〉办法》，这是陕西省城市居民最低生活保障工作步入法制化、规范化轨道的标志，它使城市的反贫困行动跨进了稳定、持续的发展阶段。据调查统计，城市居民社会保障制度建立之前的1994年，陕西贫困人口有243.03万人，而享受社会救济的仅有56.68万人（次）；城市孤老残幼与社会困难户的定期定量救济标准分别为年人均434元和300元，距国家城市贫困线标准年人均1440元相差甚多。而城镇居民低保制度建立之后，接受救助的城市贫困人口规模不断增长，保障标准和补助水平不断提高。（见表1）截至2008年底，全省共保障36.8万户，计83.7万人，全省城市居民月人均保障标准177元，共支出最低生活保障金15.04亿元，基本实现了动态管理下的“应保尽保”和按月发放。

表1　1990～2001年全省城市居民最低生活保障情况统计表

单位：万人/万元

年度	已保人数	保障标准:人/月	支出保障金
1997	0.0523	90元	56
1998	1.6326	70～120元	794
1999	2.1139	91～156元	1361
2000	14.2180	91～156元	2343
2001	36.7074	91～156元	12806
⋮	⋮	⋮	⋮
2008	83.7000	160～230(省平均177)	15040

注：保障标准2008年每人每月最高230元（西安市），最低160元（陕南、陕北的部分市、县），以此类推。

（二）在创建城市居民最低生活保障制度经验的基础上，2005年6月陕西省出台了《陕西省农村居民最低生活保障暂行办法》，省各级民政及相关部门积极行动，相互配合，狠抓落实，推进了农村最低生活保障制度迅速建立发展

只用了两年多的时间，陕西省就建成了农村最低生活保障制度，形成了

“政府领导、民政主管、部门配合、社会参与”的农村最低生活保障格局，从而使陕西省农村反贫困机制发生了重大变革，创新了陕西省农村反贫困与救助模式，取消了以往的临时救助办法，实行以户为单位的经常性救助，使农村的反贫困与社会救助工作更加规范。同时，建立了陕西省农村最低生活保障的基本运作管理机制。民政部门作为农村最低生活保障体制的主管部门，在建立农村低保制度过程中，对陕西省农村贫困人口进行了一次全面的摸底排查。民政部门在收入计算、对象审核、补助方式、资金发放、动态管理等方面，注重对家庭实际生活的考察和反映农民收入的季节性特征，农村最低生活保障金的发放更加灵活。这一制度的建立，使陕西省农村大量贫困人口有效地摆脱了生存困境。2007 年底，陕西省基本上将符合条件的农村贫困人口全部纳入最低生活保障范围，实现了“应保尽保”的目标；全省农村最低生活保障指导标准由 2006 年、2007 年每人每年的 625 元、693 元提高到了 2008 年的 785 元（2008 年底提高到 1067 元；2009 年 3 月又一次提高到 1196 元，并且这一新标准，将原来的农村绝对贫困标准和低收入标准，合二为一）；保障人数由 2006 年、2007 年的 189 万人、206 万人增加到了 2008 年的 220.6 万人；2008 年全省支出农村最低生活保障金 11.5 亿元。

（三）新时期的扶贫开发成效显著

在 2001 年新阶段扶贫开发之初，全省有国家扶贫重点县 50 个、省级扶贫重点县 27 个，有扶贫重点村 10700 个，有贫困人口 817 万人，其中 385 万人未解决温饱、123 万人需要异地搬迁，扶贫任务十分繁重。陕西省坚持开发式扶贫方针，以稳定解决贫困人口温饱和增加贫困人口收入为目标，逐步建立了专项扶贫、行业扶贫、惠农政策扶贫和社会各界扶贫等多措并举、互为支撑的“大扶贫”格局，贫困地区农村基础设施条件有效改善，主导产业逐步形成，贫困群众生活水平明显提高。扶贫重点村建设成效突出。陕西省 1.07 万个条件较差、经济发展较为滞后的贫困村被确定为扶贫开发工作重点村。按照整村推进、综合开发的思路，加强贫困村基础设施建设，培育和发展特色产业，整治村容村貌，强化农村基层组织。8 年来累计建设重点村 7161 个，累计新修乡村公路 5.7 万公里、新增输变电线路 3.9 万公里、新增基本农田 334 万亩，解决了 622 万人、294 万头大家畜的饮水问题。完成建设任务的重点村，基本实现了“户通水电路，家有经济园，人均一亩田”的目标。扶贫移民搬迁上了新台阶。陕西省以整村整组搬迁和相对集中安置为主要形式，8年累计搬迁贫困人口55万人，从根本上改变了贫困人口生存与发展环境。产业扶贫有了新进展。通过小额扶贫贷款、龙头企业项目贷款、贫困村发展互助资金等手段，加大贫困地区产业开发扶持力度，大力培育贫困地区特色优势产业。8年全省累计投放小额扶贫贷款59.6亿元，投放项目贷款39.9亿元，陕北的名优杂粮、红枣和羊，关中的优质专用小麦、奶畜和秦川牛，渭北的果业，陕南的中药材和瘦肉型猪等区域特色产业和产品规模不断扩大，市场竞争力持续增强，成为贫困地区财政收入和贫困群众稳定增收的重要来源。

积极推进贫困户子女就业培训的“雨露计划”。8年来，全省累计培训和安置贫困人口就业29.3万人，实现了贫困户培训一人，输出一人，就业一人，脱贫一户的目标。同时，按照“实际、实用、实效”的原则，每年完成贫困农民农村实用技术培训100多万人（次）。中国特色的社会扶贫深入开展。按照“领导带头，部门包抓，定点帮扶，社会参与”的思路，积极配合中央有关部委搞好在陕扶贫，抓好省级“两联一包”（联县、联乡、包村）扶贫工作，引导民营企业参与扶贫开发。全省参加“两联一包”扶贫的省级各单位，每年派出扶贫干部1900多人，投入各类扶贫资金1.2亿元，捐赠物资价值500万元，实施扶贫开发项目1300多个，有力地促进了贫困地区经济社会的发展。外资扶贫渠道进一步拓宽。全面完成了总投资1.43亿美元的秦巴扶贫世行贷款项目建设任务，使17.2万贫困户、72万贫困人口得到直接扶持。启动实施了总投资6000万美元的世界银行第五期扶贫项目。同时，实施了亚行榆林扶贫项目、韩国协力团志愿者淳化扶贫项目、华一银行旬邑扶贫项目等，进一步拓宽了扶贫领域的国际合作与交流。

总之，2001~2008年陕西省累计投入专项财政扶贫资金40亿元，共有491万贫困人口实现脱贫。扶贫开发工作重点县农民人均纯收入由2000年的1125元增加到2008年的2610元，人均占有粮食达到408公斤。扶贫开发使贫困群众真切地感受到了党和政府以及全社会的关怀，切身感受到了社会主义制度的优越性，真正分享到了社会主义现代化建设的成果，也为建设全面小康社会和构建和谐陕西奠定了坚实基础。

2009年初，陕西省调整了部分扶贫政策，启动了千村贫困人口搬迁工程。

对需要搬迁的贫困户进行整村搬迁、集中安置；这样既可节约基础设施投入，又有利于形成新的经济增长点，从整体上改变贫困面貌，至今已实施搬迁了206个村。其次，按照“周转使用、互助发展”的原则，实施了千村互助资金项目。以往，农村信用社在发放小额到户扶贫贴息贷款过程中，会根据农户信用评定发放贷款。多数贫困户因没有信用额度不能获得贷款。根据2008年安康市汉滨扶贫办的统计，在贫困户贷款率最低的茨沟镇，贫困户中73%的人没有信用额度，贷不到款，小额贴息贷款项目覆盖面低于贫困户总数的30%。目前，陕西省在1000个扶贫开发工作重点村建立了互助资金，每年以中央下拨8万元，省市配套7万元，每村下拨15万元的启动资金，通过引导贫困村群众入股，吸纳滚动，培育贫困地区农村金融合作经济组织，支持贫困户发展增收项目。贫困农民可以同时利用互助资金和贴息贷款，发展生产经营性脱贫项目。

建立城乡医疗救助新制度。陕西省开展城乡医疗救助试点已经五年多，至今所有区县均建立了城市医疗救助制度，实现了城乡医疗救助的全覆盖。医疗救助制度进一步完善，资金规模不断扩大，2008年共实施医疗救助209.5万人次，其中资助195.6万名农村五保对象、低保对象参加新型农村合作医疗，支出救助资金2.01亿元。西安市2005年推行城市医疗救助试点，2006年启动农村医疗救助，2007年全市全面推进城市医疗救助试点，至今共有64.4万人/次享受了医疗救助，发放资金额达7100.48万元。有效地缓解了因病致贫、因病返贫的社会问题。[①]

启动了农民参与式扶贫新机制。2006年7月始，白水县的15个行政村被列入“社区主导型发展试点项目”。2007年这一项目拓展到榆阳、白水、蒲城三个县。由国务院扶贫办外资项目管理中心和世界银行合作开展的“社区主导型发展试点项目”（Community Driven Development，简称CDD），是国际农村社区发展的社会工作模式在陕西省的推进，其最大特征就是以服务对象的需求为出发点，以平等、尊重、服务对象自决的核心理念和在优势视角理论指导下对待服务对象，强调服务对象在反贫困行动中的参与和综合能力提升。所以，这一项目，不是单纯的扶贫项目，其核心是加强贫困农民的综合能力建设，基础是贫困农民的广泛参与，是一种尊重贫困农民意愿、提升贫困农民综合能力的扶贫新机制；其项目内容包括：社区小型基础设施与公共服务子项目；社区发展基金子项目；

① “困难群众可申请医疗救助”，2009年10月27日第6版《西安晚报》。

社区自然资源管理和环境改善子项目。白水县 CDD 项目总投资 1107.84 万元人民币，直接受益人口 2.2 万人。这一融入了社会工作理念与方法的扶贫新模式，更注重人的全面发展，积极倡导和谐文明、积极向上的生活方式。逐步在贫困村建设文化娱乐场所，建立健全了红白理事会、道德评议会、禁赌会、调解会等群众组织，开展“五好家庭”、评选好媳妇、好公婆和“十星级”文明农户活动，营造和睦相处、互助友爱的家庭邻里关系氛围。经过 3 年多的实践，这一包含社会工作元素的新型扶贫机制，生成了村级整合的扶贫资源平台、村级建设的扶贫项目平台、项目实施与能力建设相结合的培训平台和“以法律为保障，以项目为载体，以创新为动力，贫困农民参与式”的强调社区发展的社会工作主导型反贫困新模式。2008 年，陕西省启动的世界银行可持续发展贫困治理项目覆盖了黄河沿岸土石山贫困区的佳县、吴堡、清涧、延长、宜川，白于山贫困区的定边、吴起、安塞，渭北旱塬与秦岭北麓交汇地贫困区的陈仓、陇县等 10 个贫困县，按照瞄准最贫困区域和最贫困人口的原则，在上述 10 个县中选择了 63 个乡镇、470 个行政村作为项目直接扶持对象，项目直接覆盖人口为 20.545 万人，平均每个项目村 437 人，进一步推广了农民参与式的扶贫新模式。

这一社区社会工作的新模式，在我国的其他地区已有成功范例，例如，云南、湖南的少数民族贫困社区的发展，四川地区的地震灾后救助，近几年陕西省一些民间组织也在致力于这一新模式的尝试和推广。

此外，其他的反贫困举措也在积极展开。2008 年底，全省拥有社会福利收养性单位 753 个，床位 31277 张，收养人数达 24236 人；其中有五保供养服务机构 435 个，床位 19511 张，收养人数达 12355 人。农村五保供养最低限定标准由每人每年 1400 元提高到 1640 元，全省共有 10.89 万名农村五保对象，有农村五保供养服务机构 922 所（其中，敬老院 681 所，村级五保集中安置点 241 个），集中供养五保对象 2.55 万人，全年共支出五保供养资金 1.7 亿元。2008 年贫困地区农民人均纯收入较 2000 年底净增加 1195 元，达到 2535 元，贫困地区的基本生产生活条件明显改善，贫困群众的生活水平大幅提高。

二　陕西省反贫困实践面临的问题与对策

在各项反贫困举措取得显著成效的同时，现阶段陕西省的反贫困与社会救助工作仍存在一些问题，仍面临巨大的挑战。

就城乡低保制度而言，在制度创建阶段，较注重行政性的实施执行，忽略了反贫困需要的现代社会工作理念、要求、角色、功能；较注重低保（资金）的财政投入，低保制度框架建立，忽略了现有社会工作专业人才队伍的建设，忽略了如何有效地将低保资源传递给贫困群体，致使村组织和村干部在低保实施过程中权力过大，比较容易引发优亲厚友、徇私舞弊，人情保、关系保问题。同时，由于一些社区或村干部素质低下，使得低保户应参加的社区义务劳动具有了强制性，伤害了贫困群体的自尊与权利，也在一定程度上影响了低保制度的实施效果。此外，陕西省低保对象可以享受的医疗救助一年才可以报销一次，使得生病的低保对象自己垫付医疗费的周期过长，在一定程度上影响了他们的基本生活，引发了低保户的不满情绪。

这些问题的存在，恰恰反映出现有低保工作中缺乏现代社会工作需要的理念、方法、角色与功能。反贫困社会工作担负着贫困救助对象需求和问题的主要表达者和诠释者的角色，注重不同的服务对象的个体特性，强调满足服务对象的多元化需求，强调服务对象获得社会救助是其应有的公民权利，注重在实施救助的过程中减少社会标签和烙印，避免社会排斥，使救助对象更好地融入社会和社区生活。同时也强调改变服务对象的价值观，有效阻隔贫困文化的代际循环。

在扶贫开发方面，目前陕西省仍有国家扶贫开发工作重点县 50 个，居全国第二位；有贫困人口 373 万人，居全国第三位，占全国贫困人口总数的十分之一；全国 18 个集中连片贫困地区，陕西省就占到了 3 个（秦巴中高山区、陕北白于山区、黄河沿岸土石山区），现有贫困人口多集中在那些基础设施条件落后、社会事业发展滞后的偏远贫困山区，贫困面大、贫困人口多，贫困程度深。受自然灾害、市场波动、大病和子女上学等问题的影响，返贫致贫问题突出。因此，陕西省解决贫困人口温饱问题，努力增加他们的收入使其逐步走上富裕道路，仍是一项艰巨的任务。

在农村扶贫新标准实施后，贫困群体的人口将大幅度增加，如，安康市汉滨区经过 8 年的扶贫努力，贫困人口从 2001 年的 24.3 万人，下降到 2008 年的 12.8 万人；而按照新标准统计，贫困人口又增长为 20 万左右。对新增贫困人口扶持是反贫困面临一个新问题。扶贫资金缺口大，陕西省到 2010 年完成规划要求的扶贫任务专项财政扶贫资金缺口近20亿元。贫困农户“贷款难”的问题仍然没有得到很好解决。贫困地区受自然资源、地理位置、资金和人力等各方面因素的制约，还存在主导产业不突出，群众增收渠道不畅，产业开发滞后等问题。这些问题凸显了通过培养大量社会工作人才队伍，发挥社会工作者使能者和倡导者的角色与功能，推广“以法律为保障，以项目为载体，以创新为动力，贫困农民参与式”的社区社会工作主导型反贫困新模式的必要性和迫切性。

农村扶贫新标准（也将是农村低保救助标准）确定后，如何协调农村扶贫与低保的关系也是当前反贫困实践面临的一个重大挑战，在这一点上社会工作也可有所作为。从理论上说，低保是通过收入再分配来解决经济社会发展不平衡所造成的后果，具有救助性；而扶贫则着眼于在生产过程中解决发展不平衡问题，主要为贫困地区和贫困群众公平地参与社会竞争创造条件，具有开发性。政府强调扶贫新标准确定后，扶贫工作进入开发扶贫和救助扶贫两轮驱动的新阶段。低保维持生存，扶贫促进发展，低保是消除绝对贫困现象“兜底性”的制度安排，而扶贫开发则是实现脱贫致富的必由之路。这两项工作相互支撑，相辅相成，不能相互替代。开发扶贫与低保救助扶贫是我国完整扶贫战略不可或缺的两个重要组成部分。因此，党的十七届三中全会《决定》提出完善反贫困战略和政策体系，坚持开发式扶贫方针，做好农村低保与扶贫开发两项制度的有效衔接。在这项任务中，社会工作可以发挥资源整合与协调的角色和功能，动员、利用社会资源，协助社区与乡村完善最低社会保障金的社会化申请与发放，组织各类资源共享，互利互惠的社会服务，协调反贫困战略与政策体系中扶贫开发和低保救助的关系，对农村低收入人口全面实施救助扶贫和开发扶贫政策，实现社会工作“助人自助”的专业目标。

反贫困政策体系的制定、决策、执行均由各级政府主导并负责实施，动员的社会力量也局限于政府机关、企事业单位和少数半民间组织；而国内其他社会力量，如社会工作、社会组织、民间组织、慈善机构等发挥的作用则比较有限，呈现出反贫困主体的单一性，社会资本的动员挖掘不足的问题。究其根源，在于陕西省反贫困和社会救助体制并不像西方发达国家那样重视广泛的社会力量，特别是宏观、中观和微观社会工作的作用，也没有广泛运用社会工作方式动员社会成员来参与城乡贫困治理。

在西方发达国家，社会工作是伴随着反贫困的社会救助制度诞生并发展起来的。现代社会工作萌芽于英国的新型社会救助制度，它的产生与英国的城市反贫困紧密联系在一起，注重以社区和社会组织为平台，提供各种具体的反贫困与救助服务，在反贫困实践中扮演着十分重要的角色，并发挥着重大作用。

- 助人系统
  - 民间系统
    - 家庭与家族——自助性
    - 邻里与亲友——互助性
  - 政府系统
    - 工作单位——职业福利
    - 政府部门——社会救助

图1　我国现有的社会助人系统概况图

而在中国，由于现有社会助人系统的特点，[①] 政府与下属组织在城乡社会反贫困过程中几乎包揽了一切事务，也由于社会工作在陕西省发展的滞后与缓慢，使得社会组织、专业社会工作及社会其他力量的参与受限。

如图所示，我国现有救助体系主要分为民间和政府两条线。由于计划生育制度的实施、核心家庭的扩展，再加上工业化造成的城市人际关系疏离，使得民间互助这条线基本上失去了效用。而从政府系统来看，一旦个体脱离了原有的工作单位，由“单位人”沦为“社会人”后，其唯一的保障来源就只剩下政府部门了。事实上，陕西省现有反贫困的主体也主要是政府。然而对于城乡贫困群体来说，仅有政府提供的基本物质保障是远远不够的，他们也需要借助社会工作，动员整合更多社会资源和社会网络来支持未来的生活。

反贫困实践侧重于宏观政策制度的设计落实，比较忽略微观层面提供的大量具体社会服务。长期以来，陕西省反贫困举措与实践仍侧重于宏观的制度层面，即注重政策制定和制度建设；很少涉及微观层面的具体、专业的社会服务的实施，这就难免会忽略救助过程与效果的评估，容易产生人情保和关系保。社会工作是以服务对象需求为先的专门性扶贫助弱帮困的社会服务活动，基于长期的反贫困实践经验的积累，十分重视微观层面的社会服务的提供，注重提高扶贫与救

① 王思斌：《中国社会的求—助关系——制度与文化的视角》[J]，《社会学研究》2001年第4期。

助的效率，注重将有限的扶贫救助资源有效地运用到贫困对象上。现阶段，陕西省反贫困政策的制定与实施，仍缺乏对专业社会工作在反贫困行动中的重要地位的充分认识。当然，应该说，陕西省社会工作发展自身的缺陷与不足也是原因之一，但更重要的还是决策部门对反贫困中社会工作功能作用的长期缺乏认识。因此，需要及时培养一支庞大的社会工作人才队伍，并及时将他们充实到陕西省的反贫困实践中去。

反贫困实践中对贫困者的救助扶贫仍然存在重物质资金层面，忽视精神心理层面的问题。贫困者经济上的非独立性使其长期依赖社会救助来维持基本生活，这从根本上决定了其在社会中的边缘地位和社会关系中的弱势状态。长期遭受社会主流群体的排斥及其自身内心的自卑、压抑心理的困扰折磨，这类群体很容易形成封闭、自卑的心理，进而在价值观念、工作态度、社会行为等方面形成一种非优选择。① 久而久之，在城市贫困群体中形成一种特有的“贫困文化”，而这对于城市反贫困是有害无益的。反贫困社会工作非常关注贫困文化对反贫困实践的影响，在反贫困方案的策划与实施中，力图改变贫困文化循环所造成的贫困问题代际传递的社会现象。陕西省现有的反贫困具体措施中涉及这一层次的内容还很少。事实上，贫困人群需要的不仅仅是生活上的帮助，缓解心理压力、减少自卑心理、重塑生活信心也同样具有迫切性，也需要社会工作的介入。

反贫困与救助实践仍存在较忽略贫困群体需求的多样性问题。城乡贫困问题的表现是复杂多样的，贫困群体的救助需求也是各不相同的。除了最基本的生活保障外，由经济因素间接引发的问题是多方面的。如：子女教育、医疗保障、住房、家庭冲突、就业技能、社会排斥、人际关系、心理压力、社会支持网络缺失问题等；这些问题的解决都关系到反贫困与救助的成效，如果处理不当很可能导致反复贫困现象的发生，甚至使已有的反贫困措施失效。在反贫困社会工作理念中，强调关注贫困群体问题的多样性和复杂性，强调贫困者个人、家庭与其社会环境的适应问题。社会工作认为贫困原因的多样性，即是个人的、自然的、社会的原因共同导致了贫困问题。致使贫困群体难以发挥应对突发事件的能力，并引发健康卫生、家庭、子女教育、就业、住宅、人际、医疗、心理等诸多问题与需求；并十分重视综合利用个案、社会群体和社区等专业工作方法、技巧，涉及实

---

① 李军：《中国城市反贫困论纲》[M]，北京：经济科学出版社，2004，第35页。

施综合性反贫困项目与方案，解决错综复杂的贫困问题，满足贫困群体多元化的需求。就这一点而言，陕西省反贫困与救助实践应引入社会工作方法与技能，关注贫困现象背后的致贫原因，针对不同贫困群体的实际问题，提供综合性多元化的反贫困与救助服务，满足贫困群体多样化的反贫困需求。

现有的反贫困与救助方法缺乏专业性与技术性。主要表现为两个方面：一是缺乏专业的社会工作人才队伍。在西方发达国家，有专门的社工人员对资金使用、贫困家庭需求评估、贫困家庭评估认定、反贫困方案的设计实施、贫困家庭的各类社会服务等方面进行专门的工作。而陕西省的反贫困实践则缺乏这样一支社会工作专业人才队伍，缺乏社会工作专业岗位的设置，甚至在扶贫救助领域不少人对社会工作没有任何概念，也有些人认为没有社会工作扶贫救助照样做。二是缺乏专业的社会工作方法。正如笔者上文论述的，陕西省现有反贫困与救助实践仍基本停留在“助人”层面，即单纯的提供一些物质资金帮助；而不太重视反贫困的更重要的目标——注重人的全面发展，积极倡导和谐文明、积极向上的生活方式和受助者的“自助”；易于产生贫困群体更加依赖政府救助、缺乏寻找工作的积极性和主动性，贫困群体规模越来越大，从而导致政府的负担也越来越严重的后果。社会工作的基本理念、实践目标和本质特征就是运用科学的专业方法进行“助人自助”。在反贫困实践中引入社会工作，可以尽快实现反贫困与救助事业的专业化和职业化。

反贫困与救助实践仍侧重于助人者给予受助者的单向互动。即在陕西省城乡反贫困与救助实践中，主要是政府等助人团体向贫困群体提供救助的、自上而下的单向互动，受助者只是被当作接受救助的客体。现代社会工作专业理念和专业关系建立理论极为重视将贫困群体作为行动主体从始至终参与反贫困实践，即在反贫困实践的整个过程中，推崇倡导贫困群体参与式的反贫困模式，要求社会工作者与受助群体建立双向互动关系；不断激发提升贫困群体作为反贫困主体的参与意识、参与能力和创造性，并一起创造条件，使贫困人群积极加入反贫困行动的整个过程之中，成为反贫困实践的主动参与者、设计者、决策者、实施者。这样，不仅有助于反贫困救助工作的展开，更重要的是能够及时准确地了解受助者的心理、需求、意愿与建议反馈，从而能够及时有效地调整反贫困社会工作的目标方向，提高反贫困与救助实践的整体效率效果。因此，要推广参与式扶贫的新思维、新机制、新模式，也需要引进社会工作理念与专业工作方法。

三　主要对策

综上所述，培养一大批社会工作人才，设置必要的社会工作岗位，使现代社会工作的专业理念、理论、知识和方法尽快介入陕西省城乡反贫困实践，充分发挥反贫困社会工作的功能作用，具有不可低估的重要性及紧迫性。

现代社会工作源起于城市贫困的治理，反贫困是其核心内容。时至今日，其工作对象仍主要是贫困群体或极易陷入贫困的弱势群体，其工作目标仍然是提升个人能力、增进社会资本、促进融入社会、摆脱或避免陷入贫困等。也就是说扶贫济弱帮困仍是其终极目标。而且，经过漫长的反贫困与救助实践经验的积累，社会工作在反贫困工作中已形成了一套比较系统的行之有效的理论和方法。

“助人自助”可以成为城乡反贫困实践的基本理念。“助人自助”是社会工作的专业理想。所谓“助人自助”，是指社会工作是助人行动与助人效果的高度统一，其目标是“有效助人”，也就是我们强调的是受助者实现“自助”。现阶段城乡反贫困实践引入社会工作的专业理想很有必要。助人可以成就救助扶贫，自助则可以成就开发扶贫。

以受助者为本①的社会工作专业关系建立理论，是理解与实践参与式扶贫的核心。从本质上说，社会工作者和受助者专业关系的建立不以社会工作者自身的利益为前提，而是为了满足受助者的需求，在专业服务的范围内，受助者的利益高于工作者的利益。因此，工作者在专业助人关系中的取向强调以受助者为本，把受助者的需求和利益放在首位，决不允许工作者因自身的利益需要而损害受助者的利益。“以受助者为本”，即社会工作中经常提到的“投入理解”。社会工作者虽然在工作中强调价值中立，但在社会工作者与受助者的互动过程中，社会工作者需要理解受助者的心理状态，困难处境及愿望等。能够设身处地地考虑受助者的实际情况，与受助者达成理想合作的目的。而合作的成功与否又往往决定了后续工作的展开及其成效。因此，受助者为本的理念是参与式扶贫的核心。

社会工作基本工作方法是满足贫困群体多样化需求的有效手段。社会工作具有三大基本的专业工作方法，即个案（个人与家庭）工作、群体工作和社区工

① 王思斌等：《社会工作导论》［M］，高等教育出版社，2004.7，第158页。

作。其中，个案工作强调服务对象个人和家庭的个别性、差异性和特殊性，能够为贫困者提供差异化的、面对面的、有针对性的个别服务，能有效满足受助者的不同需求；侧重于解决个别服务对象面临的贫困和由贫困引发的其他问题。群体工作强调的是贫困群体，面对的主要问题的“同质性”，充分利用贫困群体自身的反贫困优势、经验与实践，通过交流沟通经验借鉴，改善其社会环境，提高其应对不断变化的社会生活的适应力。社区社会工作则立足于“社区”，以社区为平台，强调通过贫困群体对社区事务的参与，借以增强社会与社区凝聚力，减少社会冲突；建立贫困群体的新型社会人际关系，发掘其周边的深层社会资本，动员广泛的社会资源，不断提高反贫困的效率与效果。

总之，从陕西省城乡反贫困实践的发展方向看，引入反贫困社会工作是一个必然选择，也是大有可为的。因此，在陕西省反贫困政策的制定和实施中应高度重视反贫困社会工作的作用，尽快推进反贫困与救助实践以及反贫困社会工作的专业化建设。只有这样，才能早日实现反贫困的宏伟目标。

陕西省农村扶贫开发现状、问题与对策研究

聂 翔*

多年来党和政府一直都把消除贫困作为社会发展的最重要目标之一。经过近三十多年大规模扶贫开发，陕西省农村贫困地区经济与社会发展发生了根本性变化，但是，长期以来由于各种因素的影响，农村地区还存在着贫困面大、贫困人口多、贫困程度深的客观现实。本文分析了全省扶贫开发的现状和存在的问题，分析了扶贫开发与其他八个方面的关系，在此基础上提出了促进陕西省扶贫开发可持续发展的对策和建议。

一 陕西省扶贫开发历程与政策回顾

扶贫开发是我国经济与社会发展过程中针对农村发展不平衡的客观现状，为缓解和消除贫困、最终实现共同富裕而采取的重大战略措施，并走过了一条由救济式扶贫转变为开发式扶贫的扶贫道路。陕西省扶贫开发基本与全国同步，大致经历了四个阶段：

1. 体制改革推动扶贫阶段（1978～1985年）

党的十一届三中全会以后，农村率先改革，农业和农村经济迅速发展，农民生活水平显著提高，贫困人口大幅度减少。这一阶段后期，全省未解决温饱问题的贫困人口从改革前的1200万下降到605万人。

2. 大规模开发式扶贫阶段（1986～1993年）

从1986年开始国家和陕西省都加大扶贫投入，在贫困地区开展了有计划、

* 聂翔，陕西省社会科学院社会学研究所助理研究员。

有组织、大规模的扶贫开发，贫困人口逐年减少，到1993年末仍未解决温饱问题的农村贫困人口下降到500万人。

3. 扶贫攻坚阶段（1994～2000年）

1994年，省委、省政府颁布了《陕西省“五七”扶贫攻坚计划》，经过7年的努力，全省50个国定贫困县和19个省定贫困县共解决了383万农村贫困人口的温饱问题，贫困地区的经济社会面貌发生了很大变化，扶贫开发取得了阶段性的胜利。

4. 新世纪扶贫开发阶段（2001～）

按照《中国农村扶贫开发纲要》和《陕西省农村扶贫开发规划（2001～2010年）》的要求，以扶贫开发总揽贫困地区农村工作全局，以稳定解决贫困人口温饱问题和增加贫困人口收入为目标；坚持开发式扶贫方针，逐步建立了专项扶贫、行业扶贫、惠农政策扶贫和社会各界扶贫等多措并举、互为支撑的“大扶贫”格局。主要方式是：按照“政府统筹、资金捆绑、整村推进、综合开发”的思路推进扶贫重点村建设，按照“政府引导、农户自愿、统一规划、有土安置”的工作思路加大扶贫移民搬迁力度，按照“市场导向、项目覆盖、龙头带动、贷款扶持”的思路推动产业扶贫，按照“政府主导、市场运作、培训就业、跟踪服务”的思路积极实施“雨露计划”，按照“领导带头，部门包抓，定点帮扶，社会参与”的思路开展社会扶贫，并加强国际合作与交流促进外资扶贫。

截至2008年底全省贫困人口由2000年的817万减少到2008年的373万（按新标准统计），扶贫开发工作重点县农民人均纯收入由2000年的1125元增加到2008年的2610元，人均占有粮食达408公斤，扶贫开发工作取得了显著成效。

但是，从全国来看陕西省仍是一个贫困面大、贫困人口多、贫困程度深的欠发达省份，截至2009年全省还有3539个贫困村需要实施整村推进，占全省行政村总数的13%；还有326万人口没有脱贫，占全省农村人口的12%。这些贫困村和贫困人口主要集中分布在陕北白于山区、黄河沿岸土石山区和陕南秦巴中高山区等偏远地区，自然条件恶劣，生态环境脆弱，基础设施落后，群众自身积累少，遇灾极易返贫，因此稳定解决贫困群众的温饱问题并实现脱贫致富，仍然是当前和今后一段时期内陕西省扶贫工作的首要任务。

二 2009年陕西省扶贫开发现状

2009年，陕西省扶贫开发总体思路是坚持开发式扶贫方针，以促进贫困户增收为中心，以实施“千村互助资金项目”和“千村贫困人口搬迁工程”为重点，将扶贫开发与民生“八大工程”、农民收入倍增计划、灾后恢复重建相结合，进一步加大板块式扶贫和资源整合力度，加强贫困村基础设施建设、贫困户产业建设和贫困人口能力建设，并积极深入开展社会扶贫。

（一）2009年扶贫开发的目标

2009年主要目标是新启动建设扶贫重点村1300个，完成扶贫移民5万人，以工代赈移民5万人，实施“雨露计划”培训5万人，帮助60万贫困人口提高自身能力，增加收入，从而实现脱贫。

2009年陕西省投入扶贫资金约12.4亿元，其中财政扶贫资金约8.4亿元，以工代赈（国债）扶贫资金约4亿元。在原有投资规模的基础上2009年扶贫资金投入力度明显加大，其中省专项财政扶贫资金投入增加了2.02亿元，各地扶贫开发的投入力度也明显加大，市、县两级仅落实千村互助资金项目配套资金就达到7739万元。2009年工作具体目标包括以下几个方面。

1. 贫困重点村建设

通过整村推进、连片开发加快重点村基础设施建设，以“增收行动计划”为动力加快产业开发，全面推动1294个扶贫重点村建设。

2. 千村贫困人口移民搬迁

在原有扶贫方式基础上编制了《千村贫困人口搬迁工程规划》，开展千村贫困人口移民搬迁。2009年首批206个扶贫搬迁村启动，并提高了搬迁补助标准，每搬迁1人补助3800元，贫困户每户1000元宅基地整理费，对建房仍然有困难的绝对贫困户每户再补助1万元，但补助数量控制在搬迁贫困户总数的10%以内，另外“5+1”移民扶贫项目稳步推进，纳入千村贫困人口搬迁工程的搬迁户，每人直接补助3800元。

3. 推进千村互助资金项目

为保障扶贫项目顺利实施，省民政厅和省扶贫办联合印发了《关于加强扶贫互助协会登记管理工作的通知》，开展项目前期培训和互助资金协会筹建，落实了配套资金和工作经费，按项目程序通过公开竞选确定项目村。

4. 实施“雨露计划”

2009年将省级报账制改为市级报账制，并通过公开竞争，确定了75所学校承担培训任务，完成贫困子女培训任务。

5. 信贷扶贫

省扶贫办与财政、金融等部门牵头，围绕百万贫困户增收行动计划，安排投放小额扶贫到户资金，为贫困户发放小额贷款，加快产业扶贫。

6. 配合世行五期社区主导发展扶贫项目

世界银行第五期扶贫项目承担着国际合作创新扶贫经验的重要任务，国家发改委、财政部、国务院扶贫办等部委和世界银行都寄予厚望。该项目在陕西省总投资达43520万元人民币，其中世行投入资金28000万元，国内配套资金14400万元，全球环境基金组织赠款1120万元。该项目涉及榆林、延安、宝鸡三市十县的471个最贫困村，覆盖最贫困人口20多万人。该项目将全面推行以社区主导为重点的新模式和新方法，探索扶贫经验，促进扶贫创新，对国家制定下一阶段扶贫战略具有十分重要的意义。

7. 促进社会扶贫

省有关部门先后联络19个中央部委在陕开展定点扶贫工作，落实扶贫项目127个，项目资金2100万元，同时还联系了一部分企业参与社会扶贫。

8. 推进贫困村灾后恢复重建

加快2008年安排的试点村恢复重建工作进度，保证工程质量，力争及早完成项目建设任务；对于已经列入规划的受灾贫困村，要将所有计划安排的恢复重建资金基本到位，将基础设施项目、环境改善项目基本完成，将生产发展和能力建设项目全面实施。

（二）扶贫开发目标完成情况

截至2009年11月底，陕西省扶贫开发各项工作完成情况如下：

（1）千村贫困人口搬迁整体工程进展顺利，超过半数搬迁户的房屋主体工程已经完工，部分搬迁户已经入住。另外，“5+1”移民扶贫项目已完成3024户、1.32万人的搬迁任务。

（2）千村互助资金项目全面启动，已建立互助资金协会 975 个，民政登记 777 个，建立互助联保小组 12332 个，吸收会员 7.67 万户，其中有 3.52 万贫困户，互助资金总量达到 1.96 亿元，其中群众入股 3923 万元。有 386 个协会开展借款业务，发放互助资金 2218 万元，扶持 7300 多农户发展特色产业。

（3）1294 个重点村的各项建设工程全面展开，修路、引水等基础设施建设和村容村貌整治项目稳步实施，已完成三年总任务量的 60% 以上。

（4）“雨露计划”培训任务基本完成，完成了对 5 万名贫困户子女的培训任务，输出就业 4.1 万人。信贷扶贫工作进度顺利。

（5）全省已投放小额贷款 8.6 亿元，完成全年小额到户贴息计划的 112%，扶持 14 万贫困户发展增收产业项目，落实龙头企业项目贷款 6 亿元，扶持项目 61 个。

从总体来看，全省千村贫困人口搬迁工程、千村互助资金项目进展顺利，整村推进、雨露计划等项工作任务基本完成，其他各项工作也按计划顺利实施。

三　陕西省扶贫开发面临的主要问题与困境

经过近二三十年的努力，陕西省扶贫开发已经从解决绝对贫困转向解决温饱、提高发展能力、缩小差距、构建和谐上来，为贫困地区和贫困群众公平地参与社会竞争创造条件。虽然在全社会共同努力下陕西省农村贫困状况有了较大的改善，但是扶贫开发工作还面临着严峻形势，具体实施过程中还面临着非常大的困难，主要表现如下：

（一）陕西省扶贫开发面临的困境与挑战

1. 扶贫开发任务还很艰巨

目前全国 18 个集中连片贫困地区，陕西省就占了三个；扶贫开发工作重点县 50 个，居全国第二位；贫困人口数 373 万人，占全国农村贫困人口总数的十分之一，居全国第三位。现有贫困人口多集中在那些基础设施条件落后、社会事业发展滞后的偏远贫困山区，扶贫开发还将面临着贫困面大、贫困人口多，贫困程度深的客观现实。全省还有 3539 个扶贫重点村需要实施整村推进，有 326 万人没有脱贫，如期实现十年规划目标时间紧、任务重。目前全省贫困群众与城乡居民收入差距进一步扩大，据统计，2008 年陕西省 50 个国家扶贫重点县农民人均纯收入为 2336 元，仅为全省和全国农民人均纯收入的 75% 和 49%，而城乡居民收入差距扩大的趋势至今尚未得到有效控制，扶贫开发工作面临着严峻的困难与挑战。

2. 开发式扶贫难度变大、空间变小

目前扶贫开发方式已经从早期的“输血扶贫”转变为“造血扶贫”，而“造血”式扶贫需要扶贫对象具有一定的资金、技术、劳动力和外部资源等相应的基础条件，但是目前扶贫开发重点人群主要集中在陕北白于山区、黄河沿岸土石山区和陕南秦巴高寒山区，自然条件恶劣，基础设施落后，致贫因素复杂，返贫问题突出，在人力资源、经济资源、环境资源和社会资源都非常缺乏的情况下，对这些贫困地区进行扶贫开发难度越来越大。

3. 扶贫开发受外部市场环境影响越来越大

扶贫开发从总体上还是被动型发展，必须依靠外部力量改变固有的发展模式，当前扶贫开发依靠的外部环境主要有：政府资金投入，当前全省扶贫资金主要依赖于政府扶贫资金的投入，因此经济运行情况的好坏对扶贫开发工作影响巨大，特别是在我国正处于金融危机时期国家全力保增长的背景下，扶贫资金是否能够满足现有发展的需要直接决定了扶贫开发的结果与前景；产业发展状况，贫困地区的产业开发主要是粗放型小规模发展方式，这种农业生产方式不仅受自然环境影响，还受到外部市场环境的影响；人口资源需求状况，贫困地区很多家庭增收都来自于劳务输出，而劳动力市场需求状况的改变将对很多贫困家庭的收入带来影响。在这些外力的影响下扶贫开发所面临的困难越来越大。

4. 新增贫困和返贫问题变得日益突出

当前，贫困人群在各种致贫因素的交织作用下，新增贫困和返贫问题变得日益突出。主要表现在：由于自然条件的影响贫困地区遭受到自然灾害的概率更大，一些地区要常年面临着突发性气候和地质灾害的威胁；农业生产、产业开发在整个社会化大生产体系当中处于劣势地位，受到的市场波动影响更大；因贫致病、因病致贫的问题在贫困地区十分突出，而因贫辍学将难以提高贫困地区的人口素质；为片面追求经济发展而忽略生态环境，使环境更为恶化，这些因素将导致贫困地区脱贫变得更为困难。

（二）陕西省扶贫开发实际工作中遇到的困难

1. 扶贫开发总体投入不足，资金缺口大

目前全省贫困标准定为人均年收入1196元，而这仅为全省和全国农民人均纯收入的三分之一和四分之一，总体上还是低水平的扶贫开发。近年来扶贫开发资金都不断增加，但作为特惠政策的扶贫投入增幅明显低于国家财政增收和支农资金增长的速度，预计到2010年完成规划要求的扶贫任务专项财政扶贫的资金缺口近20亿元，扶贫开发资金严重投入不足将直接影响到扶贫开发的成效。

2. 部分县市扶贫资金不能按时到位

在实际扶贫过程中，据部分市、县反映，省扶贫开发资金计划下达较晚，影响了项目的实施进度；扶贫资金计划与拨付未同步进行，也影响扶贫项目的顺利开展。另外，由于部分区县自身财政相对困难，扶贫项目开展还需要财政配套，由于项目配套资金不能足额落实到位，也会影响项目建设的进度。

3. 部分市、县对政策理解和执行力度不够

在扶贫开发实践过程中，有些地方对政策把握不准，甚至在执行中出现偏差，比如将千村贫困人口搬迁工程理解为单纯的整村整组搬迁，有的对扶贫对象筛选失误，使真正的贫困人口得不到有效扶持。对新的扶贫项目思想认识不到位，推进措施不力，导致各地工作进展不平衡；有些地方移民建房采取统包统建方式，监管指导不力，不按规划设计施工，致使房屋质量出现问题，严重影响了扶贫项目形象；个别县乡对扶贫开发工作重视程度不够，整合资源协调力度不大，致使一些建设项目质量不高。这些具体执行上的问题将直接导致扶贫开发政策的成败，因此必须加强项目监测与管理。

4. 正是由于资金投入、项目管理等多方面原因，扶贫开发各项具体政策存在诸多不足，具体表现如下：

重点贫困村：还有数量较多的重点贫困村需要开发建设，要到2010年底完成规划任务现在就必须增加重点村建设的投入；目前，剩余的扶贫开发重点村基本上都是底子较薄、基础较差的贫困村，随着生产资料原材料价格的上涨现有的扶持标准很难保证预期的效果；部分重点村产业开发项目杂，规模小，收益低，村容村貌脏、乱问题还没有得到根本改变，巩固重点贫困村建设还需要增加相应的资金投入。

千村移民搬迁项目：部分移民搬迁贫困村受制于土地调整，实施难度较大；有些贫困村搬迁前基础设施建设问题还没有得到彻底解决；有些贫困村建房补助资金规模太小，导致无法组织整村搬迁；贫困村搬迁仅有建房补助是不够的，还应考虑基础设施建设和产业开发问题，避免“安居不安家、安家不安定”现象发生。此外，还应该对基础设施和产业进行配套扶持，为搬迁户稳定增收奠定坚实基础。

千村互助资金项目：有些村的互助资金项目，由于无法完成协会注册，协会注册登记进度慢，加入协会会员人数少，开展借贷业务少，缺乏必要的办公经费保障，市县配套资金因财政困难尚未全面落实到位，这些问题都影响了互助资金项目的推进。

信贷扶贫：扶贫到户贷款规模小，难以满足贫困户发展生产需要；中小型农产品加工企业和贫困农户“贷款难”的问题仍然没有得到很好地解决。

连片开发：整村推进资金整合难度大，涉农项目捆绑困难；涉及贫困村较多，部门较多，工作协调比较难。

四　扶贫开发过程中要处理好八个方面关系

当前陕西省的扶贫工作正处于关键时期，距2010年实现规划目标只剩下一年左右的时间。目前扶贫开发面临着严峻的形势，特别是世界金融危机导致国家经济发展趋缓的情况下，贫困地区经济与社会发展很容易受外部市场环境与产业环境的影响，贫困群体脆弱性不断增加，新增贫困与返贫情况日益突出，如何继续巩固现有扶贫开发成果，使贫困地区群体早日脱贫脱困，今后的扶贫开发工作中应该首先着力理顺以下八个方面关系。

（一）扶贫开发与经济发展

扶贫开发工作与经济发展状况密切相关，特别在扶贫开发资金主要来自于政府财政投入的情况下，经济状况直接影响扶贫开发的投入：一是经济发展成果在多大程度上用于扶贫开发，二是经济发展速度与扶贫开发资金增长速度是否同步。从前面分析可以看出，目前一些政府部门并没有处理好扶贫开发与经济发展之间的关系，扶贫开发资金占经济收入比重很低，增长速度也低于经济发展速度，因此在全面建设小康社会的大背景下，让贫困地区平等地享受经济发展成果，必须建立适合经济发展、与经济发展同步的扶贫资金投入与增长机制。

（二）扶贫开发与目标选择

扶贫开发工作必须把有效的资金投入到最需要帮助的贫困群体当中。当前产生贫困的原因多种多样，在外部环境与内部环境共同影响下，贫困人群脱贫与返贫交替出现，这就需要建立有效的贫困群体确认机制，不仅针对不同地区的贫困群体，也针对同一贫困群体中的不同贫困个体，建立有效的目标选择机制会让扶贫开发工作取得更大效果。

（三）扶贫开发与社会公平

目前的扶贫开发政策，是以人均年收入是否达到1196元为标准确定贫困县，并以县为单位作为承担国家扶贫开发项目。这样就造成了两种后果：贫困县的贫困人口与非贫困人口同样享受扶贫开发带来的实惠，非贫困县中的贫困人口享受不了扶贫开发带来的实惠，这样就人为地造成一部分扶贫对象的遗漏问题，从而造成了群体间矛盾冲突。因此扶贫开发过程中应该考虑社会公平与公正，使大多数贫困人群都能够获得平等的发展机会。

（四）扶贫开发与社会救助

在健全扶贫开发机制的同时还应注意完善贫困地区的社会救助制度。1986年以来我国的扶贫机制由“输血”转变为“造血”，更多地希望通过扶贫制度帮助贫困地区的群众提高自身能力素质，提高社区发展能力；而社会救助制度如农村最低生活保障制度却是保障贫困人群基本生存的制度。两者的目标与任务不尽相同，但是在现实当中，很多贫困地区人群由于各种原因缺乏自身发展能力，必须通过长时间的持续扶贫才能使其脱贫脱困，因此必须加强社会救助制度的建设，先保障贫困地区人口的基本生存需要。在此基础之上研究其自身发展，必须建立多部门联运机制统筹扶贫开发与社会救助，保障贫困地区群众生存，促进贫困地区群体发展。

（五）扶贫开发与社区参与

当前，由政府主导的扶贫开发采取的往往是自上而下的行政方式，因此在这一过程当中特别要强调社区贫困人群的积极参与。扶贫开发本质是通过外力作用提高贫困人群自身的发展能力，强调社区居民在扶贫开发过程中的积极参与主要体现在两个方面：一是要让贫困地区的居民对扶贫项目建立“拥有感”，增强社区居民在项目的选择，建设、监测与后期管理等方面的参与意识，使得扶贫项目不仅能成为居民的真实需求，也能保证项目后期的正常运行；二是在扶贫项目开发建设过程中提高居民的能力，通过扶贫开发项目建设过程提高居民的群体凝聚力，提高社区基层组织的管理能力和村民自身的能力。社区居民参与扶贫项目建设是项目具体落实有效实施的保证，开展扶贫开发必须加强社区居民参与，近来年在扶贫开发方式上倡导社区主导型扶贫开发，其核心内容是建立以社区自身需求与发展为目标的扶贫开发模式。

（六）扶贫开发与项目监测评估

项目监测与评估是项目周期管理的重要内容，在扶贫开发过程中必须加强项目监测与评估。从扶贫开发具体工作中遇到的问题来看，很多问题都是来自于项目缺乏周期管理造成的，项目前期缺乏对项目完成所需要的条件的考证，项目开展的整个过程中缺乏全程完整性的监测体系，项目后期又缺乏完善的评估制度。扶贫开发项目建设必须加强严格的项目周期管理，真正使项目扎根于贫困地区为贫困群众谋福利。

（七）政府扶贫与非政府扶贫

当前，陕西省的主要扶贫开发方式都来自于政府扶贫，政府控制着绝大多数扶贫资源，扶贫开发主要是通过行政命令式的自上而下的项目管理方式。许多民间组织倡导的非政府扶贫方式则是坚持以项目为中心，以社区贫困居民发展需要为中心，采取自下而上的项目管理方式，获得贫困人群的好评。因此在政府不断加大扶贫力度的同时，还应该培育本土的以扶贫开发为宗旨的民间组织，以弥补政府扶贫带来的制度上的缺陷，同时政府也可以在扶贫开发过程中学习到更加先进的扶贫开发经验。

（八）扶贫开发与可持续发展

只有能实现可持续发展的扶贫开发机制才能真正使贫困地区脱离贫困。资源的永续利用和良好的生态环境是贫困地区可持续发展的前提；因此，扶贫开发必须与资源保护、生态建设相结合，同时扶贫开发必须根据市场需要调整当地的产业结构，通过加强科技扶贫促进贫困地区产业结构升级。扶贫开发还必须提高贫困地区的人口素质，通过教育扶贫，促进贫困地区劳动力素质的提高。只有建立起可持续发展的扶贫开发机制，才能逐步改善贫困人口的生存条件，不断提高贫困人口的生活水平和生活质量。

五 加快陕西省扶贫开发的对策建议

扶贫开发是消除贫困、消除两极分化最根本、最直接、最有效的措施，是贫困地区实现脱贫致富的根本动力，要按照科学发展观和全面建设小康社会的要求，加快扶贫开发，使陕西省贫困地区人民群众早日脱贫脱困。具体建议有以下几点：

（一）建立扶贫新观念，创新开发新模式

经过三十多年扶贫开发工作，陕西省绝对贫困人口已经大幅度减少，扶贫开发已经转向稳定解决贫困人口温饱和增加贫困人口收入的新阶段，因此，适应形势发展的变化，必须建立扶贫新观念：一是必须坚持扶贫开发方式由“救济型”为主向“开发型”为主转变，通过项目扶贫、产业扶贫，增强贫困地区自身造血功能；二是必须坚持单项扶贫向整村推进、连片开发转变，目前大多数贫困村基础设施落后，自然条件恶劣，如果只解决单方面或少部分人的问题扶贫工作难见成效，只有通过对重点贫困村进行整村推进，连片的重点贫困村实施连片开发才能达到较好的扶贫效果；三是必须坚持基础建设为主向基础建设和能力建设并重转变，通过素质教育和技能教育提高贫困地区劳动力的整体素质，最终使贫困地区脱贫脱困。

在扶贫开发新观念的指导下，还需要创造新的扶贫开发模式。长期以来陕西省扶贫开发坚持“政府主导、社会参与、自力更生、开发扶贫”的战略方针，但实际过程中往往演变成政府自上而下的行政命令，近年来社区主导型扶贫开发模式和民间组织参与扶贫开发模式在实践过程中取得了比较好的效果，为陕西省今后的扶贫开发工作提供了可资借鉴的经验。

社区主导型扶贫开发项目在西部四省（区）60个贫困村试点，2006年开始，2009年6月结束，项目内容包括小规模基础设施和公共服务、农村社区发展基金以及社区资源管理和环境改善，其特点是将扶贫资源的决策权和控制权交给群众，确保了农民群众在农村发展和扶贫中的主体作用，调动了农民群众参与扶贫工作的积极性、主动性和创造性，提高了社区自我组织、管理、发展和监督能力，从而形成贫困地区可持续的自身发展能力。

近年来，由于政府主导的扶贫开发效率低下、高失败率等原因，出现了民间组织参与政府主导的扶贫开发的新模式。由于民间组织具有不以营利为目的、较强的参与性、组织管理的灵活性与创新性等特征，有效地弥补了单纯由政府控制的扶贫开发中的缺点和问题。2005年底，江西省试点实施的“非政府组织与政府合作实施村级扶贫规划试点项目”就是改革传统扶贫模式的尝试和创新。

（二）建立多元化的扶贫投入格局

陕西省扶贫开发工作量大面广，实施的扶贫项目头绪多，资金需求量大，因此建立与经济发展相适应的扶贫资金增长机制尤为重要。

首先，政府要建立硬性扶贫资金增长制度，确保每年扶贫资金都有一定数额增强，并且涨幅跟经济发展状况基本同步。还要建立起政府各部门资源的整合机制，扶贫资金的使用不能撒胡椒面要形成合力，防止内部资源消耗，特别是要完善制度措施确保扶贫资金能真正用于贫困群众，让贫困群体真正受益于扶贫资金的持续增长。政府的扶贫开发资金投入只有从数量上和质量上都能持续增长，扶贫开发工作才能顺利开展实施。

其次，要建立贫困地区扶贫投入的倾斜政策。由于贫困地区自身发展能力不足，政府必须建立适度倾斜政策保证贫困地区发展，包括基础设施建设、社会福利与社会保障、保障基本生活与发展的“民生八大工程”和其他农村相关投入，应该适度向贫困地区倾斜，以满足贫困地区贫困群体的基本生活与发展。

再次，要推动社会扶贫力量的参与，特别要给予政策的优惠，促进企业参与扶贫，形成全民参与扶贫开发的“大扶贫”格局。通过对口支援、结对子等方式以富帮穷，以长补短，促进共同发展。

最后，激励贫困地区群众自我发展，通过政府引导转变贫困地区群众“等、靠、要”的依赖思想，通过政府激励提高贫困群众脱贫致富的积极性、主动性和创造性，实现自我提高自我发展。

（三）完善扶贫开发资金和项目管理制度

要完善扶贫资金管理制度，加强扶贫项目资金管理，推行公告、公示和报账制度，不断完善扶贫项目资金的申报、审批和管理办法，加大监督检查和审计力度，进一步提高扶贫资金使用效益，防止出现资金被截留、被挪用等问题，保护扶贫资金安全，同时还要加强各部门之间的协调配合，保证工程进度和资金划拨同步。

要完善扶贫项目周期管理制度。要以社区发展目的为导向，项目制订前要有合理的社区发展规划，根据社区发展目标与发展规划确定项目范围，在项目制订过程中要广泛征求受益群众的意见，通过科学分析与市场考察筛选论证，并建立部门领导负责制，防止领导“拍脑袋”决策。项目确定后要有完善的中期监测制度和管理制度，并根据项目进展合理划拨资金，项目结束后要组织独立的第三方进行项目终期评估，既要考虑到项目的经济效益，也要考虑项目所产生的社会效益，特别是项目进展过程中给社区居民带来的满意度和能力增强情况，通过分析项目成效和经验教训，为以后工作提供借鉴。

（四）完善扶贫开发过程中的具体运行机制

为保证扶贫项目的顺利实施，还必须建立相关的制度作保证，具体制度应包括以下内容：

1. 建立责任领导人的考核机制

要强化政府主导力量，特别是要强化领导责任，把扶贫工作作为各级领导干部的政绩考核的重要指标之一，出现问题要追究当事人和责任领导人的相关责任。

2. 建立贫困人群目标瞄准机制

目前扶贫开发过程中对贫困人群监测机制还不完善。从政府扶贫开发的历程来看，贫困人群的衡量标准也是不断更新和变化的，从最初的以县为单位进行扶贫，发展到后来的以村为单位进行扶贫，贫困人群目标的衡量机制更为准确，但是这种粗放型的目标衡量机制应该进行深化改革，坚持把区域标准、群体标准与个体标准相结合，为贫困地区人群建立档案库，并实行动态管理。同时对现行的贫困标准也需要适度调整，由于各地贫困地区发展程度也不尽相同，用同一标准就抹杀了地区之间的差异性，因此可以在国家统一贫困标准容许浮动的范围内确定一个区域贫困标准，使贫困人群的衡量机制更为灵活。

3. 建立贫困人群参与扶贫机制

扶贫开发最终受益的是贫困地区的贫困人群，因此项目设计必须以贫困人群为项目的出发点与落脚点，建立和完善参与式扶贫开发机制。首先，项目设计要以满足贫困人群的真实需求，杜绝自上而下的行政化扶贫开发模式，要动员社区居民参与社区发展规划和扶贫规划的制订；其次，在项目建设过程中要有村民配套，项目监督小组中要有村民代表；最后，终期评估阶段要有村民代表参与评估，项目整个过程要以社区居民为本，要以提高社区发展与村民自身能力发展、提高基层组织管理协调能力为目标，涉及社区全体居民包括妇女、老人和小孩。总之，要让大多数社区居民都能享受到扶贫项目带来的福利。

陕西村民自治的现状及对策研究

吴　南*

20 世纪 80 年代初的中国农村，继土地家庭承包经营制之后，推行了村民自治体制，标志着中国传统农村开始向现代农村的巨大转变。经过二十多年的发展，村民自治已在农村扎下了根，获得了广大村民的支持，逐渐成为了广大基层农民参与农村社会治理的有效途径。陕西的村民自治经过近 30 年的发展，在农村经济与社会的协调发展中发挥了决定性的作用，但是，在急剧的社会转型中，村民自治还存在诸多问题与缺陷，亟待进一步研究解决。

一　陕西村民自治基本情况

经过多年的实践，陕西农村村民自治逐步走上了制度化、规范化、民主化的轨道，村民的法治意识、政治参与和自治意识日趋增强。据统计，陕西省现有 107 个县（市、区），1579 个乡镇和 166 个街办，27364 个村委会，136895 个村民小组。2008 年底至 2009 年，根据现行的《陕西省实施〈村委会组织法〉办法》、《陕西省村委会选举办法》，举行了陕西省第七次村民委员会换届选举工作。目前，全省已有 26780 个村完成换届选举工作，占应换届 27227 个村的 98.4%。通过本次换届选举，多数村委会组成人员的年龄结构、知识结构等得到了调整优化，村干部的整体素质比上届有所提高。通过村委会换届选举村民的民主意识也有所增强。

在本届村委会组成中，村委会成员共有 10.23 万人，其中：村委会主任连选连任的有 13135 人，占村主任总数的 49.2%；村委会成员中，大中专以上文化程度的有 3562 人，占成员总数的 3.5%，比上届提高了 2.5%；高中文化程度的有

* 吴南，陕西省社会科学院社会学研究所助理研究员。

38081人，占37.2%，比上届提高了4.4%；40周岁以下的有35138人，占34.3%，比上届提高了2.3%。妇女成员1.39万人，占成员总数的13.6%，比上届提高了1.4%；妇女村委会主任541人，占村主任总数的2.1%，比上届提高了1.1%。

本次换届选举共有选民1910.33万人，参加投票的选民1716.94万人，参选率达89.9%；委托投票143.3万人，占选民总数的7.5%。

本次选举提倡村党组织书记、村主任"一肩挑"和村"两委"成员交叉兼职。在新当选的村委会成员中，有党员5.39万人，占总数的52.7%，比上届提高了3.2%；党员村主任1.63万人，占村主任总数的61%；村主任与村支书"一肩挑"的2890人，占村主任总数的10.8%，比上届提高了1.8%。全省村委会成员总数比上届减少了3117人。

在民主决策方面，各地区积极推进、落实"一会两组"制度，即村民代表大会和民主理财小组、民主监督小组，建立村民自治章程、村规民约等规章制度等。在民主管理方面，1998年以来，全省开始普遍推行村务公开制度，村务公开内容逐渐拓宽、公开形式逐步多样化。2006年12月10日起，陕西省正式施行了《陕西省村务公开民主管理办法》，管理办法对村务公开的内容、程序、时间、形式等都做了较为详细的规定，对民主决策、民主管理、民主监督等方面的内容、程序等也作出了补充完善。在当地党和政府的领导下，各村根据规定，进一步推进村务公开工作。在民主监督方面，近年来，全省陆续试点推行村民监督委员会制度，截至2009年6月30日，全省27364个自然村，已经有9507个村建立了村民监督委员会，占总数的34.7%。

陕西省在村民自治的发展中，积极探索建立适合本地社会经济、政治、文化发展的村民自治形式，把民主选举、民主决策、民主管理和民主监督制度落到实处，促使村民自治建设逐步走上规范运作的轨道，引导村民在实践中依法参与各种民主活动，学习民主知识，熟悉民主程序，体验民主生活，实现有序的、理性的政治参与。经过多年的发展，村民自治在取得了显著成效的同时也出现了许多困难和问题，需要在今后的村民自治实践中采取实事求是的态度，具体问题具体分析，克服困难，解决问题，将村民自治推向更高的水平。

二　村民自治中存在的主要问题

（一）民主选举中存在的主要问题

村委会选举期间出现的种种问题，一方面是由于广大农民的文化程度普遍不高，另一方面是由于相关法律法规不健全、不完善，现行的组织法只规定了应该怎样，却未规定违反法律法规后应该如何处理，致使农民的民主权利遭受到侵害后农民维权时无法可依，组织法的权威也因此受到影响，并很容易导致农民民主权利被“虚置”。因此应修订相关法律法规，如制定较详细、严密、易操作的选举办法。用法律、法规来规范从选举准备、选民登记、候选人产生、投票选举等每一个步骤和程序，保证村委会选举公正、公平、公开，将最能代表村民利益并真正对村民负责的人选出来，用法律来协调各方关系和明确各方权利，推行依法治村。

在民主选举的实践中还存在以下问题：

存在贿选行为。在选举过程中，有的候选人为拉选票，从请吃喝、送礼品逐渐发展到直接送现金，贿赂选民，候选人的品质能力竞争异化为个人势力和财力的角逐，使一些经济条件不好，不能大量投入资金贿选、但有愿望有能力为村里办实事的人，在竞争中处于劣势。

个别新成立的村委会委员中无女性。《中华人民共和国村委会组织法》明确规定在村委会中，“妇女应当有适当的名额”，2002 年，中共中央办公厅、国务院办公厅下发的 14 号文件也进一步强调“要保证妇女在村委会选举中的合法权益，使女性在村民委员会成员中占有适当名额”。这些政策在维护女性政治权益上发挥了积极作用，但是在部分农村，女性在政治生活中仍处于边缘地位，在本次选举中，有的村女性候选人票数均未达到要求，所以新村委会成员皆为男性。

未进入候选人名单的选民，在选举日所获选票与候选人相差无几。当前村委会选举中，有多种提名方式，如村民会议提名、村民代表会议提名、“海选”、自荐提名、村党支部提名等，由于在提名方式上并没有统一的制度规定，所以这些提名方式都是合法的。在我们所调查的县，提名方式是召开村民会议，组织发动村民民主提名村委会委员候选人，组织预选，确定正式候选人。在实际操作中，有的村选举委员会并没有按此程序进行，使得某些有意参与村主任竞选的选民没能进入候选人名单，有的选民民主意识较强，就在私下印发传单，宣传自己，积极游说，所以到选举投票结束，公布结果，其选票与正式候选人不相上下，在这种情况下，就需要县民政局组织第二次选举。现在不仅经济条件较好的村竞选激烈，有些很贫困的村子，竞争也很激烈，其原因一方面是经过多年的选举实践，村民的民主意识日渐增强；另一方面，有些人参政也有其自身的想法，即获得政治资本，有利于自己和上级党政机关加强联系，扩大自己的关系网，有利于自己在当地进一步的发展。

委托投票口头授权，一选民填若干张选票。在贫困地区，年轻人多外出打工，许多人在选举当天不能回村参加投票。按照要求，在选举日不能参加投票的选民，可以书面形式委托其他选民代为投票，每一选民接受委托不得超过三人。但是在选举时，部分村庄基本上没有书面委托，而且有的选民一人持三张以上的选票参加投票。在正常情况下，委托投票可以帮助那些因为种种原因不能亲自到场参加投票的人，通过委托他人投票选出自己信任的人。但是在不正常的情况下委托投票很容易被滥用，使委托人的真实愿望不能实现。

未设秘密写票间。设立秘密写票间能够充分保障选民投票行为的秘密性，保证选民不受外界干扰，能真正按照自己的意愿，行使好自己的选举权。农村是“熟人社会”，邻里乡亲大家都很熟悉，所以设立秘密写票间，能让村民在选举时，有一个自由写票的地点，可有效解决村庄范围内大家相互熟悉，在公开场合写票多有顾虑的问题。但有的地方未设秘密写票间，选民或者就自己找无人的地方填写，或者相互商量着填写。

宣传力度不够，对选举的重要性认识不足。在村委会选举之前，各级党政部门均下发文件安排部署选举工作，利用报刊、广播、电视等各种媒体进行广泛宣传，从表面上看，工作比较到位，但如何使工作落到实处，使广大农民真正懂得自己拥有的权利、如何行使这些权利，还未做到家喻户晓、妇孺皆知。一些细致的工作没有做到位，如在选举的当天，还有一些村民不知道如何填写选票，有的选民填写的不符合要求，成了废票。

连选连任弊端较多。《村委会组织法》第十一条指出，村民委员会成员可以连选连任。而连选连任存在较多弊端，首先是在村庄，村委会主要成员长期拥有一定权力，容易形成帮派及小利益集团，相互协同共谋私利，尤其是在目前监督、制约机制不健全，民主决策、民主管理不完善的情况下，往往就会成为

“一言堂”；其二是不利于人才的培养，不利于农村干部包括后备干部的培养工作。还有参加竞选要花费大量的人力物力财力，使得相当一部分人被排除在竞选之外，有优势的人其优势会越来越明显，逐渐控制选举工作。

在民主选举中还存在一些其他问题，如在直选中，有的村庄家族势力较大，影响选举工作、参加投票的选民积极性低等。

（二）民主决策中存在的主要问题

首先，《村委会组织法》规定，涉及村民利益的诸多事项，村委会必须提请村民会议讨论决定，方可办理。在实际工作中，由于大多数村村民人数较多不易召集或居住分散等原因，村民会议经常无法按规定召开，即使是涉及村民利益的诸多事项也不能及时召开村民会议决议，从而使得村民会议的决策功能落空。

其次，《村委会组织法》规定，人数较多或者居住分散的村，可以推选产生村民代表，由村民委员会召集村民代表开会，讨论决定村民会议授权的事项。虽按规定村民代表会议经授权也可以代行村民会议的权利，但有一个前提，就是须由村民委员会召集村民代表开会，如果村民委员会不召集的话，村代会就无法顺利召开，涉及村民利益的诸多事项也不能及时讨论。

再次，《村委会组织法》第二十一条规定，人数较多或者居住分散的村，可以推选产生村民代表，由村民委员会召集村民代表开会，讨论决定村民会议授权的事项。在实际生产、生活中，涉及土地、集体经济收入和分配等都是重大敏感问题。特别在土地征收、征用、承包和使用方面，出现了村民委员会擅自决定，或村民委员会利用村民代表会议形式损害村民的根本性利益。因此，为了限制村民委员会利用规定损害农民利益，涉及土地权利事项应规定村民会议不得向村民委员会授权。

最后，部分农村党支部与村委会矛盾较多，造成村里的日常工作不能正常开展，在面对一些重大问题时，未切实有效落实村民的参与权、决策权，常需要上级有关部门来协调沟通。自20世纪80年代村民自治体制在各地农村普遍建立以后，农村权力结构发生了重要的变化，即从党支部一元化领导模式向党支部和村委会并存的二元权力模式转变。[①] 由此引起了的一系列矛盾。在农村，两委之间

① 景跃进：《当代中国农村“两委关系”的微观解析与宏观透视》［M］，北京，中央文献出版社，2004，第197～199页。

的矛盾，主要表现有：一是党支部领导、主管村里的一切主要事务，党支部主要是由党支部书记一人独断，村里的大事小事由其承办，村民委员会形同虚设，不能发挥其应有的作用，村委会主任有名无实。二是村委会主任在村里也具有一定的声望，又因其是经过村民选举，取得村民认可，因此把权力集中在自己手上，而党支部不能依法对村民委员会实行监督和领导，不能有效支持和保障村民行使民主权利。三是党支部和村委会都想把权力完全集中到自己手中，双方互不认可，处于冲突状态。

（三）民主监督、村务公开和民主管理中存在的主要问题

民主监督中存在村民监督机制不健全，不能有效履行监督职能，解决问题的渠道单一，不能利用本身资源及时有效解决。村务公开有该公开公示的信息不公开、公开的信息不全面、公开的程序不规范、公开不及时、不真实等问题，这些问题使村务公开的效果大打折扣。村规民约和村民自治章程制定程序不合理，内容针对性不强，未能根据法律结合本村特点制定切实有效的规定，因而在实行中流于形式等。

三　深化村民自治的对策建议

（一）推进村民自治的重点在于加强立法和制度建设

农村自治组织在处理事务时，应以有关法律和规范为行事依据。《村委会组织法》实施以来，多项案例显示，《村委会组织法》的部分条款规定不合理，在操作中存在漏洞。因此，应根据实际运行情况，进一步改进农村自治程序性及实体性法律制度，以便能够更好地指导、协调各方关系和明确各方权利，推行依法治理，如将《村委会组织法》第九条“村民委员会成员中，妇女应当有适当的名额，多民族村民居住的村应当有人数较少的民族的成员。”修改为“村民委员会成员构成坚持性别平等、民族平等原则。”保证女性的参政议政。在实际运行中，农村地区的社会、经济、文化、风俗习惯等各不相同，应根据各地情况，灵活利用多种形式保障公民的知情权、参与权、表达权、监督权。

在推进立法和制度建设的同时应注重与农村传统文化、村民意愿的对接、融

合。在制度建设上，过去多强调将制度强制性地“植入”农村社会，以期达到对农村社会的政治整合，却很少注意农村社区原有的文化体系、农民的文化自觉。如果相关的制度建设不与农村传统文化相融合，单靠国家力量从外面强制地“嵌入”农村社会，往往难以在农村社会这块土地中植根、发育、开花、结果。政府在通过制度的形式实现对农村社会的整合时，既要注重与农村传统文化相结合，又要注意利用农村既有的“文化网络”增强国家整合的合法性。

（二）有效发挥农村党支部的作用

中国共产党是中国社会主义事业的领导核心，要切实保障党在村一级农村基层政权的核心地位，关键是要充分发挥党支部的作用，从而增强党在农村中的执政基础。首先，党支部书记的人选，应选择那些既能赢得党员选票又能赢得村民选票，并且还能正确引导民意的党员担当，以此增强共产党的执政基础；其次，对村级党组织的作用进行准确定位，为村级党组织发挥应有的作用创造条件。村党支部应利用优势，建立起基层政府和村民自治组织的桥梁。村党支部应能积极推广政府的政策计划，办理各种培训，及时收集村民的意见及建议，向政府反映农民的愿望，提出决策建议等，关心农民的生活、生产，解决农民的困难，协调村民之间的关系，以此赢得群众的真心拥护。

（三）充分发挥村民会议特别是村民代表会议的决策和监督作用

由于有的农村社区在民主选举后，没有认真落实民主决策、民主监督和民主管理工作，村民自治并没有如愿推进，甚至有的村委会成为某些人获取私利的工具，这也直接导致了部分村民对民主选举的冷漠，使村民自治的成效大打了折扣。因此，切实保障村民自治的顺利发展，充分发挥村民会议特别是村民代表会议的决策和监督作用，防止村民自治演变为某个组织或个人专治的工具，要给予村民能够决策、监督和制约干部的有效渠道和手段，用适当的组织形式形成对“村官”权力的有力制约。有的农村社区自主创新了一些行之有效的新做法来落实社区民主，如河南省中牟县白沙镇实行的联户代表制度，选举农村家庭代表和联户代表，在村民自治过程中充分利用乡村社会的传统组织资源，不仅创新了村民选举制度，而且使村民民主管理、民主决策和民主监督权利得到落实。形成了村支部领导决策、村委会执行落实、监委会负责监督，相互制衡、相互监督、相互支持的工作体制。[①] 各地群众充分发挥其创造性，为解决问题，提出了很多新方法，新途径，对维护村民权利，推动村民自治的顺利发展起到了积极作用。当前，应及时总结各地农村发展社区民主的经验，根据实际情况制定相应的地方法规和政策，进一步提高民主选举、民主决策、民主管理和民主监督的质量。

（四）发展社会组织，推动农村自治进程

“发挥社会组织的积极作用，增强社会自治功能”。这是中共“十七大”的新提法。罗伯特·帕特南的《使民主运转起来》中提到，“社会资本是民主进步的一种重要的决定性因素。……民主的改革者必须从基层做起，切实鼓励普通公民之间的民间约定。”在我国社会组织是人民群众表达意见、参与公共生活的重要载体。发挥社会组织的积极作用，将对我国农村自治进程产生根本性影响。随着社会的发展，农村开始出现农民基于不同利益而形成的各种社会组织，如经济合作组织、社区文艺、体育等民间组织等，应鼓励这些社会组织在法律框架内的发展、活动，以村民委员会这一群众自治组织为平台，开展各种自治活动。在社会组织内部培养成员之间的团结和合作，对外通过组织团体参与集体行动，参与公共事务，与有关部门进行协商，及时沟通，缓解社会矛盾，并将社会矛盾的表达和解决制度化，在这一过程中使村民自治权得以体现。

（五）注重提高公民意识

加强公民权利的宣传教育，在理论学习、政策引导和民主实践的过程中，不断培育和提高村民自治的意识。成熟的公民是社区民主的基础，更是国家政治民主的基础。公民意识的根本在于对自身权利义务的认识，对公共事务的参与精神。因此，在农村，提高民众的公民意识，首先就要提高基层政府政策的制定、执行、评估与监控的开放程度，提高公民对公共事务、公共政策的参与程度。加强基层政府行政人员与公民的沟通与互动，提高政府公共政策执行的民主化和科学化程度，提高公民对基层政府行政人员的认知度和信任感。

---

① http：//www. ccps. gov. cn/dxrd. php? col = 161&file = 7974.

（六）协调好农村社区党支部与村委会二者的关系

实行农村村民自治，必须在党组织的领导下有步骤、有秩序地进行，同时应明确基层党组织必须是引导和支持人民当家作主，而不是代替人民当家作主。首先，在基层农村，村党支部要善于领导，特别是要转变观念，由“为民做主”向“由民做主”转变。充分调动村民的主动性、创造性，积极管理农村事务，努力使党的领导贯穿于民主选举、民主决策、民主管理、民主监督全过程；其次，建立健全相关制度，从制度上合理划分村党支部“领导核心”的权力范围和村委会的自治权力范围。目前，有关国家法律制度在关于村党支部与村委会的职权范围上规定的不规范、不详细，由此引起两者之间的权力之争。因此，要规范村“两委”之间的关系，最根本的还是要通过制度创新，建立分权合作的制度化机制，在两者之间形成良性互动的权力关系。应结合农村实际情况，修改、细化《村民委员会组织法》、《中国共产党农村基层组织工作条例》及其他相关法律制度。明确两者的权力界限，明确各自职责等，建立合理的工作协调机制。同时，各地农村应根据当地实际，在坚持相关法律制度的原则上，制定本村的《村规民约》、《村民自治章程》等规章制度，把村“两委”的职权范围和议事规则固定下来，以制度管人、依制度办事。对于违反规定的也要制定相应的仲裁程序和处理规定。

（七）加强对党支部和村委会干部任用管理的监督机制

加强外部监督，建立以民主和法治为基础的外部监督机制。将监督管理工作纳入法制化的轨道运行，是确保依法行使权力的有效途径，一旦出现党支部和村委会干部滥用权力的违法行为，就可依靠法制手段加以中止、纠正和制裁，使监督工作落在实处，实现多数人监督少数人的格局。增强内部监督的独立性。村中设置专项监督机构，保持独立性是依法履行监督职责的前提，应当使外部监督与内部监督互相配合、互相促进，形成机制，以增强监督的整体合力，克服目前监督中存在的内外脱节、职能交叉、责任虚化、压力不足等问题。充分发挥村民代表大会监督、群众监督、新闻舆论等监督的作用。尽快建立覆盖面广、渠道畅通、反馈及时、信息共享的监督信息渠道，在条件好的村子，可建立信息网络和信息库，将干部信息在公共场所及时公布，使上级部门和群众对其进行监督评价，及时发现党支部和村委会干部工作过程中的优点和不足，以便出现问题能够及时发现改正。

（八）发展公民协商是村民自治的重要途径

以公民为主体而展开的公民协商是实现基层民主的重要形态，现代治理强调的是公民广泛的、直接的、能动的、更加独立的参与，更强调社会管理是个互动过程。农村社区治理不只是运用基层政府的政治权威，自上而下发号施令、制定和实施政策，而是通过上下互动、合作协商、确立认同等方式实施对农村公共事务的管理。改革开放后，农村多元利益群体自主性的增强及其通过自治性的管理来实现利益需求的愿望，是推动农村社区公民参与社区事务的根本动力。在农村自治的发展过程中，基层政府应通过农村社区建设，发挥自身的组织与资源优势，鼓励村民广泛参与，共同推进农村的建设与发展，从而达到有效治理的目的。还要通过制度创新，理性设计“协商民主”的细节，使其明确、公正，有法律保证，形成有效的利益协调机制、诉求表达机制、矛盾调处机制、权益保障机制，在基层有效地做到“加强党的领导、人民当家做主和依法办事”三者的有机统一。

（九）积极推进党支部、村委会干部及村民代表的教育培训工作

教育培训工作必须以科学发展观为指导，坚持以人为主体，提高基层农村干部的素质和能力，实现基层农村干部的全面发展。党支部、村委会干部及村民代表的教育培训应做好以下几方面的工作：要切实加强国家法律法规的教育培训和党的路线方针政策培训，大力开展党和国家在社会、经济、政治、文化等方面重大部署和要求的培训，注重当地经济社会发展的需要，引导和帮助广大党支部、村委会干部及村民代表提高思想政治素质，加强道德品质修养。加强法律知识的培训，树立通过“科学化、程序化、规范化”的制度管理农村社区公共事务，依据法律、制度办事的意识。根据各类干部履行岗位职责的要求，有针对性地进行岗位必备知识和能力的培训、与农村工作密切相关的新知识培训，始终坚持把整体素质和能力的提升作为培训的重要任务。在教育培训形式上，要加大理论培训与实践培训相结合、提高培训的综合效果。要根据对象的不同制定相应的培训计划。不断扩大培训覆盖面，进一步改善党支部、村委会干部及村民代表的知识

结构、扩大知识面、增加知识储备、提高知识文化水平，增强民主意识，提高发展农村社区民主的能力。

继续深化农村社区村民自治建设，是新形势下巩固农村基层政权和加强社会主义民主政治建设的重要途径，也是实现全面建设新农村宏伟目标的客观需要。应根据各地农村具体情况，切实保障村民享有更多更切实的民主权利，保障村民依法直接行使民主权利，参与管理基层公共事务和公益事业。

陕西省新生代农民工社会认同和社会融入现状及对策

钟小浜　郭 科　黄海涛*

“农民工”是我国城乡二元体制的产物，是我国在经济转轨和社会转型时期出现的一个特殊的社会群体。进入21世纪以来，随着大量年轻的农村流动人口涌入城市，农民工群体开始出现了明显的内部分化，出现了两代农民工。当代农民工多是80年以后出生，常常被称为“新生代”农民工，他们正逐渐成为农民工的主流群体。

在第一代农民工已基本找到社会定位的情况下，新生代农民工是如何看待他们自身特性和所处的社会环境的，是否接受“农民”或“农民工”称呼，适应社会的状况如何，以及他们的社会认同与社会融入状况如何，已成为我国构建和谐社会和城市化发展中一个必须给予重视的方面。为了更好地了解新生代农民工的社会认同和社会融入状况，我们以新生代农民工与第一代农民工作为研究对象（意在将新生代农民工与第一代农民工进行比较分析），进行了问卷调查。以下结论均是通过对问卷调查结果进行统计分析之后得出的。

一　新生代农民工社会认同及社会融入现状分析

（一）新生代农民工的群体特征

新生代农民工是相对于第一代农民工而言的，由于年龄、成长环境以及受教育程度的不同，新生代农民工身上必然会呈现出一些新的群体特征。通过调查分

* 钟小浜，西北大学应用社会科学系副教授；郭科，西北大学；黄海涛，陕西教育学院。

析，发现新生代农民工群体特征大致有以下几个方面：

1. 新生代农民工的人口特征

调查结果显示，第一代农民工平均年龄为36.7岁，年龄最大的已经58岁，而新生代农民工平均年龄为22.1岁，最小者仅为16岁，且绝大多数分布在20岁~23岁之间，占新生代农民工人数总额的48.4%。从上述数据可知，新生代农民工平均年龄与第一代农民工相差了14.6岁，按照10年一代人的看法及两者所处的成长环境不同，必然会养成不同的生活习惯和思维方式，这些状况也必然会体现在社会认同上，从而影响着新生代农民工的社会认同与社会融入。

在受教育水平方面，92.1%的新生代农民工接受了九年义务教育，甚至有29.1%和7.9%的新生代农民工具有高中（专科）及以上文化程度，而第一代农民工则只有72.8%的人接受了九年义务教育，与新生代农民工相比，具有小学文化程度的第一代农民工为27.2%，而新生代农民工则仅有7.9%。可见，新生代农民工总体上受到过相对规范的教育，呈现出了较高的受教育水平。

2. 进城前生活经历

调查发现，进城前53.5%的新生代农民工在读书，11%的新生代农民工经商，只有20.3%的新生代农民工有过务农经历。说明新生代农民工大多是一毕业就直接进城打工或经商，基本上没有干过农活，有的甚至连基本的农业常识都没有，而第一代农民工进城前从事农业劳动的高达69.2%（表1）。

表1　第一代与新生代农民工进城前从事行业表

单位：%

	务 农	读 书	经 商	其 他	合 计
新生代农民工	20.3	53.5	11	14.2	100
第一代农民工	69.2	11.5	1.9	17.4	100

3. 自我认知和未来发展

在自我认知和未来发展方面，新生代农民工表现出了较高的自信和乐观。55.4%的新生代农民工不觉得自己在城市中受歧视，但有28.1%的新生代农民工表示说不清，这说明尽管新生代农民工对在城市生活有着较高的自信，但依然表现出了一定的困惑和模糊态度；而对于自己在城市里地位很低的看法，52.3%的新生代农民工表示不同意和非常不同意，同时也有27.5%的新生代农民工认为说不清（见表2）。大多数人都认为自己在素质和能力方面并不比城市居民差多少，相反，部分新生代农民工还表示"有些城里人的素质比我们还差"。说明新生代农民工对自己表现出了较高的期望和信心，对城市生活充满了热情，希望能够拥有更广阔的发展空间和城市居民一样的生活。

表2　新生代农民工在城市中的自我感受调查表

单位：%

	我在城市里的地位很低	我在城市很受歧视
非常同意	36.9	4.1
同意	13.3	12.4
说不清	27.5	28.1
不同意	37.6	37.8
非常不同意	14.7	17.6
总　计	100.0	100.0

对于自己将来的打算，33%的新生代农民工希望在城市定居，只有12.4%的新生代农民工表示要回家乡，但仍有32.1%的新生代农民工对未来打算不明确，表示暂时还在这里打工，抱有"走一步说一步"的想法。说明新生代农民工对于未来的发展方向缺少一个明确的规划与定位。

4. 外出动机方面

与第一代农民工相比，新生代农民工的外出动机已经有了显著的变化。他们已不像第一代农民工那样，单纯地为着挣钱而挣钱，兼具有经济型和发展型并存的外出动机。调查显示，84.9%的第一代农民工外出打工是因为"家乡收入太低，出来挣钱"，而对于新生代农民工而言，只有57.1%的新生代农民工选择"家乡收入太低"才外出打工的，另有57.6%的新生代农民工选择外出的目的是"向往城市生活，出来开开眼界"，甚至有39.2%的新生代农民工希望能在城市找到一份稳定的工作，以后能够在城市定居（见表3）。说明尽管挣钱仍是新生代农民工外出的主要动机之一，但已经不是新生代农民工的首要选择，他们的外出动机已不仅为了挣钱，更是因为向往城市生活，渴望能够体验城市生活才外出的，希望能够通过自己的努力来改变祖祖辈辈"面朝黄土背朝天"的命运。有人甚至认为："即使不能挣到钱，也想在城市里打工"。

表3　新生代农民工进城的原因调查表

单位：%

	第一代农民工	新生代农民工
家乡收入太低	84.9	57.1
向往城市生活,出来开开眼界	11.3	57.6
一直在读书,不懂农活	0	30.9
希望找一份稳定的工作,以后留在城市	12.3	39.2
希望学到技术后回家乡发展	12.3	22.6
为了子女成长成才	47.2	27.2
其他	2.8	11.1

从上表可知，挣钱已经不是新生代农民工外出的第一目标，外出动机呈现出多样化的态势。新生代农民工已经不满足于仅仅是为了挣钱，而将进城看作是改变自身命运的一次机遇，是改变生活状态和追求未来发展的一种途径。

5. 趋向城市化的娱乐习惯

调查显示，新生代农民工的娱乐方式主要是集中在上网、看电视、和朋友聚会三个方面，其比例分别为60.9%，60.5%和50.2%（见图1）。越来越多的新生代农民工学会了上网，且经常溜冰和去KTV等，上网已成为新生代农民工平常娱乐的首选。同时，新生代农民工拥有手机、mp3的比例几乎占了新生代农民工人数总额的70%，绝大多数新生代农民工的通信方式都较为现代化和个性化。可见，城市生活方式及新鲜事物对新生代农民工有着极大的吸引力，对该群体的物质及文化生活带来了极大的影响。城市化倾向明显，这也为新生代农民工融入城市生活提供了条件。

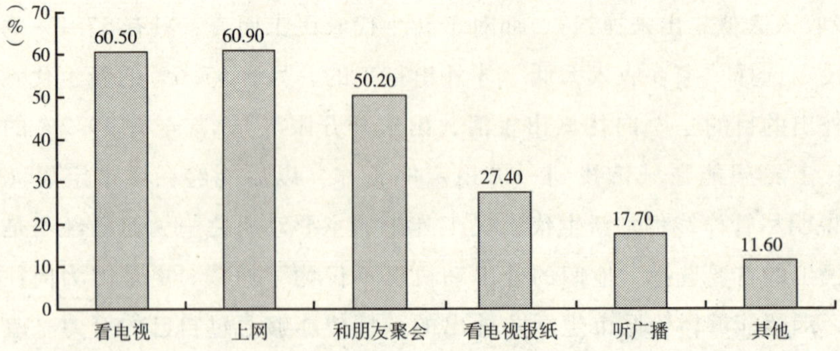

图1　新生代农民工日常文化娱乐情况表

（二）新生代农民工社会认同现状

本研究在借鉴既有研究成果的基础上，结合本次研究的实际需要，将新生代农民工的社会认同分解为身份认同、乡土认同、城市认同和未来归属四个维度，分别予以阐释，以达到正确深刻反映和认识这一群体的目的。

1. 身份认同

新生代农民工在进城务工的过程中，首先遭遇的是身份确认问题，他们是否认同“农民工“称呼，以及是否适应城市生活，是回家乡还是在城市继续打拼，在很大程度上影响着他们的生活质量及未来发展等。那么，新生代农民工是如何看待自己的社会身份的呢？结果显示，59.3%的新生代农民工选择了农村人，仅有11%的新生代农民工认为自己是城市人，这说明新生代农民工对农民身份仍有着很强的认同感，仍认为自己是农村人（见图2）。同时也发现只有39.9%的新生代农民工不把工资汇往家里，46.1%的新生代农民工认为自己已经适应了城市生活，表明尽管新生代农民工仍旧对农民身份有着较强的认同，但在思想观念、消费习惯，行为方式上已经与农村生活出现了脱离的迹象。

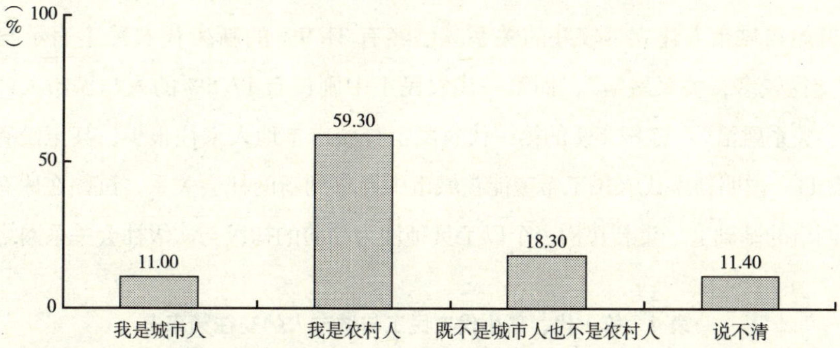

图2　新生代农民工的身份认同状况图

为了更好地说明新生代农民工的身份认同状况，本研究还将性别、年龄和文化程度分别与新生代农民工的身份认同做了交互分析。结果发现，在身份认同方面，具有初中及以下文化程度的新生代农民工更倾向于认同自己的农村人身份；而具有高中及以上文化程度者倾向于认同自己的城市人身份和持模糊不清的态度；而性别、婚姻状况与新生代农民工对身份的认同并没有必然联系，无论是男性还是女性，或婚姻状况如何，总体上都倾向于认同自己的农村人身份；在年龄方面，年龄越小越倾向于认同城市人身份，尤其是是 22 岁以下的年轻人。

从调查、访谈的结果看，虽然新生代农民工对户籍制度所赋予的农民身份持认同态度的仍占多数，但已经不是绝大部分如此了，已有 18.3% 的新生代农民工认为自己既不是农村人也不是城市人，另有 11% 的新生代农民工不认同自己的农民身份，认为自己是城市人，可见，已经有部分新生代农民工的身份认同呈模糊化状态，尤其是那些文化程度较高的新生代农民工。

2. 城市认同

社会认同是建立在社会交往之上的，是否具有城市生活方式的特征是城市认同的一个重要表现形式。通过对新生代农民工的交往结构，参加集体活动意愿，寻找工作途径和时间，娱乐活动等生活特征的分析，可以基本反映新生代农民工的城市认同状况。

从某种意义上讲，新生代农民工进城也是一个不断地重构社会联系的过程。当问及“您与城市人的交往情况是”，68.1% 的新生代农民工回答为“很少来往或没有来往”，表明新生代农民工进城后并没有真正地融入到城市主流社会，也没有建立完整意义上的以次级关系为纽带的生活圈子。但与第一代农民工相比，他们已经有人开始与城市人建立了较好的关系。已经有 31.9% 的新生代农民工表示与城市人“交往较多，关系融洽”，而第一代农民工中则仅有 17.5% 的人与城市人“交往较多，关系融洽”，有 82.5% 的第一代农民工与城市本地人来往很少，甚至没有来往（见表 4）。说明新生代农民工希望能在城市中寻求到新的社会关系，试图在原有初级关系网络的基础上，重新建构一个以工具理性为趋向的初级与次级社会关系网络。

表 4　第一代、新生代农民工与城市人的交往频率表

单位：%

交往情况	第一代农民工	新生代农民工
交往较多，关系融洽	17.5	31.9
很少来往，关系一般	37.1	43.7
几乎没有来往，也没有冲突	45.4	24.4
总　　计	100	100

虽然已经有 31.9% 的新生代农民工与城市人交往较多，且关系融洽，但是从其交往对象来看，与城市人的交往多是因为工作关系，即工具性关系较多。日

常生活中的交往对象仍局限于同类群体。新生代农民工在城市中再建构的社会关系网络主要是以老乡或一起打工的朋友为主，具有很强的同质性和内倾性。但调查也发现，新生代农民工已经不像第一代农民工那样和城市居民相互隔离开来，与城市居民的接触较第一代农民工有了很大的变化，有31.9%的新生代农民工表示与城市人“交往较多，关系融洽”，如果将“老乡”和“打工朋友”考虑进来，这一数据稍有下降，但是仍然有20.4%的新生代农民工表示和城市居民接触较为频繁（见图3）。

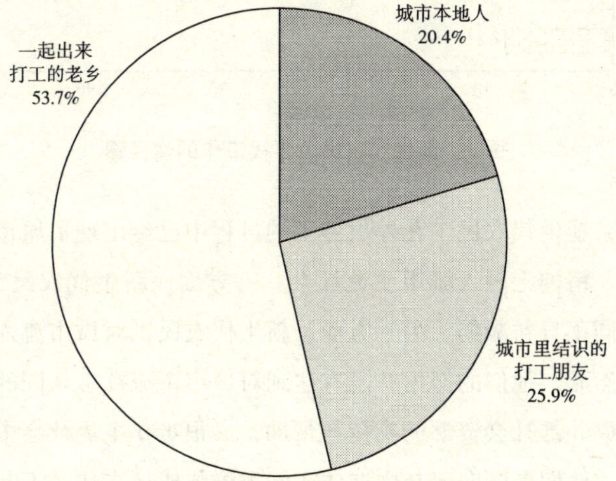

图3　新生代农民工交往对象图

在留城意愿上，新生代农民工并没有表现出特别强烈的渴望。对于“如果条件允许，您想留在城市吗”的回答，只有20.64%的新生代农民工“非常想留在城市”，22.48%的新生代农民工“比较想”，37.61%的新生代农民工表示“一般”，只有15.14%和4.13%的新生代农民工“不太想”或“基本不想”。在人口特征上，男性更倾向于留在城市，年龄越小，文化程度越高者越倾向于留在城市。

再者，新生代农民工进入城市找工作的方式主要是通过“亲戚、朋友介绍”和“自己”找工作，占了新生代农民工人数总额的48.4%和35.2%，然后才是“其他”、“中介公司”和“政府部门”，分别占新生代农民工人数总额的8.2%，6.4%，1.8%（见图4）。这说明一方面新生代农民工自身能力在不断增强，一方面大多数新生代农民工寻找工作的渠道极为狭窄。虽然各种中介组织、政府机构等正规渠道的作用也越来越明显，但新生代农民工仍旧很少利用这些途径来寻找工作或解决工作中的困难。

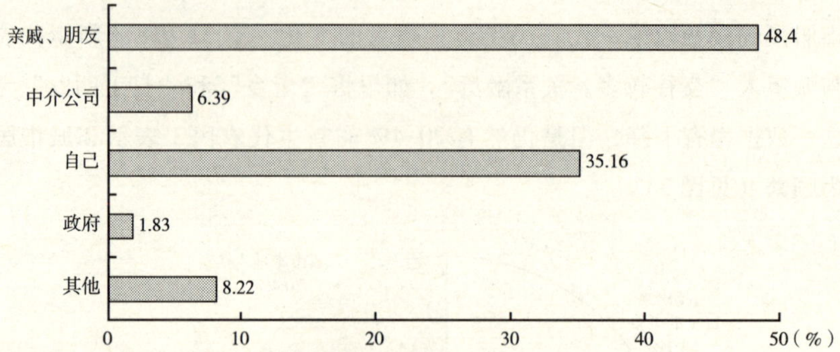

图4　新生代农民工寻找工作的途径图

综上所述，新生代农民工在外出务工的过程中已经出现了城市化趋势，也试图从生活方式、精神上融入城市主流社会。一方面，新生代农民工对社会身份、农村社会的认同正日益减弱，另一方面，新生代农民工对城市流入地的社会认同正日益增强，然而，他们的努力并没有达到对城市主流社会认同的目的。他们既无法或很难获取外部社会资源的支持与帮助，又很难在主流社会中找到认同感和归属感。于是，他们更倾向于与内群体或同类群体成员交往，不断强化自己原先的信任关系，且往往自愿选择结成属于他们自己的群体网络，并借助内群体的力量或自我努力来构建自己的生活秩序。

3. 乡土认同

既然大多数新生代农民工很难在城市中找到自己的归属感，在融入城市主流社会的过程中又较为缓慢，那么这一群体对其出生、成长的家乡是否依然眷恋呢？当问及您对“我已经不习惯农村生活”的态度时，57.3%的新生代农民工表示“非常不同意”和“不同意”，只有15.8%的表示“同意”和“非常同意”。同时，当问及“您是否已经习惯打工的生活”时，46.1%的新生代农民工选择了“不同意”和“非常不同意”。说明虽然新生代农民工大部分时间都呆在城市，但农村生活经历依然对新生代农民工的乡土认同产生着深刻的影响。同时也可以看到，虽然有一半以上的新生代农民工表示自己仍旧习惯农村生活，但也有26.9%的新生代农民工对是否习惯农村生活持模糊态度，同样，对于“是否习惯打工生活”，也有21.7%的新生代农民工认为自己也说不清，只能这样一直持续下去，想去改变，又不知道该怎样去改变（见表5）。

表5　新生代农民工对是否习惯农村生活的态度表

单位：%

	非常同意	同意	说不清	不同意	非常不同意
已经不习惯农村生活	2.8	13	26.9	51.8	5.5

虽然大多数新生代农民工表现出对故土的眷恋，但每年回家的时间并不多。有47.9%的新生代农民工是大部分时间都在城市打工，只在农忙时回家，或者是偶尔回老家一两次探亲（见图5）。

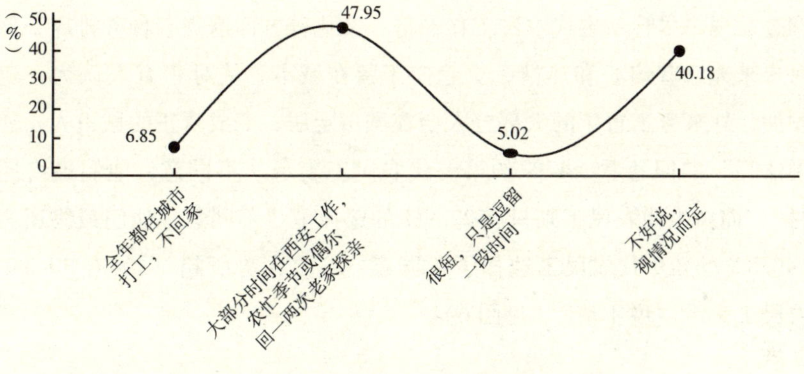

图5　新生代农民工在城市的时间分配图

上述调查结果表明，新生代农民工具有很强的“去农村化”倾向，尽管他们很难融入城市主流社会，但他们不再像第一代农民工那样和城市居民相互隔离，而是有一个主动去接触城市居民的行为，对城市依旧满怀着热切的渴望，而对农村则表现出了相当冷淡和疏远的迹象。比如只有36.7%的新生代农民工将工资汇往家里。

不可否认，新生代农民工对农村社会仍有着较深的情感联系，但这仅仅是维系在对家乡亲人的感情寄托上。他们的生活方式正逐渐地远离农村生活，在农村的交往圈子也变得越来越小，对农业劳动没有表现出任何的兴趣，祖祖辈辈赖以生活的土地已经不能再勾起新生代农民工的任何留恋了，部分新生代农民工对农村的一些生活方式已经表现出了某种不认可，甚至是批评或厌恶的态度。但是，当他们在对农村生活日益疏远的同时，却又无法在城市主流社会寻找到归属感和认同感，只能在农村社会和城市社会的夹缝之间谋生存、求发展。这种在两种社会形态中间游离的“双重边缘人”状态，无疑会影响到他们的未来归属选择。

4. 未来归属

对于大多数第一代农民工而言，无论是长期的农村生活经历，还是迫于某种无奈，使得他们怀有较强的“乡土认同”，他们知道自己的根在农村，自己最终还是要回到农村生活。调查显示，对于未来的打算，45.5%的第一代农民工选择回家乡。而对于新生代农民工来说，他们是否和第一代农民工一样，有着相同或相似的未来认同呢？本研究通过对新生代农民工未来归属的集中考察，以期能够找到他们的自身发展和未来归属方向。

调查发现，尽管新生代农民工在经济、文化等方面遭受着种种排斥，但他们始终对未来充满着信心和热情，更趋向于留在城市。从对“有人认为，随着社会的发展，外来务工青年的大部分人会在城市定居，变成真正的城里人，您同意这个说法吗”的回答看，47%的第一代农民工表示“不同意，他们最终还会回到农村”，而新生代农民工则只有22.9%的选择了“不同意，他们最终还会回农村”，46.8%的新生代农民工选择了“同意，这是大势所趋”，另有30.3%的新生代农民工表示“说不清”（见图6）。

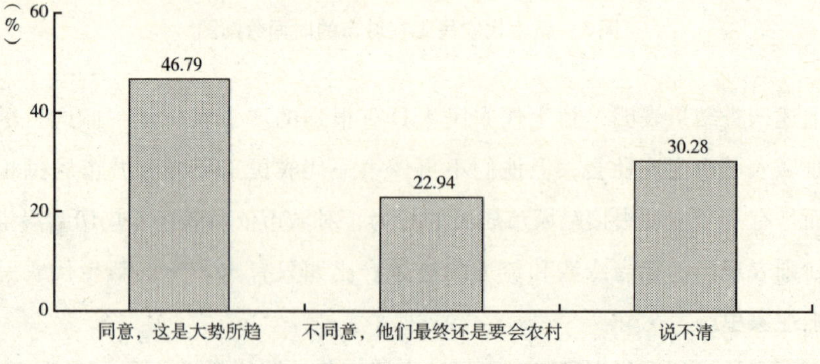

图6　新生代农民工对定居城市的态度图

调查还发现，尽管新生代农民工对自己的未来充满信心，但是对于将来的归属和发展依然迷茫。是留在城市？还是回归农村？以及选择怎样的职业和生活方式没有一个明确的定位。当问及“您对自己的将来的打算是？1. 在城市定居；2. 回家乡；3. 暂时还在这里打工，走一步说一步；4. 没有想过，不清楚”。有33%的新生代农民工想在城市定居，打算回家的新生代农民工仅占新生代农民工人数总额的12.4%，另有22.5%和32.1%的新生代农民工持“说不清”和“走一步说一步”的态度。而第一代农民工则有45.5%的选择了回家乡（见图7）。从这可以看出新生代对于未来归属并没有明确的主意，处于一种徘徊、观望的状态，说明新生代对未来发展和归属缺少一个明确的目标和定位，不清楚自己的未来归属是什么。

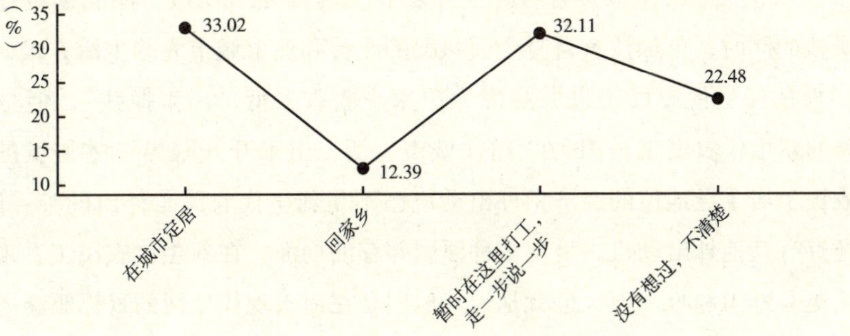

图7　新生代农民工的未来打算图

从上述的调查情况看，有相当多的新生代农民工对城市社会有着很强的融入渴望，但对未来发展缺少明确的打算和安排。抱有“走一步说一步”想法的人仍占相当大的比率，这也说明了新生代农民工还缺少一个稳定的信念或追求。尽管他们在心理上正逐渐学着适应城市生活，但面对理想和现实的冲突，仍旧无法对自己的未来归属有一个明确的定位。他们虽然根在农村，但对农村生活已日益疏远，同时，城市的生活经历又在不断地消解着他们对家乡仅有的情感认同和社会记忆，再加上城市的不接纳和排斥，更使他们既不清楚自己的未来在哪里，也无法把握自己的未来。如果这种状况长期得不到改变的话，势必会成为影响我国和谐社会建设的一个不利因素。

二　结论与讨论

新生代农民工是一种社会标签，尽管新生代农民工通过城乡流动，改变了地域、职业、甚至是生活方式，他们依然被称之为“农民”或“农民工”，其社会身份仍是“农民”，只不过不再是以从事农业劳动为主的“农民”。但是不管他们如何努力，始终都无法获取与城市居民同等的市民待遇。本研究通过对新生代农民工社会认同现状和影响因素的描述与分析，对新生代农民工的社会认同获得了一些初步的认识和结论，主要有以下几个方面：

（一）基本结论

1. 新生代农民工具有不同于第一代农民工的群体特征

（1）新生代农民工兼具有经济型和发展型两种外出动机。他们进城打工在考虑赚钱的同时，更加注重自身生活状况的改善和追求城市人的生活方式，尽管有57.1%的新生代农民工进城是因为“家乡收入太低，出来挣钱”，但是还有57.6%的新生代农民工是因为“向往城市生活，出来开开眼界”才进城的。第一代农民工居主导地位的经济型外出动机已不是新生代农民工外出的唯一原因，其间还存有其他外出动机，呈现多种原因并存的局面。在新生代农民工看来，城市生活更有魅力和吸引力，也就是说，他们是在追求现代生活的目标驱动下，选择外出打工的。

（2）具有更强的竞争优势和适应能力。与第一代农民工相比，新生代农民工更年轻，更有活力，拥有较高的受教育水平和新事物接受、适应能力，使得他们在同第一代农民工争夺工作岗位时，具有更强的竞争优势。同时，随着自身能力的不断增强，新生代农民工的社会资源获取和运用能力也随之得到提高，他们已经不仅仅满足于初级社会关系的建构，而开始向次级社会关系等外部资源转移。一旦原有基于乡土社会的初级社会关系无法为自己提供足够的可利用资源时，他们会毫不犹豫地将目标转移至他处。但是，他们寻求资源的渠道依然十分狭窄，尽管自身具有比第一代农民工更高的竞争优势，但寻求帮助的对象仍局限于同类群体或自己解决。当问及“当您在经济上或生活上遇到麻烦、或遇到其他自己解决不了的困难求助谁”时，53.5%的新生代农民工选择“自己解决”，31%的新生代农民工会求助于“亲戚、朋友”，仅有7%和8.5%的新生代农民工会向相关“政府部门”和“打工单位”求助（见图8）。

（3）自我意识凸显，融入城市生活意愿强烈。出生、成长在改革开放以后的新生代农民工，深受现代文明的熏陶，已经没有了土地概念，当面对生活环境

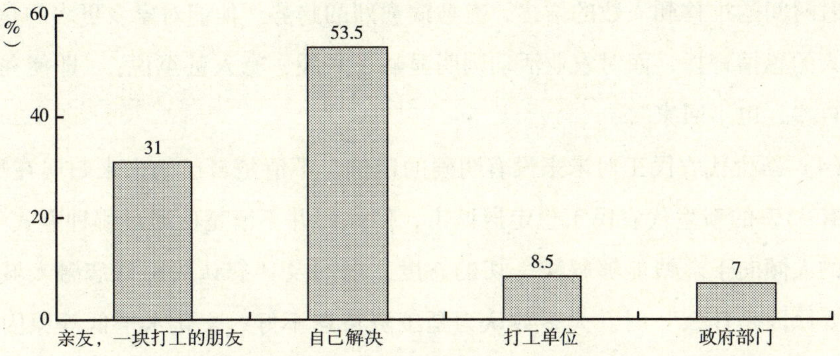

图 8　新生代农民工困难求助对象图

的不如意时，他们不再像第一代农民工那样一味地妥协、退让，接受命运的安排，而是选择了与各种不公平、不公正抗争。他们不再满足于简单的低层次城市生活，渴望拥有和城市居民相同或相似的工作、休闲娱乐等。因此，这一代对于城市生活有着很强的融入意愿。

2. 新生代农民工的社会认同呈现模糊化态势

（1）新生代农民工对身份认同呈现一种模糊化趋势。尽管有 59.3% 的新生代农民工认为自己仍是农村人，但已经有 18.3% 的新生代农民工对自己是农村人还是城市人持说不清的态度，感觉自己是农民，但却从事非农业活动，说自己是工人，但又享受不到城里人的待遇，整体上出现一种社会身份与社会角色错位的现象。也正是社会角色和社会身份转换的不同步，影响了他们对自身身份的认识。

（2）新生代农民工对城市有着强烈的融入渴望，但对城市社会的认同感较低。是否具有城市生活方式的特征，可以看作是衡量城市认同的重要指标，而新生代农民工的生活方式既与城市人相距甚远，也没有经常参加集体活动，且交往对象有着很高的同质性和内倾性，这说明他们不具有完全的城市生活方式特征。一方面在地域上，他们长时间在城市工作、生活，对城市生活有着强烈的向往与融入渴望；另一方面在心理上，城市主体的不接纳使得他们对城市社会的认同感与归属感较弱，两者总体上呈现一种矛盾冲突状态。

（3）新生代农民工对家乡的乡土认同正在减弱，这与王春光对新生代农村流动人口的研究结果基本一致。新生代农民工的乡土认同不仅在逐渐降低，同时也随着时间的推移和人数的增多，有愈演愈烈的趋势。他们对家乡更多的是基于对亲人的感情寄托，而对农业活动则明显缺乏兴趣，有人甚至说："即使在城市混得再差，也不回家"。

（4）新生代农民工对未来没有明确的定位，不清楚自己的未来归属在哪里。尽管有33%的新生代农民工想定居城市，但他们并不清楚应通过哪种方式争取，更多的人倾向于金钱能够解决一切的态度。当问及"您认为阻碍您融入城市的最主要原因是什么"时，大多数认为是工资待遇不好，文化水平低等原因阻碍了自己的发展，也给了自己很大的压力，另外有少数人认为是多方面原因造成自己在城市生活困难，比如户籍限制、城市人的冷漠和思想观念的差异等。可见，大多数新生代农民工认为只有自身素质和经济地位的提高才能让自己在城市立足，而有相当多的新生代农民工渴望留在城市，但不清楚应该通过何种方式实现，对未来发展缺乏明确的安排和定位。

总之，新生代农民工的社会认同整体上倾向于模糊化认同，虽然"内卷化"认同趋势不甚明显，但部分新生代农民工的社会认同已经出现了认同焦虑和认同危机。

3. 影响新生代农民工社会认同的非制度因素

新生代农民工在进入城市后，处于一个全新的世界，面临着新的社会联系和外部环境，必然会通过一个再社会化的过程来适应这个新的环境。正如彼得·布劳所认为的那样，流动的人不能简单地抛弃旧有的角色属性和角色关系，但他们如果不接受新的角色属性，不建立新的角色属性，那么，他们就不能适应他们的新位置。迁居到城市的农民，其社会生活毫无疑问要受到他们农村背景和现在所处的城市环境的双重影响。

从各自变量与新生代农民工社会认同的相关分析看，乡土记忆、城市体验、资本因素等影响因素在本研究中得到了证实。乡土记忆越深的新生代农民工，越倾向于认同农民身份，对农村社会也有着更深厚的感情和乡土情结，对农村传统、生活习性的认同也更为坚定；越是缺少农村生活经历，越是对农村社会缺少归属感和认同感，越倾向于认同城市生活；同时，文化水平越高，正向、良性的城市体验越多，获取外部资本的能力越强，也就越对城市有认同感和归属感。

（二）若干讨论

研究表明，与第一代农民工相比，新生代农民工有着更有利的竞争条件与机遇，但城市“经济拉力”和“社会排斥”的双重态度造成了他们的再社会化受阻，他们仅仅是“进入”城市，并没有“融入”城市。这种状况使得他们的社会认同一方面日趋复杂化；另一方面其社会融入将经历一个漫长的过程。

1. 社会认同日趋复杂化

在面对与第一代农民工相同或相似的社会环境时，新生代农民工会积极地进行自我调整，目的是更好地适应新环境。然而，新生代农民工在逐渐对农村社会缺少认同感和归属感的同时，并没有对流入地产生认同感和归属感，在逐渐脱离原有乡土社会的联系网络之时，也没有在城市建立起相应的社会关系网络。于是，当他们在城市中无法找到归属感和认同感，无法获得足够的社会资源的时候，只能转而投向同类群体。

社会认同不是一成不变的，而是一个不断被建构、解构和重构的过程。研究表明，新生代农民工的社会认同并没有完全定型，呈现出一种模糊化的特点。新生代农民工的社会认同偏重于内群体认同，虽然对外部社会并没有表现出明显的不信任与不认同，但却流露出了一丝的失望与不满。他们趋向于只认同内群体，而对外群体或外部社会则持排斥态度，这将会影响他们的再社会化和未来发展，也不利于我国的城市化与和谐社会建设。

2. 漫长的社会融入过程

不可否认，新生代农民工是城市里的“双重边缘人”，是生活在一个相对封闭空间内的群体。一方面，基于相同或相似的成长经历、教育背景、年龄特征及所处的社会环境等，使他们往往建构起一个属于自己的社会空间；另一方面，城市与农村的差距，理想和现实的冲突，也使得他们在不断鄙视第一代农民工的同时，又摆脱不了第一代农民工的生存模式。尽管，政府后来实施的户籍制度、社会保障制度等一系列改革措施，为农民工尤其是新生代农民工提供了融入主流社会的可能性，但是特别针对新生代农民工这个特殊群体所制定的政策、措施还没有。比如，仅仅是给予他们一个“新市民”的称呼，或者是一个城市户口，也并不能算是他们真正融入了城市。严格来看，某个群体是否真正融入所在地社会，除了一些外在的政策、制度的支持外，还应该有内在素质的一致性，要有精神、文化、生活方式、价值观念等方面的转变、融合。可见，要想实现新生代农民工积极的社会认同建构，顺利融入主流社会，既要有外部因素的支持，又要有思维观念的转变，这将是一个十分漫长的过程。

三　促进新生代农民工社会融入的对策与建议

社会认同状况不仅是心理活动的外在表现，更是直接影响着个人的日常生活行为，关系着当前和未来的社会稳定与发展。新生代农民工所面对的社会规范的认同感降低，反叛亚文化或游民文化，边缘化心理，社会距离感和仇视心理的形成等问题，不仅会阻碍他们的再社会化和未来发展，同时还可能会带来社会隔离或边缘化累积问题。因此，为了使新生代农民工尽快地融入到主流社会中去，本研究认为可以从以下三个方面着手加以解决：

（一）给予农民工更多的受教育和培训机会，不断提高个人素质

对新生代农民工而言，自身素质的高低直接关系着获取资源能力的高低，进而影响着他们的社会认同状况和社会融入能力。鉴于新生代农民工生活的现实环境和自身素质的双重制约，提高自身整体素质，培养获取外部资源的能力，进而提高其经济、社会地位，是促使他们顺利融入主流社会的基本前提和重要保障。

1. 与第一代农民工相比，新生代农民工的受教育水平、城市适应能力等都有了很大的提高，但与现代化城市生活的要求相比，仍旧存在着较大的差距

因此，应根据新生代农民工比较年轻、受教育水平较高、接受能力较强等特点，加强对他们进行科学文化知识培训。通过建立和完善多层次的新生代农民工教育培训体系，努力使他们学习现代科学技术，并做到学有所用，学用结合，将理论与实践紧密结合，并通过多层次的教育体系来引导和组织新生代农民工接受就业和创业培训，开展职业道德教育，提高其整体素质和职业技能水平，把他们塑造成符合现代化建设要求的高素质劳动者。

2. 扩大新生代农民工的社会交往面，为他们积极参加当地社区、工会的各种活动提供条件和机会

利用社区、街道办及其他社会团体等资源优势组织丰富多彩的活动，加强

新生代农民工与其他群体尤其是城市居民的互动，在交流和互动中增进了解，促进融合，从而使新生代农民工在思想观念、行为方式、文明素养等方面受到潜移默化的影响。同时，也能使城市居民纠正、消除对新生代农民工的偏见和歧视，以平等的心态看待和接纳他们，从而促进新生代农民工与其他群体的和谐共处。

3. 加大对农民工教育培训的投入，优化农民工人口结构

通过政府主导，社会团体辅助等方式整合现有的教育培训资源，充分发挥各类教育培训机构和工青妇组织的作用，积极探索政府、企业与社会共同推进农民工教育和培训的新路径，多渠道、多层次、多形式开展农民工职业培训和素质教育，不断提高农民工整体素质。

4. 利用媒体宣传，促使新生代农民工养成依法办事的习惯

号召农民工学法、知法、用法、守法，通过学习法律法规，不断提高农民工的法制意识。同时，督促企业加强劳动、安全纪律，不断提高农民工的安全意识，劳动纪律意识。

（二）为农民工创造宽松的社会环境和发展空间，提高社会对农民工的认同

新生代农民工的社会建构不仅仅是一个心理过程，也是一个社会过程，所以，新生代农民工的社会认同建构和社会融入过程需要有一个良好的、宽松的外部环境和发展空间。

1. 政府要转变城市管理中的本位观念，变“管理为主、服务为辅”为“服务为主，管理为辅”

努力推动原有防御管理模式向体现“以人为本”的社会治理模式转变，建立起一个市场经济条件下，与新生代农民工流动机制相适应的新型管理体制。如在户籍制度上，可以尝试放弃以户籍为依据的管理模式，采取以常住地为依据的管理方式，清理和清除针对新生代农民工的各种歧视性待遇，让新生代农民工享有与城市居民同样的公共产品服务。

2. 充分发挥大众媒体的宣传和舆论导向功能

充分挖掘新生代农民工所蕴含的文明素养，对新生代农民工群体中健康、积极的方面多加报道，积极引导城市居民以平等、宽容的态度对待他们。大

众媒体在引导城市居民正确认识新生代农民工的同时，还要积极引导新生代农民工转变思想观念，培养现代文明意识等，通过政府、社会团体和城市居民的共同努力，为新生代农民工的工作和生活提供一个良好的社会环境和发展空间。

3. 鼓励新生代农民工回乡创业

党的“十七大”将建设社会主义新农村作为我国现代化进程中的一项重大任务，我国广大农村也正面临着难得的发展机遇，这就为新生代农民工回家乡发展提供了一个充分展示自己能力的平台。由于从小在农村长大，熟悉农村的生活环境，再加上自身能力的不断提高和国家政策的支持，鼓励他们回家乡发展不仅可以使得他们的才能得以发挥，带动当地的经济发展和城镇化建设，也用自己的实际行动证明了新生代农民工也是社会主义新农村建设中一支不可忽视的力量。同时，也可以积极培养农村私营经济，为新生代农民工回家乡务工或创业创造良好条件。

4. 健全土地流转制度

尽管当前土地流转制度改革已经取得了很好的成绩，但并没有成为新生代农民工进入城市的一个有力支撑，相反还是一种负担。应积极探索一条符合新生代农民工从农村退出或回归的有效途径，使部分有能力的新生代农民工既能在城市中发展，也有能力回到农村自主创业，带动当地经济发展。所以，要明确农民的土地所有权，允许土地自由流通，从源头上遏制农田被大量圈占或抛荒，使新生代农民工更加便利地处置自己的土地。

（三）从文化、心理层面强化农民工对城市社会与主流文化的认同

新生代农民工融入主流社会，既要有良好的外部环境，也要充分发挥自身主观能动性，尤其是心理层面的认同和文化上的适应更为重要。

（1）通过媒体宣传、社会舆论等手段促使新生代农民工在心理上主动认同主流文化。从加强城市规则、文化风俗等方面的学习入手、使他们深入了解城市，在与家人保持良好联系以获取支持的同时，引导他们用主流文化的视角去看待和认识所遇到的任何事等。

（2）利用政府、社会团体等资源优势，积极促进新生代农民工与其他群体，尤其是城市人群体的交往互动，培育新生代农民工积极乐观的心态，促使他们克

服乡土文化中的封闭、内向、散漫等消极思想的影响，以宽容和平等的心态对待主流文化和城市市民，自觉增强对主流社会的认同感和归属感，增强他们的“主人翁”意识，从而顺利实现融入主流社会。

（3）建立起一个政府或社区引导，社会团体组织，新生代农民工参与的自我管理模式。利用政府职能，组织丰富多彩的文化活动，积极推动新生代农民工的心理转换，尤其是在社会规范、文明素养等方面积极引导新生代农民工由他律变为自律，尽快实现文化适应，心理认同的目标。

陕西农村妇女健康与服务状况调研报告

赵银侠　余晓艳*

妇女的健康状况是反映全民健康素质、生活质量和文明进步，体现社会公平，衡量社会发展水平的重要指标。从20世纪80年代以来，我国政府积极响应联合国的倡议，高度关注妇女儿童健康，将降低儿童死亡率和改善孕产妇保健作为政府行动干预的优先领域，通过建立《母婴保健法》及相关法律法规，制定和实施中国妇女儿童发展纲要与规划，完善基层妇幼保健机构建设，实行医疗救助与优惠政策等举措，促进妇女健康状况尤其是妇女的生育健康状况得到进一步改善和提高。但是，伴随着社会经济环境与疾病谱的不断变化，影响妇女健康的因素增多，妇女健康面临着新的挑战与任务。为此，陕西省妇联研究室、省妇儿工委办公室与西安市社科院组成调研组，于2009年8～10月对陕西省的12个区县（府谷县、榆阳区、富县、志丹县、白河县、汉台区、旬邑县、兴平县、城固县、金台区、镇安县、吴堡县）进行了调研，通过实际调查我们发现：

一　妇幼健康项目与健康政策促进陕西省农村妇女生育健康水平显著提高

多年来，陕西省政府十分重视农村妇女卫生医疗保健服务工作，通过政策倾斜、项目扶持、机制建设等措施，积极改善农村基层卫生医疗保健服务软硬件条件，促进了农村妇女生育健康水平的显著提高。具体表现为：

（一）积极实施妇女生育健康项目与政策，促进农村妇女生育健康水平提高

从2001年开始，陕西省妇儿工委制定和实施了《2001～2010年陕西省妇女

---

* 赵银侠，西安市社科院副研究员；余晓艳，西安市社科院实习研究员。

发展规划》，《规划》为妇女生育健康设置了9项可量化指标，主要包括：孕产妇死亡率、产前检查率、住院分娩率、孕产妇管理覆盖率、孕产期保健知识知晓率等。为促进各项妇女生育健康指标预期达标，妇儿工委将指标任务分解到卫生、计生、妇幼保健等各成员单位，并积极争取与实施各类妇幼健康项目。从2000年起，我省先后实施了“降低孕产妇死亡率和消除新生儿破伤风”项目①、“母亲健康快车”项目②、“母亲健康快车——健康教育促进行动”③等，妇幼健康项目覆盖了陕西省所有国定与省定贫困县，有近60%的农村妇女受益。在项目推动下，农村妇女孕产期健康保健状况及医疗卫生服务条件得到了极大改善，各项目县建立和完善了孕产妇急救绿色通道和危急重症抢救中心；建立健全县、乡镇、村妇幼保健网络；增强了产科能力；提升县乡村三级保健人员素质；开展了为贫困地区妇女儿童义诊咨询、送医送药，查体防病，接送孕产妇，抢救危重病人，宣传健康知识，培训技术骨干，扶贫帮困救助等工作。近几年我省还相继制定出台了农村合作新型医疗政策与农村孕产妇免费住院分娩政策，进一步解决

---

① “降消”项目。从2000年起，国家卫生部会同国务院妇女儿童工作委员会和财政部共同组织实施了降低孕产妇死亡率和消除新生儿破伤风项目。该项目的目标任务主要是建立和完善孕产妇急救绿色通道和危急重症抢救中心；建立健全县、乡镇、村妇幼保健网络；加强产科质量建设；对县乡村三级保健人员进行培训；实施贫困孕产妇产前检查与住院分娩补助与救助；开展健康教育宣传等。项目从2000年实施以来，到目前为止已扩展到22个省（区、市）和新疆生产建设兵团共1000个县，中央转移支付专项资金总数增至4.4亿元，覆盖人口约3亿人，基本上涵盖了中西部地区经济发展滞后的所有地区。陕西省先后有50个贫困县实施了“降消”项目，有近60%的农村妇女受益。

② “母亲健康快车”项目。2003年，全国妇联、中国妇基会在西部地区推出了“母亲健康快车”项目。该项目的宗旨和任务是通过援赠救助车辆，向贫困地区妇女送医、送药、送健康教育知识，为贫困地区妇女、孕产妇和城镇妇女、贫困人口以及危急重症患者提供健康救助服务。陕西是该项目两个试点省份之一，项目分两批将配置的106辆“母亲健康快车”分配到陕西省的96个市、县妇幼保健机构和重点医疗单位，覆盖11个市和75个县（市、区），其中，贫困县47个，占陕西省国定、省定贫困县总数的61%。在2003～2008年五年间，106辆“母亲健康快车”不间断地为贫困地区妇女儿童义诊咨询、送医送药，查体防病，接送孕产妇，抢救危重病人，宣传健康知识，培训技术骨干，扶贫帮困救助等工作。

③ “母亲健康快车——健康教育促进行动”。以“母亲健康快车”为依托，2005年在全省11个市开展了“健康教育促进行动”，组织健康教育专家赴11个市和部分县（区）进行卫生知识巡回报告会，举办100余场，听众达8万余人；各单位印制“母亲健康快车”宣传画、年画、知识问答、小手册、挂历、台历等送到千家万户；利用三下乡活动，重要节日，庙会、展销会等时机，开展大型义诊咨询活动；利用各地报刊开辟健康专栏，与中国移动、中国联通合作，开办健康知识“短信服务”，提高妇女健康保健知识的知晓率。

了农村孕产妇住院分娩的医疗费用问题，促进了农村孕产妇的住院分娩率大幅度提高与孕产妇死亡率的降低，使多年来难以有效完成的农村妇女孕产期保健指标，在短期内实现了质的飞跃。据陕西省十地市妇女发展规划监测统计资料显示：全省农村孕产妇系统管理率已由2000年的84%提高到2008年的91.65%，农村孕产妇住院分娩率由2000年的74%提高到2008年的95%，孕产妇死亡率由2000年的66/10万降低到2008年的28.33/10万①。农村妇女生育健康水平有了较大幅度的提升。

（二）建立健全了基层妇女健康保健服务网络体系，为农村妇女看病就医提供了机制保障

1. 全省已普遍建立了县、乡、村妇幼健康保健管理服务网络体系

据我们对12个县的调查发现：县一级普遍建立了以县医院、县妇幼保健院与县计生服务站为主体的妇幼医疗保健机构；乡镇一级已基本建立起了以乡镇卫生院、乡镇妇幼保健站与乡镇计生服务站为主体的管理与服务机构；部分村子已配备了防疫、妇幼保健与计生专干，具体负责防疫、孕产妇登记、建档、监督产前检查与产后访视、计划生育工作等。

2. 基层妇幼保健基础设施得到了进一步改善，农村妇女健康保健服务的网络已逐步健全，基层妇幼保健工作开始步入正轨

从2005年6月开始，陕西省卫生厅推出了在全省开展产科建设达标活动。在产科建设行动的促进下，县级卫生医疗机构基础设施条件普遍得到了进一步改善，妇产科医疗设备得到了更新，普遍具备了诊断治疗妇科病、接生的技术能力；乡镇级卫生院配备了基本的妇产科诊治医疗设备，绝大部分乡镇中心卫生院开设了妇产科门诊，基本具备了妇科病诊治与顺产接生的基本条件与技术能力；妇幼保健网络逐步健全。2009年，陕西省将按照每个村卫生室补助1万元的标准，建设1.3万个村标准化卫生室，以提高村级卫生服务水平。在调查中我们发现，多数村子已完成了标准化卫生室建设，普遍配备了妇幼保健专干（多数由村医兼任），农村妇女健康保健服务的网络已逐步健全，村级妇幼保健工作开始步入正轨。

---

① 2000年的数据来源于《（1995～2000年）陕西省实施妇女儿童发展规划终期监测评估报告汇编》；2008年的数据来源于各地市2008年监测统计报表。

3. 基层妇幼保健工作人员的待遇逐步落到实处

国家已明确了基层妇幼保健工作的公益性，基层妇幼保健工作人员的工资待遇已纳入到各级财政预算，县级妇幼保健人员的工资80%由财政支付，乡镇妇幼保健人员的工资100%由财政支付，村级妇幼专干每年由财政支付给每人补助600~1200元。妇幼保健人员工资待遇的落实，为基层妇幼健康保健工作的有效开展提供了基本保障。

4. 基层医疗服务技术水平逐步提高

陕西省人民政府于2006年4月推出了陕西省“十一五”期间农村基层人才队伍振兴计划，加强乡镇医疗卫生队伍建设是其中的一项重要任务。主要举措有：①实施学历教育。计划五年间在全省1773个乡镇卫生院，招录医学专业本科生3546人，招录医护专业大专生5319人；对35岁以下不具备国民教育大专学历的乡镇、街道办事处医务工作人员，实行带薪离岗学历教育。②充实基层医疗队伍。面向社会公开招聘基层卫生计生技术服务人员；选派高校毕业生到农村从医服务。③加强培训。对乡村卫生技术人员进行适宜技术短期培训；遴选具备资质的医科院校开展乡村全科医生培训工作试点。据我们此次调查了解，近几年，多数县、乡医务人员都曾获得过外出培训学习提高的机会，外出培训一般分短期和中长期培训两种形式，县级医疗技术人员一般去省级以上机构接受培训，乡镇医疗技术人员一般去市级以上机构接受培训。镇安县妇幼保健院院长说：“县妇幼保健院医疗技术人员全部由单位派出去轮训，每年在外进修的将近10人，每个科室每年都有外出培训人员，是轮流培训，大家都有机会。大部分都在省级医疗机构培训，还有一些特殊专业被送到北京、上海培训的。”镇安县结子乡医务人员说：“每年县上给乡镇卫生院1~2名外出培训的名额，外出学习时间通常为6~12个月。培训使基层医疗技术人员的医疗服务水平得到普遍提高。

（三）拓展妇女健康干预新领域，积极应对妇女健康面临的严峻挑战

近年来，随着自然环境、社会环境与疾病谱的变化，影响妇女健康的因素在不断增多，这种影响通过妇女妇科病的高发，特别是宫颈癌、乳腺癌等恶性疾病增多而突显出来。为应对妇女健康面临的新挑战，全国妇联、民间组织以及各级政府相继推出了一系列干预行动，具体有：①“宫颈癌防治”项目。2007年全

国妇联与中国妇基会联合实施了“母亲健康快车手拉手·护平安——宫颈癌防治”项目，在陕西省建立了26个宫颈癌防治项目定点医院，为我省4市5000余名妇女进行了宫颈癌筛查;[1] ②农村育龄妇女免费健康普查项目。2008年7月陕西省计生委启动了农村育龄妇女免费健康普查项目。省财政计划投入1亿元专项资金（每人补助检查费20元），用两年时间，分两批对全省107个县的528万20～49岁农村育龄妇女进行一次免费健康检查。[2] ③“农村妇女两癌检查”项目。陕西省政府推出了“农村妇女两癌检查”项目，要求从2009年到2011年，完成58万农村妇女免费宫颈癌检查，完成3.6万农村妇女免费乳腺癌检查，提高农村妇女“两癌”早诊早治率，降低两癌死亡率。[3] ④增补叶酸预防神经管缺陷项目。从2009年起，在全省104个县（市、区），对准备怀孕的农村妇女，包括流动人口，在孕前3个月和孕早期3个月免费提供叶酸片，宣传增补叶酸知识，降低神经管缺陷等发生率，提高出生人口素质。[4] 据此次调查了解，从2007年以来，全省有近一半的农村育龄妇女获得了免费妇科病检查，部分患病妇女（主要针对妇科小病患者）得到了及时医治。

在以上妇幼健康项目、健康政策与服务网络机制的推动与保障下，我省农村妇女的健康服务资源不断增加，卫生医疗服务的可及性有所增强，健康水平得以提高。

二　陕西省农村妇女健康及服务方面存在的问题

在调查中我们发现，基层卫生医疗保健服务水平还不能完全满足农村妇女的健康需求，健康服务供给与妇女需求之间存在着较大差距，农村妇女健康仍面临不少困难与问题。具体表现如下：

（一）农村妇女健康状况令人担忧

1. 农村妇女妇科病患病率较高

据国家癌症基金会“癌症早查早治项目”在镇安县的检查结果显示：2008

---

① 陕西省妇儿工委办公室，《2003～2008年陕西省“母亲健康快车”项目总结》，陕西省妇女健康网，2009-7-9。

② 食品商务网，2009-2-28。

③ 周洒辉：《农村妇女两癌检查启动》www.sina.com.cn，2009.8.1，华商网-华商报。

④ 周洒辉：《农村妇女两癌检查启动》www.sina.com.cn，2009.8.1，华商网-华商报。

年该县接受检查的妇女有2000例，查出癌前病变12例；2009年接受检查的妇女3500例，查出癌前病变18例，宫颈癌9例，两次检查患癌症前病变及癌症的比例占检查人数的0.71%。另据吴堡县计生服务站实施的妇科病检查项目统计结果显示：在已检查的7540名妇女中，患各种妇科病的多达6500人，占已查妇女数的86%，其中，患宫颈糜烂的2400人，占31.8%；患附件炎2000人，占26.5%；患滴虫性阴道炎的1100人，占14.5%；患阴道炎800人，占10.6%；患乳腺增生的100人，占1.3%；患宫颈息肉的48人，卵巢囊肿的47人，患宫颈癌的3人，性病2人。其他地区的妇科病检查正在进行中，阶段性检查结果显示出各地妇科病患率普遍在50%以上，而贫困地区妇女的发病率要更高一些。

2. 农村老年妇女患慢性病的比例高于老年男性

据2009年5月西安市老龄委对西安市蓝田县、临潼区、长安区等地800名农村老年人生存状况问卷调查结果显示：有70.82%的老年人患有1种以上的慢性疾病，其中，患病的老年男性占被调查老年男性的65%，患病的老年女性占被调查老年女性的76.8%，老年女性比男性患病率高11.8%。①

3. 贫困地区农村妇女的健康观念、生活习惯与生存环境长期得不到有效改善

据我们对四个村的妇女②进行的调查，造成农村妇女妇科病、老年妇女慢性病高发的原因主要有：

（1）农村妇女身体健康检查意识比较淡薄。在被调查的妇女中，近三年来有2/3的人从来没有做过体检。有些妇女认为自己身体好好的没必要检查，有些人则担心自己检查出病没钱看，还不如不检查。在访谈中，一位乡医说：上级要求妇科检查人数要达到80%以上，可实际来检查人数只能达到30%多。有一些妇女来了以后，听说要脱裤子检查，害羞，当时就走了。这还是国家提供的免费检查，积极性还能高些，如果让她们自己出钱检查，就更不会去了。

（2）农村妇女健康保健知识与意识相对缺乏。在被调查的育龄妇女中，约

---

① 王国琪、赵银侠：《西安市农村老年人生存与养老状况调查报告》，2009年7月。

② 镇安县丰合村、门里村、五一村、西河村与吴堡县的杏子村、寇家塬村4个村的78名农村妇女。

有1/3的妇女不懂得保健知识，日常生活中没有采用任何形式的保健措施；有近一半的妇女得了妇科病后不及时诊治。有一位乡镇妇产科医生说：在我们这里，有的农村妇女得了妇科病后，不去及时看，妇科病不是那种急重病，不大影响生活，一般是能拖就拖，只有腰痛得不行了，干不了活了，才来看。另外，农村老年妇女拖病不看的现象也较为严重。据西安市农村老年人生存状况问卷调查结果显示：农村老人在患了小病或慢性病后，拖病不看的女性占26%，拖病不看的男性占18%，女性比例高出男性近8%，农村老年女性拖病不看的现象较男性严重。① 得病不及时看，将会延误、加重病情，影响身体健康。

（3）不少农村妇女没有养成良好的卫生习惯。据我们对四个村的妇女调查，有1/3的人1个多月甚至半年才洗一次澡；有不少人长时间不换洗内衣；有些人则将内裤与袜子同洗；有2/3的人在与丈夫同房前不经常清洗，其中，有1/4的人同房前从来不清洗；有近一半的人家里没有配备专用的阴部清洗盆；有不少人在月经期间还过性生活；有的人生活习惯不好，便后不用卫生纸，用土块擦屁股，等等，没有良好的卫生习惯加大了感染妇科病的机会。

（4）丈夫们缺乏妇科病预防知识与爱护妇女的意识。在被调查的妇女中，有很多妇女反映她们的丈夫不懂得妇科病预防方面的知识，丈夫不太注意个人卫生，洗澡的次数比自己少；过性生活前很少主动清洗阴部；不懂得关爱妻子，来月经期间也要求过性生活，等等。

（5）农村妇女生存环境与卫生条件较差。在一些贫困地区还有很多妇女使用不上方便、清洁、安全的生活用水，不少人还在吃着、用着没有消过毒的窖水或河水，影响身体健康。据陕西省十地市妇女儿童发展规划监测统计资料显示，2008年陕西省平均安全饮水覆盖率约为70%，陕北自来水覆盖率约为40%，陕南自来水覆盖率约为50%。由于陕北、陕南一些贫困农村安全用水、方便用水的问题没有得到有效解决，不具备淋浴式的洗澡条件，妇女们一般在家里自己烧些热水，擦一擦，身体得不到深度清洁，增加了患病的机会。

正是在以上主客观因素的长期影响下，农村妇女患妇科疾病率居高不下，恶性病变呈上升之势。

---

① 王国琪、赵银侠：《西安市农村老年人生存与养老状况调查报告》，2009年7月。

（二）基层妇幼保健卫生医疗技术服务人才缺乏，技术水平低，服务可及范围狭窄

1. 基层妇幼卫生医疗保健人才缺乏、机构不健全，不能为农村妇女提供充分的服务

据我们对镇安县、白河县、吴堡县的调查，近几年国家加大对县、乡级卫生医疗机构的硬件投入，绝大多数县、乡医疗机构都具备了开设产科或妇科门诊科室的基本硬件条件（住房与设备），但因缺乏妇产科医生，使业务无法正常开展。如：镇安县自从孕产妇免费住院分娩政策实行以来，80%的孕产妇都在县级妇保院和县医院分娩，由于没有技术人员，没有大夫、没有护士，病房开不起来，产科、妇科床位少，满足不了需求，很多产妇、妇科病患者住不进去。镇安县妇保院院长说：我们有病房，房子盖好了，一直空着，没有技术人员，没有大夫、没有护士，病房开不起来；白河县有9镇6乡，其中，9个镇卫生院都具备了开设产科门诊的硬件条件，而只有6个镇开展了妇产科业务，3个镇因没有产科医生而不能开展业务。另外6个乡目前还没有开设妇科病门诊；吴堡县的8个乡镇都没有开设产科门诊，仅有3个乡镇开展了妇科门诊。吴堡县寇家塬镇卫生院院长说：从去年开始国家加大了对我们乡镇卫生院的投入，投入了30万元，扩建了医院用房面积，给了28万元的医疗设备（包括急救车、B超、产床、X光机等），关键是人员技术跟不上，给了这些设备没有人会操作，用不起来。市上也组织过几次技术培训，培训时间太短，实际操作时间少，学完后，还是不会用，工作开展不起来。乡镇卫生医疗保健人才缺乏、妇产科机构不健全，给农村妇女妇科病检查与治疗带来了不便。

2. 村级医疗设施相对落后，村医技术水平普遍低下，设施利用率低

村级卫生室设备相对简陋，村医水平低下，承担不起妇幼保健的职责。虽说绝大多数村子都配备了村医和妇幼保健员，落实了补贴待遇，但服务水平低下的问题仍未根本解决。吴堡县卫生局干部说："全县221个行政村，真正开展服务业务的只有86个村子，而且大部分村医年龄偏大，没有经过专门的培训，技术水平普遍不高，只能对付个常见病。"

3. 基层妇幼保健机构、计生服务机构尚不完全具备做大型妇科病普查的能力

经了解，此次在全省范围内开展的妇科病普查与两癌筛查工作给基层卫生、

妇幼保健与计生机构带来了较大的压力，人力严重不足，普查质量因此受到了一定的影响。镇安县一位计生干部说：针对这次妇科病普查，县里成立了普查工作小组，与乡镇计生服务站联合下村做普查工作。到村后，通知村里的妇女来检查，有些仪器不可能带到村里去，最多给妇女量体温、量血压、问情况，严重的会给查一下宫颈，做个 B 超，主要是通过看、摸、问，更精深的检查没有条件做，仪器不行。刮片是最基本的妇科检查项目，我们全县乡镇卫生院几乎都没有刮片分析仪，刮片后都要拿到县医院去做病检，而县上也人力有限，只能承担有限的工作量，大规模的普查是一个很大的问题，质量很难保障。

4. 妇幼保健服务资源分散，影响服务效果

计划生育部门与妇幼保健部门共同服务于妇女群体，计划生育部门侧重于计划节育宣传、检查、手术等工作，妇幼保健部门侧重于孕产期妇女保健工作。两个部门共同服务于妇女群体，却分属于不同的管理系统，服务内容有重叠交叉的地方，却各行其是，造成服务资源浪费现象较为严重。在调查中，吴堡县一位卫生干部说：发放叶酸片没个计划，上半年计生部门让发，下半年卫生部门又让发，两头发，重复发，孕产妇们根本用不了那么多，造成了资源的浪费。

5. 妇幼保健经费投入少，基层妇幼保健工作保障性差

首先，妇幼保健经费投入偏低是一个普遍现象。虽然近几年国家不断加大对医疗卫生、计划生育经费的投入力度，但与计划生育事业经费和防疫经费相比，妇幼保健经费所占的比重还是较小。据对 10 个区县①的调查发现：10 个县的平均计划生育事业经费占卫生经费的 16.7%，防疫经费平均占 4.6%，而妇幼保健经费仅占 3.3%。妇幼保健经费不仅大大低于计划生育经费，而且也低于防疫经费（见表 1）。其次，基层妇幼保健经费普遍没有列入县级财政预算，妇幼保健工作与活动缺乏保障。绝大多数县级财政没有将妇幼保健培训、宣传教育活动等费用纳入财政预算。目前基层妇幼保健活动经费的获得方式主要是通过各种妇幼健康项目或临时打报告申请，费用一般都较少，制约和影响了妇幼保健活动覆盖面的扩大。

---

① 10 个区县主要指府谷县、榆阳区、富县、志丹县、白河县、汉台区、旬邑县、兴平县、城固县、金台区。

表1 陕西省十县卫生医疗保健经费一览表

项 目	卫生经费（万元）	计划生育经费（万元）	百分比（%）	防疫经费（万元）	百分比（%）	妇幼保健经费（万元）	百分比（%）
府谷县	6600					130	1.96
榆阳区	20200	2513	12.4	533	2.6	558	2.76
富 县	4853			135	2.78	72	1.4
志丹县	6500	1902	29	302	4.6	402	6.1
白河县	3600	813	22.5	203	5.6	124	3.4
汉台区	3100	453.8	14.6	208.6	6.7	158.6	5.1
旬邑县	4800	507	10.56	242	5.0	317	6.6
兴平县	6181	913	14.8	381	6.1	166	2.6
城固县	7400	1058	14.3	286	3.86	205	2.7
金台区	3213	491	15.3	134	4.17	19	0.59
平均值			16.7		4.6		3.3

注：表内数据来源于各县2008年监测统计报表。

（三）妇幼健康保健政策与健康项目存在一定局限性

1. 妇幼保健政策与健康项目的覆盖面窄，受益面小

我国现行的妇幼保健政策与健康项目更多地关注生育段的妇女健康保健状况，对妇女其他生命阶段（如更年期、老年期）的健康保健关注度不够。在现行的公共卫生政策中，除了农村新型合作医疗政策是面向全体妇女群体外，其他妇幼健康政策与健康项目均主要是针对孕产期和育龄期妇女健康的，而更年期妇女与老年妇女的健康保健尚未进入妇幼保健政策关注的视野。

2. 妇科病检查与治疗缺乏长效性的政策保障

目前正在全省范围内开展的妇科病检查项目，为了完成大规模的检查任务，各县都组织了临时的检查机构和检查技术队伍，多采取计划生育入村“三查”的检查方式，高端的检查仪器配备不到位，检查质量与效果很难得到有效保障。另外，尚缺乏妇科病治疗的后续性政策。对于检查出来的妇科病，特别是一些严重的妇科病，省里还没有出台帮扶性的或倾斜性的应对政策，以缓解贫困妇女看病的经济压力。

（四）妇幼健康保健宣传方式创新不够，效果不佳

目前农村妇幼保健教育宣传主要采取两种形式，一种是针对生育妇女的孕产

期保健宣传，一种是计划生育的优生优育宣传。孕产期保健宣传教育活动主要依托于健康项目，在覆盖面、持续性方面有一定的局限性，项目一般只在有限的几个乡或村中实施，而且没有可持续性，项目做完了，教育宣传活动也就结束了。计划生育宣传多采用印制宣传资料的形式，多年来老一套，年年印、年年发，有些资料农村妇女看不懂，宣传效果不是很好。

三　对策与建议

针对以上影响我省农村妇女健康的观念意识、生活习惯、生存环境、服务能力、政策局限以及宣传低效等问题，特提出以下对策建议：

（一）加大政策促进力度，提高农村妇女健康保健水平

1. 制定出台农村妇女妇科病治疗救助性政策

可通过两种途径来实现，一种是制定专门的救助政策，设立专项资金，用于资助农村贫困妇女的妇科病医疗；另一种是提高合疗的报销额度，对妇科病治疗实行报销倾斜，以此缓解农村贫困妇女看病的经济压力。

2. 制定出台更年期妇女与老年妇女的健康保健政策

将更年期与老年妇女也纳入到妇科病检查的范围，并制定有利于更年期妇女与老年妇女的疾病医治政策；推出医疗卫生保健机构服务于更年期与老年妇女的支持性政策。

3. 完善《陕西省妇女儿童发展规划》

在新规划的制定中，应加大“妇女健康”与“妇女与环境”领域中量化性监测指标的设置，应将农村安全用水覆盖、自来水普及、妇科病检查与治疗、老年妇女慢性病检查与治疗、农村健康保健知识教育宣传普及等内容确定为新规划的重要目标，明确工作任务，落实保障措施，有计划、有步骤地推动实施。

4. 推动农村家庭浴室建设工程

各级政府部门应出台政策，配备资金，向支持农村沼气工程一样，支持农村浴室工程建设，将农村家庭浴室建设纳入到新农村建设的整体建设规划之中，以此为契机逐步改善农村妇女个人卫生状况，减少妇科病发病率。

5. 制定和落实农村生态环境保护性政策，处理好经济发展与环境保护的关系

一些地区农村妇女妇科病及其他疾病的高发，与农村环境污染有很大关系，如发生在凤翔县的铅中毒事件、陕北一些地区的石油天然气开发中的环境污染等，对当地妇女儿童健康带来了严重威胁。要通过立法和制定政策，防止废气、废水、废渣等污染物对妇女儿童身体健康的危害。

（二）建立长效机制，为妇幼健康保健工作开展提供组织与经费保障

1. 整合基层计生、妇幼保健资源，有效地开展妇幼保健服务

基层计划生育部门经费相对充足，服务网络健全，服务力量较强。基层妇幼保健部门也有健全的服务网络，但乡镇一级的妇幼保健服务技术力量相对不足。建议，在计划生育工作压力不断减弱的格局下，促使基层计划生育部门将工作重心向妇幼保健领域转移，同时促使妇幼保健工作向服务于妇女整个生命周期健康方面拓展；整合基层计生、妇幼服务资源，建立一套妇女健康保健服务机构、一支技术性与专业化程度较高的服务队伍，承担起当地所有妇女群体以及妇女生命的不同阶段的健康保健服务工作。

2. 推进农村妇女妇科病检查、治疗常规化机制建设

以县为单位建立正规的妇科病检查机构，配备高端的仪器与设备，配备专门的检查技术队伍，常年或定期开展妇科病免费检查工作，促进农村妇女妇科病检查常规化、规范化。并要将所有妇女群体（尤其是进城务工妇女、更年期妇女、老年妇女）纳入到免费检查范围，关注各个层面、各个年龄段的妇女群体的健康需求；另外应在所有乡镇一级卫生院设立妇科病检查与治疗门诊，配备妇科病医生，为农村妇女治疗妇科病提供方便。

3. 建立农村村医与村妇幼保健人员的培训制度

政府在发展医疗卫生事业上应向农村倾斜，城市的大医院应定期派出医疗技术人员对农村医务保健人员进行培训，更新他们的医务知识，帮助他们掌握更多的新的医疗技能，提升他们的技术与服务能力。

4. 建立基层卫生医疗保健志愿服务机制

制定优惠政策，动员和吸纳省、市医务人员去基层定期服务，开展对口帮扶

活动，解决基层医疗技术水平低与服务人员不足的困难。另外，省、市医疗卫生部门及社会公益部门也应将农村妇女健康置于自己的关注范围，通过项目援助方式对农村更年期和老年妇女开展送医、送药、送知识的关爱行动。

5. 加大各级财政对基层妇幼保健工作的投入力度

省、市、县级财政应将妇幼保健活动经费纳入年度财政预算。一方面各级财政投入要随着经济发展水平的提高而不断增加；另一方面要提高妇幼保健投入占卫生经费的比例，合理配置保健预防与治疗投入比重，加强妇女健康保健与疾病预防工作。

（三）建立基层健康保健知识宣传专职队伍，创新妇幼保健教育宣传形式

1. 建立专职的基层妇幼保健教育宣传队伍

将乡镇计生专干、妇幼专干、村计生中心户长、计生专干、村医、村妇幼专干纳入到健康保健教育宣传队伍之中，先对他们进行健康保健知识的培训，再由他们深入农村、面对面地对农村妇女、农村男性（丈夫们）长期开展健康保健知识教育宣传工作。

2. 发挥电视媒体的教育宣传作用

除了继续利用传统的健康教育宣传方式外（如印制散发宣传资料、集市宣传、大讲堂、参与式培训宣传等），还应大力开发电视媒体的宣传作用。目前农村家家户户都有电视，各级电视台应开设专门的妇幼健康保健节目，创作一些农村妇女都能看得懂的、融入健康保健知识与良好的生活习惯的电视剧与小品，通过群众喜闻乐见的形式传授知识，增强宣传效果。

陕西省基础教育热点问题分析与对策

王旭瑞*

改革开放以来，特别是进入21世纪以来，陕西省基础教育事业取得了显著成就。基本普及了九年制义务教育，学校的基础设施和设备得到大幅度改善，教师队伍建设取得新进展，教育教学质量有了明显提高。但是，我省的基础教育也存在不少社会各界反映强烈的热点问题，如城乡教育失衡问题、校际差距拉大导致的“择校热”问题、“奥数班”问题、留守儿童和流动儿童教育问题、学生课业负担过重问题、违规招生考试问题等。这些问题不仅是关系到学生的身心健康和素质培养的教育问题，而且已成为重要的社会问题，严重损害教育公平，不利于学生整体的全面发展，甚至影响到社会的稳定与发展。因此这些热点问题值得高度关注和认真思考。

一　陕西省基础教育概况

基础教育主要是指小学教育、初中教育和高中教育。当前，陕西省基础教育事业保持着良好的发展势头。2006年秋季，免除城市义务教育阶段学生学杂费工作全面启动，目前进展比较顺利；学校建设以2008年“5.12”灾后恢复重建为契机，加快了对危房危楼校舍改造的速度，改善中小学办学条件取得新进展；以基础教育课程改革为推手，体育、艺术、信息技术和社会实践教学等课程得到加强，素质教育取得了阶段性成果。具体情况如下：

（一）基础教育的覆盖面稳中有升

近年来，陕西省义务教育阶段的入学率一直稳定在99%以上。2007年7月，

* 王旭瑞，陕西省社会科学院社会学研究所助理研究员。

我省在西部地区率先实现“两基”（基本普及九年义务教育、基本扫除青壮年文盲）目标，目前进入“双高普九”（高水平、高质量普及九年义务教育）的新阶段。根据2009年6月出版的《陕西教育事业统计年鉴》，截至2008年底，我省小学阶段在校生2864809人，小学学龄儿童净入学率达到99.59%，比2007年提高0.3%；初中阶段在校生1941810人，初中净入学率为99.55%，比2007年提高0.3%。

普通高中教育规模略有上升。近年来我省学龄人口持续下降、初中毕业生数量不断减少，而同期高中生的数量略有增长。2008年9月，高一年级新入校生为322017人，比2007年增长0.93%；当年高中毕业生330531人，比2007年增长5.53%；2008年底高中阶段在校生共计946919人。

（二）办学条件明显改善

2008年“5.12”地震后，学校抓紧危房危楼校舍改造，各级政府和教育部门科学规划，调整布局，整合教育资源，重建、撤并了部分学校。截至2008年底，全省共有小学14185所，比2007年减少2131所；共有普通中学2583所（其中初中1968所），比2007年减少54所（其中初中减少33所）。虽然学校数量减少，但是学校的硬件设施却得到了改善。全省初中学生人均校舍面积3.55平方米，比2007年增加0.29平方米；小学学生人均校舍面积4.77平方米，比2007年增加0.12平方米。

2008年全省小学体育运动场（馆）面积达标校比例、体育器材配备达标校比例、音乐器材配备达标校比例、美术器材配备达标校比例，均比2000年提高20%以上。初中阶段理科教学仪器设备达标校比例、体育运动场（馆）面积达标校比例、体育器材配备达标校比例、音乐器材配备达标校比例、美术器材配备达标校比例，均比2000年提高8%。

（三）教师师资水平明显提高

2008年全省基础教育阶段教师学历达标率有所提高。小学教师学历达标率99.19%，比2007年提高0.34%，比2000年提高4.38%；初中教师学历达标率97.35%，比2007年提高0.83%，比2000年提高19.22%；高中教师学历达标率89.59%，比2007年提高2.73%，比2000年提高20%以上。

2008年全省在小学任教的具有研究生学历的教师有185人，本科生学历

25397 人；在初中任教的具有研究生学历的教师有 819 人，本科生学历 56685 人；在高中任教的具有研究生学历（包括博士）的教师有 2615 人。硕士、博士这样高端学历人才投身基础教育事业，这在 2000 年以前是不能想象的。

（四）对义务教育投资加大，“两免一补”政策顺利实施

为全面普及义务教育，自 2000 年以来，陕西省先后制定了针对农村地区、边远山区，以及特殊困难群体接受义务教育的政策措施，如农村中小学现代远程教育工程、教育对口支援工程等，累计投入资金 30 多亿元。从 2006 年开始，全国农村义务教育经费保障机制改革工作全面展开，我省对农村义务教育阶段中小学生实行“两免一补”政策，即免除学杂费和书本费，补助寄宿生生活费。2008 年秋季，开始对城市义务教育学校实施免学杂费政策。

截至 2009 年 6 月，全省农村义务教育阶段中小学生全部免除了学杂费和书本费，每个贫困家庭寄宿生每天生活费补助标准：小学生 2 元，初中生 3 元；城镇义务教育阶段中小学生全部免除了学杂费。

（五）基础教育课程改革取得进展，教育质量有所提高

为了深化教育改革、推进素质教育，教育部在世纪之交启动了基础教育课程改革计划。2001 年秋季，我省基础教育课程改革实验工作启动，首先在义务教育阶段即小学、初中进行，到 2005 年秋季全省 107 个县（市、区）的所有小学、初中进入课程改革。2007 年秋季，我省高中阶段课程改革开始实施，到 2010 年经受新课程改革“洗礼”的第一届高中毕业生，将参加与以往内容不同的高校招生考试。

我省基础教育课程改革实施 9 年来，学生的学习方式发生了明显变化，课程内容贴近生活、贴近时代，特别是增加了信息技术和社会综合实践等必修课程，学生的综合素质有所提高，灵活运用知识的能力有所增强。

二　当前基础教育存在的热点问题及分析

我省的基础教育事业虽然取得了长足进步，为社会和高等院校培养了大量有用人才，但是仍然存在不少问题，有些问题还比较突出，广大群众和社会各界反映强烈。

（一）当前基础教育存在的热点问题

1. 城乡教育资源失衡，区域教育质量差距较大

近年来，陕西省政府在致力于推进地方义务教育的均衡发展方面做了大量工作，先后实施了“五大教育工程”，即国家贫困地区义务教育工程、农村寄宿制学校建设工程、农村中小学现代远程教育工程、农村中小学危房改造工程和教育对口支援工程等。但是，由于资金投入有限，建设进程缓慢，城乡教育资源失衡问题仍然没有得到根本改变，区域之间的教育差距仍十分明显，主要表现在以下几方面：

（1）农村小学基本办学硬件设施不足。除了学生人均体育运动场（馆）活动面积优越于城市学生外，其他教学设备、实验仪器等均不能满足需要。根据《2009年陕西教育事业统计年鉴》公布的数据计算，我省2008年底小学生人均计算机、图书、电子图书、教学仪器设备总值等拥有量，城市学校比农村高出0.5倍至10倍不等；在建立校园网的学校数量比例方面，城市小学比农村小学高出45.88%，90%以上的农村小学没有建立校园网（见表1）。

表1　陕西省2008年城乡小学办学条件比较

	在校生人数	建立校园网比例（%）	计算机（百生均/台）	图书藏量（生均/册）	体育场（馆）面积（生均/m^2）	电子图书藏量（生均/片）	仪器设备总值（生均/元）
城市	504612	53.92	6.34	45.24	2.95	7.33	556
农村	1899627	8.04	4.14	28.28	10.40	0.77	277

（2）农村中学基本办学硬件设施不足。在实验室、图书室、微机室、语音室等基本办学条件方面，城市高中、初中学校平均使用面积比农村高中、初中学校高出50%～120%；在建立校园网的学校数量比例方面，城市初中比农村初中高出24.14%，城市高中比农村高中高出22.14%（见表2）。

农村学校落后的办学条件，无法满足教师利用现代教育信息的要求，难以共享优质教育资源，限制了学生的知识视野，制约了农村教育质量的不断提高。

（3）城乡教师配备及其学历水平差距大。教育资源的差距，也表现在与教育质量关联度最高的师资力量方面。截至2008年底，我省小学高一层学历（专科以上）教师比例，城市比农村高20.05%；初中高一层学历（本科以上）教师

表2　陕西省2008年城乡中学办学条件比较

		建立校园网比例(%)	普通教室校均面积(m^2)	实验室校均面积(m^2)	图书室校均面积(m^2)	微机室校均面积(m^2)	语音室校均面积(m^2)
初中	城市	66.24	2340	433	153	157	74
	农村	42.10	1269	323	86	117	39
高中	城市	82.03	4501	1094	442	292	149
	农村	59.89	3957	713	204	197	88

比例，城市比农村更是高出34.50%；高中高一层学历（硕士以上）教师人数，城市是农村的4倍，所占教师比例城市比农村高出4.68%（见表3）。

表3　陕西省城乡中小学教师高学历情况比较

	小学高一层学历(专科以上)教师人数、比例	初中高一层学历(本科以上)教师人数、比例	高中高一层学历(硕士以上)教师人数、比例
城市	21112人,89.32%	12397人,76.97%	961人,6.26%
农村	92175人,68.27%	33868人,42.47%	216人,1.54%

（4）陕西各地、市之间的师资量也有明显差距，主要表现在教师的学历水平、中高级以上职称教师的比例上。仅以小学教师为例，2008年底，西安市小学教师高一层学历（专科以上）比例比商洛市高出18.35%，比汉中、安康也分别高出14.22%、12.43%（见表4）。中高级以上职称教师比例，西安市小学教师也明显地高于陕南、陕北的小学教师。在教师的专业结构方面，如外语、体育、音乐、美术等专任教师比例，西安市小学教师同样明显地高于陕南、陕北的小学教师。

表4　陕西省各地市小学教师高一层学历比例表

单位：%

	西安	铜川	宝鸡	咸阳	渭南	延安	汉中	榆林	安康	商洛	杨凌
小学	82.27	71.54	69.35	77.56	71.48	79.53	68.05	72.99	69.84	63.92	83.94

城乡之间、区域之间教育资源的失衡，是造成学生学习质量差异的主要因素之一。2007年10月，教育部基础教育质量监测中心对陕西省中小学生学习质量、心理健康状况进行监测，结果显示存在着明显的城乡差异和地域差异。参与

此次监测的榆林市榆阳区、西安市雁塔区、渭南市华阴市、商洛市镇安县、咸阳市武功县等5个县区中，数学学习水平的差异更加明显。在小学阶段，数学合格率最高的区（县）比合格率最低的区（县）高出39%；在初中阶段，数学合格率最高的区（县）比合格率最低的区（县）高出13.4%。

这次监测结果还显示，城乡教学质量差异表现在城区学生的数学合格率高于非城区学生，即城区、城乡结合部、乡镇和农村学生的数学合格率依次递减。

2. 校际差距拉大，“择校热”愈演愈烈，“奥数班”问题严重

由于体制原因和历史原因，校际之间教育资源差距有逐渐扩大的趋势，“择校”现象愈演愈烈，已成为当前群众反映最强烈、意见最突出的教育问题。“择校”不但涉及面广，而且越来越低龄化，从初中到小学，甚至到幼儿园都存在着激烈的择校竞争。

“择校”是对教育公平的严重挑战和破坏。在西安、宝鸡、咸阳等大中城市，一些中小学原来隶属于企业或者部属单位，或者是省、市重点学校（现在改称“示范学校”、“标准化学校”），由于教育投入有保障，师资力量雄厚，毕业的学生质量比较高，于是吸引了越来越多的社会生源，继而形成强者愈强的“马太效应”。

“择校”导致这些学校普遍生源爆满，班级人数超编，本校衍生出分校，重点班分化出实验班、竞赛班，甚至租赁临时校舍超负荷运转。目前，由于“择校”而出现的3000人以上小学、5000人以上中学的超级大校已经为数不少。据统计，西安市新城、碑林、莲湖、雁塔、灞桥、未央等六区，共有公办、民办和部属高校辖办等各种性质的中学202所，而其中的10多所超级大校（包含其分校）的初中、高中在校生人数已经占西安市城六区在校生总数的30%。

教育部规定小学每班以45人为宜、初中每班以50人为宜。但是，陕西省城镇初中平均班额59.8人，小学52.5人。实际调查发现，某小学班额最多达90人，某中学班额最多达110人。在一所学校初中部的一个教室里，8排桌凳，最前的一排紧靠讲台，最后一排贴着墙；每排10人，中间只有约一尺宽的过道，教室里空气浑浊。每个学生横着的空间只有40厘米，写作业时左手左臂都得直放下去。最近的离黑板1米，最远的8米，学生的视力受到严重损害。这样恶劣的学习环境在一些超级大校并不稀奇。

尽管超级大校班额普遍超编，但是家长和学生的“择校”热情依然不减，特别是“小升初”的择校热还在升温。教育部门明文规定“小升初”不得考试，按照就近原则入学，但是名校的选拔性考试却暗流涌动，且以“奥数”考试作为重要测试手段。有些学校招艺术生还参考艺术等级证书。于是，不少小学生早早就加入恶性的考证热、培训热当中。据某小学对该校五年级64名学生的调查，被测学生共参加203个课外班，人均3.14个；学生每周平均6.5小时到课外班上课。

补课、培训、赶考，许多小学生被压得喘不过气来。“奥数”问题把学生搞晕了，把家长搞懵了。有媒体评论，偏难刁钻的“奥数”会严重影响多数学生的身心健康发展。陕西师范大学数学教育研究所所长、中国数学奥林匹克首批高级教练罗增儒教授认为，“奥数”专业性很强，只能作为极个别的、学有余力的学生的一种业余选择，不能群体仿效，更不能作为升学考试选拔学生的手段。中国教育学会会长、北京师范大学教授顾明远认为：强制孩子去学“奥数”，不但影响他们学习数学的兴趣，而且压制了对其他兴趣的开发，不利于学生的成长。

既然“奥数”不适于多数学生学习，为什么“奥数”热却有增无减呢？西安市一位中学校长道出了其中的“秘密”：成千上万的小学毕业生都想进入重点中学、示范中学，有权有钱的家长们使用了各种手段、方法，而学校筛选衡量的标准只能是考试，不准明考，就暗地里进行；小学生升入初中只能考语文、数学，而语文考试一般拉不开档次，“宝”都押在数学上，增加一些难题、偏题就在所难免。我们也知道许多人痛恨“奥数”，但是“奥数”考试是校长们摆脱有权有钱家长纠缠的唯一有效的公开武器。

“奥数”热的另外一个原因是，中学生如果获得全国数学奥林匹克竞赛决赛大奖，就可以直接进入名牌大学。“奥数”比赛的获奖率虽然不足万分之一，但是诱惑性却非常显著。

这样，“奥数”教育逐渐被异化为择校、升学的工具。不但是西安，几乎是全国所有大中城市都出现“奥数”培训泛滥，数以亿计的中小学生被迫卷入到“残酷”的“奥数”学习潮流中。华裔数学家、菲尔兹奖得主丘成桐表示，学“奥数”的学生们习惯于解决别人出的问题，而不是自己发现的问题，他们以后不会有很强的创新能力。

3. 留守儿童、流动儿童教育问题突出

伴随着我国城市化进程的加快，越来越多的农村剩余劳动力流入城市，进城务工农民的规模日益庞大，“流动儿童”和“留守儿童”的教育问题日益突出。

据调查，近年来陕西省进城务工人员随迁子女数量大幅增加，比例大幅提高。截至2008年9月30日，陕西省义务教育段共有随迁子女415499名，其中小学生275100名、初中生140399名；比2004年分别增长113.21%、93.00%、149.23%。2004年随迁子女占全省学生的比例是3.30%，2008年的比例是8.57%，增长了5.27%（见表5）。随迁子女占全省城镇学生的比例更是大幅提高。2004年为12.74%，2008年为24.88%。

表5 陕西省农村流动学生情况统计（截至2008年9月30日）

	全省	关中	陕南	陕北	占全省小学初中学生比例(%)		占全省城镇小学初中学生比例(%)	
					小计	比2004年提高(%)	小计	比2004年提高(%)
小学	275100	154221	19479	101400	9.6		28.5	
初中	140399	61415	11179	67805	7.2		19.6	
合计	415499	229969	16325	169205	8.57	5.27	24.7	12.0

在西安市雁塔区、榆林市榆阳区、延安市宝塔区等县区，义务教育段流动学生所占比例更高，甚至占到了“半壁江山”（见表6）。

表6 陕西省部分县区农村流动学生所占比例情况统计（截至2008年9月30）

单位：%

	西安市雁塔区	榆林市榆阳区城区	延安市宝塔区城区
小学	40.1	63.7	68.3
初中	23.5	56.0	75.2

虽然目前对“流动儿童”实行了“两为主”（以“流入地”为主，以“公办学校”为主）政策，但在具体执行中仍然存在不少问题。如要求农民工提供“四证”（从业证明或用工合同、暂住证、身份证明、转学证明），不少学校通过加收借读费或入学考试等手段提高入学门槛，实行有选择的接纳；还有部分学校对进校后的流动儿童实行单独编班等歧视性措施，保留某种显性的和隐性的“社会排斥”。

由于经济条件等因素的限制，更多的孩子不能随父母流动到城市，只好继续留在农村老家上学，由祖父母、外祖父母或其他亲友照料，成为“留守儿童”。据调查，截至2007年底，陕西农村留守儿童共有632046名，占义务教育段学生的11.8%。由于“留守儿童”的父母一方或双方不在身边，导致家庭生活和教育缺陷，使他们不同程度地出现了心理失衡、道德失范、学业失教、生活失助、亲情失落、安全失保等诸多问题。据调查统计，“留守儿童”群体中有高达78.3%的儿童，在思想品德、行为习惯、学业状况、心理状态方面与非“留守儿童”群体相比有着明显差异，安全事故发生率也高于其他学生群体。其中对生活缺乏理想的占24.6%，认为读书无用的占4.1%，对学习缺乏兴趣的占5.7%，意志脆弱的占10%，脾气暴躁的占40.6%。同时，大部分“留守儿童”生活比较困难，其中8%～10%生活在贫困线上。这些问题，严重影响了他们的学习质量和健康成长。近年来，虽然陕西各级政府采取了一系列措施，加强“留守儿童”的教育管护工作，但效果并不十分理想。

4. 学生负担过重，补课、加课现象普遍

提高教育质量的关键应该是培养学生的学习兴趣，精讲精练。可是，有一些老师不是在“向课堂45分钟要质量”，而是喜欢课外辅导、课外培训，搞“题海战术”，留给学生的家庭作业量过多、过滥，学生课业负担过重的问题在许多学校依然存在。

有些学校置国家的课程方案和课时规划于不顾，随意增减课程、课时，长期实行周六补课、双休日补课和节假日补课。有些学校随意加长学生在校时间，早晨7点钟到校，下午7点钟放学，除早读、自习外每天上课10大节。体、音、美、综合实践等课程在一些学校不被重视，这些课程常常被文化课挤占。国家号召开展“阳光体育运动”，确保学生每天锻炼一小时，但是不少学校无法落到实处。有些老师不断向学生“摊派”教辅资料、习题集、考试卷以及课外读物等，学生的书包越来越重。

大量的补课、加课现象，严重干扰了学生正常的作息时间。浩如烟海的作业，压得学生喘不过气来，如西安市某所小学的“区级优秀老师”，每天留给学生的语文作业是抄写“总生字表”5遍，一个学期每个学生要写完60本生字练习本，该班几乎每个学生的指头都磨出厚茧。此种现象，严重影响学生的身心健康和成长发展。

5. 教育乱收费问题依然严重

教育界的乱收费问题由来已久，产生的原因也比较复杂。20 世纪 90 年代，随着我国社会主义市场经济体制的逐步建立，教育产业化的思潮随之出现，进而扩展到义务教育领域。以推进办学体制改革为名，“公办民助”、“民办公助”等形式的所谓“改制学校”纷纷出现，这些学校教育资产仍为国家或集体所有，校长任用、教师编制也属教育部门掌握，但是承办者却享有社会力量办学政策和办学自主权，“收费灵活性”极强。这样的学校借“假转制”之名，行“真收费”之实，众多学生、家长承受了沉重的经济负担。

乱收费问题与违规办学密切相关。当优质教育资源被重点学校、示范学校垄断的时候，“择校”问题就不可避免，违规考试、违规招生也随之而来。除了国家规定的收费项目外，这些学校巧立名目向学生和家长收取所谓的赞助费、建校费、捐资助学费、借读费等费用，数额从几万元到几十万元不等，而且相当多的学校给家长不开收据和发票。金钱换回来的是孩子的“录取资格”。如果把这说成是“周瑜打黄盖”，则等于承认教育资源垄断的合法性和教育不公平的合理性。

利益的驱动无处不在，双休日补课或节假日补课之所以猖獗，与学校收取学生的补课费有关。在一些学校，老师双休日补课费、节假日补课费的收入，相当于个人工资的三分之一。就像流行语说的“这年头如果不发钱，谁愿意加班白干呢?”除了补课费之外，一些学校还收取学生的资料费、上网费、试卷费、晚自习费等。

6. 应试教育倾向依旧，学生创新能力不足

素质教育已经提出好多年了，大大小小的会议、文件都在重复着同一个主题，但是实际上应试教育倾向依然严重。在应试教育的模式下，学校“重知识轻能力，重书本轻实践，重分数轻素质，重学习轻应用”，忽视学生的个性特点，忽视创新能力的培养。

有些学校认为“考试”是督促学生学习的好方法，不断增加考试次数，除了正常的期末考试，还有“中考”（期中考试）、月考（每月考试）、周考（每周考试），甚至个别学校的个别老师每天都要组织考试，出现了“考、考、考，老师的法宝；分、分、分，学生的命根”的说法。考试诀窍、考试秘笈被一些老师在课堂上鼓吹，足见应试教育的毒害之深。

应试教育只看重书本知识，缺少发现、探讨、研究的乐趣，无法提高学生的动手实践能力，自然不可能培养出富有创新能力的人才。据国家知识产权局2009年统计，陕西省2008年被授权的各类发明专利共计4392件，不及广东省的十分之一（2008年广东省被授权各类专利62031件）。陕西省中小学的学生发明专利更少，全省不足100件，就是名列前茅的西安交大附中仅有7人次获得国家知识产权局颁发的“实用新型专利证书”，而湖北省某中学获得各类发明专利证书的学生达100多人次。我省中小学生的创新能力不足可见一斑。

（二）对基础教育热点问题的分析

当前基础教育存在的热点问题有着深刻的社会原因，试分析如下：

1. 教育政策存在公平性缺陷，教育投入失衡

我们承认，当前我国及陕西出现的种种教育问题，主要是由发展状态决定的：经济落后导致教育的有效供给不足，经济、文化发展的不平衡导致巨大的城乡差距、地区差距和贫富分化等。但是，教育政策的不公平，往往会加剧人才成长的不公平，进而扩大城乡差距、地区差距和贫富分化。

长期以来，在城乡二元结构、高度集中的计划体制下，我国形成了“以城市为中心”的价值取向。即使进入社会主义市场经济建设阶段，这种价值取向还在延续：国家的公共政策优先满足城市居民的利益，如户籍制度、社会保障制度、就业、医疗等各项社会福利政策等，包括教育政策也表现出鲜明的城市偏向。大量的教育投入优先倾向于城市，优质公共教育资源集中于城市，造成了城乡、区域教育资源配置失衡和教育质量差距。尽管近几年国家的有关政策得到某种程度的修正，但是传统的思维定势和社会观念仍很顽固，各种制度安排还在发挥着惯性作用，短期内城乡教育资源配置的差距状况难以得到根本改变。以陕西省城乡中学仪器设备投入、固定资产总值为例，截至2008年底，城市初中、高中学校的平均固定资产总值大约高出农村初中、高中学校的1倍左右，特别是在现代教学仪器设备投入方面，城乡学校差距尤为明显，城市高中校均现代教学仪器设备价值259.64万元，而农村高中校均设备价值只有83.18万元，城市高中设备价值是农村高中的3倍多（见表7）。像西安市的个别超级大校，政府投入固定资产总值数亿元，现代教学仪器设备超过4000万元，陕南、陕北一些县的全县教育资产总投入抵不上一个这样的中学。

表7 陕西省城乡中学资产设备总值比较（2008年底统计）

		学校数量(所)	计算机(台)	校均计算机(台)	仪器设备总值(万元)	校均设备价值(万元)	固定资产总值(万元)	校均资产价值(万元)
初中	城市	157	13837	88	10371.38	66.06	105867.83	674.32
	县镇	241	20754	86	15114.69	62.12	154866.07	642.60
	农村	1570	86227	55	52794.36	33.63	440492.56	280.59
高中	城市	256	45417	177	66466.6	259.64	423003.22	1652.36
	县镇	172	32360	188	31382.65	179.33	327245.94	1902.60
	农村	187	20710	111	15554.67	83.18	175270.3	937.27

注：表1～表7的数据均根据《2009年陕西教育事业统计年鉴》。

2. 存在精英教育倾向，不利于教育公平

基础教育特别是义务教育，是面向广大青少年的大众化教育，应该把公平性原则放在首位。《中华人民共和国义务教育法》规定："凡具有中华人民共和国国籍的适龄儿童、少年，不分性别、民族、种族、家庭财产状况、宗教信仰等，依法享有平等接受义务教育的权利。"这就是说，义务教育作为国民所受的最低标准的"合格教育"，应该坚持均等原则，保证所有纳税人子女平等享有教育资源的权利，不允许任何歧视。

但在实际上，我们选择了一条培养"尖子"的精英教育路线。我们不但有城乡教育的区别，就是在同一座城市、同一个县域，也有重点学校、非重点学校的区别。2006年新的《义务教育法》实施，不准设立所谓的"重点学校"、"重点班"，有关部门就改头换面称"示范学校"、"标准化学校"、"实验班"、"竞赛班"等，继续在政策上向这些学校倾斜，给"实验班"、"竞赛班"配备最优质的教师。

由于政府政策安排的教育资源倾斜，加剧了基础教育领域内部资源配置的失衡，导致城市内、县域内学校之间差距扩大。像西安市内的有些示范学校（原省级重点学校），获得的财政支持是一般学校的几倍、几十倍，获得的优惠政策如优先招生权、高价收费权等，普通学校就不可能享有。优越的教育资源带来学校教师的收入增加，优秀教师纷纷被示范学校等名校所吸引。这样，越来越多的公共教育资源就流向了示范学校等名校，而那些非重点或非示范学校就更加贫困化和薄弱化。

校际之间的差距如此扩大后，家长们为了让自己的孩子“不要输在起跑线上”，纷纷鼓励子女加入到“择校”队伍中。这种把学校、学生分为不同等级，为培养少数“尖子”走精英化教育之路，使得多数少年儿童的利益受损，导致强者愈强、弱者越弱的“马太效应”，违背了义务教育的性质和宗旨。这是当前普通纳税人最关注、最揪心的教育不公平问题。

3. 功利主义倾向损害基础教育

教育植根于爱，爱是教育的最高境界。义务教育属于社会公益事业，应该远离功利主义，追求奉献意识和服务意识。高中教育作为基础教育的一部分，也是普通公民享有基本教育权利的一部分，由于国家财力有限暂时不能实行义务教育，但是收费不能过高，更不能以教育产业化为由进行功利主义经营。

20 世纪 90 年代以来，在部分学校推行的“公办民助”、“民办公助”等“改制”，存在着明显的功利主义倾向，学校的产权没有改变，校长任用也没有改变，教师编制、身份没有改变，校舍还是原来的校舍，只是办学自主权扩大，就可以大张旗鼓地收高价学费。这严重地损害了教育的形象。

当前各地的“择校”问题非常突出，虽然教育行政部门三令五申“小升初”不得进行考试，按照就近原则入学，但是这些名校暗地里都在组织违规考试、违规招生，原因还是为了聚敛金钱。家长们看重的是名校的优质教育资源，学校觊觎的是家长口袋里的货币。由于丰厚的经济利益的诱惑，这些学校的违规行为屡禁不止。

给学生双休日补课、节假日补课，或者发放教辅资料、习题集、考试卷等，同样是功利主义思想作祟，学生的学习负担加重了，学校教师收获的是经济利益。

4. 执法监督不力，腐败问题滋生

一些中小学存在着乱办班、乱补课、乱收费、违规招生、违规考试等严重问题，造成学生的课业负担日益加重，每天锻炼一小时的“阳光体育运动”无法落实。教育部门和其他行政执法单位虽然进行过检查，对个别学校也提出过批评，但是总体上执法监督力度不够，或碍于情面，或流于形式，致使违规办学行为继续蔓延。

违规办学与违规收费是孪生姊妹。如择校收费问题，择校与“就近入学”原则矛盾，允许择校就等于承认违规办学，择校过程中收取的所谓赞助费、建校费、捐资助学费、借读费等自然属于违规收费。正因为是违规收费，这些学校就不会给家长开具收据或发票，而这批巨额资金如何花销，学校不会向内部教师说明，更不会向社会公众交代。因此，择校费大多采用暗箱操作的方式，一般的执法检查也不会去触及，长此以往容易诱发教育领域的腐败。

择校过程中伴随的另一种腐败是权力寻租。名校的优质办学资源非常具有吸引力，成千上万的家长都希望自己的孩子进入这样的学校。择校考试虽然违背规定，奥数题目固然有刁难之嫌，但是毕竟能够进行成绩比较，“择优录取”也算作另外一种公平。如果有权势家长的孩子在“考试”中落选，他们一般是不会善罢甘休的，往往运用权力干涉录取工作，导致权力寻租现象扩大到基础教育领域。

凡此种种，都损害教育的公平，违背素质教育的宗旨和要求，影响学生的身心健康，不利于人才的全面发展和成长，引起广大人民群众对教育的不满，造成社会的不和谐。

三　对策建议

基础教育是关系祖国未来发展的伟大事业。胡锦涛总书记在党的十七大报告中指出，“教育公平是社会公平的重要基础”；要把“优先发展教育，建设人力资源强国”放在加快推进改善民生为重点的社会建设的首位；要“促进义务教育均衡发展”，“扶持贫困地区、民族地区教育，健全学生资助制度，保障经济困难家庭、进城务工人员子女平等接受义务教育”。这体现了党中央对教育事业和人才培养的高度重视。

以素质教育为导向，做好基础教育工作，不仅关乎千家万户，而且对于培养德智体美全面发展的合格的社会主义建设者，促进我省经济社会文化的健康、协调、可持续发展具有重要意义。我们应该下大力气做好以下几项工作：

（一）加大对基础教育的投入，适当向农村学校倾斜

近年来，我省财政对教育的投入有了明显提高。但是在教育投入分配方面，倾向于高等教育和中等职业教育，基础教育投入偏低。高等教育历来在陕西占有重要地位，投入的比重很大。中等职业教育投入出现井喷式发展，2008 年陕西

省中等职业学校生均预算内公用经费比2007年增长了121.18%。但是基础教育投入的增长幅度偏低。我们应该扭转这种局面，加大对基础教育的投入，并适当向农村学校倾斜。

《中华人民共和国教育法》、《中国教育改革和发展纲要》和党的十六届六中全会决定均强调，努力实现财政性教育经费占国民生产总值达到4%的刚性比例。但是，长期以来各级政府都没有完成这个目标。2008年陕西省教育经费支出264.58亿元，全省国民生产总值6851.32亿元，教育经费占国民生产总值比例为3.86%。这与国家确定的4%要求还有一些距离。

陕西省各级政府应该强化责任，完善公共财政支持体系，依法加大教育投入，实现教育投入的刚性目标。明确划分省、市、县三级政府在基础教育均衡发展中的投入责任，落实经费保障长效机制。尤其是要加大统筹力度，扶持发展基础条件薄弱的农村学校。

同时，建立合理的财政转移支付制度，缩小基础教育地区差异。对于基础教育机会不足的贫困地区，转移支付的力度要大于较富裕的城乡；对于极端贫穷的山区可实行专项补助，保证所有学生平等地享受教育资源。积极实施贫困地区义务教育工程、农村寄宿制学校建设工程、农村中小学现代远程教育工程、农村中小学危房改造工程和教育对口支援工程等“五大教育工程”，切实改善广大农村地区的办学条件。

（二）实行师资轮换制度，促进教师合理流动

教师是学校的灵魂，提高教育质量的关键在教师。城乡教育差异、校际教育差异的重要表现是师资水平的差异。教师是教育资源中最宝贵、最活跃的元素。“择校”热与校际之间的师资差异密不可分。因此，实行教师校际之间、城乡之间的合理流动，建立教育公平的师资轮换制度，是解决城乡教育差异、校际教育差异的基本策略。

实现基础教育均衡发展，改革教育人事制度，优化教师资源配置，是被中外教育实践证明行之有效的重要途径。第二次世界大战结束之后，日本在最短的时间内发展成为世界经济强国，韩国很快摆脱了战争带来的贫困，都与他们重视教育、提高绝大多数公民的文化水平有着密切关系。从20世纪60、70年代开始，日本和韩国先后进行了教育均衡化改革。日本教育法规定：一个教师在同一所学

校连续工作不得超过5年；校长任期2年，连任者，需在校际之间轮换。韩国的政策规定，教师在一所学校工作不超过4年，向教育部门申请可以延期，但一般也不能超过10年；教师和校长都要在本地城乡学校之间进行调动换班。由于日本、韩国实行校长、教师的轮换流动机制，保证每一个学校的教师教育资源均衡，因此，在大都市学校读书的学生，与在山区偏远地方就学的学生，接受的教育基本是一样的，整个国民素质普遍得到提高。

我国的一些省市在基础教育均衡发展方面进行了有益的尝试。在全国率先消灭了“择校”问题的安徽省铜陵市，他们的一条重要做法是实施“名师迁移”工程，有意识地将一些传统老牌学校业务骨干调到薄弱学校去任教，带动校际之间的师资流动，加强“薄弱学校”建设，缩小各学校之间的办学差距。被誉为全国中小学人事制度改革一面旗帜的山西省晋中市，实行教师能进能出、待遇能高能低的竞争激励机制，2008年7月建立中小学教师交流制度，全市124名校长、2841名教师一夜之间集体大轮换，迅速扭转了校际间教育资源配置不均衡、不公平问题，目前该市中小学教师流动已经走向程序化、常规化。沈阳市是大城市推进教师交流工作的表率，每年交流教师达到中小学专任教师总数的15%左右，教师轮换有力地促进了教育资源均衡发展，传播了优良校风和先进办学理念，校际之间差距明显缩小，“择校热”现象大大缓解。

陕西省可以借鉴国内外教育公平发展的先进经验，从改革教育人事制度入手，合理地调整、配置学校人力资源，实行区县内城乡教师定期交流轮换，鼓励城区教师到农村学校支教等办法，缩小城乡教育、校际教育差距。

（三）坚持育人为本，取消重点校、重点班

教育以人为本，应该真诚面对每一个学生，平等对待每一个学生，深切关爱每一个学生，树立人人都能成才的理念，取消所谓的重点学校、示范学校，不区分重点班、非重点班。

2006年颁布实施的《义务教育法》明确规定，“不得将学校分为重点学校和非重点学校。学校不得分设重点班和非重点班。”各级教育行政部门应该严格遵守法律，不得“改名换姓”搞所谓的示范学校、标准化学校，又一次把学校和学生分成三六九等，人为制造教育的不平等。

教育均衡发展不是搞平均发展，而是要在积极发展和扩大增量中缩小差距，

让所有受教育者在基础教育阶段都能接受应该享有的公平教育。遵循“公平优先、兼顾效率”的原则。均衡发展也不是要千校一面，而是要在办学设备、师资水平相对平衡的情况下，积极鼓励学校办出特色。

每一个学校都要为孩子的终身发展着想。坚持素质教育，注重学生的个性优势和全面发展，用欣赏的眼光看待学生的优点，用发展的眼光看待学生的缺点。建立特色学校机制，因材施教，因势利导，注意发现、激发学生的潜能，为学生提供个性张扬和自由发展的广阔舞台。

要全面落实国家课程方案，切实解决随意增减课程、课时的问题。坚持“健康第一”的原则，科学、合理地安排学生作息时间，确保学生每天锻炼一小时。教师要精心组织课堂，向课堂45分钟要效益，严禁双休日、节假日补课，控制学生在校集中学习时间和家庭作业总量，任何部门、团体和个人不得向学生滥发教辅资料、习题集、考试卷等，真正做到“让学生快乐地学习”，健康地成长。

（四）改革评价体系，培养创新人才

基础教育承担着提高公民素质、培养社会主义合格建设者的重任。我们应该继续完善新世纪以来启动的基础教育课程改革，不断深化素质教育，加大教育评价体系改革，努力培养学生的创新精神、实践能力、科学和人文素养。

我省义务教育阶段的基础教育课程改革已经进行了8年，高中课程改革进行了3年，学生的学习内容、学习方法发生了不少变化，但是与之对应的考核评价机制并没有完全建立，应试教育的影响依然明显。考核评价机制的优劣，决定着基础教育课程改革的成败。我们应该尽快改变单纯以考试成绩评价学生、决定升学的办法，尽快改变单纯以考试成绩和升学率评价地区、学校和教师教育教学工作的做法，建立健全符合素质教育要求的综合评价体系。全省各级教育部门应该建立完善以完成本学段国家规定教育目标为基本标准、以综合素质评定为主要指标的学生评价制度，以师德表现、工作态度和工作实绩为主要内容的教师评价制度，以教师队伍建设、教育质量和办学特色为主要内容的学校评价制度。积极探索建立以素质教育为导向，以教育投入、教育质量、规范管理等为主要指标的地区教育工作评价体系。严格规范中小学办学行为，保证辖区内农民工子女平等接受义务教育。坚决制止随意组织学生参加各种统考、联考或竞赛、考级等现象，切实治理乱考试、乱招生行为。

我们深信，国家和地方的发展在于创新，创新的希望在青少年。基础教育课程改革的核心目标就是培养学生的创新能力。我们应该大力开展创新教育，切实从基础教育抓起，以学生兴趣为切入点，培养学生的创新热情，强化学生的问题意识，倡导学生乐于思考、勤于动手、善于探究。增强学生搜集和处理信息的能力、获取新知识的能力、分析和解决问题的能力以及交流与合作的能力。积极开发和培育学生的个性优势，鼓励学生走出校门，开展各种调查、调研等社会实践活动，让学生从小养成自主观察、自主分析的习惯。鼓励求异思维，提倡科学钻研，采取灵活多样的措施激励和增强学生的创新能力，努力实现中华民族的伟大复兴。

（本文在写作过程中得到陕西省教育厅田民政等同志的帮助支持，在此表示衷心感谢）

陕西省农村学前教育调研报告

陕西省农村学前教育联合调研组*

农村学前教育是学前教育发展的重点和难点，办好农村学前教育是落实陕西省儿童发展规划，促进儿童健康成长的基础性工作，也是贯彻落实科学发展观，合理配置教育资源，促进城乡教育机会均等的重要任务。陕西省宋庆龄基金会和省儿童福利会、西安市社会科学院组成联合调查组，从2009年3月，先后对西安市高陵县、商洛市商南县、安康市白河县、汉中市城固县、延安市吴起县、榆林市府谷县、咸阳市泾阳县、渭南市合阳县、宝鸡市扶风县9市9县进行了学前教育抽样调查。共考察了50所公、民办幼儿园，分别和县政府、县教育局、公、民办幼儿园长及教师、家长代表举行了45次座谈会，发放调查问卷500多份，通过深入细致的调研摸清了陕西省农村学前教育发展的现状，找到了存在的突出问题，征询到了改善和加强陕西省农村学前教育发展的意见。

一　农村学前教育发展现状

实施陕西省教育事业“十一五”规划以来，普及农村学前三年教育工作有了长足的发展，广大农村家长对发展学前教育有着迫切的需求，各级政府开始把发展农村学前教育事业提上了议事日程，“以公办幼儿园为主体，部门和社会力量办园为补充”的发展思路已经明晰，公、民办幼儿园同时并举，协同发展，以县办幼儿园为龙头，乡镇中心幼儿园为骨干的的格局正在形成。学前教育呈现出良好发展态势。民办幼儿园尤其发展迅猛，办学数量和吸纳的幼儿数量超过了公办幼儿园，幼儿教师需求旺盛。

---

* 联合课题组负责人：王宏，陕西省宋庆龄基金会副会长；课题组成员：陕西省宋庆龄基金会副秘书长樊峰、干事郭利斌，王播谷，陕西省儿童福利会副会长；王国琪，西安市社会科学院研究员助理研究员；张勇、余晓艳，西安市社会科学院研究实习员。

（一）广大家长对优质学前教育有着迫切的需求

普及九年制义务教育对农村学前教育有着强大的拉动作用，通过普九，家长的教育观念发生了深刻变化，让适龄儿童接受良好的学前教育是家长的内在需求。在本次调查的9个县中，普遍存在着为了让孩子上一所好的幼儿园，农村家长在县城和乡镇幼儿园所在地租赁民房陪伴孩子上园的现象。在吴起县长城乡中心幼儿园参加座谈会的7名家长中有5名就在幼儿园附近租房陪伴孩子，最远的租住房距幼儿园有十几里路。像这种为了寻求优质教育资源，租房陪伴孩子入园的现象在陕南、陕北和关中地区普遍存在。在府谷县老高川乡幼儿园家长座谈会上，来自横山县的幼儿家长苏旭军说："我们农村生活水平现在提高了，就要考虑娃娃的教育问题，哪怕多跑点路、多花点钱，也要娃娃上一个好园。"

本次调查发现，近几年，幼儿入园率呈明显上升趋势，除去因交通不便、经济贫困等因素一部分儿童难以入园外，多数家长都能克服种种困难，基本上能让适龄儿童入园，学前一年入园率最低达到70%（白河县），最高达到99%（高陵县）。学前三年入园率白河县不足40%，扶风县为75.67%，城固县为78%，合阳县为85.3%，泾阳县为85.4%，吴起县为85.9%，府谷县为86.2%，高陵县为90%，商南县为93%，尽管入园率各县存在差异，但总体上看，学前三年毛入园率超过了全国平均水平（2007年全国为44.6%）。农村家长对"好幼儿园"的评判标准首先考虑的是安全、卫生、教学水平等。

由于农村人口向乡镇和县城流动加快，加之农村家长对幼儿教育有巨大的需求，县城、镇幼儿园面临着较大的生源压力，发展幼儿教育有很大的空间。府谷县正在修建县第二幼儿园，吴起县也在新区筹建新的幼儿园。

（二）政府重视学前教育，承担起主导学前教育发展的责任

党的"十七大"报告明确提出"要重视学前教育"，学前教育在优先发展教育的战略中占据基础性地位。本次调研发现9个县普遍制定了本地区农村学前三年教育发展的规划，包括目标任务、实施步骤和政策措施。

调研发现，县、乡政府在推进学前教育方面因地制宜，创造了一些好的做法，积累了一些宝贵的经验。

高陵县突出抓了公办园所的建设，全县现有公办幼儿园5所，小学附设学前

班60个，民办幼儿园（班）38所。民办幼儿园数量已远远超过公办园，由于普遍配有校车接送，服务的触角向较远农村地区延伸，极大地方便了农村幼儿入园。在县城周围，民办园对公办园形成包围和竞争态势。

商南县政府努力普及农村学前三年教育，坚持以公办园为主体的思路，加大财政投入，推进农村乡镇中心公办幼儿园建设，全县共有公办幼儿园17所，民办幼儿园7所，16个乡镇有14个乡镇建立了公办中心幼儿园，在调查的9个县乡镇公办园的数量最多，在公办园执教的公办教师达到了118人，公办教师也是9个县中最多的。商南县政府主导学前教育发展的做法顺应了学前教育迅速发展的趋势。

白河县是一个国家级贫困县，2008年财政收入只有3800万元，受地理环境恶劣、自然灾害频发和经济发展滞后的影响，白河县发展学前教育面临很大困难，全县到目前还没有一所乡镇中心幼儿园，县唯一的公办幼儿园活动场地狭小，设备较差，负债办园。县政府为了解决学前教育资源不足、普及率低的突出问题，积极鼓励和支持民办幼儿园的发展，全县民办幼儿园共有23所，吸纳幼儿约1600名。白河县茅坪镇幼儿园是山区办幼儿园的示范样板，茅坪镇幼儿园为民办幼儿园，现有幼儿234名，其中周托住宿生39名，长托住宿生32名，除了招收茅坪镇幼儿以外还接纳了8个乡镇的孩子在此上园，也接受了5个省份来茅坪打工者的孩子，茅坪镇幼儿园的办园模式值得借鉴和推广。茅坪模式的优点有：①解决了一部分外出打工者的后顾之忧。白河县是劳务输出大县，农民外出打工，留守儿童保育教育难，茅坪镇幼儿园根据农民需求办起周托、长托班很受家长欢迎，突出以儿童为中心的办园理念，为了解决长期住园儿童的情感缺失问题，幼儿园为幼儿指定了代理妈妈，配备了心理辅导员；②为山区培养了一批幼儿教师，有些幼儿教师在茅坪镇幼儿园学到专业知识后自己也开办了幼儿园，茅坪镇幼儿园园长杨凤英积极鼓励教师自办园所，以满足更多山区孩子的入园要求；③探索出山区如何办好幼儿园的路子，茅坪镇幼儿园自主创业，自我滚动，园所建设不断跨上新台阶，先后六次征地，七次扩建，现有总资产120多万元，占地2000多平方米；④县政府对茅坪镇幼儿园给予了很大支持，民办幼儿园生存有着较好的政策环境，副县长吴德莲多次去茅坪镇幼儿园，协调解决幼儿园扩建、征地等具体困难。县教育局积极辅助民办幼儿园，把茅坪镇幼儿园指定为镇中心幼儿园和茅坪镇留守儿童托管中心。

吴起县近年来学前教育发展迅速，县域经济的发展为吴起的学前教育均衡发展奠定了物质基础，吴起县解放思想，大胆创新，多种模式推进学前教育，初步形成了“以公办学前教育为主导，民办学前教育为补充，民办公助相结合”的吴起学前教育办园体制，在管理体制上，教育局对全县学前教育统一领导，县工农教育委员会办公室负责全县民办学前教育的管理，出台了一系列民办教育管理指导的规章制度，对民办幼儿园定级归类，按照类别确定保育费收取标准，保护并激发了社会力量办园的积极性。现在吴起县有县城公办幼儿园一所，乡镇中心幼儿园10所，民办幼儿园7所，正在筹建的民办幼儿园5所，基本上能够满足全县3~6岁幼儿接受学前教育的要求。吴起县办园有五种模式：公办园、民办园、民办公助园（民间力量投资兴建园所，县教育局指派公办教师，如蓓蕾幼儿园）、村办园（周湾村村委会办园）、公办民营园（政府投资兴建园所并拥有地产权，交给民间力量经营，如吴仓堡幼儿园），吴起县为了实现2010年达到教育强县学前教育各项指标的要求，还计划在新农村、移民搬迁点和人口集中聚集地适龄儿童在20人以上的农村举办幼儿园，这种破解村办幼儿园的难题的思路和做法值得借鉴。

泾阳县是传统教育的文化大县，地处关中平原，发展学前教育有着很好的基础条件，全县共有50万人口，学前教育三年适龄儿童11291人，学前教育机构145所，其中民办幼儿园43所，公办幼儿园1所，小学附设学前班101个，民办幼儿园入园幼儿6692人，进入公办幼儿园和学前班幼儿2950人，形成了公、民办共同发展，学前教育“三分天下，民办占其二”的新格局。泾阳县加强了对学前教育的管理工作，针对民办幼儿园数量多，办园不规范的突出现象，制定了整顿提高规范的管理措施，按照规范与发展并重的思路，一手抓规范一手抓发展，先后出台了一系列管理文件，从办学条件、教师队伍、日常管理、安全工作、招生工作等方面全面规范民办学前教育办学行为，全县所有民办幼儿园教师必须在县教育局备案后方可在幼儿园任教，初步形成了“以公办幼儿园为骨干，民办幼儿园为主体”的办园新格局，2008年11月县教育局组成联合检查验收小组对16个乡镇43所幼儿园进行了量化考核检查验收，共评出规范园10所，一类园10所，二类园20所，三类园3所。县教育局还对全县所有公、民办幼儿园教师学历不合格者在县职业教育中专进行了为期两年的学历进修培训，在对乡镇中心学校考核时将所辖民办教育纳入考核范畴，在评优与奖励方面与公办同等对待。

（三）民办学前教育机构发展迅猛

办园体制问题是我国学前教育事业发展中的重大问题，鉴于我国学前教育的需求和财力现状，以公办为主的办园体制在短期内很难全部实现，据统计2007年我国公办园占幼儿园总数的比例由2006年的42.2%减少到了39.89%。近年来，民办园数量上升很快，已占到全国幼儿园总数的60%以上。这次调查也发现陕西省民办教育发展的趋势和全国是相吻合的，事实上，民办园在很大程度上弥补了我国学前教育资源的不足，替政府分担了一部分义务教育责任，缓解了政府办好学前教育的巨大压力，满足了人民群众对学前教育的强烈需求，客观上已经形成了公、民办幼儿园相互竞争、相互促进、协调发展的学前教育办学体制。

对9个县的调研发现，这些地区民办学前教育机构发展迅猛，主要表现在这样几个方面：①民办园数量总体大于公办园，本次调查发现在9个县中，除商南县、吴起县公办园的数量多于民办园以外，其余7个县民办园的数量均大于公办园；②民办园的教师总数也超过了公办园的教师总数；③民办园的幼儿总数也大于公办园的数量；④民办园办园的起点逐步提高，办园规范性正在增强，如吴起县蓓蕾幼儿园投资上千万元兴建了吴起县最高标准的幼儿园，园内有17个班，幼儿数938个，占县城幼儿园幼儿总数的60%。合阳县阿波罗幼儿园、扶风县新区新世纪双语幼儿园、高陵县鹿歌幼儿园、府谷县的童爱幼儿园、城固县蒙特梭利幼儿园等，建园标准都比较高，办园比较规范，保育教育质量均有保障；⑤民办园迅速占据办园的制高点，对公办园形成了强大的压力。民办园一般主要集中在县城、城近郊和人口较为集中的乡镇，是按照社会的需求来配置资源。如泾阳县云阳镇是一个蔬菜产区，也是商品蔬菜的批发基地，该镇的街东、街中、街西三所幼儿园均为民办，办园条件都不错，满足了当地居民和外来人员子女入园的需求。府谷县老高川乡地处矿区，经济繁荣，外来人口多，小风车和新世纪两所民办幼儿园应需而办；⑥民办幼儿园办园体制灵活。在资金使用、园所建设、教师聘任等方面拥有很大的自主权。民办园的教师基本上为18~25岁的年轻教师，大都为学前教育专业或艺术专业毕业，和孩子有很强的亲和力，为民办园增添了活力，深受家长欢迎。高陵县姬家管委会中心校常校长说：“民办园在好多方面比我们公办园做得好，现在我们公办园都要向民办园学经验”；⑦民办园教师责任心强，对工作有热情，对孩子有爱心和耐心，喜欢和家长沟通。高陵县鹿歌幼儿园一位姓宋的家长说："孩子从县幼儿园转到这儿后，第一天回家高兴地说'妈妈，今天老师没骂我'"，另一位家长说："我一看老师的眼睛，就能感到她很真诚"；⑧在一些行政村或自然村，还存在着一些家庭作坊式的幼儿园，如合阳、城固、扶风县共有上百所无证办园或有证但条件非常简陋的仅以"照看孩子"为主的幼儿园，园里只有一两个教师，她们身兼数职，集保育、教育、炊事员等于一身，幼儿园因季节、人数增减经常停停办办。

（四）幼儿教师需求量大，就业前景看好

陕西省教育事业"十一五"规划提出，在"两基"攻坚任务基本完成后，适时发展学前教育的任务已经提上了议事日程。到2010年，全省学前毛入学率要达到80%，到2015年，全省农村基本普及学前三年教育。办好幼儿园，师资是关键，这次调研发现，无论是公办幼儿园还是民办幼儿园，都缺乏高质量的专业幼儿师资队伍。由于历史的原因，现有的公办教师基本上是师范院校毕业的，受人事编制的影响，加之教育布局调整撤点并校和中小学生生源的逐年减少，教师总体超编，教育部门很难调进专业幼儿教师，县办公立幼儿园分流了一批小学教师，造成了幼儿园教师学历高，专业技能低的现象，尽管编制已满，幼儿园仍然缺乏专业幼儿教师。民办幼儿园数量多，对幼儿教师的需求也特别大，由于民办幼儿园教师普遍存在着没有社会保障、没有职业技术等级评定、没有在职培训提高的制度性措施，加之工资待遇普遍偏低，造成教师队伍不稳定，流动性极强的局面。如扶风县新世纪双语幼儿园每学期流动教师达到4~6人，府谷县老高川乡新世纪幼儿园苏宝华园长说："我们办园园舍倒不成问题，没有好教师是最头疼的事情，我们园招聘的教师极不稳定，8个教师中每学期都要走2~3名，每学期开学我都为教师发愁，到处跑着寻找幼儿教师。"尽管如此，在调查中，基层仍然呼吁国家应该在高校中设置或加强学前教育专业，以应对幼儿教师缺口大的需求。

二　农村学前教育存在的主要问题

由于存在体制性障碍、经费匮乏、观念落后保守、缺乏管理经验等原因，陕西省农村学前教育仍然存在许多亟待解决的突出问题，主要有：

（一）广大人民群众对幼儿接受高质量的早期教育需求旺盛，入园难的问题仍然存在

本次调研发现，群众对幼儿接受高质量的早期教育有着迫切的需求，在高陵县鹿歌幼儿园的家长座谈会上，一位姓黄的家长说：“娃应该上高质量的幼儿园，毕竟高质量的幼儿园出来的娃就跟其他幼儿园不一样，在给我娃选择幼儿园之前，我都一一考察过县城附近的所有幼儿园，最终选择了鹿歌幼儿园。”学前教育段儿童年龄小，生活自理能力差，适合就近入园。学前儿童的这种特点，决定了农村幼儿园必须布局合理，方便幼儿入园和家长接送管理，这样才能满足不同地区不同经济条件幼儿接受学前教育的需求。农村尤其是偏远地区幼儿园数量少、质量差是农村幼儿入园难尤其是学前三年入园难的基本原因。此外，一些家长观念也存在误区，认为孩子小，上幼儿园就是玩，学不到知识还花钱，不如让老人在家看孩子，加之，农村的收入不稳定，经济条件差，有些家长交不起孩子的入园费。吴起县博爱幼儿园的吴静家长说：“我家在子洲，我们夫妻俩专门在此租房看小孩，丈夫蹬三轮车，月收入一千多元，房子月租 260 元，孩子每学期交保教费 1190 元，这样只靠丈夫一人维持生计日子过得勉勉强强。”离乡别土，带幼儿去外地入园路途花费、租房、误工等教育成本过高，也是孩子入园难的一个因素。

（二）幼儿园管理体制存在问题，经费投入、人员编制渠道不畅

在调研的 9 个县中，县教育局的领导普遍反应幼儿教育没有专项经费来源，一般都是挪用义务教育阶段的经费来发展学前教育，因此发展的力度很有限，此外，公办幼儿园的人员编制也受到限制，编制办没有给教育局设置幼儿教师编制，职称评定也没有幼儿教育系列，现在幼儿园的教师职称基本是义务教育学段的职称系列。民办园的管理体制虽然比较灵活，但以收取保教费来维系生存和发展，很难进入良性循环，学前教育的公益性与民间投资的赢利性始终是一对矛盾。目前公、民办幼儿园的考核评估指标体系有待改进和设立，幼儿园的办园标准基本上是城市模式，应当设立符合农村实际的体现幼儿教育规律和要求的幼儿园办园指标评估体系。

（三）幼儿园布局不甚合理，县城、乡镇幼儿园密集，村级幼儿园数量偏少，偏远地区幼儿入园难

调研发现，陕西省学前教育资源配置不均衡，教育资源向县城倾斜，县城、乡镇幼儿园密集，造成行政村或者自然村幼儿园数量极少，且设施相当简陋。在扶风县新世纪双语幼儿园的家长座谈会上，有一位家长说“扶风县新区只有这一个收费昂贵的幼儿园，我们家长没有选择的余地，只能让娃上这个幼儿园。”吴起县老高川乡的新世纪幼儿园家长座谈会上，一位姓孙的家长说“这幼儿园我们看着就不错了，因为没有比较的对象，我们也没见过好的幼儿园”。偏远地区有条件的幼儿家长去城镇租房让孩子上高质量的幼儿园。条件差一些的家长就把孩子放在村里家庭作坊式的幼儿园。在没有园所的村里，如果家长又去不了外地送孩子入园，只能让孩子呆在家里，自己照看或者由老人照看。

（四）公办园龙头示范作用不甚明显，乡镇中心幼儿园主体作用难以发挥，村级幼儿园基础不稳

按照《陕西省教育厅关于普及全省农村学前三年教育指导意见的通知》精神，陕西省普及农村学前三年教育的设想是坚持以“公办幼儿园为主体，部门和社会力量办园为补充”的发展思路，紧紧抓住中小学布局调整的有利时机，着力加强乡、村两级幼儿园建设，逐步形成以县办幼儿园为龙头和示范，乡镇中心幼儿园为骨干，村级幼儿园为基础，公办民办共同发展的农村学前教育新格局，但是要实现这一目标难度还相当大。从调研情况来看，县办幼儿园本身和民办幼儿园处于竞争态势，相互交流甚少，在师资培训、观摩教学、定点帮扶等方面还不能发挥示范作用，“龙头”缺乏舞动的机制和活力，如府谷县幼儿园为原教育局的办公楼改造而成，设施陈旧，活动室狭窄，幼儿班严重超编，最多的一个班竟达到89人。为了解决这个难题，该县已决定再建一所新的公办幼儿园。乡镇中心幼儿园目前数量偏少，“骨干”不够坚强，如府谷县、白河县、合阳县，基本没有乡镇公办中心幼儿园。村办幼儿园数量极少，设备简陋，“基础”不稳，要坚持省教育厅提出的“就近入园，扩大规模，大村独办，小村联办”的原则，在实践中有相当大的困难，包括闲置小学校舍的产权归属问题，能不能用来办幼儿园，资金投入的主体是谁，谁来经营监管，谁来协调等，都有待进一步解决。

（五）民办幼儿园发展迅猛，急需政策鼓励扶持与加强引导规范

9个县当中，商南县公办幼儿园17个，民办7个；白河县公办园1个，民办23个；城固县公办园2个，民办188个；高陵县公办园5个，民办园38个；泾阳县公办园1个，民办园43个；合阳县公办园1个，民办园72个；扶风县公办园1个，民办园15个；吴起县11个公办园，7个民办园；府谷县1个公办园，18个民办园。9个县共计40个公办园，411个民办园，公、民办园的比例为1：10.3，民办园在数量上占绝对优势。在和民办园的园长、教师座谈中，他们反映比较多的问题有：（1）希望政府支持鼓励民办幼儿园的政策保持相对的稳定性，保护民间资本进入幼教领域的积极性。如老高川乡小风车幼儿园和新世纪双语幼儿园目前正打算扩建改造幼儿园，但是又听说县教育局要在该镇再建一所中心幼儿园，因此这两家幼儿园只能采取观望等待态度，这种怕政策变化的想法在民办园园长中比较普遍；（2）希望政府对民办幼儿园给予一定的经济经费支持，这里面有一个教育公平问题，公、民办幼儿园都是解决农村幼儿的入园问题，都为社会提供公共服务产品，为什么民办园就享受不到公办园那样的“国民待遇”，在高陵县姬家乡天骄幼儿园的家长座谈会上，西安市人大代表王淑茹说：“民办幼儿园是没有奶吃的孩子，国家不重视，不关心，希望政府能给些经济支持，因为公办园和民办园的贡献是一样的。”在商南县民办园长座谈会上，怀民幼儿园程蕙园长谈到办园的艰难和无助时，泣不成声，在座的其他两名民办园长也潸然泪下；（3）希望政府对民办园园长和教师给予免费的业务培训和指导；（4）适当地提高幼儿园保育费标准，目前标准偏低，不利于园所的良性发展。在调查中也发现，要规范对民办幼儿园的管理和指导，通过制定相关政策，既保护他们投资的积极性，又能使他们在取得合理报酬的同时改善院所基础设施，提高教师待遇，提高保教质量。如吴起县的做法就很好，对民办幼儿园进行定级定类，按类别收取保育费。有些县虽然对民办园进行了等级评定，但没有和收费标准挂钩，从总体上看不利于调动办园人的积极性。

（六）幼儿园存在着较严重的小学化倾向，不利于幼儿的全面健康发展

不管是民办幼儿园还是公办幼儿园都存在小学化的倾向，造成这种现象的原

因有：（1）家长对幼儿园的办园指导思想不明确，不了解幼儿身心发展特点；（2）受应试教育的影响，认为早期教育就是学知识，学珠算心算，学写字，学英语；（3）幼儿园受家长的压力和生存的压力，违心进行小学化的教育；（4）幼儿园教师知识构成存在问题，从小学转过来的教师过多，缺乏幼儿教育专业知识，尤其是专业技能，习惯性地进行小学化教学。高陵县民办园新语幼儿园的园长说“我们园存在的问题就是家长对幼儿在园的写字、算术要求高，甚至有些小班的幼儿家长也有这方面的要求，如果我们不给幼儿教写字和算术，而别的幼儿园在教，家长就会考虑把孩子送到别的幼儿园，这样就会影响我们的生源，所以我们还得考虑到家长的需求。”这种现象在幼儿园所中十分普遍，许多园所针对这种现象也开过家长会，但园长们反映要彻底改变家长这种观念很难。府谷县的前石畔幼儿园，专业幼儿教师只有3个，教育局派的教师都是从农村转过来的小学教师，年龄最大的57岁，园长杨小春是1995年西安幼儿师范毕业的，有丰富的专业知识和经验，她说“有些教师放在小学是好教师，放在幼儿园就不见得是好老师，小学教师要转型很困难，年龄大的就培训不出来。小学分流过来的教师很容易加剧幼儿园教学的小学化倾向。”

（七）幼儿园师资建设亟待加强，公办园教师专业化程度较低，年龄偏大，民办园教师工资过低，普遍没有社会保障，职称评定无人过问，教师流动性强

调查发现，陕西省幼儿教师队伍建设存在的问题相当突出，公办园教师存在着因评定职称造成的追求高学历忽视幼教专业技能学习的现象，在扶风县幼儿园教师座谈会上，一位老师反映为了评上小学高级教师她不得不自修大专文凭，但是又没有幼教专业的大专班，只好自修汉语言文学的大专班，而且还要掏一笔不菲的学费，如果用这些精力和金钱去学专业对口的幼教知识多好，这种现象在教师中带有普遍性。公办园教师年龄偏大，缺乏活力，商南县幼儿园共有66名教师，其中41岁以上的28个，30~40岁之间的37个，20多岁的只有1个，幼儿教育专业毕业的教师只有3个。在对一些县幼儿园的调查中，有的园长说县幼儿园是“官太太的养老院”，能力差，脾气大，什么都不愿干，管理难度相当大。民办园教师全部实行聘任制，工作强度大，身心疲惫，她们工作敬业，责任心强，但普遍没有“三金”之类的社会保障，进修提高

的机会相当少，职称评定无人问津，工资低，寒暑假基本没有工资。白河县、城固县和商南县的民办教师月工资基本在300～500元之间，高陵县、扶风县、合阳县、泾阳县民办教师月工资基本在500～700元之间，府谷县、吴起县民办教师月工资基本在700～1000元之间。工资偏低和劳动负荷量大使得民办园的教师流动性大，不能安心从教，一些教师之所以能够留下来，是因为她们对幼儿教育工作的热情和执着，在高陵县民办园教师的座谈会上，教师贾宁说："我要是去干美容美发肯定比这里挣钱多，之所以没走，是我喜欢这份工作"。

（八）幼儿园保育费收费标准普遍偏低，幼儿园缺乏可持续发展的经济支撑

在调研中，9个县普遍反映目前公、民办幼儿园保育费、伙食费偏低，现行的收费标准是20世纪90年代制定的，已经不适合当前的消费水平。另外，公、民办幼儿园执行统一收费标准，对民办幼儿园来讲生存尤为艰难，因为公办园园舍由国家投资，教师工资由国家拨付。据我们估算，民办幼儿园教师工资占去保育费收入的70%～80%，没有盈余，在这种情况下，幼儿园就要想办法扩大班额，压缩保育人员，降低教师工资，民办园只能是低水平循环，缺乏竞争实力和发展实力。在调查的9县中，泾阳县民办园幼儿月保育费为50～90元之间，商南县民办园幼儿月保育费为50元，白河县民办园幼儿月保育费为50～90元之间，城固县民办园幼儿月保育费为50～90元之间，吴起县民办园幼儿月保育费为90～150元之间。

（九）农村幼儿园重教轻保，营养膳食搭配不合理，影响幼儿身体发育

和保育费收费标准偏低一样，农村幼儿园伙食费收费标准也偏低，调研发现，幼儿园伙食费日均在2～5元之间，幼儿园的教育与保育往往不分，以教代保的现象比较普遍，教师既要承担教育教学活动又要担当保育员的角色，对幼儿园伙食的安排，不能很好地做到营养膳食合理搭配，孩子基本可以达到吃饱，谈不上吃好。在扶风县法门寺镇天天乐幼儿园，幼儿的月伙食费为70元，一日三餐，伙食费日均3.2元。在扶风县新世纪双语幼儿园，家长反映幼儿园一天伙食

费5元，但是娃老是肚子饿，娃回家说吃的东西和家长看到的食谱上的东西对不上号，调查中也发现有的幼儿园给孩子吃的面里面几乎没有蔬菜，米饭上面只有土豆白菜等少量素菜。

（十）幼儿园安全工作仍需加强，尤其是校车管理工作不能掉以轻心

调查发现，幼儿园安全工作仍然需要加强，尤其是高陵县、扶风县民办幼儿园配有校车接送幼儿，泾阳县因校车曾经出过事故取缔了校车。扶风县法门寺镇天天乐幼儿园有3辆校车比较陈旧，其中一辆已经停止了接送幼儿，加强对校车的管理杜绝安全事故仍需要提高警惕。

三　加强农村学前教育工作的几点建议

发展农村学前教育是构建和谐社会，促进社会公平，满足人民群众对高质量教育需求的民心工程。综合我们征询到的意见，现就政府改进和加强农村学前教育提几点建议：

（一）理顺学前教育管理体制，政府应切实担当起发展学前教育的主导责任

学前教育属于国民教育体系，应当将农村学前教育发展纳入教育事业改革发展的统一规划，纳入新农村建设的发展规划，政府应该担当起发展学前教育的主导责任，建立起“以政府为主、集体经济支持、社会力量参与和家庭适当分担”教育成本的投入与保障机制。政府应当主导学前教育事业的发展，政府的教育经费支出应对农村学前教育经费单独列项，专款专用，确保农村学前教育经费的投入逐步增长，切实扭转财政投入匮乏的局面。在学前教育财政投入上，明确向农村和贫困地区倾斜，缩小城乡差距，促进教育和社会公平。政府的主导责任还应体现在确定教师编制计划中应单列并逐步增加幼儿教师编制，建立起比较严格科学的幼儿教师从业准入制度。理顺学前教育管理关系，幼儿教育纳入国民教育体系后，由教育行政部门统一管理，制定出切合陕西省实际的学前教育事业发展中长期规划，改变目前多头管理、责任难以落实的现象。

（二）出台政策措施，鼓励、扶植、规范、引导民办学前教育机构健康发展

民办幼儿园事实上已经成为陕西省学前教育发展的主体力量，在很大程度上弥补了陕西省学前教育资源的不足，对满足人民群众对学前教育的需求发挥了很大作用，政府应该一手抓支持和促进民办园提高质量和健康发展，一手抓强化管理和规范引导。吴起县政府坚持以公办园为主导，多种模式鼓励和扶植民办园发展的做法值得借鉴，如公办民营、公民合办、民办公助，在较短时间内实现了幼儿教育事业发展的飞跃。建议出台陕西省民办学前教育扶植管理办法，包括推广吴起县经验，派公办教师到民办园任教；对民办园给予适当的财政支持，如按招收的幼儿人数给予适当的财政补贴；对民办园评级分类，按类别等级收取保育费，调动民间资本投资的积极性；根据地域经济发展水平的不同，适当提高目前过低地区幼教保育费的收费标准，尝试建立国家、民间、个人共同分担的学前教育投入机制；在扶植、鼓励民办园发展方面，政府应协调各职能部门共同支持学前教育机构的发展，特别是协调教育、物价、卫生、防疫、消防、环保等部门，减免幼儿园办理有关证件的相关费用，减轻办园负担。调查发现，一些规模很小的民办园，每年办理各种证件就要花去千元左右，这对收费很低的幼儿园来说是比较重的负担。在鼓励支持民办园发展方面，应该转变观念，解放思想，不要把民办园看成是赢利的“私营企业”，应把民办园看成是民办公益事业，充分认识它在普及学前教育、减缓大学生、中等专业技术学校学生就业压力、解放农村生产力等方面的重要作用，不排挤、不歧视热情支持民办园的发展。

（三）突出重点，加强乡镇中心幼儿园和村级幼儿园建设

乡镇中心幼儿园尤其村级幼儿园是陕西省农村幼儿园建设的薄弱环节，应采取多种政策措施办好乡镇中心幼儿园和村级幼儿园。发展乡镇中心幼儿园既可以公办，也可以民办，发展乡镇中心幼儿园首先要在没有乡镇中心幼儿园的地方建园，解决那里幼儿入园难的问题，对已建立幼儿园的乡镇，应该提高建园标准和办园质量，防止出现幼儿园办园缺乏规划、盲目投资、重复建设、浪费资源的现象。村级幼儿园目前数量稀少，远远不能满足幼儿入园的需求，村级幼儿园的建设，民间资本因无利可图，不愿意建园，政府应该担当起资源配置的责任。吴起

县在新农村建设中提出，在幼儿满20人的村子建立幼儿园的做法很有参考价值。建立村级幼儿园，县、乡两级人民政府应该担当组织、协调的主要责任，投资办园，可考虑利用中小学校舍布局调整后闲置校舍办园。不加强村级幼儿园建设，普及学前三年教育的规划就难以实现。办好村级幼儿园可以逐步取消小学附设的学前班，因为调查发现，小学附设学前班弊端很多，设施非常简陋，教师年龄偏大，缺乏专业技能，完全套用小学化模式对幼儿施教，违反幼儿身心发展规律，不利于幼儿健康成长。

（四）加强学前教育师资队伍建设

为了切实改变陕西省学前教育教师队伍素质整体较低的现状，建议加大学前教育教师队伍的建设力度，做到：①在高等院校和中等职业技术院校设立幼教专业，为发展农村学前教育提供优质的教师资源；②对贫困地区实行定向培养的办法，采取优惠措施，鼓励优秀青年幼教教师向农村偏远地区流动；③对现有的公、民办幼儿园教师要建立起一套严格的培训考核制度，做到持证上岗；④在省、市、县建立三级幼儿师资培训中心，免费培训公、民办幼儿教师；⑤在幼儿教育的培训、进修、评优、奖励等方面应做到幼儿教师与小学教师同等对待，公、民办幼儿教师同等对待；⑥应拿出切实措施改善民办教师的待遇，稳定和保护这支队伍，民办园聘用的教师应依法纳入社会保障体系，对民办园教师要建立起最低工资保障制度和幼儿园教师职称评定制度，鼓励和保护民办幼儿园教师从教的积极性。另外，调查发现，一些县准备分流小学超编教师进幼儿园执教，对这批教师，一定要加强上岗前的培训工作，防止出现幼教专业知识技能缺乏，不能胜任工作并加剧幼儿园小学化的现象。大力发展陕西省农村学前教育事业是陕西省幼儿教育教师培养、储备、使用难得的发展机遇，我们应该抓住这个机遇，高标准做好教师队伍建设，推动全省农村学前教育工作的不断进步和可持续发展。

陕西省公路交通建设形势分析

方海韵*

自2004年陕西省实施国民经济和社会发展第十一个五年规划以来，全省经济社会的运行和发展保持了又好又快的发展态势，陕西省公路交通事业也实现了跨越式大发展，明显缓解了交通运输对地区经济社会发展的瓶颈制约状况，初步结束了陕西省地处西部内陆交通封闭的历史。

公路网的延伸，使中心城市区域迅速扩展，辐射能力不断增强，并且以线串点，加速了小城镇的形成和发展；目前陕西省公路网连接了全省所有国家级、省级高新技术开发区、经济技术开发区和工农业生产基地，加强了产业的对接和集聚；关中地区，以西安为中心形成了以高新技术、装备制造业、现代农业和现代服务业为主的产业带。陕北形成了原油、煤炭、石化及果业、畜牧业等产业带。陕南正在形成以中药材、农业、林产品和资源性产业为主的产业带。陕西省是旅游资源大省，人文、自然景观星罗棋布。高速公路的相继开通，促进了旅游业的快速发展，形成了以西安为中心的西线、北线、东线、南线的旅游新格局。此外，公路沿线的加油、餐饮、修理、商品销售以及休闲等产业也随之得到了快速的发展。

一　陕西省公路交通运输发展现状和形势

（一）投资规模增长迅速，交通基础设施建设成效显著

从2005年下半年以来，陕西省交通基础设施建设进入快速发展的时期，4年取得累计完成交通投资超过1100亿元的重大突破，是整个“十五”规划期间交通投资865亿元的127%。

* 方海韵，陕西省社会科学院社会学研究所副研究员。

（二）高速公路建设速度明显加快

陕西公路在国家高速公路网络中居于枢纽地位，全省高速公路采用纵横网格与辐射线、环线相结合的布局方案，概括为“两环三纵六辐射七横”，简称“2367”网，即由2条环线、3条南北纵向线、6条以西安为中心的辐射线和7条东西横向线组成，路网总规模8080公里，其中国家高速公路为3888公里，省级高速公路为4192公里。从2006年到2008年全省共建成高速公路1144公里。到2008年底，全省高速公路通车总里程达2466公里，在西部地区名列前茅。原本山高路远的延安、汉中、榆林等重要城市，相继通达了高速公路，大大方便了人们的出行。全面建成“米”字型高速公路主骨架。2007年建成户县—洋县—勉县、吴堡—子洲—王圈梁等高速公路，实现省内三条国道主干线全部贯通，同时建成西部大通道榆林—陕蒙界（二期）、黄陵—延安、安塞—靖边、西安—柞水等高速公路项目，全省高速公路里程突破2000公里；2009年5月28日建成通车的小河至安康高速公路全长58.26公里，小康高速通车使得陕西省高速公路通车总里程达到了2524公里，也使省会西安到陕南重要城市安康实现高速互通。安康市结束不通高速公路的历史，标志着陕西省10市1区实现了全部通达高速公路，比陕西省交通发展“十一五”规划提前了两年时间。此外，陕西省高速公路建设3年3次穿越秦岭。其中的秦岭终南山公路隧道建设规模世界第一、单洞长度世界第二；西安至汉中高速公路打通千年蜀道，成为2008年抗震救灾的“生命线”；商州至陕豫界高速公路是陕西省第一条双向六车道山区高速公路。一批连通南北、横贯东西的高速路、大跨桥、大隧道成为陕西交通的“名片”。

目前，陕西省高速公路网已使省会西安与各市区以高速公路相连接，相邻区市基本以高速路相连通。高速公路网覆盖了全省90%的县（市、区）、88%的国土面积、94.4%的人口，全省88%的县市平均半小时可抵达高速公路；全省形成了21个高速公路出省通道口，基本实现与周边省区连接成网。同时，高速公路连接全省现有的4个国家级开发区、13个省级开发区、重要的能源基地和产业基地、规划建设的3个现代物流产业园区。高速公路连接全省所有重要的铁路、公路和航空交通枢纽城市，包括4个铁路枢纽、4个公路运输枢纽、5个机场。高速公路连接现有国家5A级旅游景区17处、国家级3A旅游景区26处、其他国家级旅游景区29处、国家级风景名胜区6处及大部分省级旅游景点，为广大群众提供了安全、便捷的出行条件，为建设西部强省提供有力的交通运输保障。2009 年，陕西省高速公路投资 300 亿元以上，在建里程达到 2350 公里，在建里程居全国前列。

（三）农村公路建设成绩斐然

陕西省委、省政府站在建设西部强省的高度，明确提出“把农村公路建设作为新农村建设的重大基础工程来抓”的战略要求。陕西省交通运输厅及时出台了“群众打底子、政府铺面子”等一系列加快农村公路发展的政策措施。2006 年至今，陕西省农村公路每年以新建两万多公里的速度增加，每年建成通村油路、水泥路 1.3 万公里。新建改建农村公路 9 万公里，是“十五”规划期间完成总量的四倍多，通达率和通畅率均超过全国平均水平，率先实现了 100% 的乡（镇）通水泥（油）路、100% 的村通公路、80% 的建制村通水泥（油）路的“十一五”规划建设目标。目前全省农村公路总里程达到 11.9 万公里，累计通村近两万个，通沥青路率达 93.9%，惠及 1700 万名农村群众。为服务农业生产、繁荣农村经济、解决农民出行困难做出了重要贡献。在农村公路建设快速发展的同时，公路的建、养、管同步推进，农村公路做到了“有人管、有钱养”。目前，全省 104 个涉农县（区）都完成了农村公路管理养护体制改革任务，农村公路中县级公路年均好路率达到 76.71%。2009 年 4 月，交通运输部在陕西省召开了全国农村公路建设现场会，陕西省的农村公路建设养护体制改革经验被称为“陕西经验”向全国推广。“陕西经验”指“十一五”规划期间，全省交通运输管理部门在多方面深化改革中，探索出的一套适应新形势的以县级政府为责任主体、以政府公共财政投入为主的农村公路管理养护体制。路基交由道路沿线村民领养，乡（镇）农村公路管理所监督检查考核；路面交专业化养护公司养护，由县农村公路管理局（站）与养护公司签订养护合同，基本实现了“有路必养、养必优良，有路必管、管必到位”。

仅“十一五”期间前三年，陕西省对农村公路建设累计投入近 190 亿元，接近于整个“十五”期间投资总和的 2 倍，农村公路路网骨架已基本形成。

（四）干线公路建设稳步推进

陕西省在全面铺开高速公路和农村公路建设的基础上，加大国、省干线公路建设和改造步伐。2005～2008 年三年新增一级公路 219 公里、二级公路 727 公里，提高了一批梗阻路段的通行条件和技术等级。目前陕西省干线公路总里程达到 12.1 万公里，国、省干线公路里程 9000 余公里，公路网密度达到 58.95 公里/百平方公里，比全国公路网密度高 21.7%。

（五）公路养护工作取得了新的成就

加快建设和加强养护是目前陕西交通事业发展中非常重要的两大环节，为了满足全省经济社会发展的需要，就必须在加强公路建设和加强公路养护两个方面取得双丰收。据此，陕西省交通管理部门在干线公路上提出了“一年打基础、两年变面貌、三年树形象”的具体目标，着力提升全省公路整体水平，打造“三心”公路品牌，即“用心的公路产品、精心的公路养护、尽心的公路服务”。如今，“畅、洁、绿、美、安”已成为公路养管的标准和自觉追求。从 2006 年至 2008 年，干线公路实现了公路养管服务质量的大幅度提升，建成 3400 公里养护管理示范路，干线公路好路率由 2005 年底的 85% 提高到目前的 88.1%，超限超载率稳定控制在 3% 以内。安全、便捷、舒适的交通环境，有力推动了全省经济社会的快速发展，为西部强省战略的实施奠定了基础。

（六）促进了经济建设和生态环保的协调发展

陕西省交通部门坚持科学发展观，提出了修建“绿色路、环保路、生态路、人文路”的理念。面对陕西省自然生态脆弱，环境保护任务艰巨、工程施工难度加大等困难，加大科技研究与创新力度，大力推广新技术、新材料、新工艺，在修路时尽量不破坏山体和植被，有效保护了生态原貌。例如在建设中已攻克了湿陷性黄土、高墩大跨、沙漠筑路、长大隧道等一大批关键技术难题，并应用卫星定位和遥感技术进行公路勘设，使公路设计从点位精度和高程精度上均达到了厘米级。先后建成了高速公路排水性路面——新机场线、我国第一条沙漠高速公路——榆靖高速公路、亚洲第一高墩大桥——洛河特大桥、世界级工程——秦岭终南山公路隧道，以及包含了世界上山区高速公路最为密集隧道群的西汉高速公路等。近年来，在高速公路建设中用工程弃方为沿线百姓造良田 7000 多亩。为保护大熊猫、朱鹮等野生动物资源，在西汉高速穿越秦岭主山脉路段设置了多处野生动物保护通道。在沙漠高速公路两侧设计高标准防风固沙林带和整体式宽中央分隔带，在毛乌素沙漠架起了绿色长廊。同时还在一些干线开辟服务区、设置高速公路观景台等。近几年，陕西省交通部门为高速公路的绿化美化、保护生态投资达20多亿元。

（七）陕西省公路交通建设的制约因素

虽然陕西省公路交通建设在“十一五”规划期间有了较快的发展，但仍然不能完全适应经济社会发展的要求，“瓶颈”制约问题依然比较突出，主要表现在：

（1）总量不足，公路密度低。截至2008年底，全省公路总里程虽然已达到12.13万公里，公路网密度达到58.9公里/百平方公里，其中高速公路网密度达1.00公里/平方公里。但和我国东部地区相比公路网密度相差20公里/百平方公里，不仅远远低于180公里/百平方公里，全国最高的上海，也明显落后于西部的重庆、云南、广西等省市。重庆市公路网密度达到131.8公里/百平方公里，目前跃居西部第一位，全国第五位。

（2）陕西省三大区域公路发展不平衡。陕北和陕南山区的高等级公路里程明显偏少，而且已建成通行的部分道路等级标准较低，不能适应当地经济社会发展的需求。特别是在陕南山区农村，通村公路硬化路面的建设标准为路基面宽4.5米，水泥路面宽3.5米，厚度18厘米。但当地群众在使用道路时，普遍感到3.5米的路面宽度过窄，而且有些路面弯度太大，坡度较陡，成为潜在的交通安全隐患。另外，按现行国家通村公路工程建设规划，对于每个行政村，只建设通达到一个村民小组的硬化公路，而其他村民小组暂时还不能实现硬化路面。这类问题还有待逐步解决。

（3）全省路网结构依然不尽合理，高速公路、干线公路与农村公路之间连接不够顺畅，路网的整体效益差；区域性通行矛盾突出，干线公路交通保畅压力增大；干线公路上还有一批亟待整治的危桥线路和地质灾害路段，交通安全存在隐患。

（4）公路建设与经济、社会、自然协调发展的矛盾仍未完全解决

公路交通建设与发展，一方面能促进地区经济社会的发展，但另一方面也会对资源和自然环境产生较大影响，如交通基础设施建设需要占用大量的土地资源；给项目区群众的生产和生活带来一定困难，运输装备的生产和使用需要消耗

大量的能源、产生大量的交通噪音和空气污染。所以公路交通建设必须按照科学发展观的要求，加快转变传统增长方式，正确处理好规模与结构、速度与效益、国家建设和局部利益的关系。在满足国民经济和社会发展需要的同时，最大限度地降低资源和能源消耗，加强环境保护，改善人民生活，满足占用土地和能源资源少、噪声低、污染小、效益好的可持续发展战略要求。

二　对策及建议

陕西省公路交通建设事业在“十一五”期间实现了跨越式的大发展，得益于国家政策取向有利于陕西省交通运输的高速发展。国家实施西部大开发战略和促进区域经济协调发展政策，进一步促使东中西三大区域间生产要素的加速流动，而陕西省处于连东西、接南北的战略位置，加快陕西省交通运输建设既是国家全局经济社会发展的要求也是陕西省跨越式发展的需要。近年来陕西经济发展进入了快车道，能源化工、装备制造、高新技术、果业、旅游等特色产业增势强劲，“十一五”期间生产总值年均增长11%左右，满足经济高速发展需要现代物流业的发展，打造现代物流更需要完善的综合交通运输体系的支撑。因此，陕西省交通运输必须保持一定的建设规模和较快的发展速度，才能不断地满足经济社会发展的需要。

全面落实科学发展观，坚持以人为本，以扩大路网规模、完善路网结构、提高运输能力和服务水平为中心，以扩大开放、拓宽融资渠道为突破口，加快交通基础设施建设步伐，努力提高交通运输的技术装备和信息化水平，促进全省工业化和城镇化进程，促进三大区域协调发展，促进四大基地建设，促进全面对外开放，为全省经济社会的快速发展提供有力保障，将成为陕西省公路交通建设工作的出发点和目标。同时，在今后陕西省公路交通建设工作中，还必须注意以下几个方面：

（一）科学决策，多方论证，力争建设项目的最优化

公路建设应建立健全各级质量保证体系，提高工程质量。强化质量责任，明确和落实项目法人的质量责任，依法严格管理。进一步改进和完善项目建设招投标和工程监理制度。加大前期工作和勘察设计深度，优化和完善工程设计，切实提高设计质量。

（二）努力营造良好的建设环境，促进建设项目顺利实施

加强各级政府及职能部门在项目征地、拆迁、施工阶段的协调配合，提高办事效率和服务水平，及时协调解决交通重大项目建设和经营过程中出现的问题，制止一切形式的乱收费、乱摊派、乱罚款、乱检查，切实营造良好的发展环境，确保项目建设的顺利实施。特别是项目征地、拆迁和移民安置工作中政策性强直接关系到人民群众的切身利益，因此，各级政府及职能部门在从事这项工作时，应站在科学发展观的思想高度，将政策的原则性和实践的具体化有机结合起来，真正做到以人为本，给项目建设的顺利实施创造条件。

（三）有关部门应该进一步对陕西省道路安全进行专题调查和研究，为改进道路建设的安全问题提出建议

在对公路进行验收时，不仅要检查道路建设质量；同时要重视对发现的问题进行及时补救和改正。加大公路交通安全宣传。适当增加道路建设中安全措施实施的费用，如考虑到农村运输（客货）业的发展，可在道路的适当地方增加宽度和安全标牌、转弯处的安全挡板。不仅有利于道路使用，也有利于道路交通安全。

（四）避免盲目单纯追求建设速度和通车里程，更加注重建设效益

陕西省公路交通建设的跨越式发展是交通建设事业的重大突破，但是，如果单纯追求建设速度和通车里程而忽视了对质量和效益的整体把握，很可能给日后公路的通行埋下隐患，抑或由于质量或设计的缺陷，造成安全事故，由于养护和维修费用的增加，造成资源的浪费。

（五）进一步完善“群众打底子、政府铺面子”的政策，切实解决贫困山区公路建设的投入问题

根据调查，不少实施这一政策的村庄的基本安排就是村民集资和出工负责建设路基（平均每公里 5 万元），政府承担水泥路面建设费用（每公里 15 万 ~20 万元）。平原地区由于经济和自然条件较为优越，基本能够顺利实施。但是，在一些山区，由于生产力水平和自然条件的限制，造成材料运输成本比较高，使得

建设总费用相对较高，而这些地区农民的经济收入相对较低，因此集资在一定程度上增加了农民的生活负担。这些问题的解决，需要克服“一刀切”，政府应区别不同经济社会发展区域的特点，有针对性地实施不同的建设方案。如对经济发展较为落后或自然条件恶劣的地区能否考虑由政府承担全部建设费用，或通过对当地政府的财政调节、税收调节，由中央政府和地方市级政府共同承担全部建设费用，以减轻农民的负担。

（六）依靠科学技术进步，加快智能交通系统建设

积极开发和推广应用涵盖交通基础设施规划、建设、运营、组织管理全过程的信息技术、网络技术、智能交通等先进实用技术，推进交通运输智能化进程，加速综合交通运输体系现代化建设步伐。

总体来看，陕西省经济社会发展中交通瓶颈制约的问题仅仅得到了部分缓解，还没有从根本上消除。针对当前的国际、国内经济形势，我国政府明确提出扩大内需，继续加快基础设施建设，促进经济增长。陕西省重新确定了未来几年高速公路网建设规划，路网总规模将达 8080 公里，形成由两条环形线、6 条以西安为中心的辐射线、3 条南北纵向线和 7 条东西横向线组成的“2637”高速公路网。根据计划安排，2010 年在建高速公路项目将达到 24 个，在建规模 2300 公里。按调整后的全省高速公路网规划，以静态投资匡算，目前在建及规划项目，共需建设资金 4200 亿元，其中国家级高速公路约 1200 亿元，省级高速公路约 3000 亿元。此外，农村公路建设速度将进一步加快，全面提高公路通达深度和通达质量。计划安排农村公路建设总规模 9 万公里，总投资约 400 亿元。这样的话，到 2012 年，陕西省交通的瓶颈制约将基本消除，交通总体发展水平将位居全国前列、西部领先，较好地适应经济社会快速发展的要求。

陕西省职业病的现状、社会危害和预防对策

陈航行*

我国的职业病形势极为严峻。1949 年中华人民共和国成立以来至 2008 年底，我国身患职业病的人数累计达到 70 余万人，而改革开放以来的 30 年中职业病患者人数累计就超过了 50 万人。据统计，目前我国涉及有毒有害品企业超过 1600 万家，接触职业病危害因素的主要人群是在城市中小企业、厂矿企业和乡镇企业从事劳动的农民工。有专家指出，由于近年来我国的一些中小型矿山（私营）产生的职业病患者无法完全统计，因此，我国实际的职业病人数累计已经超过 100 万人。可以说，我国的一些行业近年来取得的巨大经济成就，在某种程度上是以千百万普通劳动者的健康和生命为代价的。这些行业的发展一味追求经济利益，而忽视社会利益，违背了以人为本的理念，也违背了科学发展观。

陕西省作为全国的煤炭、矿业、化工、建设等产业的重要省份之一，职业病形势同样非常严峻。2009 年 8 月发生的凤翔县东岭集团冶炼公司附近两个村庄 600 余名儿童铅中毒的事件（其中 166 人属于中度、重度铅中毒），经媒体广泛报道，从一个侧面给我们敲响了警钟：本来铅中毒一般发生在企业内部员工身上，属于职业劳动伤害，现在却由于规划、管理、监督不善，向社会大范围扩散蔓延，造成严重后果。可见我省职业病状况已到了不容忽视的程度。

一　我国职业病概况

职业病是指各种企业、事业单位和个体经济组织的劳动者在职业活动过程

---

* 陈航行，西北大学新闻传播学院研究生。

中，因接触粉尘、放射性物质和其他有毒、有害物质等因素而引起的疾病。我国是世界上职业病危害最为严重的国家之一，每年死于职业病的患者人数，已经超过了各类矿难和其他工伤事故死亡人数的总和。职业病危害已成为当前建设社会主义和谐社会必须面对的一道难题。

根据《中华人民共和国职业病防治法》及其相关法规的界定，职业病分为尘肺、职业中毒、职业性放射性疾病等 10 大类 115 个病种。其中，尘肺是职业病中患者最多的一个种类，约占职业病患者总人数的 80% 以上。尘肺又名“矽肺”，是指劳动者在从事开矿、挖煤、开凿隧道、切割石料等工作时，由于粉尘污染严重，缺乏必要的防护措施，致使工人长期吸入游离的二氧化硅等粉尘，从而造成肺组织的纤维化，最终肺部硬化得像一块石头。患者会逐渐呼吸衰竭，最后窒息而死。目前国内外对此病尚无根治方法，因此尘肺被称为“不流血的矿难”。职业中毒是职业病中的第二大种类，包括铅中毒、汞中毒、氯气中毒等数十个病种。铅中毒是指在工作环境中接触铅及其化合物，或者周围空气中含有铅及其化合物的蒸气或粉尘，人通过呼吸道吸入，或者经消化道吸收，进入血液系统而发生的中毒。

我国职业病发病率一直呈上升趋势。2009 年 6 月，卫生部公布了 2008 年全国职业病报告，称新发各类职业病 13744 例，其中尘肺新病例达 10829 例，死亡 613 例。我国尘肺病累计人数已经相当于世界其他国家尘肺病人数的总和。职业病病例数名列前 3 位的行业依次为：煤炭、有色金属和建设行业。据统计，2006 年和 2007 年我国新增职业病病例分别多达 11159 例和 14296 例。近年来我国新发职业病病例年均增长率超过 8.5%，这个数字几乎相当于我国 GDP 的增长率。

二　我省职业病的现状和特点

随着经济建设的蓬勃发展和产业结构的调整转型，进入 21 世纪以来，我省已从原来的农业大省转变为煤炭、化工、石油、建材和机械加工等工业迅速发展的大省。然而，伴随着工业化的进程，我省职业病患者人数持续上升，职业病造成的危害日益严重。原因主要有两方面：一方面是一些老旧职业病危害企业依然存在，另一方面是新的职业病危害企业不断增加，接触职业病危害因素的劳动者数量与日俱增。根据卫生部门统计，我省目前涉及职业病危害的企业有 7000 余家，接触职业病危害的作业人员有43万余人，他们主要是在城市中小企业和煤炭、矿山或乡镇企业从事劳动的农民工。

据我省卫生监督部门统计，截至2009年11月15日，我省各类职业病患者人数累计为23752人，其中尘肺患者占全省职业病患者总数的80%以上；造成职业病危害的主要产业是煤炭、地质矿产、有色金属、建材等；职业病患者较为集中的地区主要是渭南、榆林、铜川和商洛等地。2001年以来我省新增职业病病例3908例，平均每年增加400多例。最近几年我省职业病发病的具体情况如下：

2007年，陕西省职业病新发病例189人，其中尘肺175例，占职业病患者总数的92.6%，主要分布的产业为：煤炭105例、建材14例、有色金属8例、机械7例。主要分布地区为：渭南51例、商洛40例、铜川27例、榆林20例（见表1）。

表1　2007年陕西省职业病（尘肺）按产业、地区分布情况

产　业	煤炭	建材	有色金属	机械
患者人数	105	14	8	7
地　区	渭南	商洛	铜川	榆林
患者人数	51	40	27	20

2008年，陕西省职业病新发病例378人，其中尘肺328例，主要分布的产业为：煤炭180例、地质矿产47例、建材35例。主要分布的地区有：商洛79例、渭南76例、榆林45例、铜川28例。尘肺患者占职业病总人数的86.8%。患者的年龄在25岁至35岁之间的有159人，占尘肺总人数的48.5%。2008年全省职业中毒患者为34例（见表2）。

表2　2008年陕西省职业病（尘肺）按产业、地区分布情况

产　业	煤炭	地质矿产	建材	
患者人数	180	47	35	
地　区	渭南	商洛	铜川	榆林
患者人数	76	79	28	45

2009年（截至11月15日），陕西省新发尘肺病例达381例，主要分布的产业为：煤炭276例、地质矿产51例、建材17例、有色金属13例、机械7例。主

要分布的地区有：渭南102例、榆林92例、铜川75例、商洛59例。2009年全省职业中毒患者为11例（见表3）。

表3 2009年陕西省职业病（尘肺）按产业、地区分布情况

产　业	煤炭	地质矿产	建材	有色金属	机械
患者人数	276	51	17	13	7
地　区	渭南	商洛	铜川	榆林	
患者人数	102	59	75	92	

注：以上三表数据均由陕西省卫生监督所提供。

这里需要说明的是，最近几年我省接触职业病危害作业人员的体检率非常低，实际每年的体检率平均不足20%，上述数据仅仅是在体检率不足20%的情况下检测出来的职业病发病情况，只能反映我省职业病的一个总体趋势，而不是实际的患病状况。可以想见，实际的职业病发病情况要严峻得多。

从以上数据可见，我省的职业病患病情况主要呈现如下特点：

（1）患者人数逐年上升，患者主要集中在煤炭、地质矿产、建材、机械等粉尘污染严重的行业。由于这些行业主要分布在我省的渭南、榆林、商洛、铜川等地区，职业病患者也主要集中在这些地区。

（2）职业病患者绝大部分是男性农民工，他们中近一半人的发病年龄在25～35岁之间，也就是青壮年时期。

（3）由于绝大多数职业病潜伏期比较长（急性职业中毒除外），具有隐匿性、迟发性的特点（尘肺的潜伏期大多在5年以上），劳动者本人往往容易忽视，没有及时去专门的职业病诊断机构检查，加之企业对职业病的预防、监管不力，造成大量职业病患者耽误了病情。因此职业病鉴定专家估计，今后5～10年，我省将与全国一样出现职业病的高发期。

三　职业病的社会危害

（一）劳动者的生命健康受到严重威胁

大多数职业病发病比较缓慢，但是一旦发病却往往难以治愈，死亡率极高。

即使保住了生命，也可能留下终生残疾或不可逆转的后遗症。

以尘肺职业病为例，劳动者长期吸入二氧化硅等粉尘而导致肺组织坚硬如石，最后窒息而死。过去此病的潜伏期平均长达15~20年，即尘肺病患者接触粉尘工龄平均在15年以上，但现在由于一些企业工作场所粉尘污染严重，尘肺新病例的平均接尘工龄在缩短，许多患者实际接尘工龄不足10年，甚至有的农民工患尘肺病时的接尘工龄只有一两年。

我省商洛市山阳县的“尘肺民工诉讼案”，曾被中央电视台、新华社和《华商报》等媒体长期关注，产生了强烈的舆论效果和广泛的社会反响。50多名来自山阳县的农民工到商洛市最大的国企之一——洛南县陈耳金矿打工，他们在缺乏劳动合同的情况下，被承包巷道施工的私营业主雇佣到金矿巷道从事开采工作。当不断发现有人因呼吸困难、衰竭而死亡的时候，这50多名健在的农民工冲破当地企业和有关机构的阻拦和刁难，于2001~2002年集体接受尘肺检查，结果有47人被确诊为尘肺职业病，而且绝大多数是尘肺三期的重症患者。他们的实际接尘工龄平均不足10年，最短的接尘工龄还不足1年。被确诊为尘肺时他们的平均年龄仅为32岁，均为男性。虽然正处于青壮年时期，但是他们已经被残酷的尘肺剥夺了健康。2009年7月16日，当《华商报》记者再次来到山阳县时，发现那47名身患尘肺的农民工中已有19人去世，活着的28人多数也是枯瘦如柴，饱受病痛的折磨。

山阳县尘肺农民工的悲惨情景是全省职业病患者的一个缩影。据陕西省卫生厅报告，截至2008年底，全省职业病患者累计为23371人，他们中的绝大多数都会在职业病的折磨中死去。当时在陈耳金矿打工的山阳县农民工患职业病率高达90%，而当前全省接触职业病危害的作业人员高达43万余人，如果这些普通大众的劳动卫生环境得不到改善，他们的未来命运就十分令人担忧。

（二）职业危害向社会扩散

职业病造成的伤害一般发生在企事业单位的劳动者身上，但是，现在由于一些地方政府或企事业单位规划、管理、监督不善，职业危害存在逐渐向社会扩散蔓延的趋势。

上文所述的凤翔县东岭集团冶炼公司的铅中毒事件，就非常具有代表性。东岭集团冶炼公司是一个设计年产铅锌20万吨的大型冶炼企业，按照常规，在最初的选址建厂过程中应有一套严格的程序。政府有关部门应对建设项目的环境因素、装备技术、安全性能、职业卫生措施等进行全面评估，如果不符合建设要求就不能开工。然而，建厂投产仅仅两年多，就导致临近的两个村庄615名儿童血铅超标，显然，这一大型企业在建设、管理等方面存在着严重不足，当地政府“先上项目，后搬村民”的做法就说明了问题。这确实是一个惨痛的教训。

我省的其他地方也存在着像东岭集团冶炼公司这样的建设项目，甚至许多中小企业或私营企业在建设时就根本没有安全审查和职业卫生设施，对工厂产生的有毒有害物质向厂外泄露缺乏必要的控制或治理措施，致使职业病的危害冲出厂区，向社会扩散、蔓延。社会上屡屡出现的铅中毒、汞中毒、苯中毒等事件，就是职业危害因素向社会泛滥的具体表现。

（三）导致因病返贫，加大贫富差距

目前，遭受职业病危害的人群主要是农民工群体。煤炭、地质矿产、建材、机械等大型国有企业，其井下开采、巷道施工、挖掘浇注、高温作业等有危险、有危害、高强度的工作，大部分都经过承包、转包等方式，雇佣大量合同制或非合同制的农民工来承担。各类中小企业更是如此。

这些农民工大多来自贫困地区，希望通过打工劳动致富，改善生活质量，可是，当他们患上职业病之后，所有的劳动所得连同梦想都会化为泡影。以占职业病总人数80%以上的尘肺病为例，患者因尘肺丧失了劳动能力，每人每年的生活费、医疗费平均支出大约需要3万元（陕西省卫生监督所一位职业病鉴定专家如是说），如果按照尘肺患者的生存期平均10年来计算，一位患者在生存期间平均花费的生活费、医疗费大约30万元。这样沉重的经济负担，是普通的农村家庭绝对承受不起的，甚至是不敢想象的。不少尘肺患者因为看病花光了所有的打工所得，最后连棺材钱也付不起。职业病患者的家庭因病返贫，子女上不起学，妻子改嫁，年迈的父母为患病的儿子送葬，这样的情景在贫困地区一次次出现，令人目不忍睹。

（四）导致社会矛盾加剧，社会关系紧张

职业病一般是由于企业工艺技术不过关或者违反劳动卫生安全制度规定所致，具有集体性、群发性的特点。一些地方急性职业性中毒事件时有发生，甚至

酿成群死群伤的重大事故。以尘肺病为代表的慢性职业病，危害的范围更为广泛。在一些贫穷地区，由于某个村庄及其邻近乡村的农民工集体到外地的煤炭、矿山打工，可能造成同一村落几十人甚至上百人患病。而有关企业或政府很难一下子处理如此众多的职业病问题，往往引起职业病患者集体上访、起诉、抗议，导致社会矛盾冲突加剧，社会关系紧张。在许多地方，职业病已经成为造成影响社会稳定的公共卫生事件的主要诱因。

众多的农民工职业病患者丧失劳动能力，生存艰难，但他们得不到主流社会的关注和帮助，成为孤立的弱势群体，很难维护自己的权益。职业病诊断被有关法规设置了许多障碍，有关机构又敷衍塞责，企业对职业病患者缺少关怀，造成职业病患者对社会的不满。2009 年 6 月，河南青年张海超被迫无奈“开胸验肺”，用这种极端方式表达尘肺患者的悲惨困境和对社会的抵抗。

总之，职业病不仅关系到劳动者个人和家庭的命运，而且影响劳动力资源的健康发展，影响社会的和谐稳定。

四　职业病产生的社会原因

由于职业病患者在社会上处于弱势地位，职业病这一重要社会问题长期以来一直被主流社会所忽视。当前，职业病的发病率仍然在持续上升，这一问题不能不引起我们的认真思考。职业病产生的社会原因是什么？笔者认为，主要有以下几方面原因：

（一）部分企业一味追求经济利益，不惜以削减安全卫生投入降低生产成本

有些企业过分追求经济利益最大化，本该在劳动安全卫生方面加大投入，但是为了节约生产成本而削减在这些方面的投入，取消或关闭劳动安全卫生的防护设施、设备，导致作业环境污染严重；有些中小型企业或私营企业，购买、使用被先进企业淘汰的设施、设备，生产工艺简陋、落后，造成有毒有害物质大量增加，所有这些都导致了职业病危害的产生。

张海超“开胸验肺”事件发生后，国家安全生产监督管理总局、卫生部、人力资源和社会保障部等部门高度重视，要求各省、市进行职业卫生专项监督检

查。陕西省安全生产监督管理局、陕西省卫生厅、陕西省总工会等部门联合采取紧急措施，积极开展全省职业卫生专项监督检查。这次检查开展得及时、认真，检查中暴露出的问题也令人震惊。以西安市卫生局2009年11月6日公布的检查情况通报为例，西安市各区县所辖的工业开发区、工业园内的大量工业企业，在启动项目（包括新建、改建、扩建、技术改造、技术引进）时，均未按照《职业病防治法》的要求申请建设项目职业卫生审查；各区县卫生监督所共对300家用人单位进行了职业卫生监督检查，发现无一家用人单位开展岗前、离岗时的职业健康体检工作，只有63家用人单位开展了在岗期间职业卫生健康体检，59家用人单位建立了职工职业健康档案。无“建设项目职业卫生审查申请”、无“岗前和离岗时劳动者职业健康体检”的“两无”情况说明，许多企业根本不重视职业病危害，不配备基本的职业卫生防护设施及个人防护用品，不安排职工进行职业体检。因此，工人的劳动条件十分恶劣，劳动者的职业健康没有保证。西安市各区县的情况如此，全省其他各地市的情况就可想而知了。

（二）一些政府只顾GDP增长，忽视社会利益

有些政府部门把追求经济增长当作发展的第一要务，急切地招商引资，人为降低标准鼓励开工建厂，没有顾及职业病危害和环境污染的严重后果，忽视社会利益。他们只顾GDP的增长，对职业病防治的重要性、紧迫性认识不足。

前文所述的凤翔铅中毒事件发生后，当地政府的一位负责人非常委屈地说，西部的发展跟东部就没有在一个起跑线上，没有办法吸引先进的、高科技的、无污染的企业。为了促进经济快速增长，只好冒着风险引入从东部转移过来的重化工和重污染企业，东岭集团冶炼公司就是在这样的背景下到凤翔县投资建厂的。这种辩解看似有一点道理，实际上却体现出一些政府官员强烈的GDP意识和社会责任感的缺乏。

按照《职业病防治法》，新建、扩建、改建建设项目或技术改造、技术引进的项目可能产生职业病危害的，建设单位在可行性论证阶段应当向卫生行政部门提交职业病危害预评价报告；建设项目竣工验收时，其职业病防护设施经卫生行政部门验收合格后，方可投入正式生产和使用。许多企业没有进行建设项目职业卫生审查，当地政府部门不但没有检查、追究责任，甚至还为其竣工投产而剪彩、祝贺。地方政府对职业卫生的忽视，给劳动者的健康留下隐患。

（三）劳动者因农民工身份而没有得到应有的尊重和保护

正如上文所述，在煤炭、矿山、有色金属、建材等行业直接接触职业危害因素作业的劳动者，主要是来自贫困地区的农民工。《中国农民工调研报告》称，农民工是“拿着最低的工资，干着最重、最苦、最脏、最累、最危险的活”。

作为弱势群体，他们没有更多的选择机会，即使知道这些企业存在职业病危害因素，但为了生存和养家糊口，也得冒险做这样的工作。由于从事这些工作的农民工群体社会经济地位低下，有些企业不但不与他们签订劳动合同，而且不向他们告知安全生产的知识，对产生职业病危害的作业岗位没有明确说明，在有毒、有害工作场所没有设置警示标识，最重要的是，不向他们提供安全卫生防护设施和安全卫生生产设备，从而造成大量农民工的生命健康遭受到威胁。

另一方面，当劳动者患上职业病后，也因为他们的农民工身份而很难运用法律武器维护自己的权益。卫生部2002年颁布的《职业病诊断与鉴定管理办法》规定，申请职业病诊断时患者应当具备以下五份材料：（1）职业史、既往病史；（2）职业健康监护档案复印件；（3）职业健康检查结果；（4）工作场所历年职业危害因素检测、评价资料；（5）诊断机构要求提供的其他必需材料。这些材料大多应由职工所在企业提供，但是许多私有企业甚至个别国有企业不愿给农民工提供这些材料，或者从未给农民工建立过职业健康监护档案等，因此，众多的患病农民工被拒之于职业病检查的大门之外。

即使患病农民工得到了职业病检查机构的确诊，也很难讨回应有的公道。众所周知，职业病是由于患者长期在恶劣的企业环境中劳动所致，所在企业应该承担其因职业病致残的生活费、医疗费，也就是说，职业病患者应该享受正常的工伤待遇。然而事实上，许多企业没有与农民工签订劳动合同，更没有为他们办理工伤保险，即不承认他们的工人身份。在我国当前大量以“劳动者”为保护对象的法律当中，农民工被排除在外，如《工伤保险条例》、《企业职工伤亡事故报告和处理规定》、《因工死亡职工供养亲属范围规定》等。农民工的身份受到普遍歧视，以致出现“同工不同酬”、“同命不同价”的现象，依法维权变成了空话。

以山阳县尘肺民工案为例，在2001年时，因为缺少劳动合同关系，当地企业不承认农民工患职业病与矿山有关，商洛市和洛南县两级劳动仲裁委员会拒绝给农民工做伤残等级鉴定。经过艰难努力，包括中央电视台、新华社和《华商报》等媒体连续多年追踪报道，专业律师团、陕西省老教授协会法律专业委员会持续声援，到2005年10月，当47名尘肺农民工（其中死亡者由其家属代理）第一次拿到洛南县法院的民事判决书时，该法院仍然认为，陈耳金矿防尘设施完备，粉尘浓度没有超出国家标准，意即陈耳金矿不会导致尘肺职业病。但是鉴于在此工作过的农民工已经患病丧失劳动能力（或者死亡），参照《道路交通事故处理办法》，陈耳金矿及其矿道承包者各自承担40%赔偿责任；农民工自我保护意识欠缺，自我承担20%的责任。可见，法院不承认尘肺是工伤，对本应属于劳动工伤事故及其法律关系解决的问题，居然采用了风马牛不相及的法律进行裁决。根据判决，每个尘肺农民工实际获得的伤害赔偿平均不足4万元，这与职业病鉴定专家估算的每位患者在生存期间的生活费、医疗费平均为30万元相去甚远。

2009年7月，洛南县法院因山阳县尘肺农民工再次起诉而第二次对该案作出民事判决，裁定陈耳金矿及其矿道承包者给健在的尘肺患者平均每人追加赔偿医疗费约6万元。这次赔偿对患病民工应该是一种安慰，但判决书仍然回避这是劳动工伤事故，因此他们仍然不能享受工伤待遇。

（四）行政不作为，执法监督不力

有些地方行政不作为，执法监督懦弱，主要表现在以下几方面：

（1）有些地方存在严重的地方保护主义，对企业职业病防治工作放任自流。如前文所述，目前我省大约有43万接触有害作业的劳动者，但是接受职业健康体检人数每年只有7万人左右，体检率不足20%。职业卫生监督无法有效地开展，我省健康监护覆盖率一直偏低。

（2）监管机构不健全，执法不够严格，对违法犯罪行为处理不力。像一些矿山发生严重职业病危害，导致数十人死亡、上百人患职业病的严重后果，行政和法律机关并没有追究企业领导人的责任，如媒体连续8年报道的陈耳金矿事件（该矿职业病患者还包括洛南县和河南省卢氏县等地农民工）。

（3）检查工作走过场，“以会议贯彻会议，以文件落实文件”，对工作敷衍塞责，随意应付、拖沓。如陕西省卫生厅于2001年、2006年、2008年分别组织了3次全省职业卫生基本情况调查，但每次都有个别市、县不能按时完成调查工作，特别是2008年原计划年底完成上报的调查工作至2009年3月末仍有四个地市没有完成。

（4）有关法律、法规之间不够协调，有些政策与法律存在抵触。如2002年5月1日起正式实施的《职业病防治法》规定，卫生行政部门是职业病监督管理的执法主体，但是，2003年10月23日中央机构编制委员会办公室下发《关于国家安全生产监督管理局主要职责内设机构和人员编制调整意见的通知》，对职业卫生监管的职责进行了调整，2005年1月份，卫生部、国家安监总局经认真研究、协商，联合下发了《关于职业卫生监督管理职责分工意见的通知》，明确了各自的监督管理范围。但是《职业病防治法》没有修改，按照法律大于政策的原则，执法监督实际运做起来存在不少问题，职业卫生监管似乎从“两管”领域变成了“两不管”领域。监管体制没有理顺，职业卫生监管被边缘化，职业病危害总体情况有趋于恶化的危险。

五　职业病的预防对策

尘肺猛于矿难，白伤大于红伤。职业病严重威胁劳动者的身体健康和生命安全，事关经济的可持续发展和社会的和谐稳定。因此，加强职业病的防治工作刻不容缓。

（一）尊重生命，以人为本，树立预防职业病的紧迫意识

人的生命是最宝贵的，经济发展不能以牺牲劳动者的健康和生命为代价。要牢固确立“以人为本”的思想，着眼长远，把可持续发展的科学发展观认真落到实处。规范用人单位职业健康管理和劳动用工管理，树立预防职业病的紧迫意识，加强对职业病的监测与预防控制。

矿难就像一种急性病，容易发现，也容易引起社会各个方面的高度关注；而职业病就像慢性病，往往容易被忽视，但其危害更大，这就需要我们保持高度的警惕，防微杜渐，把职业病防治纳入经济社会发展计划，以对人民生命高度负责的精神做好职业病防治工作。

2009年5月24日，国务院印发了《国家职业病防治规划（2009～2015年）》，指出当前我国职业病防治的严峻形势，明确了今后职业病防治工作的指导思想和基本原则，要求把尘肺病、职业中毒和职业性放射性疾病的防治作为三大重点职业病防治工作，落实完善职业病防治责任，鼓励和支持职业病防治技术

研究、科研攻关和成果应用，加强职业病防治能力建设。这对于我国今后加强职业病防治工作具有重要的指导作用。陕西省卫生厅根据《国家职业病防治规划（2009~2015年）》的精神，结合我省职业病防治的实际情况，正在制订陕西省职业病防治规划。我们期待《陕西省职业病防治规划（2009~2015年）》能够对全省的职业病防治工作起到有力的推动作用。

（二）修改、完善有关法规，理顺法律、政策与体制之间的关系

在一个法治的国家，宪法的效力大于法律，法律的效力大于条例、规章、文件。当前，我国的职业病防治方面存在法律、规章和政策之间不相协调的状况，有些规定不够合理，使得基层的职业病防治工作陷入了困境。

（1）卫生行政部门与安全生产监督管理部门之间的职业卫生监督管理职责划分问题。《职业病防治法》规定职业病监督管理的执法主体是卫生行政部门，但中央机构编制委员会在2003年的文件中把职业病监督管理的部分执法权、尤其是处罚权划给了安全生产监督管理部门，这就导致法律和文件的冲突。安全生产监督管理部门的职业病监督处罚没有法律授权，它的监督工作开展起来就"名不副实"，会带来行政和法律的摩擦，不利于提高行政效能和树立政府形象。

（2）《职业病防治法》与国务院《国家职业病防治规划（2009~2015年）》中部分内容之间的冲突。《职业病防治法》规定，"用人单位必须采用有效的职业病防护设施，并为劳动者提供个人使用的职业病防护用品。用人单位为劳动者个人提供的职业病防护用品必须符合防治职业病的要求。""产生职业病危害的用人单位，应当在醒目位置设置公告栏，公布有关职业病防治的规章制度、操作规程、职业病危害事故应急救援措施和工作场所职业病危害因素检测结果"等。这些法律条文是明确的，没有附加条件，执行不得打折扣。但是，国务院《国家职业病防治规划（2009~2015年）》中则有这样的指标：到2015年，"从事接触职业病危害作业劳动者的职业健康体检率达到60%以上"；"用人单位职业病危害项目申报率达到80%以上，工作场所职业病危害告知率和警示标识设置率达到90%以上，工作场所职业病危害因素监测率达到70%以上"；"可能产生职业病危害的建设项目预评价率达到60%以上"等。这样的要求就意味着：40%的从事接触职业病危害作业的劳动者可以不进行职业健康体检，20%的用人单位职业病危害项目可以不申报，30%的工作场所职业病危害因素可以不监测……当然，我

们不期望出现这样的结果，但是《国家职业病防治规划（2009～2015年）》中的文字却给公众一种暗示，法律条文的执行是可以打折扣的。

（3）卫生部于2002年发布实施的《职业病诊断与鉴定管理办法》值得商榷。该《办法》规定职业病诊断时患者应当提供职业史、职业健康监护档案复印件、工作场所历年职业危害因素检测和评价资料等材料。这些规定给作为弱势群体的职业病患者的诊断设置了重重障碍，实际上把众多的患病农民工拒之于职业病检查的大门之外，也给企业隐瞒职业病状况以可乘之机。河南农民工张海超之所以“开胸验肺”，就是该《办法》造成的后果。而河南省卫生厅就是根据该《办法》，对最先为张海超作出职业病诊断的郑州大学第一附属医院予以通报批评并立案调查。这一做法被媒体评论为：卫生行政部门把职业病防治法的权力部门化，将公法变成“私法”。

如果追溯一下《职业病诊断与鉴定管理办法》的源头，我们会发现，该《办法》基本沿用了卫生部20世纪50年代制定、80年代略加修改的《职业病诊断管理办法》。20世纪50年代医疗诊断技术落后，职业病尤其是尘肺的诊断需要借助职业史、工作场所职业危害因素检测记录等资料作为辅助判断，这是可以理解的。而且当时劳动者几乎都属于国营企业职工，各种辅助诊断资料全由国营单位提供。如今，医疗诊断技术水平已大幅度提高，尘肺等职业病的诊断只需通过患者的一张X线造影片就看得清清楚楚，其他的辅助诊断资料已变得多余。因此，卫生部2002年发布的《职业病诊断与鉴定管理办法》有必要进行修改、完善，切实替职业病患者着想，真正让法规成为保护职业病患者的工具。

总之，只有修改、完善与职业病防治有关的法律、法规，整理和协调规章、文件等政策因素与法律的关系，理顺职业卫生防治监督管理体制，才能有效扭转职业病防治工作中出现的混乱局面。

（三）加强政府监督，严肃查处企业违法行为

减少和控制职业病的发生，关键在于控制源头。《职业病防治法》明确规定，“建设项目的职业病防护设施所需费用应当纳入建设项目工程预算，并与主体工程同时设计，同时施工，同时投入生产和使用。”“建设项目在竣工验收前，建设单位应当进行职业病危害控制效果评价。建设项目竣工验收时，其职业病防护设施经卫生行政部门验收合格后，方可投入正式生产和使用”，等等。用人单

位作为职业病防治的第一责任方，应该严格遵守该法。依法如实申报职业病危害项目，优先采用有利于防治职业病和保护劳动者健康的新技术、新工艺和新材料，加强作业场所职业病危害因素的监测、评价与控制，为劳动者提供符合职业卫生标准和要求的工作场所和工作条件，提供必需的个人防护用品等。使用有毒物品作业的用人单位要取得职业卫生安全许可证，配备应急救援人员和必要的救援器材、设备，制定应急救援预案。任何单位和个人不应将产生危害的作业转移给不具备防护条件的单位和个人。

政府相关部门应严格执行该法，加强对企业建设项目的职业卫生审查，没有职业病危害预评价报告，或职业病防护设施验收不合格的项目，不应批准开工、投产。加强监督，切实履行职业卫生监管责任，加大对重点行业、重点企业、重点人群的监督检查力度，敢于对企业的违法行为“亮剑”。一方面要加强职业病防治宣传教育活动，开展多种形式的职业病防治知识培训，对存在职业病危害的用人单位主要负责人、管理人员和劳动者普及职业病预防、治理、救护知识；另一方面要严肃查处违反职业病防治法、损害劳动者健康及其相关权益的违法行为，对不履行或不认真履行工作职责的要依法依纪追究责任，对因失职、渎职导致重大职业病危害事件发生或者造成重大人员伤亡和经济损失、社会影响恶劣的，要依法追究主要负责人的刑事责任。当前的职业卫生监管有趋于边缘化的危险，监督执法没有“牙齿”，这与矿难事故的迅速严肃处理形成鲜明对比。应该像对待矿难事故那样严肃处理造成严重职业病的违法行为。

（四）加强对劳动者安全卫生知识和维权意识的宣传教育

经济发展要以人为本。在现阶段，农民工群体既是我国的劳动力主体，也是职业卫生工作的重点人群。政府相关部门和企业要加强对农民工安全卫生知识的宣传和培训。让广大劳动者明白职业病的严重危害，懂得职业病的预防知识，增强安全意识和自我保护意识。教育他们和用人单位签订劳动合同；在粉尘、氯气、氨气、苯等有毒有害物质作业场所工作时，能正确使用职业卫生防护用品，懂得安全操作以及相关应急救治措施。政府部门应督促企业为劳动者办理工伤保险，特别是为农民工办理工伤保险，定期督察企业为农民工进行职业健康检查，并为每一个人建立职业健康监护档案。

教育广大农民工增强法律意识，学会用法律武器维护个人权益。遇到职业病伤害要及时到卫生部门指定的职业病鉴定机构诊断，向所在企业反映职业病伤害情况，争取合理的劳动工伤待遇。出现劳动工伤纠纷时，及时寻求劳动保障部门的劳动仲裁，直至向人民法院起诉，通过法律手段维护自己的权益。

（五）重视舆论监督，信息公开透明

职业病关系到千百万劳动者的健康和生命安全，对职业病的防治应该实行信息公开、透明。应充分尊重公众的知情权、参与权、监督权，充分发挥新闻媒体的宣传和舆论监督作用，让生产建设和经济发展在阳光下运行。

我国《政府信息公开条例》已于2008年5月1日起正式施行，医疗、公共卫生、安全生产、社会保障等涉及广大人民群众生活的政府信息都应当主动公开。信息公开能够增进理解，避免误会，杜绝暗箱操作，有利于消除腐败现象。各级政府部门应该按照《政府信息公开条例》的要求主动公开职业病危害和职业病防治的相关信息，自觉接受媒体和公众的监督。对于隐瞒职业病危害的建设项目、拒绝职业卫生审查的企业进行公开曝光，鼓励群众举报职业病防治中的违法犯罪行为。

新闻媒体要加强对职业病危害的宣传，关心职业病患者等弱势群体的生活、健康，密切关注职业病危害源头治理和重点职业病专项整治。自觉担负起舆论监督的重任，为扭转职业病危害的严峻形势贡献力量，努力做广大劳动群众人身健康和生命权益的守望者。

资料来源：

1. 中华人民共和国中央人民政府网站、卫生部网站的公开信息；
2. 新华社、中国青年报、工人日报等新闻媒体的公开报道；
3. 陕西省人民政府网站、陕西省卫生厅网站的公开信息及陕西省卫生监督所提供的相关信息；
4. 陕西电视台、华商报、西安晚报等地方新闻媒体的公开报道；
5. 侯文学、陈航行等合编《尘肺职业病社会法律问题探讨》，西北大学出版社，2007年5月版。

（本文在写作过程中得到陕西省卫生监督所有关领导和同志的大力支持，在此表示衷心感谢。）

陕西省律师行业发展现状、问题及对策建议

史晓筠*

1980年8月第五届全国人民代表大会常务委员会第十五次会议正式通过《中华人民共和国律师暂行条例》，对新的律师制度作了系统、详尽的规定。1996年5月15日第八届全国人民代表大会常务委员会第十九次会议通过《中华人民共和国律师法》，并于2001年12月29日和2007年10月28日两次修订。律师法规定的律师是指经过一定方式取得司法行政机关授予的资格，接受当事人的委托，或人民法院的指定，在法律允许范围内利用自己的法律知识和技能为被代理人提供法律帮助，并维护其合法权益的专业人员。《中华人民共和国律师法》的颁布，是我国律师工作实现法制化的重要标志，《律师法》以法律形式确立了中国特色社会主义律师制度的基本框架，标志着我国律师制度逐步走向成熟。

一 陕西省律师事业的发展进程

中共十一届三中全会以后，我国恢复了律师制度。陕西省的律师工作和律师事业在改革开放的大背景下乘势而上，在发展中改革，在改革中发展，30年来陕西省律师事业取得了新的成就，呈现出勃勃生机。陕西省律师工作充分发挥了法律服务职能，为推动陕西省的经济社会全面发展，维护政治社会稳定发挥了重要的法治保障作用，做出了积极贡献。

陕西省律师事业的发展，可分为以下几个阶段：

（一）恢复重建阶段（1980～1983年）

1980年10月，陕西省人民政府批转了省司法局关于贯彻国务院109号文件

* 史晓筠，陕西省社会科学院陕西省情研究中心，馆员。

精神的报告，陕西省各地（市）、县司法局开始建立法律顾问处，恢复律师工作。截至1983年，全省按行政区域组建律师机构的工作全部完成，全省建立法律顾问处101个，其中地（市）3个，县（市）94个，市辖区4个。1980年7月，陕西省成立了律师行业协会。

（二）形成阶段（1984～1996年）

1984年，陕西律师工作开始进行改革。1984年，陕西省经济律师事务所、陕西法律咨询所、陕西律师事务所先后成立，实行独立核算，自负盈亏。1985年，全省115个律师事务所，全部实行承包责任制。

1992年，邓小平南巡讲话发表之后，1992年6月，陕西省在全国较早推出《全省律师工作改革方案》，开始推进律师工作改革：一是大力发展“四自、二不要”律师组织，即：自愿结合，自收自支，自我约束，自我发展和不要国家编制，不要国家经费。在全省范围形成多种形式律师工作机构并存的格局；二是采取多种渠道大力发展律师队伍。通过招聘，以合同制的形式，吸收社会上已取得律师资格的律师人才，使他们成为不占编制的专职律师。采取优惠政策，吸收从事金融、房地产、外贸等高级专业人才和政法部门、法律研究机构的骨干到律师事务所从事律师工作。根据实际工作需要，择优发展兼职律师，放宽发展特邀律师；三是增强内部激励机制，深化分配等制度改革。国有律师事务所同财政脱钩，经营管理实行自收自支，分配贯彻“效益优先”原则，实行综合目标管理下的效益浮动工资制。

1994年，陕西省认真贯彻国务院批准的《司法部深化律师改革方案》，加大力度，深化律师工作改革，实现四个转变：即从用生产资料公有制模式划分律师事务所的性质，转变为自愿结合、自收自支、自我约束、自我发展和不要国家编制、不要国家经费的自律律师事务所；从行政职务、行政级别的概念来界定律师的职级，逐步转变为面向社会、为社会服务的法律工作者；律师执业机构从单一模式转变为多种执业组织形式；对律师的管理，以司法行政机关管理为主，向司法行政机关管理和律师协会行业管理的模式转变，并创造条件逐步实现司法行政机关指导下的律师协会行业管理。1994年10月，陕西省制订出台《关于深化律师工作改革的若干意见》，提出陕西律师工作改革的目标和措施。律师工作改革在陕西省全面铺开。

通过以上改革措施，陕西省律师事业发展步伐不断加快。截至1994年底，“四自两不”型自律性律师工作机构达50家，占全省律师机构总数的27%。由于采取律师资格考试制度和考核制度，全省执业律师人数不断发展，专职律师、兼职律师、特邀律师已达2200人。律师管理体制也得到进一步发展，司法行政机关行政管理与律师协会行业管理两结合体制全面建立。律师事务所主任实行任期制，内部采取自主管理，自主经营，分配制度、用人制度和民主管理制度逐步得到健全。律师业务也开始向专业化分工方向发展。

这一时期，陕西省还坚持清理、规范的举措，确保律师事业在规范中健康有序发展。1989年10月，针对省内外法律服务市场出现的一些不良倾向和问题，陕西省对全省律师服务机构进行了为期一年半清理整顿，撤销了律师事务所擅自设立的分支机构61个，吊销所谓“讨债公司”、“法律事务所”36个。其中，西安市撤销24个律师事务所的分支机构和接待站。基本上扭转了陕西法律服务市场的混乱状况。

（三）发展阶段（1997年～　）

1996年5月15日第八届全国人民代表大会常务委员会第十九次会议通过了《中华人民共和国律师法》，于1997年1月1日实施。这标志着我国律师事业步入新的发展阶段。2000年8月，司法部制定出台了《律师事务所、社会法律咨询服务机构脱钩改制实施方案》。2000年9月5日，陕西省出台了《陕西省司法厅、财政厅关于律师事务所脱钩改制工作中资产界定和资产处置的意见》，启动陕西省律师事务所脱钩改制工作。2003年，陕西省律师事务所脱钩改制工作基本完成，一大批国资律师事务所改制成为合作制和合伙制律师事务所。此外，按照司法部的要求，陕西省从2003年开始推行公职律师和公司律师改革试点工作，逐步成立了一批政府公职律师办公室和公司律师法律事务部。在这一阶段，从2003年开始，国家开始实行统一司法考试制度，律师执业必须通过司法考试取得职业资格，这标志着律师的职业化程度进一步提高。2004年，《行政许可法》颁布。从2005年开始，陕西省按照行政许可法的要求，严格时限，严格程序，实施律师执业许可和律师事务所设立行政许可制度。与此同时，设立公示栏，建立了陕西律师网，及时公布有关信息，有效地推进了依法行政，依法管理。

这一阶段，按照司法部的统一部署，陕西省于2004年开展了律师集中教育整顿活动，于2005年开展了合伙制律师事务所规范建设年活动，于2006年开展了律师文化建设年活动，陕西省的律师工作在规范中发展，在发展中规范，取得了长足的发展。

二　陕西省律师工作发展现状

三十多年来，伴随着国家经济发展、社会进步和民主法治建设的加强，陕西省律师工作和律师事业从头起步，从恢复重建到形成发展，时至今日，陕西省律师事业方兴未艾，呈现出良好的发展势头。

（一）律师队伍粗具规模，素质稳步提升

截至2009年12月，全省共有律师事务所355个，其中合伙律师事务所284个，国家出资设立的律师事务所55个，个人律师事务所16个。香港律师事务所驻西安代表处1个，公职律师办公室4个，公司律师事务部4个。

至2009年12月，全省执业律师共计3497人，比2008年同期增加12.7%。其中专职律师3123人；兼职律师329人；公职律师13人；公司律师11人；法律援助律师21人。执业律师中，本科以上学历的2948人，占律师总数的84.3%。其中，研究生以上学历的律师448人，占律师总数的12.8%。在律师队伍中，一批懂法律、懂外语、懂经济、懂科技的高层次、复合型人才经过实践历练脱颖而出，为陕西省律师队伍注入了新鲜血液。一些具有专业特色的品牌律师事务所开始出现，有效地促进了律师队伍整体执业水平和竞争实力的提高。当前，一支政治过硬、业务熟练、素质较高、富有朝气、充满活力的律师执业队伍在陕西省已初步形成，并日渐壮大。

（二）律师服务领域不断拓展，服务质量逐步提高

改革开放以来，陕西省律师执业范围和服务领域不断扩展，律师业务从传统的刑事、民事、行政诉讼领域迅速扩大到企业改制、金融、证券、投资、房地产、涉外商务、经贸、知识产权等诸多新兴领域，实现了由单一的诉讼业务向非诉讼业务的转变，且非诉讼业务日益增多。目前，陕西省律师法律服务业务已涉

及政治生活、经济生活和社会生活的各个方面，渗透到了市场经济的生产、分配、交换、消费等各个环节。2009年陕西省律师办理诉讼案件33986件，比2008年增长6%；办理非诉讼法律事16628件，比2008年同期增长13.6%。担任法律顾问3980家，比2008年同期增长5.3%。2009年律师业务收费2.03亿元，比2008年增长5.2%。人均收入5.41万元。

（三）律师管理体制进一步完善，管理工作逐步走上法制化、规范化轨道

多年来，陕西省通过积极推进“两结合”管理体制，不断强化律师事务所的自律管理基础地位，使陕西省律师管理工作的律师事务所自律管理、律师协会行业管理、司法行政机关行政管理三层架构更加明晰，逐步建立起了以司法行政机关宏观管理为核心，以律师协会行业管理为主体，以律师事务所自律性管理为基础，以政府宏观调控为保障的律师管理工作体系。管理能力和管理水平不断增强，初步实现了由经验型、粗放型管理向法制化、规范化、人本化管理的转变。自2000年以来，陕西省先后制定了《关于申领律师执业证管理办法》、《关于律师事务所业务实习人员备案制度》、《关于调整陕西省律师服务收费标准的通知》等一系列行政管理规范性文件。律师事务所则普遍建立了人事管理、财务管理、业务管理等一系列的规范化管理制度。这些制度，涵盖了律师法律服务的各个层面，把律师的执业活动逐步纳入了法制化、规范化管理的轨道，为促进陕西省律师业的健康、有序发展提供了坚实的制度保障。

（四）律师职能作用得到有效发挥，律师业日益被社会各界广泛关注和认同

三十多年来，陕西省广大律师依法履行职责，正确认定事实和适用法律，促进了刑事、民事、行政诉讼案件的公平审理，保障了当事人的合法权益，维护了司法公正；主动介入西部大开发和陕西省农村经济改革、国有企业改革等各项重大改革和经济活动之中，广泛参与到投资、融资、仲裁等民商事活动之中，为陕西省建立健全市场经济秩序创造了良好的法制环境和投资环境；开展公职律师试点，推动政府依法行政，积极参与涉法信访，介入涉法上访案件和群体性事件处置活动之中，为政府排忧解难，维护了社会稳定；在执业过程中，自觉宣传党和

国家的方针政策，普及法律知识，开展法律援助，参与公益事业和公益活动，推动了依法治省，促进了陕西省精神文明建设和社会文明进步。广大律师通过艰辛努力，以良好的职业道德、较强的业务素质赢得了社会各界的关注和重视，其社会价值和作用日益被社会认同。陕西省律师中，共有18人担任各级人大代表，66人担任各级政协委员，其中省人大代表3人，省政协委员3人。律师作为社会新兴阶层愈来愈受到全社会的尊重。

三 当前陕西律师事业建设存在的问题

应该看到，我国的律师工作起步较晚，也受时代发展特点的影响，目前陕西省律师行业建设还存在一些不容忽视的问题，主要表现在：

（一）律师事务所发展的规模化、品牌化程度有待提高。陕西省目前已有律师事务所355个，执业律师共计3497人，其中执业律师数量占全国执业律师156710人的2.2%，律师事务所数量占全国律师事务所数量14467家的2.4%，这个数据和陕西省人口占全国人口数量的2.9%的规模基本平衡，但陕西省仍然缺少规模突出、专业特色鲜明的律师事务所，更缺少有全国甚至国际影响的著名律师。据有关研究机构最新一期律师机构排名调查结果显示，陕西省没有一家律师服务机构，在人数、代理案件数量、社会和经济效益等任一方面指标能够进入全国排名的前100位。

（二）全省各地律师工作发展不平衡，律师事务所、律师分布不均衡，布局不尽合理，特别是在陕西省少数农村偏远县区律师工作力量相对薄弱。一些贫困山区，律师人数数量严重不足；近几年陕西省律师机构和执业律师尽管发展较快，但主要集中在大中城市，迄今尚有个别县存在没有执业律师的情况，尽管在这个方面陕西省律师管理机构提出了一些解决措施，但抓落实不够，有待下力气解决。

（三）陕西省律师业务能力有待进一步增强。特别是涉及金融、证券、知识产权、国际贸易等高端业务领域有待进一步拓宽；2008年陕西省律师业务收入1.93亿元，而全国律师业年创收（不含外资律师事务所）已近200亿元人民币，陕西省律师业务收入仅占全国律师业年创收的0.9%，反映出陕西省律师业发展水平与其在全国律师业中应占据的市场份额和行业话语权之间仍存在较大差距，其律师工作的社会效益和经济效益也有待于进一步拓展。

（四）陕西省律师队伍中仍然存在一些道德失范现象、不恪守执业纪律、进行不正当竞争的行为还时有发生，律师行政管理、行业管理和事务所自律管理能力都有待于进一步加强。

（五）律师的执业环境有待进一步改善，律师执业权利的保障配套措施需要尽快健全，涉及律师业发展的社会保障体系等需要尽快建立。

（六）律师制度改革有待进一步深化，规范化管理水平还需进一步提高。主要是个人律师事务所和特殊合伙律师事务所发展还比较慢，对已许可审批的这两类新所的规范管理还没有跟上，监督检查工作不够到位。

四　对加强律师社会管理、改善律师执业环境、进一步促进律师行业发展的对策和建议

（一）完善律师的执业法制环境。从国家立法上，尽快修订刑事诉讼法、民事诉讼法等诉讼法，尽快和新修订的律师法配套，切实保障律师的执业权利。

（二）完善律师执业保障体系。从上而下，协调社会保障、税务等部门认真调查研究，制定出台适合律师职业的养老、住房、医疗等措施，保障律师事业不断发展。

（三）建立律师职业与法官、检察官顺畅的遴选渠道和流通机制，选拔优秀的律师进入法官、检察官队伍。

（四）积极引导律师有序参与国家民主政治建设和社会管理活动，尽可能多地推荐他们担任各级党代表、人大代表和政协委员，支持他们参政议政。

（五）建议司法部和有关部门出台一定的倾斜政策，支持西部律师业发展。

总之，发展律师事业，做好法律服务工作，要求各级管理机构和律师从业人员自觉深入地贯彻落实科学发展观，把科学发展观的要求贯穿于律师工作的全过程，促进律师工作又好又快地发展。目前，陕西省律师队伍已经成为依法治国、建设社会主义法治国家的重要力量。只要各级司法行政机关和律师从业人员切实加强监督检查管理，严把律师法律服务质量关，以高质量的律师工作取信于民、取信于社会。把依法维护当事人的合法权益、促进法律的正确实施作为出发点和落脚点，充分发挥律师业务的法律服务职能作用，陕西省律师行业就会更好地服务全省经济、政治、文化和社会建设，律师事业将会得到新的发展。

附 录

APPENDIX

陕西省社会发展关键词

（一）关中—天水经济区

“关中—天水经济区”规划的实施受到社会各界的广泛关注。最初由陕西省经济研究所起草的《关中—天水经济区发展规划提纲（草案）》，在2008年3月，由原国务院西部开发办主任办公会议研究决定，交由浙江大学西部大开发研究院进一步细化和完善。2008年12月，课题组向国家发改委递交了《关中—天水经济区发展规划》的报审文本。由西部开发司牵头，广泛听取各方面意见，进一步提升、修改，抓紧完成编制工作。2009年1月15日，国家发改委在北京召开专家论证会，论证并通过了《关中—天水经济区发展规划》。国务院新闻办于2009年6月25日举行发布会，正式发布这一规划。《规划》提出将把“关中—天水经济区”打造成为“全国内陆型经济开发开放的战略高地”。

这一规划得到了陕西省和甘肃省两地政府的高度重视。陕西省省长袁纯清认为，这是促进区域协调发展、打造西部大开发战略高地的重大举措，对于发挥该地区的优势和引领作用，推动西北地区经济振兴，深入持续推进西部大开发，具有重大现实作用和深远的历史意义。甘肃省常务副省长冯健身表示，甘肃省委省政府将全力支持天水经济区建设和发展。具体而言，甘肃省将支持天水振兴装备制造业，积极发展现代农业，加快铁路、公路、机场等基础设施建设，大力发展文化产业。与此同时，“关中—天水经济区”各市的市长们也发出声音，认为这一规划对当地经济社会又好又快发展，改善民生，都具有十分重要的作用。

消息公布后，“关中—天水经济区”这一概念也立刻成为热点，受到股票市场的广泛关注，人们普遍认为，《关中—天水经济区发展规划》对相关上市公司带来的利好是长期潜移默化的，在“关中—天水经济区”概念已经全线响应的大背景下，西安作为“关中—天水经济区”建设的桥头堡，与之相关的概念股将值得高度关注，“关中—天水经济区”概念将掀起一轮涨停风暴。

“关中—天水经济区”概念也引起了众多商家的关注，认为这是一次发展的最佳机遇。在《关中—天水经济区发展规划》经批复将正式实施的消息发布后，“关中—天水经济区”域名便被人抢注，面对相关商家和政府部门的收购商议，该网站声称给50万元也不卖，此行为立即引发了业界的争论。网站的负责人称希望能将该网站真正打造成为“关中—天水经济区”各方认可的官方网站，为“关中—天水经济区”的建设作出积极贡献。

《关中—天水经济区发展规划》在网上也引来众多网友的热议。在天涯论坛网友就“《关中—天水经济区发展规划》对甘肃来说意味着什么?”的帖子展开了讨论。有网友说，“这一规划，对于甘肃来说意味着政府税收的增加，人民生活的改善，和甘肃经济的壮大！所以天水必须发展，一定要发展，大家都要使劲”。“天水的交通相对来说比较薄弱，如果加强交通等基础设施建设，不仅可以使天水加速融入关中经济，还可以带动辐射平凉、陇南等地经济的发展”。也有网友担心在这一规划的实施过程中，天水被西安的光芒所掩盖。与此同时，因为煤化工项目落户天水，有网友为平凉和庆阳等地的“落选”表示了遗憾。

在陕西大秦网，西安和天水网友也展开了热烈讨论，从整体上看，西安网友还是表示了支持的态度，认为这是陕西省的骄傲，也有网友持观望的态度，“西安能把这个责任担起来么？我们拭目以待”；天水网友则表现出了极大的热情，认为“太好了，我作为天水人感到自豪！多少年的梦想成为现实了，只有这样中国才会更加昌盛！不仅仅从表面还是更深层都体现出西部大开发的价值所在！

加油吧，天水！加油吧，西部！加油吧，中国！”

正如相关媒体所言，关中—天水经济区的设立不仅为陕西经济、甘肃经济的发展带来一个契机，对整个西部经济的发展都将起到带动作用，为西部大开发第二个十年建设吹响了强劲的号角。

（刘东鸿）

（二）甲流

2009 年 3 月间爆发于墨西哥的甲流，因为病源体被认定来自猪，因此最初在香港与内地也被称为“猪流感”。随着该疾病在全球范围快速广泛流行，被世界卫生组织正式命名为“甲型 H1N1 流感”。其主要传播方式为飞沫感染。

1. 流感历史、全球防控形势、中国发病情况、陕西省发病情况

19 世纪以来，欧美国家伴随工业化、城市化的不断发展进程，曾经爆发过几次大流感。本次甲流的全球流行，被认为与曾经发生在西方工业化国家的大流感存在源流关系。有研究表明，出生于 1957 年以前的人群，被认为体内具有相应抗体，感染率较低。

此次甲流流行，具有传播范围广、速度快、发病时间长等特点，绝大多数具有现代生活特征的国家和地区均有大量病例报告，美国、加拿大、欧洲、日本为高发区。据不完全统计，截至 2009 年 11 月底，全球被感染人数已超过百万，死亡人数近万。

中国的甲流感染集中在人流物流密集的大都市，但就人口比例而言，发病率和死亡率很低。据官方统计，截至 2009 年 11 月 29 日，我国境内 31 个省份共报告确诊病例 91393 例，已治愈 72306 例，在院治疗 6821 例，居家隔离治疗 12088 例，死亡病例 178 例，且多为流感引发的基础性疾病发作所致。

陕西省的最新病例统计为 4000 多例，死亡病例仅为 4 例。

而同在亚洲的发达国家日本，甲流感染率数倍于中国。除了防控手段与措施得力，最近也有中医界著名人士推测，中国人对流感具有较强的抵抗力，并例举出中医典籍中没有关于流感流行的记载予以佐证。

2. 甲流感染路线图折射出大国责任

继 2008 年金融危机爆发殃及全球之后，有识之士把甲流全球流行的责任再次指向了经济最发达国家美国。

据美联社2009年6月29日发自亚特兰大的一则电讯说，研究人员通过追踪从墨西哥出发的航班，准确标绘出甲型H1N1流感在全球传播的路线图，这让人惊奇地发现这种甲流是如何在全球蔓延的。

研究人员认为，2009年3月甲流在墨西哥爆发，4月在美国爆发，继而在全球广泛流行，其传播与国际航班有着密不可分的因果关系。而从墨西哥发出的航班，有五分之四的旅客来到美国，还有一部分来到加拿大、法国。

美国国会的一贯做法是首先关注自身的经济利益而忽略国际责任，美国政府在压力下曾经于2009年5月宣布停止甲流病例统计，退出疾病防控的应急状态。少数欧美媒体发出的美国应对甲流“沉着勇敢”、中国“反应过度”的报道话音未落，美国再次进入甲流高发状态，随即被迫再次宣布进入紧急状态。

大国咳嗽，全世界感冒。可见，当今世界大国责任举足轻重，牵一发而动全身，包括低碳经济等世界性合作发展话题，都将围绕大国责任展开。具有积极意义的事实是，关于流感全球流行的反思，首先源自美国科学界的有识有德之士。

3. 中国政府防控措施：双重输入性灾难压力下的成熟应对

中国政府对甲流的输入性感染高度重视，早在境外有发病报告之初就对感染源采取了严格的防控措施，首次启用劝返来自高发病率国家有疑似病例旅客航班的做法，对留学归国人员的健康状况进行人性化周密追踪防控和隔离措施。卫生主管部门高调、公开执行病例报告制度，疾病防控部门和医疗系统在非典防控经验基础上快速反应，积极配合，甲流防控与治疗严密而高效。

在应对国际金融危机、保增长和防控甲流蔓延双重压力下，取得双赢，反映出中国政府在国际化背景下应急能力的不断成熟。中国政府防控甲流的主动、负责任做法也最终得到了国际好评。

4. 疫苗研制与生产：国际合力下的只争朝夕

在世界卫生组织的统一部署下，中国依靠来自美国的甲流毒株，快速高效组织疫苗研发与生产。在免费自愿的原则下，短短几个月，已经有2600多万城市人口接受了疫苗接种，保证了经济社会活动的高速运转和城市人口健康安全保障体系的形成。中国没有再次出现满城尽是白口罩特殊风景线。

5. 甲流防控引发的商品特征、文化特征和环境意识

与甲流防控相关的商品特征有：恢复经济中医药行业受到正向刺激，A股甲流防控概念股几度短线热炒，“麻黄素”、“大蒜”在商品市场首次受到热钱狙击。

文化特征：口罩文化在年轻人群中再次兴起，除了材质、样式、颜色多元化以外，DIY绘制“口罩漫画”的风尚流行。

环境意识：有报道宣称，为保护国宝“大熊猫”，进入大熊猫保护基地的人员曾一度被要求戴口罩。

6. 民众心理的成熟度

有了非典防控的心理记忆，甲流防控中民众心理反应总体健康适度，未见影响正常工作生活的恐慌心理和过激反应出现。社会舆论集中在地方政府对甲流防控措施是否到位、病例数字是否真实、甲流医疗费用是否应该国家买单等敏感问题上。

7. 全新健康意识的形成

在疾病防控心理暗示下，国民健康意识不断增强。虽然国际金融危机使得中国普通民众在就业和理财上承受压力，但与此同时平面媒体健康类报道引起广泛关注，电视媒体健康类节目收视率提高。特别是传统中医防病养生类节目受到民众特殊喜爱，“中医明星”受到追捧，程度超过非典时期。城市健身人群扩大，健身俱乐部生意红火。

（侯燕芳）

（三）大学生村官

1. 改革的新事物：大学生村官

经过考试，从应届毕业生或已有一两年工作经验的大学生中，选拔优秀者到农村“两委”（村党支部、村委会）担任支部书记或村主任助理职务，服务期3年，享受一定的国家财政补贴，身份介乎于“志愿者”和“预备干部”之间。根据各地政策，任满可优先报考公务员，也可经过选举，直接任命为农村基层干部，或依据各地不同创业扶持政策自主创业。

在待遇方面，大学生村官参照乡镇机关、财政拨款事业单位同等人员参加医疗保险和养老保险，并且在村期间交纳养老保险的年限可合并计算工龄。在村任职满3年，符合国家助学贷款偿还政策规定的，在校期间国家助学贷款本息全额免除。

2. 发展的不同阶段

自发探索阶段：1995年，为解决“三农”问题，江苏省率先开始招聘大学生担任农村基层干部。1999年，海南省推出“大学生村官计划”。2000年3月，广州市天河区公开招聘52名大学生村官。

全面试验阶段：2005年7月，中央办公厅、国务院办公厅下发《关于引导和鼓励高校毕业生面向基层就业的意见》；2006年2月，中央组织部、人事部、教育部等八部委下发通知，联合组织开展高校毕业生到农村基层从事支教、支农、支医和扶贫工作。此后，大学生“村官”工作进入大范围试验阶段。从2005年起，北京、四川、江西、福建、青海、辽宁、贵州、陕西、山西、安徽、上海、吉林、湖南、甘肃、宁夏、内蒙古、云南等省市区先后启动“大学生村官计划”。截至2008年2月底，全国共有28个省市区启动“大学生村官计划”，其中17个省市区启动了“村村有大学生村官计划”。经中央同意，中组部等有关部门决定，从2008年开始，用5年时间招聘10万名至20万名高校毕业生到村任职。大学生村官工作进入一个全新的发展时期。

陕西省目前有大学生村官5000多人，今后在中央每年分配880名大学生村官，5年共4400名指标的基础上，拟再增加12000名指标，5年共计选聘16400名大学生到村任职，使全省60%的行政村有1名高校毕业生到村任职。

3. 选拔条件和考试内容

陕西省村官报考条件要求，选聘对象为30周岁以下的应届和往届毕业的全日制普通高校专科以上学历的毕业生，重点是应届毕业和毕业1~2年的本科生、研究生。原则上为中共党员（含预备党员），非党的优秀团干部、优秀学生干部、“三好学生”也可选聘。

村官选聘考试一般包括笔试和面试两大环节。笔试主要为综合知识、行政职业能力测验。综合知识内容主要为党和国家关于农村工作的方针政策、公共基础知识；行政职业能力测验包括言语理解和表达、数量关系、判断推理、常识判断、资料分析。

面试的主要内容是测评应试者的基本素质。包括个人基本情况、知识、经验、技能、能力、性格、气质仪表、受教育背景、工作经历、家庭基本情况、求职动机和价值观等方面。

4. 实践意义

大学生村官是改革开放特定发展阶段的产物。中国正处于城市化进程中，大学生到农村基层任职锻炼，不仅是解决“三农”问题、建设社会主义新农村的需要，也是提升中国农村发展环境、储备农村发展战略人才、培养大学生社会实践能力的积极举措。

中国高等教育不断扩容和就业人口高峰值背景下，大学生村官的实践模式对缓解就业压力也有毋庸置疑的积极作用。

5. 一般经验

陕西省石泉县在大学生村官工作中，探索出具有普遍意义的经验。

（1）重视组织健全。县、乡、村三级有专门组织和专人负责；（2）重视科学管理，严格考评；（3）重视多元培养，激发热情。一是多层次培训，重点是系统了解党在农村的路线方针政策、农村工作方法；组织参观学习，开阔眼界、更新观念；在实践中提高工作水平和处理具体问题的能力。二是全面推行“2+1”结对帮扶措施，乡、村两级干部分别担任“思想老师”和“工作老师”。三是建立网络课堂，随时答疑解惑，疏通思想，交流探讨基层工作经验。四是有针对性地开展岗位练兵，让大学生村官参与基层组织建设、征地拆迁、纠纷调处、计划生育、突发事件处理等重点工作；（4）重视全程关爱，促其成长。

6. 高等教育反思

大学生村官实践中反映出来的主要问题是：除了农林牧渔专业毕业生，许多村官专业不对口，学非所用，难以发挥实际作用；综合素质不高，沟通不畅，能力有限，作用不大；心理承受能力较差，遭遇挫折后容易产生失落感。

高等教育与经济社会发展脱节的问题，高分低能的问题及知识教育和素质教育的问题等再次被提上议事日程。对照国外与产业发展相适应的职业教育经验，根据未来农村建设的人才需要，从源头定向培养大学生村官，也许可以节约更多的社会资源。

7. 前景思考：政策的一致性和公平性

大学生村官实践，具有和改革开放一样“摸石头过河”的特点，政策也有一个完善过程，不同时期和不同地域的实践者，在待遇和结果上有较大落差。从战略角度和示范引导效应看，政策应该保持一致性和公平性。

（史晓筠）

（四）申博事件

2009年2月13日，陕西省学位委员会发布《关于开展新增博士、硕士学位授予单位规划立项建设工作的通知》。延安大学、陕西中医学院、西安外国语大学、西安石油大学、西安体育学院、西安工程大学、西安工业大学、西北政法大学8所高校将争夺2个博士建制名额。2009年3月27日，陕西省8所高校参加申请新增博士学位授权立项建设单位汇报与答辩评审会议。经过8位校长每人20分钟的答辩后，专家开始进行投票。当晚传来消息，西北政法大学落选。西北政法大学具有70多年的办学历史、50年的本科教育历史、30年的研究生培养历史。在原属司法部主管的5所政法院校中，中国政法大学、西南政法大学、华东政法大学、中南政法大学都具有了法学一级学科博士学位授予权，西北政法大学一直是个例外。申博失利消息传来，该校校园群情激愤，大约有四五十位师生从校园出发，一路步行来到省政府，以“散步”的形式表达对结果的不满。4月20日，西北政法大学正式向陕西省政府递交了《行政复议申请书》，请求对陕西省学位委员会确定的第11次博士学位授权立项建设单位进行重新评审。

博士学位授权的申报与审批，一个看似简单的问题，2009年却演变成为一场激烈的“战争”。早在2005年，教育管理部门就开始对博士点的审批严格控制。2008年，国务院学位委员会第25次会议审议通过《博士、硕士学位授权审核办法改革方案》，随后教育部又出台相关意见——《关于做好新增博士、硕士学位授予单位工作的指导意见》，该方案以2008～2015年作为规划周期，有两个重大改革举措。首先是将全国各地研究生教育水平划分为4类，其中一类地区“研究生教育发达，学位授权体系能够满足需要”。该类地区原则上不再审批新的博士点，而二类地区“研究生教育比较发达，学位授权体系基本满足需要”，则严格控制新增博士点的数量。其次是将博士点的审批权下放到省一级教育管理部门。

这场关于博士学位授权点申报和审批的“战争”，在某种程度上折射出国内高等教育界的整个生态环境，其中的核心——大学的自主权，是近年来讨论较多的话题。高校希望得到更多的自主权，而这些权力的具体内容是什么，边界究竟在哪里？有学者指出，高校自主权没有一个固定的边界，而是随着历史条件的变化而变化。我国的学位制度是由国家取向决定的，强调国家与大学的关系以及行政管理的功能，大学的自主权较小，政府给予学校多大的权限，边界就在什么地方；而在教育发达的国家，大学的自主权相对大得多，学校容忍政府干预的程度就是它的边界。

博士点申报的本质必须以学术发展和知识传承为核心目标。而现在申报博士点一方面有指标体系管理的要求，另一方面围绕着博士点又有很复杂的利益关系，这样博士点的申报就失去了目标和方向。管理部门的导向在其中起了很大的作用，要想把博士点的申报和审批转回到发展学术和传承知识的轨道上来，就必须剥离附加其上的指标管理体系和利益诉求。我国现行的学位制度是在 20 世纪 80 年代建立起来的，很多方面已与时代脱节。比如在制度安排上更多地强调行政管理功能，这样的制度实际上面临着很多问题。1985 年开始教育体制改革以后，一个基本取向就是重新处理学校和政府之间的关系，过去国家的意志就是大学的意志，很多事情根本不需要大学考虑；而现在经过 20 多年的教育体制改革，学校通过相当多的途径获得了更多的办学自主权，但在学位授予方面却没有进展；大学作为独立的法人，有利益诉求的考虑，这也是学位授予权演变成大学间利益之争的原因。目前，学位授予权从审查到批准，实际上是通过行政许可的方式来实施的，这正是中国当前学位制度的一个症结。如何设计一种新的符合我国教育体制改革和发展需要的制度，是我们需要进一步考虑的问题。

（黄海涛）

（五）“奥数班”叫停

“奥数班”是当前广大群众争论强烈的教育问题之一。“奥数”原是国际奥林匹克数学竞赛的简称。1959 年，第一届国际数学奥林匹克竞赛在罗马尼亚布加勒斯特举办。1985 年，中国数学竞赛委员会组织了国内 20 多个省、市、自治区中学生数学联赛，然后选拔了 4 名学生代表中国第一次远赴芬兰参加国际数学奥林匹克竞赛。此后，“奥数”竞赛在全国范围内轰轰烈烈地开展起来，不仅有高中数学联赛、初中数学联赛，甚至还有小学数学联赛。各种形式的“奥数”培训班、辅导班也随之发展起来。

1990 年代，国家明确规定取消小学升初中考试，实行就近入学。但是，由于教育资源的不平等，各级重点中学（现改称“示范学校”、“标准化学校”）等名校垄断了优质教育资源，导致“择校”问题升温。名校为了选拔尖子学生，便暗地里组织考试，而且往往采用比较深奥的“奥数”考试进行选拔。这样，原本适合少数有数学特长学生学习的“奥数”被建构为普通小学生升学择校的“敲门砖”。于是，针对小学生的“奥数”培训班、辅导班一下子火爆起来，随之而生的经济利益链条不断膨胀。小学生的学习负担日益加重，他们常常在周末或节假日背着沉重的书包赶赴遍布在各个角落的“奥数班”。社会违规办学、学校违规招生等问题日益普遍。加之部分省市中学数学联赛也暴露出不少弊端，因此，1994 年，中国教委基础教育司第一次正式提出取缔不正规的“奥数”培训班、辅导班，整顿“奥数”学校。

社会各界反对“奥数”的声音也愈来愈多。中国教育学会会长、北京师范大学教授顾明远认为：强制孩子去学“奥数”，不但影响他们学习数学的兴趣，而且压制了对其他兴趣的开发，不利于学生的成长。华裔数学家、菲尔兹奖得主丘成桐表示，学“奥数”的学生们习惯于解决别人出的问题，而不是自己发现的问题，他们以后不会有很强的创新能力。许多专家也普遍认为，“奥数”不适合多数学生学习。

在陕西省，十多年来要求取缔“奥数班”的声音一直没有停止过。2001 年，陕西省教委、西安市教委有关负责人明确表示，举办“奥数班”、举行小学生升初中考试等违反国家规定，应该严肃查处，坚决取缔。2009 年 1 月，陕西省政协委员杨维平在省政协十届二次会议上提交提案，呼吁在全省范围内取消小学奥数培训，让孩子的童年轻松起来。2009 年 1 月 15 日，西安市教育局、纠风办、监察局、物价局、公安局、工商局、劳动和社会保障局等 7 个部门联合开展专项行动，重点清理违规“奥数班”、“奥语班”、在职在编教师违规兼职、兼课等办班问题，在全市进行拉网式大排查。2009 年 10 月 28 日，陕西省教育厅厅长表示，节假日乱补课问题，小学、初中提前招生、违规考试问题等严重干扰了正常教学秩序，极大地损害教育系统的形象，要坚决制止随意组织学生参加各种统考、联考或竞赛、考级等现象，切实治理乱考试、乱招生行为。

然而，各种整顿“奥数班”的措施并没有取得预期的效果。由于教育资源不平等的问题没有解决，“择校”现象愈演愈烈，“奥数班”的功利化色彩也越来越重。社会上大量的“奥数班”及其竞赛，对举办方而言是为了谋取经济利益，对参加的学生而言，是为了升入名校。

“奥数班”屡禁不止值得深入思考。实际上，“奥数班”热的背后是择校问题，而择校的根源在于基础教育资源配置的不平等。优质资源如优秀师资、先进教育设备等被重点学校、示范学校等名校占有，而那些普通学校的教育资源走向贫困化、薄弱化，使得整个公共教育资源配置失衡。如果不能从根本上解决这一问题，择校热就会一直持续下去，“奥数班”叫停也就变成了一句空话。

（王旭瑞）

（六）新农保

“新农保”，全称“新型农村社会养老保险”，是相对于“老农保”提出来的，随着新型农村社会养老保险在全国的试点推行，新农保在2009年成为全国的一个热词。而对于陕西人来说，并不是很陌生，因为从2007年开始，陕西宝鸡已经开始进行“新农保”的试点，从那时开始，“新农保”这个词就常见诸于陕西省各地的媒体、政府文件和老百姓的口中。

提起“新农保”，就不能不提老农保，“老农保”是指20世纪90年代在农村建立的农村社会养老保险制度，它在资金筹集上实行“个人缴纳为主，集体补助为辅，国家给予政策扶持”的原则。但由于国家政策的调整和银行利率的变化，以及政府机构改革等原因，1998年以后参保基本处于停滞状态，在西部经济欠发达地区，由于集体经济薄弱，一直未能推行，农村养老保险制度探索未取得预期效果。进入21世纪，在家庭小型化、人口流动、老龄化日益加速，主要依赖家庭养老的农村老人生活也日益成为影响农村社会和谐发展的重要因素。社会保障是民生之基，民生之福，民生之盾，是和谐社会建设的重要内容，因此建立适合中国特色的农村新型社会养老保险被提上了政府的议事日程。

“新农保”对于陕西来说，具有更为重要意义。近年来，陕西虽然经济实力、人民收入在全国相对比较落后，但在社会保障的制度方面却一直有所创新，形成了陕西经济社会发展的亮点，如城镇职工养老保险的垂直管理、新型农村养老保险、神木医改、榆林城乡居民养老等，这些实践都走在全国的前列，至少与东部发达地区的探索同行，有的甚至走的更远。特别是2007年，宝鸡出台了《新型农村社会养老保险试行办法》，开始启动试行了适合宝鸡的农村养老保险制度，得到了国家相关部门的肯定，称其走出了一条“有创新，代表了中国八亿农民养老保险发展方向”的“新农保”之路。

“新农保”制度。国办2009年9月1日全文发布《国务院关于开展新型农村社会养老保险试点的指导意见》规定，新型农村社会养老保险制度的基本原则是，“保基本，广覆盖，有弹性，可持续”，制度模式是社会统筹与个人账户相结合，筹资模式是个人缴费、集体补助、政府补贴相结合，制度覆盖范围是年满16岁、不是在校学生、未参加城镇基本养老保险的农民。新老农保最大的不同在于筹资模式上，将老农保的个人缴费、集体补助的二元结构，改为目前的个人缴费、集体补助、政府补贴三元结构，明确政府的责任，政府补贴成为新农保最大的亮点，也成为新农保得以顺利推行，真正发挥效益的保证。

新农保规定，年满60周岁、未享受城镇职工基本养老保险待遇的农村有户籍的老年人，可以按月领取养老金。对在农村生活的老人来说，这些钱不仅使他们的基本生活有了保障，更为老人赢得难能可贵的自尊。“‘新农保’等于半个儿！我儿再孝顺，也不一定每月都给我钱，现在政府每月都发养老金，我过得很放心”，每月可以用本本领取养老金的宝鸡农村老人如是说。这意味着农村老人仅仅依靠家庭的养老方式发生了彻底改变，老人养老又有了一个更稳定而有力的支持，也会促进农村社会的亲情伦理、家庭关系趋于改善。

新农保的实施，也意味着通过与“新农合”共同作用，对于化解农村的养老和医疗难题，实现城乡公共服务均等化，缩小城乡差距，推进和谐发展，均将产生深远的影响。

目前状况下的“新农保”，还不尽完善，诸如缴费原则以及采取自愿参保方式的局限，其结果很难避免忽略乃至排斥部分贫困群体的参保行为，通过二次分配实现社会公平的目标在一定程度上打了折扣；完全积累式的“新农保”个人帐户模式，缺乏统账结合模式的养老保险制度的互济性功能等，需要再进一步的发展改进。但毕竟，农村社会养老保险这艘大船已经重新起航，相信随着政策的不断完善，最终将达到理想的彼岸。

（杨红娟）

（七）神木医改

2009年3月1日，陕西省神木县开始实施《神木县全民免费医疗实施办法

（试行）》，一时引起社会各界的广泛关注，成为社会各阶层议论的焦点，被称为“一石激起千层浪”。

《神木县全民免费医疗实施办法（试行）》，被誉为“开国内先河的医疗保障制度”，其主要内容有：全民免费医疗对象为具有神木籍户口的全县干部职工和城乡居民。未参加城乡居民合作医疗和职工基本医疗保险的人员不予享受免费医疗。实行门诊医疗卡制度，凡缴纳合作医疗基金的城乡居民均可享受每人每年100元门诊医疗卡待遇。实行住院报销“起付线”制度，起付线以下（含起付线）住院医疗费用由本人自付，起付线以上费用予以报销，但每人每年累计报销医药费不超过30万元。起付线标准为：乡镇医院为每人次200元；县级医院为每人次400元；县境外医院为每人次3000元。目前，神木县实行这项《办法》的定点医疗机构包括了神木县境内及县境外的医院及药店，其中，县级定点医院（7所），市级定点医院（5所），省级定点医院（5所），北京定点医院（6所）。县级定点药店（5所），乡镇定点卫生院（21所）。

神木医改的主要特点，首先在于体现了平等对待。将城乡居民统一纳入到医疗保障体系中，打破了多年来形成的城乡之间的界限、消除了不同所有制之间的界限、不同身份之间的界限；其次在于提高了补贴的标准，我国的医改方案，预计到2010年的时候，达到每个人的医疗补助是120元，而神木医改的标准是每个人400元，拥有神木籍户口的城乡居民都因此得到了真正的实惠。

对于神木医改，众说纷纭，批评者认为，全民免费医疗只是乌托邦式的幻想，并不切合实际，政府财政支出会因此急剧膨胀，医院会因患者蜂拥而至导致病床爆满，在监督机制不健全的情况下，医疗服务机构会出现腐败现象。赞成者认为，全民免费医疗体现了当地政府以人为本的执政理念，真正使改革发展成果惠及人民，有效解决了当地人民看病难、看病贵问题。此《办法》运行初期的病床爆满等现象，也是人们理性选择的结果。

神木之所以能实施“开国内先河的医疗保障制度”，首先是由于近年来当地经济的平稳快速发展，地方财力大增。目前，神木主要有煤、电、化工、建材和兰炭五大产业，2008年神木财政总收入71亿元，其中地方财政收入16.7亿元，人均GDP是6.87万元，全民免费医疗推行后，神木县用于免费医疗的资金至少1.5亿元，大约占其地方财政收入的8.98%。但是，更重要的是当地政府执政为民的理念，神木县在全国的县级市中位居第92位，但是神木率先推动了全民免费医疗实施办法，体现了公共财政取之于民、用之于民的根本原则，减轻了农民的负担，得到当地人民普遍拥护，缓解了社会矛盾，当地政府的威信也大为提高，可以说，在为人民谋福利方面，在保障和改善民生上，神木走在了全国的前列。对于神木医改中存在的问题，则需要具体问题具体分析，在运行中逐渐修改、完善。

（吴南）

（八）禁止拾荒

近日，西安市市容园林局出台新规定，严禁在果皮箱等处捡拾拉圾废品。“新规”一出便惹来巨大的争议，叫好声不绝于耳，质疑声也频频传来。一时间，城市垃圾到底该不该允许拾荒者随意捡拾，果皮箱到底能不能随便掏捡，西安近三万的城市拾荒者的生活怎样维持，城市形象与底层人的生活怎样兼顾，这些都成为人们关注的重要民生话题。

支持者认为，不准捡拾垃圾会让城市的环境更干净、更有秩序，也会减少环卫工人的工作量；反对者则认为，捡废品的人大多生活困难，禁止此种行为，将会使他们丧失生活来源，同时，经他们之手，一些垃圾被重新分类回收，客观上减少了垃圾污染，提高了废物的回收利用率。然而，他们的生活也会遭人鄙夷。很多人认为，城市中随处可见的拾荒者影响了城市的面貌。他们不顾形象地翻倒垃圾桶，经常把垃圾弄得满地都是。此次西安禁令的颁布，也是更多地考虑到了这个问题。但生存和形象到底那个更重要，二者在拾荒的问题上是否能够兼顾。

据调查，绝大部分的拾荒者，都是为了生计，才会到处翻垃圾箱，将垃圾箱内的被丢弃的塑料瓶和废纸翻出来，以便卖到回收站，换几个钱，其中有相当一部分是无所依靠的老人。禁止拾荒者的规定，也是出于拾荒者将垃圾箱里的垃圾翻得到处都是，特别是有大风的时候，将垃圾弄得满地皆是，严重影响市容；如果是在繁华地段的话，不仅影响市容，更是有损城市整体形象，在这一背景下，出台禁止拾荒者翻果皮箱的禁令，也是为了更好地维护西安这个大都市的国际形象。但是西安市市容园林局用一纸禁令，就剥夺了近三万城市拾荒者的权利。更重要的是，市容园林局还打算通过对捡拾废品行为进行处罚，将禁止拾荒行为列入市容综合评比打分的内容。从市容管理的角度，禁令有助于城市的美化，但从剥夺一个群体“拾荒权”的角度，有关部门显然更应该考虑，一些社会底层群众如果以后不能再拾荒，他们该怎么生活。我们不敢奢望拾荒者有参与博弈的话语权，但政府部门却应该充分考虑他们的权利，不能只从“维护市容市貌”的角度出发。但对于城市发展而言，“面子”重要，“里子”也不能不要。如果我们认同“拾荒权”是一些社会底层群众基本的民生权利，那么，一个基本的逻辑就是：政府部门可以规范、管理拾荒行为，却不能剥夺拾荒者的权利。

事实上，许多国家在这方面的经验告诉我们，垃圾回收是可以建立可持续发展的体系。借鉴巴西的“塞普利”模式，将禁止拾荒的政策改为合作拾荒，建立企业创办一家非营利性的环保机构，即再生资源利用协会，向市民大力宣传环保知识，向各个城市的垃圾回收合作社提供垃圾分拣场地，简单分拣、压缩、包装的设备，向拾荒者提供完整的操作手册并进行培训后上岗。城市环卫部门将垃圾运送到合作社进行细致的分拣后，再分类卖给再生资源协会所属的企业，将垃圾进入循环再利用的体系。这种合作的方式要远比一纸禁令更能解决城市拾荒的实质性问题。这就需要政府发挥作用，鼓励企业投资或政府亲自出资建立垃圾分类回收的环保体系，解决城市拾荒的生存与形象兼顾的问题。

（李巾）

（九）蚁族

2009 年 12 月，《华商报》连续报道了西安城中村“蚁族”的生活状况——零存款、低工资、狭小简陋的居住空间、没有安全保障的生活环境。虽然生活窘迫，但是“蚁族”仍愿意留在这个城市中奋斗，相信终有一天会获得成功。

所谓“蚁族”，是源于学者廉思在其调研报告《蚁族——大学毕业生聚居村实录》中，对低收入大学生聚居群体的概括。正如书中所解释的，蚁族，并不是一种昆虫族群，而是低收入大学生聚居群体的代名词。之所以将该群体命名为“蚁族”，是因为这个群体和蚂蚁有许多相类似的特点：高智、弱小、群居。他们多数是“80 后”，不同于一般的“青年农民工”、“流动人口”，也不同于先前的“校漂族”，他们是一群大学（多是普通高校、民办高校）毕业生，没有当地户口，或工资很低，或找不到“合适”的工作，处于失业、半失业的困境；主要聚居于城中村。

“蚁族”不仅存在于西安，北京、上海、广州、武汉等大都市都有相当数量的蚁族，相关调查数据显示，全国的“蚁族“数量粗略估计应在几十万人。按照地域区分，西安的蚁族被称为“秦蚁”。“蚁族”的悄然出现，源于许多不可回避的现实因素。

1. 教育体制不配套

1999 年，我国出于解决经济和就业问题的需要，扩大了普通高校本专科院校招生人数。不可否认，扩招使大部分人拥有了平等接受高等教育的权利，降低了大学的入学门槛，对国民素质的提高起到了很大作用，但扩招也同时导致了一系列问题，其中之一就是提高了大学毕业生的就业门槛。陕西省是我国高等院校众多的省份之一，特别是西安市，集中分布了大量高校。扩招以来，陕西大学生数量激增，虽然目前各大高校在郭杜、丰裕口的新校区已经投入使用，缓解了教学区不足的问题，但是师资却没有同比的提高，甚至出现了一名导师带几十名研究生的情况，教师对学生的培养处于力不从心的状态中，这种行政推进式的扩招，使大学教育由精英教育转型为普通教育，并没有实现普及培养高能力学生的目的。不少高校在师资、设备等教学资源都十分匮乏的情况下跟风开设所谓“热门专业”，导致专业设置和市场需求严重错位，出现人才供需的结构性失衡，大学生就业更加困难。另一方面，大学由原来的低学费制度转变为成本分担制度，各个学校的学费都有不同程度的上涨，目前陕西平均水平为每学年 5000 元左右。学生接受教育的成本提高了，自然期望毕业后能够留到西安工作，有一份较高的薪酬，因为到省内其他地区就业，收入相对西安可能较低，弥补不了接受大学教育的成本。

2. 户籍制度改革滞后

“宁要西安一张床，不要蔡家坡一套房”，传统的城乡二元户籍制度也是产生“蚁族”的原因之一。传统的户籍制度赋予了城市户口更多的特权，拥有城市户口，就拥有了最低生活保障、教育保障、医疗保障以及可以享有租住廉价房屋等权利，而农村户口则没有这些特权。越是发达的大城市，这些附带的社会福利越明显。虽然近年来我省一直致力于户籍制度的改革，在渭南等试点市区也实行了城乡统一的户籍管理制度，实行新的城乡统一户籍证，但新的户籍证在内容上依然要标注居住所在地，如果是农村居住地，仍不能与城市居民享受平等待遇。很多“蚁族”认为，做西安人，就有比陕西其他地区更好的医疗服务，社会服务，子女就能享受很好的教育，在高考的时候也能以比较低的分数进入一些名校读书。因此条件再艰苦，也要留在西安奋斗，现在西安市对大学生落户的政策已经宽松许多，他们相信，辛苦几年，熬过去，达到西安落户条件后，就会得到西安市户口，也许将来就会很好，这是激励他们固守西安的“精神力量”。

3. 住房制度的不完善

近年来，西安一直在加强廉租房的建设力度，截至2009年10月底，实际完成保障户数15919户（其中租金补贴15823户，实物配租96户），筹集和新建廉租住房18383套。但是，对全市38800户人均住房低于13平方米的城市低收入住房困难家庭来说，目前的廉租房数量还是相对不足，况且目前西安的廉租房只是针对拥有本地户口的低保家庭，所以无论是廉租房的数量还是申请条件来说，“蚁族”都不在廉租房的申请范围之列。再看市区可用于出租的房源，基本上是以个人出租为主，租金涨幅完全由房屋所有者控制，廉租房数量的严重不足不能和私营房东形成竞争关系，也就无法有效抑制房屋租金价格，对于工资不高、刚刚进入社会的大学毕业生，租住单元房对他们来说经济上无法负担，考虑到节约生活成本，城中村就成为租房地点的首要选择。

4. 社会资源配置的不平衡

2008年陕西省普通高校毕业生为24.7万人，2009年高校毕业生总数达28万人，面对严峻的就业形势，一直鼓励大学生到农村、基层社区去就业，但是，众多大学生仍聚集在西安，真正去渭南、咸阳、宝鸡或者农村就业的学生数量却相对较少。

一是因为西安作为陕西省省会，在经济、教育、医疗、基础设施建设等各方面都优于省内其他城市，而且向上流动的机会也多，这种地区差距导致大学毕业生不愿离开西安；二是因为鼓励大学生到基层、农村去就业，政策导向虽好，但支持性的措施不到位，没有给这些大学毕业生提供相应的薪酬，或者比较合理的保障，政策是好的，但是岗位依然没有吸引力。

要想让大学生在中小城市或者农村安身立命，而不是临时就业，就必须提升中小城市和农村的竞争力，通过财政扶持和制度保障来缩小地区差距，理顺利益分配关系，完善补偿机制。对于农村而言，则需要社会资源在配置上向其倾斜，清除影响农村自身发展的制度性障碍。农业需要补贴，农村需要资金保障，但最重要的是以一个合理的制度结构，来赋予农村和城市一样享有公平的机会，享有创业的优惠待遇，从而让大学毕业生从内心觉得去农村就业不是低人一等，也不会感到未来没有保障。

可以预计，“蚁族”作为一个特殊的群体，将在较长时间内存在。制度的改革与完善在短期内毕竟无法完成，当前，应尽可能给予他们更多关怀，比如，提供更多的就业岗位和机会；加大对用人企业的劳动执法检查，促使企业依法与他们签订劳动合同、按时足额缴纳社会保险等。

（田丽丽）

图书在版编目（CIP）数据

陕西社会发展报告. 2010/杨尚勤，石英，江波主编.
—北京：社会科学文献出版社，2010.5
（陕西蓝皮书）
ISBN 978-7-5097-1387-7

Ⅰ.①陕… Ⅱ.①杨… ②石… ③江… Ⅲ.①社会发展-研究报告-陕西省-2010 Ⅳ.①D674.1

中国版本图书馆 CIP 数据核字（2010）第 063039 号

陕西蓝皮书
陕西社会发展报告（2010）

主　　编／杨尚勤　石　英　江　波

出 版 人／谢寿光
总 编 辑／邹东涛
出 版 者／社会科学文献出版社
地　　址／北京市西城区北三环中路甲 29 号院 3 号楼华龙大厦
邮政编码／100029
网　　址／http：//www.ssap.com.cn
网站支持／（010）59367077
责任部门／皮书出版中心（010）59367127
电子信箱／pishubu@ssap.cn
项目经理／邓泳红
责任编辑／王　颉
责任校对／夏乘风
责任印制／蔡　静　董　然　米　扬
品牌推广／蔡继辉

总 经 销／社会科学文献出版社发行部
（010）59367080　59367097
经　　销／各地书店
读者服务／读者服务中心（010）59367028
排　　版／北京中文天地文化艺术有限公司
印　　刷／北京季蜂印刷有限公司

开　　本／787mm×1092mm　1/16
印　　张／26
字　　数／443 千字
版　　次／2010 年 5 月第 1 版
印　　次／2010 年 5 月第 1 次印刷

书　　号／ISBN 978-7-5097-1387-7
定　　价／65.00 元